KB273545

어순 유형론과 개사 이론

유단청 지음
김기혁, 손금추 옮김

보고사

머리말

  '어순 유형론과 개사 이론'은 유단청(劉丹靑) 선생이 2000년에 홍콩도시대학교에서 완성한 박사 논문을 바탕으로 보완, 수정한 것이다. 독자 여러분이 읽으면 알 것이지만, 이 책에 있는 주장과 논의는 환영할 만하다. 나는 이 책의 작성 과정을 소개하려고 한다. 박사 과정을 공부할 때 유단청 선생은 이미 교수, 연구소 소장으로 몇 가지 저서를 출판하고 국내외 학회에 수십 편의 논문을 게재했다. 유단청의 자질이 워낙 뛰어나기에 박사 과정을 공부하는 것은 식은 죽 먹기, 또는 불필요한 일이라고 생각한 사람들도 있다. 또한 이렇게 실력이 있는 제자를 얻었으므로 지도교수는 쉽게 지도할 수 있을 것이라고 나를 부러워하는 사람도 종종 있었다. 그러나 우리는 처음부터 이 논문을 완성하는 것이 쉬운 일이 아니고 이 일을 소홀히 해서는 안 된다고 생각했다. 왜냐하면 우리의 목표는 학위 논문의 통과가 아니라, 중국어 언어학 연구의 방향을 제시할 수 있는 저술을 쓰는 것이었기 때문이다.

  모두가 아는 바와 같이 역사적인 원인 때문에 국내의 중국어 연구는 오랫동안 국제 언어학 이론의 발전과 통합되지 못하였다. 우리는 일찍부터 이러한 상황을 느끼고 이것을 변화시키려 하였다. 그러나 단기간의 외국 방문, 초청 강연회, 국외 학자들과 함께 시끌벅적하게 몇 번의 회의를 하는 것, 국외 언어학 발전에 관한 몇 편의 글을 읽음으로써 견문을 넓히는 것, 몇 개의 언어학 전문 용어를 도입하는 것 등은 근본적으로 이 상황을 변화시킬 수 없다. 현대 언어학 이론으로 진정하게 중국어를 연구하려면 언어학 이론에 통달하여 언어 사실을 잘 파악해야 한다. 국내의 일부 학위 논문 저자가 고심하여 방대한 언어 자료를 축적하였지만 이론적 측면은 논의하지 않고, 심지어 이론이 무엇인지도 잘 모른다. 국외에서 중국어를 연구하는 일부 박사 논문은 중국어에 최신 이론을 그대로 적용하였다. 유한한 언어 자료를 가지고 진행하는 이러한 연구는 종종 견강부회하거나 곤란에 빠지기 쉽다. 신세대 언어학 저술은 위의 두 가지 부족한 점을 보완해야 한다. 즉 깊이 있는 이론적 견해를 가질 뿐만 아니라 그 주장은 언어 사실에 의해 충분히 지탱되어야 한다.

유단청 선생은 홍콩에 왔을 때 이미 국내에서 쌓은 언어학 연구에 필요한 튼튼한 기초 지식과 풍부한 경험을 지니고 있었다. 그는 그가 택하는 연구과제에 필요한 문법, 방언 두 방면 지식을 다 가지고 있었다. 그럼에도 불구하고, 우리의 목적에 달성하기 위해서는 그가 하나의 이론적 프레임을 택하고 열심히 국외 언어학 저술을 공부해야 했다. 모든 과학 이론에 국경이 없듯이 언어학 이론도 예외가 아니다. 국외 언어학자들이 창립한 이론도 전 인류의 지식 보고에 속한다. 그런데 이 보고를 열려면 영어를 능통하게 구사해야 한다. 이 몇 년 동안에 나는 종종 그가 많은 영어 문헌을 읽는 것을 보았고, 국제학술회의에서 영어로 의견을 발표하는 것을 들었고, 국외 학술지에 실은 논문을 읽었다. 그가 택한 이론적 프레임은 유형론이다. 국내에서 언어 비교 연구를 하는 학자들은 종래 역사적 비교에 중점을 두고 유형론적 비교를 별로 하지 않는다. 이는 유형론 연구가 많은 방언뿐만 아니라 수많은 언어와 관련되기 때문이다. 유형론 연구자가 꼭 많은 언어를 말해야 하는 것이 아니지만 연구 주제와 관련된 많은 언어 사실을 알아야 한다. 국내 언어학계에서는 '중국 특색이 있는 언어학을 구축하라'는 슬로건이 있다. 이는 자신의 외국어 실력이 부족하여 한

핑계라고 생각한다. 이러한 사람은 우리에게 중국어를 연구할 때 다른 언어의 사실을 고려하지 않아도 된다고 믿게 하려는 것이다. 그러나 다른 언어를 고찰하지 않으면 어느 사실이 외국어에 없고 중국어에만 있는 특색인지를 어떻게 알 수 있는가? 국외의 연구를 모르면 어느 것이 국외에 없고 중국에만 있는 연구인지를 어떻게 아는가? 유단청 선생은 영어를 능통하게 배웠고, 방대한 영문 자료를 통해 각종 언어들의 개사 어순을 알게 되었다. 이렇게 되어, 그는 자신의 연구 실력이 한 층 더 향상되고 이로부터 학문의 길이 넓어진다는 것을 느끼게 되었다.

이론에 몰두하는 동시에 언어 자료 수집에도 심혈을 기울였다. 중국어 사실은 물론 중국에서 가장 얻기 쉽다. 그럼에도 불구하고 많은 시간을 이용하여 조사 연구하고 광범위하게 자료를 수집해야 한다. 그는 홍콩도 시대학교에서 구축한 백여만 자의 상해(上海)어 데이터베이스에 안주하지 않고, 논문을 작성하는 동안에 십여 개의 방언 지역의 조사를 통해 마침내 풍부한 방언 자료를 얻었다. 이러한 결과, 이론적 목표가 있을 뿐만 아니라 풍부한 언어 사실로 논증하는, 높은 수준의 학술 저술이 발표되었다. 이는 건전한 중국어 언어학 연구 방향의 구현이다. 논문 답변회에서 모든 전문가들은 유단청 선생의 논문에 대해 다음과 같이 높은 평가를 했다. '연구 분야나 연구 방법 면에서 다 개척적 의미를 가진다', '중국어 문법 연구에 커다란 기여를 했다', '최근 몇 년 사이 가장 훌륭한 박사 학위 논문이다'.

'어순 유형론과 개사 이론'의 출판이 젊은 세대 학자가 새로운 세기에 '이론과 자료의 결합'인 과학적인 언어 연구의 길을 향해 나가도록 하고, 중국어 언어학 연구의 내실화에 도움이 되기를 충심으로 바란다.

서열형(徐烈炯)

역자 서문

    나는 언어 범주와 유형에 대해 공부하면서 Lindsay J. Whaley 교수의 'Introduction to Typology'와 송재정 교수의 'Linguistic Typology'를 번역하였다. 이 과정을 통해 Whaley 교수의 책을 일본어로 번역한 일본의 유형론 학자인 오호리 토시오 교수를 알게 되어 '언어 범주와 유형 학회' 기조 발표자로 초청한 바 있고, 이어서 중국사회과학원 어연연구원의 류단칭 교수를 알게 되었다. 이들과 함께 한국, 중국, 일본의 언어유형론 연구의 학술적 연계를 이루고 나아가 베트남, 캄보디아, 라오스, 태국, 그리고 말레이시아, 인도네시아로 이어지는 동남북아시아 언어의 언어유형론 연구의 학문적 벨트를 구성하고 있다.

    지난 2009년 여름 나는 경희대학교와 중국 국제우호연락회 사이의 연구자 교류 프로그램에 의해 북경 대학에서 잠시 공부한 바 있다. 이때 류단칭 교수와 만나 한·중간의 언어유형론 연구의 교류를 논의하였다. 류단칭 교수는 언어유형론의 연구 이론을 바탕으로 오어 방언을 연구하여 홍콩의 성시대학(City University)에서 학위를 받은 학자로 2004년에 '어순 유형론과 개사 이론'이라는 명저를 출판하였다. 나는 이 책을 한국에서 유형론을 연구하는 학자, 특히 동북아시아의 언어 유형에 관심을 갖고 있는 학자들에게 소개하는 것이 좋겠다고 생각했다.

    중국어 해독 능력이 완벽하지 않은 나는 나의 지도하에 경희대학교 박사과정에서 공부하는 대련대학의 손금추 교수에게 이 책을 같이 번역할 것을 제안하였다. 손금추 교수는 집중력이 있고 성실한 중국학자이다. 그는 원래 한국어 교육자로 한 단계 도약하기 위해 한국에 왔지만, 나와 함께한 이 번역을 계기로 이제 언어유형론에 근거하여 한·중 어순을 비교 연구하는 언어유형론 학자가 되었다. 그와 함께 번역을 하였기에 나의 중국어 독해 능력이 보완될 수 있었다. 그러나 번역 처음부터 끝까지 내가 일일이 읽고 번역하고 같이 논의하고 최종 교정도 보았기 때문에 이 책에 나타날 수 있는 잘못은 전적으로 나의 책임이다. 번역을 시작한 지 1년 반의 세월을 들여 이제 책을 출판한다.

현재 중국에는 많은 한국 학생들이, 그리고 한국에는 많은 중국 학생들이 그야말로 물밀듯이 유학을 오가고 있다. 이 '어순 유형론과 개사 이론'은 언어유형론이라는 언어학 학문에서뿐만 아니라, 한국어를 공부하기 위해 한국에 오는 유학생들이 한국어를 이해하고, 또 중국어를 공부하기 위해 중국에 가는 유학생들이 중국을 이해하는 데 기여할 것으로 본다.

이 책은 언어학 가운데 한 분야인 언어유형론, 또 언어 가운데 중국어라는 한정된 언어를 연구한 저서라는 점에서 번역서 판매의 시장이 결코 크다고 할 수 없다. 그럼에도 단순한 손익을 떠나 한국과 중국의 언어학 학문의 교류와 발전을 위해 흔쾌히 번역 출판을 하는 보고사 김흥국 사장에게 감사를 표한다. 보고사의 이러한 학문적 후원이 국어학, 언어학계뿐만 아니라 어문학계에 큰 자리를 남길 것으로 확신한다.

2011년 1월 새해 아침
대모산 자락에서
김기혁

차 례

1. 서론

1.1 '언어유형론'의 명칭과 의미

언어유형론은 명칭으로 보면 언어를 분류하는 학문이지만, 실제는 이처럼 간단하지 않다. 언어유형론의 실제 명칭은 '언어보편성과 언어유형론'(language universals and linguistic typology)'이다. Comrie(1981, 심가훤(沈家煊)의 중국어 번역의 科姆裏)는 그의 언어유형론 개론 저술의 이름을 이것으로 하였다. 또 다른 언어유형론 개론(Croft 1990)은 케임브리지대학 언어학 총서 중의 하나로 '유형론과 보편성'(Typology and Universals)이란 이름으로 출판되었다1). Greenberg(1963)의 'Some universals of grammar with particular reference to the order of meaningful elements'는 언어학계에서 언어유형론의 창시적인 논문으로 인정받았다. 이 논문은 바로 언어유형론과 언어의 보편성 간의 밀접한 관계를 증명했다. Croft의 저서 명칭에서 볼 수 있는 것처럼 언어유형론은 간단히 '유형론'이라고 할 수 있게 발전하였다. 유형론은 식물학 등 다른 학문의 지류 학문 분야로 볼 수 있지만 언어학계에서는 이 책에서 말하는 언어유형론을 지칭한다.

언어유형론을 언어학의 지류 분야나 언어학의 유파로 볼 수 있다. 언어

---

1) 중국에서 출판된 이 책의 영문판 중국어 이름은 '語言類型學與語言普遍特徵'이다.

유형론을 언어학의 지류 분야로 보는 것은 유형론의 연구 대상을 고려하여 분류하는 것이다.

언어학자들은 종종 여러 언어를 잘 알지만 대부분은 하나 또는 몇 개의 언어를 연구 대상으로 하여 그 언어 사실을 기술, 해석하거나 분석을 기초로 하여 새로운 이론을 창조한다. 유형론자가 하는 일은 약간 다르다. 그들은 여러 언어(방언을 포함)를 고찰하여 연구한다. 즉 여러 언어의 비교를 통해 인간 언어의 공통성을 탐구하거나 검증하고, 공통성에 입각하여 어떤 언어의 특징을 밝히며 인간 언어를 분류한다. 언어유형론에 의한 연구는 단일한 언어 연구의 부족한 점을 보완하고, 인간 언어의 본질을 고찰할 수 있도록 하나의 언어를 대상으로 하는 연구에서는 볼 수 없는 시각을 제공해 준다. 이와 동시에 단일한 언어를 대상으로 하는 연구에서 언어 내부만의 검토로는 볼 수 없는 시각을 제공하기도 한다. 이러한 측면에서, 유형론자와 다른 언어학자들의 연구는 서로 보충되고 보완될 수 있다. 따라서 언어유형론은 언어학의 지류 분야가 될 수 있다.

언어유형론을 하나의 유파로 보는 것은 유형론의 이론적 배경과 연구 방법을 고려하는 것이다. 20세기 50년대 후기부터 생성문법을 비롯한 형식언어학은 'Chomsky 혁명'의 슬로건을 외치며 충천하는 기세로 서구 언어학의 주류가 되었다. 70년대 이후에는 인지언어학을 포함하는 넓은 의미의 기능주의 언어학 '세력'이 출현하여 형식언어학의 기본 관념에 도전하기 시작하였다. 기능언어학은 최종적으로 형식언어학의 주류 지위를 바꾸지 못하였지만 얕볼 수 없는 중요한 유파가 되었다. 총체적으로 보면 언어유형론은 기능주의와 더 밀접해 보인다. T.Givón, S. Dik, S. Thompson을 비롯한 많은 기능주의 대표 학자들은 유형론 연구를 하고 있고, B. Comrie, W. Croft 등을 비롯한 유형론 대표 학자들의 견해도 기능주의와 비슷하다. 그러나 유형론은 형식, 기능주의와 다른 뚜렷한 특징을 가지고 있고, 언어학 연구의 세 번째 분야가 되었다. 유형론의 독특한 점은 이론에 대한 사변(思

辨)이 아니라 연구 방법이다. 물론 유형론은 자체의 언어 철학이 없는 것이 아니다. 유형론의 측면에서 몇 개의 언어를 고찰하는 것(심지어 깊이 연구함)만으로는 전면적인 인간 언어의 공통성을 밝힐 수 없다. 그리하여 유형론은 언어학 연구의 데이터 규모를 확대하는 데 주력하고, 보다 튼튼한 기초로 인간 언어 속의 가장 기묘한 부분, 즉 문법 이론 구축에 진력하고 있다. 언어유형론의 창시자로서 Greenberg는 이론 구축 문제를 신중히 처리하였다. Greenberg가 1963년에 발표한 창시적 논문에서 밝힌 언어 사실은 신기하고도 매력적이다. 그렇기 때문에 이 글은 지난 40년 동안 가장 많이 인용된 논문 중의 하나가 되었다. 독창적인 연구 방법을 발견한 학자로서 Greenberg는 그 '발견'에 대해 터무니없이 과장하지 않았고, 그 논문 속의 몇 가지 해석도 '완전히 시험적'이라고 하였다. 이러한 신중한 태도는 유형론의 사실 논증의 학술적 경향의 기초가 되었다. 대부분의 유형론자들은 대담하게 가정하는 것보다 조심스럽게 실증을 찾는 것을 선호한다. 따라서 유형학파는 형식학파와 기능학파의 결렬한 논쟁에 휩쓸려들지 않았다. 그래도 유형론자 중에 J. Hawkins를 비롯한 어떤 학자는 형식학파 쪽으로 기울고 어떤 학자는 기능학파 쪽으로 기운다. 그러나 그들이 단일한 언어가 아닌, 여러 언어의 비교를 통해서 인간 언어의 공통성을 연구하는 점은 완전히 일치한다. 형식학파나 기능학파 중에는 한 언어의 깊이 있는 연구로 인간 언어의 본질을 밝힐 수 있다는 견해를 갖고 있는 학자가 있다. 예를 들면, Chomsky는 영어를 위주로 이론을 세우고, 더 나아가 인간 언어의 보편문법을 구축하는 것이 최종 목적이다. 마찬가지로 인지학파의 대표 학자인 Langaker도 영어를 중심으로 그의 이론 체계를 구축하였다. 따라서 언어유형론을 형식학파, 기능학파와 다른 중요한 언어학 유파라고 하는 것은 충분한 이유가 있다.

언어의 공통성 탐구에서, 여러 언어 간의 연구가 단일 언어에 대한 연구보다 더 과학적이라고 생각하는 유형론은 당연히 통시적 연구가 공시적 연구보다 더 과학적이라고 여긴다. Croft를 비롯한 일부 유형론자들은 언어, 그리고 문법이 끊임없이 변천하고 있고 순수한 공시적 상태가 거의 없으며, 각종 언어 현상은 어제의 변천 결과이고, 내일 변천의 시작이어서 많은 언어 현상이 모두 과도기에 처해 있다고 지적했다. 따라서 대부분의 유형론자들은 언어의 통시적 문제를 주목하고 있다. 이것은 유형학파와 기타 유파(특히 형식학파)를 구분하는 중요한 특징이다. 따라서 언어유형론은 다른 통시적 연구의 이론(예: 문법화이론)과 분리될 수 없는 밀접한 관계를 이루었다.

만약 우리가 유형론을 언어학의 주된 유파 가운데 하나로 보면, 개혁 개방 이래 국내 언어학계의 국외 새로운 언어학 이론에 대한 소개와 참고 중에 유형론에 관한 것이 별로 없다는 사실은 유감스러운 일이다. 지금까지 Comrie(1981)는 중국어로 번역되고 국내에서 출판된 유일한 유형론 전문 저서이다. Greenberg(1963, 육병보(陸丙甫)·육치극(陸致極)역(1984)) 등은 중국어로 번역된 몇 편 안 되는 중요한 유형론 논문이다. 유형론의 방법으로 중국어, 중국어 방언 및 소수민족 언어를 연구하는 저술은 더욱 드물다. 중국어는 역사가 오래되고 방언이 다양하며 밀접한 관계를 가진 이웃 언어도 많아 유형론 연구에 좋은 환경을 가진 언어이다. 유형론 이론과 다양한 성과에 대한 이해가 부족한 것은 중국어 연구의 아쉬운 점이다. 이 책은 이러한 현상에 대한 보완 조치의 하나로 유형론의 개념과 연구 방법에 대한 간략한 소개와, 유형론 연구 방법에 따른 중국어 문법 문제의 연구를 통하여, 국내의 중국어 연구와 언어학 연구가 새로운 측면에서 더욱 발전하도록 추진하고자 한다.

언어유형론은 다른 유파와 마찬가지로 주로 문법 연구에 주목하고 있다. 특히 어순 문제는 유형론의 핵심적인 연구 분야이다. 이정표로 인정받는 Greenberg의 논문은 바로 어순 문제를 중심으로 하여 논술한 것이다. 어순 문제에서 개사 문제는 중요한 위치를 차지하고 있다. 따라서 우리의 탐구는 이것으로부터 시작한다.

이 책에서는 먼저 언어유형론 특히 어순 유형론의 이론, 기본적인 연구 방법, 연구 성과를 소개하고 다음에는 어순 유형론 이론과 관련된 다른 이론을 바탕으로, 다양한 언어 자료를 가지고 개사 문제를 중심으로 표준 중국어, 중국어사, 특히 오어구(吳語區) 각 방언의 어순 유형을 분석한다. 이를 위해 개사의 두 유형인 전치사와 후치사 문제를 고찰한다. 이와 동시에 개사와 관련된 기타(조화, 함축 등) 어순 유형, 특히 연결사(連詞)의 어순과 주어, 목적어, 동사의 어순, 주어, 목적어와 관련된 화제 설명 등의 문제에 대해서도 검토한다.

1.2 '개사'의 명칭과 의미

이 책에서 논의하는 '개사'는 중국어 문헌에서 나온 '개사'와 다른, 유형론의 부치사(adposition)를 가리킨다. 심가훤(沈家煊)역(1989)은 Comrie(1981)의 저술을 번역할 때 중국어 문헌에서 별로 언급하지 않은 adposition을 '부치사'(附置詞)로 번역하고, 다시 전치사(preposition)와 후치사(postposition)로 분류하였다. 이 심가훤의 번역은 Comrie의 뜻을 정확히 나타냈다. 지금까지 영어나 중국어 연구를 막론하고 중국어 문헌에서 '개사'는 '부치사' 중에 전치사를 말한다. 이는 영어로 preposition이다. 심가훤의 번역을 고려하면 중국어를 연구할 때 '개사'란 명칭은 더 이상 사용하지 않아도 되는 결론이 나온다. 왜냐하면 부치사는 하나의 큰 개념으로 전치사와 후치사를 하위 개념으로 갖는데, 여러 언어에 대한 비교를 통해 발견한 언어의 공통성을 보아 전치사가 바로 '개사'라는 것은 한 명칭이 전체를 개관하는 것이다. 그러나 보편적으로 쓰이는 '개사'를 사용하지 않고 새로운 '부치사'를 사용하는 것은 통용되기 어렵다. 따라서 이 책에서 '개사'는 상위 개념의

adposition을 가리키는데 그 중에서 전치개사(전치사)와 후치개사(후치사)가 포함되어 있는 것으로 본다. 사실 중국의 러시아어 학계에서 개사는 줄곧 '전치사'로 러시아어의 предлог(=preposition)를 말한다. 후치사란 개념은 중국의 언어학 문헌에서 별로 안 보이지 않는다.

이 명칭 문제를 '시시콜콜' 따지는 이유는 중국어에 전치사뿐만 아니라 후치사도 있기 때문이다. 만약 중국어에 전치성을 가지는 개사만 있고 후치사가 없으면 '개사'나 '전치사'의 명칭 중 어느 것을 쓰는지는 중요하지 않다. 이는 영어 학계에서는 '개사'의 개념을 많이 쓰고 러시아어 학계에서는 '전치사'의 개념을 많이 쓰는 것과 마찬가지다. 개사나 전치사의 개념이 각각 영어와 러시아어에서 가리키는 것임은 분명하다. 그러나 중국어에는 후치사도 있으므로 '개사'로 전치사를 부르는 것은 잘못 인도할 가능성이 있다는 것이다.

여기서 강조해야 할 점은 이 책에서 '전치사'와 '후치사'는 각각 '전치개사'와 '후치개사'의 약칭이라는 것이다. 우리의 고찰에 의하면 개사의 전, 후치 차이처럼 뚜렷하지는 않지만 연결사(連詞)에도 전치와 후치의 구별이 있다. 그리고 연결사의 전, 후치는 개사의 전, 후치와 밀접하게 연관되어 있다. 이러한 상관성은 유형론자들의 주의를 충분히 끌지 않고 있다. 따라서 영어 문헌에는 아직까지 이에 대한 전문 용어가 없다. 전치 연결사(prepositional conjunction)와 후치 연결사(postpositional conjunction)라고 번역할 수밖에 없다. 이 책에서는 전, 후치 연결사에 대해서도 논의할 것이다. 개사와 연결사를 구분하는 문법 전통을 고려하여 '전치사+후치사'로 개사를 가리키고, 연결사는 '전치연결사'와 '후치연결사'로 분류한다.

마지막으로 개사의 어순 유형과 관련해 언급해야 하는 또 하나의 유형이 있다. Greenberg(1995)에는 전치사, 후치사 외에 '분리사'(광식(框式)개사: circumposition)도 있다. Greenberg(1980)는 이것을 '분리접사'(광철(框綴): circumfix)라고 하였다. 체계로 보아 circumposition은 위치(position)를 포함하는 세 개의 용어와 잘 어울린다. 즉 전치(pre-)는 앞, 후치(post-)는 뒤, 분리 (광식: circum-)는 '앞, 뒤'의 위치이다. 개사(adposition)는 통사적인 범주이고 접사는 어휘적인 범주이다. Greenberg가 이 용어를 바꾼 원인에 대해 설명하지 않았지만 위와 같은 점을 고려하였을 가능성이 있다. 중국어 문장에는 대량의 분리사가 중국어 개사 유형의 현저한 특징으로 존재한다. 따라서 이것도 이 책의 연구 대상이다. 그러나 분리사는 흔히 고정된 어휘 (lexical item)로 나타나는 것이 아니고, 통사적 조합에서 임시로 출현하는 것이다. 전치사와 후치사는 어휘(lexical item)이다.

서구 전통 문법 연구 시기부터 개사는 문법 계통의 한 자리를 차지하고 있었다. 유럽의 인구어가 대부분 전치형 언어[2]라 전치사(preposition)는 일찍부터 학자들의 주의를 끌었다. 사실 독일어에서 전치하여도 후치하여도 되는 개사를 전치사라고 한다. 이것은 전치하는 용법이 흔하기 때문인 것 같다. 후치사(postposition)란 용어는 나중에 나왔고 전치와 후치를 포함하는 개사 또는 부치사(adposition)는 유형론이 형성된 후에야 나타났다. 가장 늦게 나타난 용어가 분리사(circumposition)이다.

1.3 이 책의 내용과 구조

개사, 전치사, 후치사가 중국어에서 갖고 있는 의미를 조목조목 명확하게 분석하는 것은 이 책의 목적의 하나이지 전부는 아니다. 이 책의 내용은 언어유형론 이론의 연구 방법으로 중국어 어순 유형을 연구하는 것이다. 개사 유형을 중심으로 중국어 어순 유형론을 연구하는 이유는 다음과 같다.

1. 유형론자들은 여러 언어의 연구를 통해 개사 유형이 어순 유형론에

---

2) 유럽 이외의 인구어 중에도 후치사 언어가 있다. 예를 들면, 페르시아어이다. Greenberg (1980, 1995)는 두 개의 어파 속의 분리사의 형성 과정을 연구하였다. 그 중의 하나가 바로 페르시아어가 속하는 인구어계 이란어파이다.

핵심적인 위치를 차지하고 있고, 어떤 측면에서는 주어, 목적어, 동사 간의 위치보다 더 중요해서 가장 중요한 유형론 매개 변수일 가능성이 있다고 주장했다. 개사의 유형은 언어의 여러 방면에 영향을 주기도 한다. 만약 한 언어의 개사 계통에 대한 분석이 부족하고 심지어 중요한 개사 유형의 존재를 소홀히 한다면, 그 언어의 통사적인 특징을 파악하는 것은 어려울 것이다. 중국어 학계에서 후치사에 대한 경시는 중국어 문법 연구에서 유감스러운 점이다.

2. 언어에 따라 개사의 어휘 항목과 허사화의 정도 차이가 크지만, 개사는 통사 체계에 중요한 자리를 차지하고 있다. 예를 들면, 아이슬란드어의 전치사는 적어도 47개(인터넷 자료: Icelandic Grammar Notebook 참조)나 있는 반면에, 대양주 바투아투의 Kwamera어의 전치사는 4개만 있다(Lindstrom & Lynch 1994: 18). 개사는 간접 의미역(주어, 목적어 외의 의미역)을 도입하는 주요 수단 중 하나이다. 개사와 형태격(morphological case), 일치관계(agreement)는 주요 형식적 수단으로 가장 협의적이고 핵심적인 통사(즉, 절 통사(clausal syntax))를 구성한다. 중국어는 형태격과, 일치관계가 없는 것으로 유명하다. 어순은 중국어에서 아주 중요하다. 어순은 통사 수단뿐만 아니라 화용과 담화의 수단이어서, 어순만으로 중국어의 통사구조와 통사관계를 표시할 수 없다. 그리하여 개사와 소위 '구조조사'는 중국어 절 안의 전용 형식적 수단이다. 지금까지의 중국어 통사론에서 개사에 중요한 '권한'을 부여하지 않았다는 것이 본 연구의 동기 중 하나이다.

3. 지금까지 중국어 개사 연구는 모두 중국어에 전치사만 있다는 것을 전제로 한 가설이다. 후치사의 기능은 문법의 다른 부분에 여기저기 흩어져 있고, 심지어 언급되지 않은 것도 있다(예: '近年來' 중의 '來'가 무엇인가?). 이러한 개사의 처리는 완전하지 못하다. 후치사의 개념을 도입하여 우리는 보다 더 전면적이고 완비된 중국어 개사 이론을 구성할 것이다. 중국어의 개사 계통은 다른 언어의 개사 계통과의 비교에 도움이 되고, 중국어 개사

의 특징도 보다 더 정확히 반영할 수 있다. 따라서 중국어 개사에 대한 연구 성과가 일반 문법 이론 연구에 보다 쉽게 기여할 수 있다. 중국어의 전, 후치사를 겸비하는 특징은 유형론 연구에서 흔히 얻기 어려운 샘플이다.

4. 중국어의 전치사는 다 실사(특히 동사)에서 생겼고, 후치사도 실사(특히 명사)에서 생겼다. 이 두 가지의 기원이 문법화(허사화)에서 흔히 볼 수 있는 것임에도 불구하고 국내 문법 학계에서는 종종 첫째의 기원만 주목하였다. (사실 대경하(戴慶夏)(1998)을 비롯하여, 장면어(藏緬語) 등 소수 민족어를 연구하는 학자들은 명사가 흔히 후치사, 즉 상황어 구조조사로 문법화 된다는 점에 주의를 기울였다). 또 중요한 점은 중국어의 전치사나 후치사의 대부분이 순수한 허사로 변하지 않아서, 중국어의 전, 후치사가 문법화 각 단계의 '살아 있는 표본'이 된다. 중국어 전, 후치사에 대한 연구는 문법화 이론에 많은 자료를 제공할 것이다. 이는 여러 언어에서 이미 거의 완전히 문법화 된 전치사(예: 영어)와 후치사(예: 일본어)와 많이 다르다. 전치사와 후치사의 위치뿐만 아니라 기원에도 차이가 크다. 따라서 중국어 전, 후치사에 대한 연구는 언어의 개사 기원의 다양성과 숨어 있는 공통 규칙을 밝히는 데 도움이 될 것이다.

전치사는 중국어 문법 체계에서 줄곧 개사로 보고 있지만 후치사들은 각각 다른 품사 범주에 넣기 때문에 개사에 대한 통일적인 연구가 별로 없다. 중국어 문법 학계에서 전치사에 대한 고찰과 분석은 후치사보다 훨씬 더 많다. 이를 고려하여 개사 체계에 대해 전면적으로 검토하는 것을 전제로 후치사 연구에 중점을 둔다.

다른 유형론 연구와 마찬가지로 이 책에서는 전, 후치사의 공시적 특징을 고찰하는 동시에 전, 후치사의 역사적인 변천에 대해서도 언급한다. 통시적 측면의 분석은 중국어 개사의 유형론 연구에서 특히 중요하다. 첫째, 중국어의 전, 후치사의 대부분은 실사로부터 허사로 변하는 각 단계에 있는데 통시적 고찰은 개사의 기원과 허사화 과정을 밝히는 데 도움이 된다.

둘째, 중국어의 전, 후치사는 문법 체계 가운데 기능과 상호 작용 관계가 고정불변이 아니다. 전, 후치사의 존재와 증감은 중국어 어순 유형의 변천과 밀접하게 연관되어 있다. 어느 정도의 통시적 고찰을 통하여서만 중국어의 전, 후치사 존재의 동인과 발전 추세를 보다 더 확실히 이해할 수 있다.

이 책에서 오어(吳語)를 중요한 연구 대상으로 하는 이유는 필자가 오어를 충분히 알고, 오어에 대한 일정한 연구를 한 것 외에 다음과 같은 원인도 있다.

1. 20세기 이래 서구 언어의 영향을 많이 받은 표준어에 비해, 오어는 하나의 방언으로서 유형의 동질적 특성을 가지고 있다.

2. 우리는 오어에 대한 고찰을 통해 허사화의 정도가 한층 더 심한 후치사를 많이 발견했다. 이러한 후치사들의 문법 체계의 역할도 가일층 활동적이라는 것을 알게 되었다. 따라서 오어를 연구 대상으로 하는 것은 후치사가 하나의 개사 유형으로서 존재하고 역할을 하는 문제를 논의하기 쉽다.

3. 오어에는 표준어에는 없지만, 유형론적 가치를 가지고 있는 전, 후치 현상이 있다. 예를 들면, 반허사화(半虛化)의 전치사와 후치사로 이루어진 기능이 극히 다양한 전, 후치 합성어(PPC: pre-postposition compound, 10.2.3 참조) 등이 있다.

오어는 현대 중국 표준어(Mandarin)에 이어 8천여만 명이 사용하는 두 번째로 큰 방언이다(국외에서 출판된 도표에서 오어는 독일어에 이어 제 10위의 언어로 보고 있다). 오어의 분포 지역은 상해(上海) 전체, 절강(浙江)의 거의 전체, 소남(蘇南)의 대부분, 감동(贛東), 환남(皖南), 민서북(閩西北)의 일부를 포함하고 있다. 오어는 여러 하위 방언으로 분류되는데, 일부 하위 방언은 각 지역의 원어민이 서로 알아들 수 없을 정도로 다르다. 이 책의 연구 대상인 오어는 상해어(신대표)과 소주(蘇州)어(구대표)를 비롯하여, 북부 오어(즉 태호(太湖) 지역)이다. 이 책에서는 현지 언어 조사를 바탕으로 여러 오어 간의 비교도 한다.

　이 책에서는 우선 국내 독자의 요구에 의해 유형론의 기본 개념과 연구 방법에 대해 간략히 소개하고, 비교유형론과 형식언어학, 기능언어학 간의 공통점과 차이점을 검토하며, 어순 유형론의 발전 과정과 몇 가지의 주요한 이론 모형에 대해 상세히 논의하고자 한다. 다음으로 유형론과 중국어 개사 연구와 긴밀하게 연관되어 있는 언어학 이론 문제(주로 문법화 이론과 개사 이론)와 어순 유형론을 근거로 중국어 개사를 연구한다. 중국어 개사를 구체적으로 연구하기 전에 우리는 우선 '마씨문통(馬氏文通)' 이래 중국어 문법학사에서 중국어 개사와 관련된 및 가지의 견해를 회고함으로써 단편적인 개사관의 유래와 그것이 중국어 문법학에 끼친 불리한 영향을 지적한다. 이러한 이론적 배경을 근거로, 단편적인 개사관의 부족한 점을 고려하여 새로운 중국어 개사 이론 프레임을 구축하고, 이 프레임으로 중국어 개사의 역사, 현황, 특히 오어를 분석한다. 마지막으로 중국어 개사 연구와 어순 유형론, 문법화 등 보편적인 이론과의 관계를 토론하여, 중국어 개사의 유형론 연구와 문법화 연구가 관련된 이론에 어떤 계발이 되는지를 총괄한 후, 개사 연구 가운데 아직 해결되지 않은 문제를 제시하려고 한다.

2. 언어유형론 개요

2.1 유형론의 형성: 고대부터 현대까지

현대의 인문사회과학은 모두 다른 사회, 다른 민족과의 비교 연구를 하고 있다. 학문의 성질로 보아, 대부분의 인문사회과학은 단일 민족, 문화 배경 하에서 생기고 존재하며 발전할 수 있다. 예를 들어, 문예학, 미학, 윤리학, 법학, 경제학, 사회학, 역사학, 교육학 등이 있다. 그러나 단일 민족 문화 배경 하에서 생길 수도 존재할 수도 없는 학과가 분명히 있다. 가장 대표적인 것이 문화인류학과 민족학(전 소련식 학과 분류 체계 속의 학과)이다. 이 두 학과의 연구 대상은 여러 민족 문화 간의 공통점과 차이점이고, 연구 방법은 바로 범-문화 간의 비교이다. 복수의 문화(유단청(劉丹青) 1991 참조)를 검토하지 않고 자신이 살고 있는 민족 문화 체계만 주목하고, 다른 민족의 문화에 대해 관심을 갖지 않고 심지어 거들떠볼 가치도 없다고 생각한다면 문화인류학과는 근본적으로 나타나지 않았을 것이다.

중국 고대에 사람들은 이하(夷夏)의 차이를 중시하여, 심지어 '犭', '虫'을 가진 '적(狄), 요(猺), 만(蛮)'으로 소속 민족을 일컬었다. 이러한 생각으로는 여러 민족의 문화를 객관적으로 비교할 수 없다. 비록 경학(經學), 사학(史學), 시학(詩學), 문장학(文章學)이 발전되어도 문화인류학과 같은 학문은 싹이 트지 못할 것이다. 언어학 분야에서 문법론, 음운론, 어휘론, 사회언어학, 심리언어학, 정보언어학을 비롯한 학문은 단일 언어 안에서 생기고 발전될 수 있는 반면에 언어유형론은 마치 언어학의 문화인류학과 같이 범—언어적 비교를 하며 존재한다. 만약 단일 언어(일반적으로 모국어)만 주목하여 다른 언어에 관심을 갖지 않고 그것을 하나의 실용적인 도구로만 생각하면 언어유형론이란 학문이 나타나지 못했을 것이다. 언어유형론은 언어학자들의 다른 언어에 대한 관심에서 시작되었다. 이러한 관심은 19세기의 유럽에서 초기의 언어유형론(고전유형론)이 나타나게 하였다. 이는 언어유형론의 초기 형태이다.

19세기 유럽의 고전유형론은 당시 유럽(특히 독일) 언어학자들의 여러 가지 이민족 언어에 대한 관심과 초보적인 분류의 시도에서 기원한다. 대표적인 인물로는 Friedrich von Schlegel(1772-1829), August Schlecher(1821-1868), Wilhelm von Humboldt(1767-1835), August Wilhelm Schlegel(1767-1845) 등이 있다. 이들의 가장 중요한 성과는 형태 분류법으로, 언어를 굴절어, 첨가어, 고립어(나중에, 미국 인디언 언어를 비롯한 종합어도 분류되었음)로 나눈다. 이러한 분류는 오늘까지 언어학에 영향을 주고 있다. 그러므로 당시의 언어유형론은 형태유형론이라고 할 수 있다. 그러나 고전유형론은 우리에게 위와 같은 유형분류법보다 더 중요한 이론 유산을 남겼다. 당시 일부 학자들은 언어의 각 요소 간에 상관성이 어느 정도 있는 보편성, 즉 언어 사이에 공통적인 특징이 있다는 것을 발견하였다. 이러한 생각은 진일보하여 정밀화, 체계화 되었고, 언어들의 특징과 관련된 함축적 관계 이론이 나타나게 하였다. Greenberg가 창립한 현대유형론의 이론적 기반 중 하나는 바로 함축적 관계이다.

그러나 고전유형론이 현대유형론으로 발전하는 길은 그리 평탄하지 않았다. 유형론은 구조주의 기술학파가 절대적인 우세를 차지하고 있는 20세기 초반에 별로 발전하지 못했다. 유형론의 발전은 어느 정도 언어들의 보편성을 전제로 한다. 언어들 사이에 보편성이 없다면 서로 비교할 수 있는 기반이 없고 언어의 분류도 할 수 없다. 구조주의 시기의 언어학은 언어들 간의 보편성보다 차이점을 강조하였다. 당시에 다음과 같은 격언이 있었다. '오늘의 인간언어의 공통 특성으로 인정된 것은 내일의 언어에서 더 이상 성립되지 못할 가능성이 크다.' 오로지 Sapir(1921: 중국어 역본 薩皮爾, 1962)를 비롯한 소수 학자들만이 유형론을 깊이 분석하였다. Sapir의 공헌은 유형 분류는 복잡하므로 다량의 언어를 간단히 어떤 유형에 귀납할 수 없다는 견해이다. 그는 범–언어에 대한 세밀한 분석을 통해 정성(定性)을 정량(定量)으로, 단일 매개 변수를 다양한 매개 변수로 바꾸는 분류 방안을 제출하였는데, 어떤 언어는 하나의 매개 변수(분류 기준)로 어떤 유형에 분류되고, 다른 언어는 다른 매개 변수로 다른 유형에 분류될 수도 있다는 것이다. 많은 언어들은 다양한 유형 속성의 종합체로서 단지 각 속성의 비중이 다를 뿐이라는 것이다. 그의 제안은 다루기 어렵지만 언어들의 형태론 측면의 복잡한 표현을 증명하였다. 그리고 다양한 매개 변수로 분석하는 견해는 그 후의 유형론의 발전에 계발적인 역할을 하였다. 구조주의 프라하학파 학자들과 미국으로 거처를 옮긴 R. Jakobson도 유형 분류에 어느 정도 기여하였다. 프라하학파는 언어 기능을 강조하였는데 현대 기능언어학 이론의 기원 중 하나이다. 프라하학파 학자들은 언어 기능의 측면에서 일부 언어들의 보편성과 유형적 사실을 연구 분석하였다. 예를 들어, 유형의 일치이나 조화가 언어의 경제성 원칙에 부합한다고 주장한다. Jakobson의 음성 측면의 보편성에 대한 연구는 가치 있고 주목할 만하다. 예를 들어, 그는 1958년(중국어 역본, 雅柯布森 2001: 70)에 마찰음(fricatives)이 없는 언어는 있지만 폐쇄음(stops)이 없는 언어는 없고, 폐쇄음과 파찰음(affricates)의 대립(예, /t/와 /c/의 대립)이 있는 동시에 마찰음이 없는 언어는 없다고 밝혔다. 이 말의 앞부분은 언어 보편성을, 뒷부분은 함축적 보편성, 즉 '폐쇄음과 마찰음의 대립은 마찰음이 있음을 함축함'을 지적하였다. 이러한 발견은 이미 고전유형론의 한계를 넘어선 현대유형론의 연구 성과이다.

이 책에서 주목하는 현대유형론, 특히 어순 유형론은 주로 Greenberg (1966[1963])가 창립한 것인데 고전유형론보다 여러 측면에서 비약적인 발전을 이루었다. 현대유형론은 다음과 같은 특징을 갖고 있다.

1. 명확한 연구 목적이 있다.

현대유형론은 인간 언어를 분류하는 것에 그치지 않고 범–언어 간의 비교를 통해 인간 언어의 보편성을 탐구함을 목적으로 한다. 따라서 유형론은 '언어의 보편성과 언어유형론'의 약칭이다.

2. 유형론의 연구 범위를 크게 넓혔다.

비록 형태론이 여전히 주목받는 분야이지만 유일한 연구 분야로 보지 않고, 20세기 이래 세계 언어학의 주류와 같이 형태론으로부터 통사론까지 분야를 확장하였다. 이는 고전시기의 형태유형론과 구별된다. 어순은 통사론 분야에서 가장 주목을 받고 깊이 연구되었다. 어순 유형론 연구의 범위는 통사 유형으로부터 화용 유형으로 확장되었다. 다음과 같은 20세기 90년대에 출판된 기능주의와 관련된 유형론 저서를 통해 현대유형론이 주목하는 분야와 연구 대상이 고전유형론과 얼마나 다른지 알 수 있다. Payne (1992): Pragmatics of Word Order Flexibility, Downing & Noonan (1995): Word Order in Discourse 등이 있다.

3. 더 완벽한 연구 규범과 연구 방법이 나타났다.

Greenberg(1966)가 표본 추출 조사의 방법으로 함축성 명제와 사분표를 방법으로 이용한 것은 유형론의 전형적인 연구방법이 되었다. 표본 추출, 통계, 추측 도출, 등급 계열의 구축 등 연구 방법이 끊임없이 발전되고 정밀화 되었다(예: Hawkins(1983)의 어순 유형론의 통계 방법에 대한 수정, Dryer의 표본 추출 방법에 대한 수정, 제3장 참조). 이러한 방법과 노력으로 유형론은 더 튼튼한 경험적이고 논리적인 기반을 가지게 되었다. 유형론의 방법은 형식언어학에도 많은 영향을 주었다. 형식언어학의 새로운 발전인 '최적성 이론(Optimality Theory)'은 유형론의 연구방법의 일부를 받아들인 것이다.

4. 기술에서 설명으로 발전된 것은 언어학 주류에 심각한 영향을 주었다.

현대유형론자는 언어 보편성을 구축하고 언어 유형을 분류하는 동시에 보편성에 대한 설명을 모색한다. 이를 위해 유형론은 언어의 담화 기능, 인지 기능, 생리와 신경 기제 등 다양한 분야의 연구와 결합하여, 특유의 연구 자료와 연구 방법으로 형식언어학과 기능언어학의 이론 성과를 검토한다. 따라서 유형론은 현대언어학을 발전시키는 중요한 힘이 되었다. 생성문법은 단일 언어에 대한 분석을 통해 '표준 이론'을 세우고, 보편적 설명력이 있는 '원리와 매개 변수 이론'을 구축하는데 목적을 두고 있다. 유형론은 생성문법을 발전시키는 중요한 동력이다. 생성문법의 정형적(configurational) 언어와 비정형적(non-configurarional) 언어의 구별은 유형론 연구에 참여한 생성문법 학자가 제기한 것이다. '원리와 매개변수' 구상 하의 유형론 연구는 유형론의 지류 분야로 보고 있다(Fukui 1995). 유형론의 기능언어학의 발전에 대한 촉진 작용은 보다 더 뚜렷하고 직접적이다. 이는 여러 저술에서 기능주의 사상과, 유형론의 자료와 연구방법을 토대로 논술한다고 설명한 것으로 알 수 있다. 예를 들어, Givón(1984), Van Vanlin & Lapolla(1997) 등이 있다. 기능주의 학자인 Dik(1997)은 촘스키의 언어학 연구의 목표인 관찰, 기술, 설명에 근거하여 화용, 심리, 유형 등의 세 가지의 분류를 제시하였다.

현대유형론의 이러한 발전, 특히 어순(개사 어순을 포함)에 대한 중시와 기본 연구방법은 Greenberg(1966)의 선구적인 논문까지 거슬러 올라갈 수 있다. 이 장 제3절에서는 이 논문에 대해 깊이 분석하여 유형론 이론, 연구 방법의 기본 특징을 설명한다. 이에 앞서 유형론과 형식, 기능주의를 간략히 비교한다.

2.2 유형론과 형식언어학, 기능언어학에 대한 간략한 비교

2.2.1 형식, 기능, 유형 삼대 유파의 이론적 경향

형식학파, 기능학파, 유형학파는 현대언어학의 삼대 주류 학파로 볼 수 있다. 형식주의와 기능주의는 언어 철학(즉 언어의 본질, 특히 문법의 본질에 대한 이해) 측면에서 서로 대립하고, 유형론은 연구 대상과 연구 방법 면에서 독특한 특성을 가지고 있다. 유형론자는 언어 철학 측면에서 신중한 태도를 취하는데 대부분이 온화한 기능주의자이거나 형식주의의 경향을 가진 학자도 있다.

형식학파나 유형학파는 모두 언어의 보편성을 중시하고 인간 언어의 보편성을 밝히는 것을 최우선 이론 목표로 하는데 보편성/보편적(universal)이 두 학파의 핵심 용어이다. 이는 세계 현대언어학의 주류 의식(국내 일부 언어학자들의 중국어 특성에만 몰두하며 인간 언어의 보편성에 대한 무관심한 것과 대조)을 보여 준다. 그러나 두 학파의 보편성에 대한 설명은 상당히 다르다.

형식학파의 주류는 Chomsky가 창립한 생성문법이다. 형식학파는 보편(universal)을 주로 형용사로 사용하고 있다. 그리고 자신이 탐구하는 것이 언어 사실 속에 숨겨 있는 언어의 공동된 언어능력, 즉 보편문법(Universal Grammar, UG)이며 한 언어의 문법은 보편문법과 그 자체 규칙의 결합체일 뿐이라고 주장한다. 생성문법 학자들은 보편문법이 선천적이고 보편적이라 어린이도 단기간에 습득할 수 있다고 한다. 유형론은 가산 명사의 의미인 보편성(universal)을 채택하여 그의 복수 형식을 종종 사용한다(즉 language universals, 언어의 보편적 특징으로도 변역됨). 언어의 보편성에 대해서는 언어들의 공동된 특징(예 모두 모음과 자음이 있으며 명사와 동사가 있음), 또는 언어 사실 간의 보편적인 관련성(예 VSO 언어는 모두 전치사를 가지고 있음)으로 본다. 즉 유형론은 언어들의 보편성과 보편적인 관련성을 밝히는 데 연구 목적을 둔다.

　　형식학파는 대체로 단일 언어를 연구 대상으로 한다. 예를 들면, Chomsky 는 영어에 대한 깊이 있는 고찰과 분석을 통해 '보편 문법' 이론 모형을 구축하 였다. 물론 많은 생성 문법 학자가 영어가 아닌 다른 언어의 문법을 연구하 기도 하지만 여전히 한 가지 언어를 대상으로 연구한다. 생성학파는 보편문 법이 모든 언어의 심층에 있다고 할 만큼 한 언어에 대해 깊이 연구함으로써 인간의 공통된 언어 능력을 밝힐 수 있다고 믿는다. 범-언어에 대한 연구는 단지 이러한 보편적 능력의 존재를 증명하기 위한 것이라고 생각한다. 이는 '우물을 파는 철학'과 같다. 땅 속에 지하수가 있으니 아무 데에서나 우물을 팔 수 있다는 말이다. 생성문법 학자들은 보편 문법이 인류의 선천적이며 내재적인 능력이고 통사적 자립성을 가지고 있기 때문에, 인지, 교제 능력과 같은 언어 외적인 측면의 고찰은 필요 없다고 주장한다. 그러나 유형론의 발전과 이에 따른 생성학파에 대한 도전에 직면하여 생성문법 학자들은 언 어의 다양성에 대해 갈수록 중요시하게 되었다. 나아가 '원리와 매개 변수이 론'을 제출하였다. 달리 말해, 언어 규칙은 인간 언어의 공통된 원칙이고, '특이한' 언어 사실을 매개 변수 범주에 넣는다. 어떤 매개 변수를 기준으로 한 언어를 고찰할 때 그 언어에 맞는 특유한 선택 항목을 설정할 수 있다. 이는 그들의 언어 간의 차이에 대한 해석이다. 생성문법 학자들은 이론적 측면에서 보편문법과 관련된 가설이 두 가지 방면에서 실증되어야 한다고 주장하였다. 그 중에 하나는 아동 언어의 발생과 발전에 대한 연구이며, 다 른 하나는 범-언어를 대상으로 하는 유형론 연구이다. 매사추세츠 공과 대학 Ken Hale을 비롯한 생성문법 학자들은 적극적으로 유형론 연구에 참 여한다. 이는 유형론을 형식학파에 접근하게 하였다. 물론 그들의 유형론 연구는 생성문법의 기본적 가설을 바탕으로 하기에 주류 유형론자의 연구 목적, 방법과 현저한 차이가 있다.

　　생성문법과 달리 전형적인 유형론자는 단일 언어 안에서 언어 보편성의 가설을 세운 적이 없다. 범-언어에서 검증을 받은 현상, 규칙, 경향이야말로 언어 보편성이나 우세한 경향을 가진 것으로 인정한다. 그러므로 유형론의 보편성은 보다 더 튼튼한 경험적 기초를 가진다. 형식문법이 귀납법으로 얻은 보편성은 표층 현상일 뿐인데, 형식문법이 탐구하려는 것은 현상의 보편성이 아니라 심층의 형식적 보편성이라고 주장하였다. 유형론에서의 고찰은 검증을 못 받는 '보편문법'의 규칙에 대해 검증할 수 있다. 형식 문법 이론의 변화가 빨라서 많은 가설들이 종종 몇 년 만에 학파 내부의 발전으로 부정되었다. 이는 다른 측면에서 범-언어의 검증을 못 받는 보편성이 미덥지 못하다는 것을 설명한다. 사실 유형론자는 종종 단일 언어나 몇 가지의 언어에 대해 깊이 연구한다. 그러나 구체적 언어를 연구할 때 언제나 유형론의 기존 연구 성과를 중시한다. 이는 그 연구가 범-언어에 대한 연구를 바탕으로 하는 구체적 연구이기 때문이다. 그 연구의 목적은 해당 언어의 특징 중에 어떤 것이 언어 보편성인지, 어떤 것이 언어 유형의 특징인지, 어떤 것이 그 자체만 가지고 있는 특징인지를 밝히는 데 있다. 이 책에서는 이와 같이 언어 보편성을 배경으로 구체적 언어의 방언에 대해 유형론적 연구를 할 것이다.

유형론자들은 언어의 보편성과 유형적 특징을 설명할 때 대부분 기능주의의 해석으로 기울어 교제 과정, 인지 능력 등의 측면에서 언어의 보편성과 언어 유형의 변천을 설명한다(Comrie 1989 참조). 이는 유형론의 이념을 기능학파에 접근하게 하였다. 기능학파는 선천적인 문법에 의해 인간 언어가 이루어진 것이 아니라, 언어가 인간의 교제와 인지 등을 달성하는 도구로서 언어 구조의 특징, 화용 표현, 변천 방식, 인간 언어의 보편성이 모두 언어의 기능에 의해 결정된다고 주장한다. 기능주의자, 특히 교제 기능을 중시하는 유파는 실제 화용 자료에 대한 연구를 강조한다. 그리고 대부분의 기능학자는 오늘의 언어와 어제의 언어를 결합하여 연구하는 것을 중시한다. 이는 공시적 연구와 통시적 연구를 엄밀히 구분하는 형식학파와 다른, 기능학파와 유형학파의 보편성이다. T. Givón, S. Dik 등을 비롯한 기능학파 학자들은 범 언어적 연구를 중요시하는 유형론자이기도 하다. 많은 유형론자는 기능적 설명에 주의한다. 예를 들어, Hawkins의 어순 보편성에 대한 설명, J. Haiman의 유사성이론에 대한 논술 등이 있다. 그러나 기능학파의 총체적 특징은 언어 간의 비교가 아니라 그 언어의 언어 철학이다. 따라서 어떤 기능학파 학자는 주로 단일 언어 연구에 종사한다. 예를 들면, 유명한 인지언어 학자인 Langacker는 영어에 대한 깊이 있는 연구를 통해 자신의 이론을 구축한다.

2.2.2 삼대 학설의 방법론 특징: Test(검사), Text(문맥), Attest(검증)

현대 언어학의 삼대 학설은 연구 방법에서 각자의 특징을 이루었다. 이 책에서는 그들의 핵심적 연구 방법을 발음이 비슷한 세 개의 단어로 표시한다. 즉 test, text, attest이다.

검사(test)란 화자 마음속의 어감에 의한 연구 방법이다. 이는 내성적 연구로 형식주의의 주요 연구 방법이다. 전통 문법 연구는 이미 나타난 문장을 모아 문법 규칙을 밝힌다. 중국어 문법 연구에서는 한때 '무일구무내력(無一句無來歷)'이란 관례가 있었다. 즉 전부 또는 대부분의 예문은 글에서 찾지 않았으면 문법 논문을 못 쓴다는 뜻이다. 형식문법의 관점에서 보면, 이러한 주장은 두 가지 문제가 있다. 첫째, 언어마다 말할 수 있는 문장 수가 무궁무진하기 때문에 수집할 수 있는 문장이 말할 수 있는 문장보다 매우 작은 부분이므로 이 작은 수의 문장으로 문법 규칙을 귀납하지 못한다. 둘째, 더 중요한 것은 수집한 문장을 통해 해당 언어에서 어떤 것은 문법에 맞고 말할 수 있는지를 알 수 있지만, 어떤 것은 문법에 맞지 않고 말할 수 없는가를 설명하지 못한다. 문법은 화자가 파악하는 문법 능력이지 실제 응용이 아니다. 즉 적절한 문장을 만들고 부적절한 문장을 피하는 능력이다. 적절하고 부적절한 문장들의 한계를 구분하기 위해 학자는 마음속의 어감, 즉 문장의 적절성 여부에 대한 판단 능력에 따라야 한다. 이론적으로 보면, 동일한 모국어를 가진 사람은 이러한 능력이 같다. 연구 대상 언어가 바로 연구자의 모어라면 연구자의 내성이야말로 가장 좋은 연구 자료이다. 이러한 연구 방법의 구체적 표현은 마음속의 검사이다. 만약 범-언어 자료를 통해 수집한 수천 개의 예문이 모두 '在大路上走(대로 위에서 달린다)', '往北京開(북경으로 가다)'와 같은 것이고 '走在大路上', '開往北京'과 같은 것이 없으면, 이는 '在…' 같은 전치사구가 동사 앞에 쓰일 수 있는 것을 증명할 수 있지만 동사 뒤에 쓸 수 있는 가능성을 제거할 수 없다. 왜냐하면 마음속의 검사로써 뒤의 두 문장(개사가 동사 뒤에 쓰임)은 자료에서는 못 찾았지만 적절한 것이기 때문이다. 그리고 더 많은 전치사에 대한 검사(예: '從大路上來(큰 길에서 온다) ~ * 來從大路上', '窗戶朝南開(창문이 남향이다) ~ * 窗戶開朝南' 등)를 통해, 동사 뒤에 쓰이면 안 되는 전치사가 많다는 것을 알 수 있다.

　이러한 것은 가장 간단한 예에 불과하다. 사실 전통문법도 부분적으로 내성 검사 방법을 사용하였다. 20세기 50~60년대에 주덕희(朱德熙)를 비롯한 소수 국내 학자는 수집한 예문이 아닌 내성 검사로 문법 연구를 하였는데 대다수 문법 학자보다 더 많은 성과를 거두었다. 현대 형식언어학은 새로운 이론을 내성 검사를 이용하여 문법의 합리성의 다양한 측면에서 제약을 검사하고, 나아가 그 제약 속에 숨어 있는 규칙과 원리를 확정하는 것이다. 그 검사 가운데에는 실제 자료를 수집하여 연구하는 학자들이 생각하지 못한 것이 일부 있다. 예를 들면, 생성문법에서 어떤 통사 위치는 통사 이동의 '금지 구역' 즉 소위 '외딴 섬'이다. 병렬단어가 바로 이러한 '외딴 섬'인데 병렬항의 일부는 그 병렬항을 떠나면(즉 원래의 위치에서 이동함) 안 된다. 아래의 예문을 보자.

(1) a. 我到過泰山。(내가 태산에 간 적이 있다.)
      ~ b. 泰山我到過[ti]。(태산에는 내가 간 적이 있다.)

(2) a. 我到過泰山和黃山。(내가 태산과 황산에 간 적이 있다.)
      ~ b. *泰山我到過[ti]和黃山。~ c. *泰山我到過[ti]黃山。

(1, 2)의 꺾쇠괄호는 '泰山'이 문두에 이동하여 화제가 되고 화제인 '泰山'과 동일지시의 흔적 ti가 남았음을 뜻한다. (2b, c)는 목적어가 병렬 구조일 때 그 병렬 성분의 하나를 이동하면 안 됨을 뜻한다. 여기서 주의할 점은 (2b, c)와 같은 오류 문장은 실제 언어 자료에서 찾을 수 없을 뿐만 아니라, 외국인이 만든 중국어 오류에서도 나타나지 않는다. 인간 언어의 보편성을 위반하기 때문이다. 마음속의 검사를 통해서만 이러한 깊이 있는 고찰이 가능하다. 내성 검사를 사용하지 않고 단일어를 자료로 하는 전통적 연구는 '외딴 섬' 조건과 같은 탐구하고 설명할 만한 언어 사실을 발견하지 못한다.

형식언어학의 검사 방법을 발전시키는 또 다른 방면은 언어 소통 여부뿐만 아니라, 통사적 성분이 의미의 동일성과 차이점에도 중요하다는 것이다.3) 따라서 학자들은 더 깊은 연구가 필요하게 되었다. 예컨대, 초기 생성문법이 제시한 주동문과 피동문의 변형 규칙은 문장이 전칭양화 성분을 가질 때 도전에 직면하였다. 왜냐하면 변형의 결과 의미가 달라지기 때문이다.

(3) a. Every student has read a book
    ≠ b. A book has been read by every student.

(3a)는 학생들이 모두 책을 한 권 읽었다는 뜻인데 그 책이 같은 것인지

---

3) 생성문법은 의미의 동일성과 차이점을 중시하고 구체적 의미로 통사 현상을 기술, 설명하는 것을 가능하면 피한다. 왜냐하면 동일성과 차이점은 같은 모어화자가 감지하고 실험하여 실증할 수 있는 것으로 의미에 대한 기술에 많은 주관성이 있어 일치된 의견을 얻기 어렵기 때문이다.

아닌지 분명하지 않다. (3b)는 (3a)에서 변형된 피동문이다. 그 뜻은 학생들이 같은 한 권의 책을 읽었다는 것이다. 왜 'a book'이 지칭하는 의미가 변했을까? 이는 생성문법의 전형적 이론으로 설명할 수 없다. 따라서 학자들은 양화사와 그의 역할에 대해 더 연구하기 시작하고, 어느 측면에서는 GB(Governing and Binding Theory: 지배와 결속)이론이 나타나게 촉진하였다. 생성문법의 의미 동일성에 대한 검사는 많은 학자들이 '자기'를 지칭하는 현상에 대한 연구에서 충분히 제시되었다. 자료 수집을 바탕으로 하는 전통문법의 연구는 이러한 시각과 관찰 결과를 얻기 어려울 것이다. 실험 방법의 또 다른 특징은 '실험실' 정신이다. 즉 사용된 예문의 검증에서 연구와 관련된 요소를 집중적으로 논의하고 되도록 연구와 무관한 성분은 언급하지 않는다. 예를 들면, (2)에서는 병렬항의 이동 문제에 주목하기 때문에 '從前'(이전에), '我小時候'(내가 어렸을 때) 등과 같은 부사어, '跟我爸'(우리 아버지랑), '著名的旅遊勝地'(유명한 관광지) 등과 같은 동격어(我小時候跟我爸到過著名的旅遊勝地泰山和黃山(내가 어렸을 때 우리 아버지랑 유명한 관광지인 태산과 황산에 간 적이 있었다)과 같은 문장을 삽입하지 않았다. 언급하는 성분이 많을수록 이동에 제약을 주는 요소가 어느 것인지 구분하기 어려워진다. 전통문법 연구는 문헌 속에서 예문을 찾는 것을 소중히 생각하기 때문에 예문이 흔히 복잡하다. 이러한 문장은 형식문법의 실험실적 요구와 부합하지 않는다.

　　검사법의 특징은 모어화자(일반적으로 연구자 본인)의 내성 판단에 의해 적절하고 부적절한 문장(*표지를 가진 것)의 한계를 탐구하며 관련된 통사 성분의 의미적 동일성과 차이점에 주목하고 가능한 한 관계가 없는 성분을 포함하지 않은 예문을 사용한다.

　　기능학파(여기서 언어의 교제 기능을 중시하는 기능파의 주류를 가리킴)의 연구 방법은 형식문법과 큰 차이가 있다. 기능주의자는 내성을 통해 얻은 실험실 문장이 아닌 진실한 문맥(text)에서 나온 문장에 주목한다. 기능문법은 언어와 문법이 교제 기능과 밀접하게 관련되어 있기에 문법 분석은 실제 문맥, 특히 구어를 대상으로 해야 한다고 주장한다. 기능주의 학자는 문법 구조가 나타나는 환경, 정보 구조, 출현 빈도, 나타내는 기능 등을 중시하며 언제나 언어 환경을 벗어나지 않는다고 생각한다. 기능문법은 문법 연구에서 형식문법 실험에서 많이 사용하는 문장들(예를 들면, '我認爲張三同意李四支持王五派遣趙六調査自己的問題'(나는 장삼(張三)이 왕오(王五)가 조육(趙六)한테 자신의 문제를 조사하라고 하는 것에 대해 지지하는 이사(李四)의 주장에 동의한다고 생각한다))가 가치가 별로 없다고 생각한다. 이러한 문장은 실제 언어 자료 속에서 찾지 못할 것이기 때문이다. '把'자문에서 형식문법이 주목하는 것은 어떤 통사 조건에 맞는 타동 구조로 '把'자문이 이루어지는지, 어떤 술목(술어와 목적어)구조와 '把'자문이 서로 전환할 수 있는지, 어떤 타동 구조가 술목구조가 아닌 '把'자문만으로 쓰이는지 등의 문제이다. 기능문법은 이런 연구로는 부족하다고 생각한다. 설령 '把'자문과 술목구가 어떤 조건 하에 서로 전환할지라도 다른 조건 하에서는 종종 전환할 수 없다. 술목구조로 표시하는 것을 '把'자문으로 표시할 수 없고, 반대의 경우도 마찬가지이다. 기능문법이 주목하는 것은 '把'자문, 술목구, 대상화제구 및 '被'자구 등이 각각 어떤 언어 환경에 쓰이는가, 어떤 화용론과 담화 기능을 가지고 있는가, 중국어 타동구조 표현에서 이러한 구조가 차지하는 비율이 얼마인가? 등이다. 이러한 문제를 해결해야 '把'자문을 비롯한 구문의 특징을 파악할 수 있다고 생각한다. Sun과 Givón(1985)의 'On the SO-called SOV word order in Mandarin Chinese: a quantified text study and its implications', 장왕희(張旺熹: 1991)의 "'把'자문 문맥 환경에 대한 통계 분석'은 다 이러한 연구에 속한다. '순수한' 기능주의자는 정태적 통사구조에 대해서도 의심을 가진다. 전통적 통사 개념인 '문장, 구' 등이 진정한 문법 단위가 아닐 수 있고, 언어 자료 중 휴지를 두거나 특정한 어조 특징을 가진 것이야말로 자연적이고 진실한 문법 단위이며 문법 연구의 대상이다. 도홍인(陶紅印)의 견해는 바로 이러한 기능적 관점에 가깝다. 그는 '발화 단위 (speech units)'는 문법 성분과 어조 단위의 대응물로서 언어 생성 과정 중의 진실한 단위로 언어 연구에 알맞은 분석 단위라고 주장한다(1996: 175).

기능문법과 전통문법은 모두 실제 언어 자료를 연구 대상으로 하지만 구체적 조작 방법은 크게 다르다. 1. 기능문법은 문법 단위와 실제 언어 환경과의 관계를 중요시하지만 전통문법은 텍스트에서 예문을 뽑아 연구하기 때문에 언어 환경과의 관계를 소홀히 한다. 2. 기능문법은 실제 언어 자료의 모든 문법 단위에 주목하지만 전통문법은 그러한 문법 단위를 도치, 불완전, 구조 불필요(영어·贏餘) 등으로 본다. 그 대신 전통문법은 일반적으로 '완전한 구조'를 가진 문장을 연구한다. 3. 기능문법은 언어 자료 전체의 동질성을 중시하여 문체에 따라 분류 고찰하며 진실하고 자연스러운 담화 연구를 중요시한다. 전통문법은 문체 구분 없이 모든 예문을 함께 논의하고, 정성을 들여 다듬은 서사어에서 예문(구조가 보다 더 완전한 것)을 골라 이용한다. 4. 기능문법은 계량화 분석에 관심이 크다. 문법 구조가 나타내는 빈도는 기능문법의 영혼이라고 해도 과언이 아니다. 전통문법은 일반적으로 계량적 분류를 하지 않고 '종종', '별로'와 같은 주관적인 말을 쓴다. 그러므로 기능문법의 연구 성과는 전통문법과 크게 다르다.

요컨대, 기능문법의 연구 방법은 진실한 언어 자료, 특히 구어와 담화 자료를 취하고, 언어 자료에서 나타나는 모든 단위(정성을 들인 것, 지리멸렬한 것에 관계없이)를 주목하고 문법 단위와 언어 환경과의 관계를 중요시하며 일반적으로 통계에 의해 계량적 분석을 한다.

유형론의 연구 방법은 전통문법과 아주 가까우면서도 다르다. 아주 가깝다는 말은 유형론이 주목하는 술목구, 이중목적어구, 소속구조와 같은 기본적인 통사구조가 바로 전통 문법의 핵심 분야라는 뜻이다. 유형론은 형식문법처럼 '我認爲張三同意李四支持王五派遣趙六調査自己的問題' 중의 '自己'가 누구를 지칭하는지의 문제에 무관심하며, 삽입된 성분을 추출하여 의문 대상으로 생각하지 않고, 기능문법처럼 진실한 담화 자료 중에 각종 지리멸렬한 언어 단위에 대해 깊이 탐구하지도 않는다. 크게 다르다는 말은 전통문법과 형식문법, 기능문법은 모두 어떤 언어 내부에 대해 연구하지만 유형론의 핵심적 방법은 범–언어에 대한 검증(attesst)이라는 뜻이다. 달리 말해, 어떤 언어의 통사 구조가 다른 언어들(또는 다른 방언이나 같은 언어의 다른 시기)에는 분포와 표현, 구조로 존재할 수 있는지를 검증하는 것이다.

유형론의 검증을 위주로 하는 연구 방법은 유형론의 연구 목적과 관련되어 있다. 유형론은 인간 언어의 보편적 규칙과 경향을 탐구하며 언어 요소 간의 관계에 대하여 주목하고 언어 요소의 특징에 따라 언어들을 분류한다. 유형론자는 범–언어에서 나타나는 언어 요소의 수가 자주 논리상의 수보다 적은 것을 발견한다. 이는 바로 언어의 보편성을 드러낸다. 따라서 방법론의 면에서 보면, 유형론은 우선 논리상의 모든 가능성을 제시하고 다량의 언어로 그 가능성을 검증하는데, 성립되는 것은 언어 보편성에 맞고 성립되지 않는 것은 언어 보편성에 어긋난다. 예를 들면, 수여(附與)행위(我給他書(내가 그한테 책을 준다))는 언제나 세 개의 논항: 행위자(我), 대상(書), 수여자(他)가 필요하며 이중 타동 구조가 된다. 이중 타동은 의미격의 논항 구조이지 통사 구조가 아니다. 행위자는 일반적으로 주어가 되고 대상과 수여자에 대한 통사 분석은 언어에 따라 다르다. 논리상으로 보면 다음과 같은 경우가 있다. 1. 대상은 목적어가 되고 수여자는 사격(oblique, 즉 허사가 도입되는 논항, 예: '獎一本書給他'(책 한 권을 상으로 그한테 수여한다))이 된다. 2. 대상과 수여자가 다 목적어가 된다(이중 목적어구, 예: '獎他一本書'(책 한 권을 상으로 그한테 수여한다)). 3. 대상과 수여자가 다 사격이 된다(예: '把一本書獎給他'(책 한 권을 상으로 그한테 수여한다)). 4. 수여자는 목적어가 되고 대상은 간접격이 된다(예: '*把一本書獎他'가 안 되고, '把一本書給他'(책 한 권을 그한테 준다)가 됨). 다음에는 데이터베이스에 의해 이 네 개의 논리상의 가능성을 검증한다. 지금까지 우리가 고찰한 결과를 보면, 1은 모든 언어에 다 있고 2, 3은 전부는 아니지만 많은 언어에 있고 4는 거의 없다. 중국어의 '給' 등 몇 개의 동사는 '把'자문의 발달로 인해 이러한 구문에 쓰일 수 있지만 '奬'과 같은 대부분의 전형적 수여 동사는 이런 구문에 쓰일 수 없다. 이에 근거하여 약간의 보편성을 밝힐 수 있다. 1. 수여 이중 타동 구조의 가장 자연스러운 통사 구조는 대상이 목적어가 되고 수여자가 사격으로 되는 것으로 이중 목적어 구조가 아니다. 대상과 동사의 관계가 수여자와 동사의 관계보다 더 긴밀하다. 2. 가장 어려운 수여 이중 타동 구조는 수여자가 목적어가 되고 대상이 사격이 되는 통사 구조이다. 이 구조가 이루어지기 어려운 것은 이러한 통사 구조는 동사에 가까운 것은 멀고, 먼 것은 가까운 상태가 되었기 때문이다(이중 타동 구조에 대한 유형론적 분석은 유단청(劉丹靑) 2001b 참조).

요컨대, 검증법은 일반적으로 순수한 통사적 범주(이중목적어구조)가 아닌 의미와 화용 기능 범주(예: 수여이중타동구조)에서 출발하여 분석한다. 왜냐하면 의미와 화용 기능은 인간 언어에 보편적으로 존재하는 것으로, 비교의 기준이 되면 합리적이다. 반대로 어떤 순수한 통사적 범주는 특정한 언어에만 있고 다른 언어들은 통사적 수단, 심지어 문법적 수단이 아닌 수단(예: 어휘 수단)으로 그러한 의미를 나타낼 수도 있기 때문이다. 예를 들어, 우리는 복수 개념을 다른 언어들의 표현에서 비교할 수 있지만 복수 형태의 표현을 가지고 충분히 비교할 수 없다. 복수 형태가 없는 언어가 많기 때문이다. 검증법의 기초는 가능한 한 크고 균형이 잡힌 데이터베이스를 구축하는 것이다. 검증법은 일반적으로 기본 범주를 나타내는 통사적, 형태적 현상에 주목한다.

이 삼대 학설은 각각 장점과 단점을 동시에 가지고 있다. 다음은 각 학설의 방법론에서의 제한성에 대한 간략한 분석이다.

형식학파는 정성적인 면(합리와 비합리의 구분)은 주의하고 정량적인 면을 소홀히 한다. 사실 문법의 합리와 비합리를 구분하는 정성적 표준은 없다. 문장들마다 합리성이 다르고 같은 문장의 합리성도 사람의 어감과 언어 환경에 따라 다를 수 있다. 그러므로 합리적인 문장과 비합리적인 문장(*표시를 가진 것) 사이에서 합리성이 적은 문장(?표시를 가진 것)이 나타났다. 이러한 합리성 등급은 통사적 합리성을 계량화할 수 있음을 뜻한다. 합리성이 많은 것은 출현 빈도가 높고, 쓰일 수 있는 언어 환경도 다양하고, 중성적이며 보다 많은 인증을 받는다는 뜻이다. 합리성이 적다는 것은 종종 출현 빈도가 적으며 특별한 언어 환경이 필요하며 인증을 적게 받는다는 뜻이다. 이는 기능문법이 중요시하는 요소이다. 형식문법은 어감에 의해 단일 언어에 대해 깊이 연구한다. 문제는 단일 언어에 대한 연구를 통해 밝힌 규칙은 일반적으로 인간 언어의 보편적 규칙과 개별 언어 특유의 규칙 집합체이다. 연구자 자체도 이를 구분할 능력이 없다. 구체적 언어의 특징이 형식문법이 말하는 보편적 문법 규칙들과 뒤섞이는 것은 피하기 어려울 것이다.

기능문법은 실제 언어 자료에 대한 연구를 중시하는데 실제 언어 자료와 관련된 요소가 유난히 많아서 연구자는 상관 요소와 무관한 요소를 구분하기 어렵다. 텍스트 내의 통사 구조는 내용의 제약이 많아서 어떤 기본적 구조는 이러한 원인으로 나타나지 않는다. 예를 들어, 중국어 학계에서 수십 년간 토론한 '王冕七歲上死了父親'(왕면(王冕)은 일곱 살 때 아버지가 죽었다)은 학자들이 중국어의 상용 구조로 인증해 왔다. 이 문장 구조의 합리성과 기본성을 의심한 학자는 한 사람도 없다. 그러나 어떤 학자는 천만 자의 표준어 언어 데이터베이스를 검색한 결과, 이 구조에 속하는 '死'자를 가진 문장을 하나도 찾아내지 못하였다. 만약 순전히 언어 자료에만 근거하면 이렇게 중요한 구조마저도 간과될 것이다. 뿐만 아니라 각 텍스트가 다 유일하기 때문에 텍스트 분석을 통해 얻은 어떤 결론이 그 텍스트 중의 문제를 설명할 수 있지만 다른 텍스트 중의 문제도 설명할 수 있다고 할 수 없다. 이러한 분석 방법은 형식 문법이 추구하는 중복 가능성과 예측 가능성이 부족하다. 그러나 중복 가능성과 예측 가능성은 과학성의 중요한 지표이기도 하다. 마지막으로 단일 언어에 대한 연구를 통해 귀납한 기능적 원칙은 반드시 인간 언어의 공통 원칙이라는 것은 아니다. 그 중에 어떤 것은 개별 언어의 규칙일 뿐이고, 어떤 것은 언어 단체의 문화적 특징과 연관된 규칙이다.

유형론의 연구 방법은 단일 언어를 대상으로 하는 연구가 '부분으로 전체를 판단한다'는 폐단을 제거할 수 있다. 그러나 유형론의 검증법에 제한성이 절대적으로 없다고 할 수 없다. 유형론자는 수많은 언어의 전문가가 될 수 없고, 여러 언어의 모어화자도 될 수 없다. 인간 언어의 총수에 비해 유형론자가 잘 아는 언어의 수는 많지 않고 내성 검사로 할 수 있는 언어의 수는 보다 더 적다. 그러므로 간접적 언어 자료에 의하여 연구할 수밖에 없다. 간접적 언어 자료들은 상세함과 간략함이 달라 많은 언어를 비교할 수 있는 항목은 소수의 기본적 문법 현상뿐이다. 따라서 유형론은 형식학파처럼 고도로 내성적 어감에 의해 세밀하게 통사적 문제를 연구할 수 없고 기능학파처럼 어떤 구조가 나타나는 환경을 세심하게 고찰할 수도 없다. 예를 들면, '자기'의 지칭 관계와 같은 미세한 문제는 일반적인 언어 기술 보고로 검증되지 못한다. 이중 타동 구조의 몇 가지의 통사적 변체가 적응되는 언어 환경 조건도 일반적이며 기술적 저술로 검증되지 못한다. 이 외에도 검증법은 언어 기술의 질에 각별히 의지한다. 영어, 일본어, 러시아어, 독일어와 같은 큰 어종의 자료는 문제가 별로 없다. 그들에 대한 기술은 많은 학자들이 연구하고 있어서 믿을 만하다. 평판이 좋은 저술만을 검증에 사용하면 된다. 그러나 대량의 작은 언어 단체, 특히 원시 부락의 언어 기술 보고는 흔히 유일하므로 인용자는 그 보고의 질을 변별할 수 없다. 따라서 질이 낮은 기술 자료는 인용자에게 의존할 수밖에 없다.

사실 언어 유형론자는 자주 구체적 언어에 대한 조사, 기술, 연구에 큰 노력을 기울인다. 보기 드문 작은 어종에 대해 조사, 기술을 하는 것은 유형론 검증에 보다 더 많은 대조할 만한 자료를 제공할 뿐만 아니라 기술의 질과 효과도 보증할 수 있다. 왜냐하면 유형론 시각을 가진 학자들은 구체적 언어를 기술하는 학자보다 구체적 언어의 요소 중에 어떤 것이 중요한지, 어떤 것이 대비할 만한지, 어떤 것이 그 언어의 특징을 보다 잘 표현하는지를 잘 알 것이다. 유형론자는 개별 언어에 대한 연구에도 관심을 가지고 있다. 그들은 언어 보편성의 시각을 가지고 있으므로 구체적 언어 중에 유형론적 가치가 있는 사실과 그 속에 숨어 있는 언어의 보편성을 밝힐 수 있다. 이와 동시에 구체적 언어의 연구에서 나타나는 문제는 유형론자로 하여금 새로운 항목을 만들고, 여러 언어로 그것을 검증하게 할 것이다. 언어유형론은 바로 '수많은 언어의 검증>구체적 언어에 대한 조사 연구>수많은 언어의 검증'과 같은 순환에서 발전되어 인간 언어의 보편성과 본질에 날로 가까이 접근할 것이다.

2.3 Greenberg의 어순 유형론

Greenberg(1966)의 어순 유형론에 대한 연구를 간략히 소개하고 그의 어순 유형론 패턴에 존재하는 모순을 분석한다. 그가 제시한 45가지의 보편성에 대해 자세하게 논술하지 않고, 함축적 보편성의 논리적, 경험적 기초와 매개 변수인 개사의 역할을 중심으로 논의한다.

2.3.1 함축적 보편성과 사분표

Greenberg(1966)는 수많은 언어 요소들 간의 보편적 관련성과 관련된 고전유형론의 인상적 고찰을 명확한 함축적 보편성으로 바꾸었다. 이는 그의 가장 큰 공헌이다. 그는 표본 추출 방법으로 30개의 언어를 포함하는 언어 표본을 구축하고, 나중에 수많은 인용을 받은 어순과 관련된 많은 보편성을 밝혔다. Greenberg의 연구 방법에 의하면, 언어 표본에 대한 고찰, 통계를 통해 얻은 함축적 보편성은 두 개의 논리적 등가 형식으로 표시될 수 있다. 이 중, 상대적으로 간단한 형식은 함축적 명제이고, 보다 더 상세한 형식은 사분표(tetrachoric)이다. 간단한 부호와 예로 Greenberg 함축적 보편성의 논리적 형식을 분석한다.

우선 함축적 명제를 보자. 만약 우리가 Greenberg가 논의한 함축적 관계를 가지고 있는 두 가지 언어 요소를 알파벳으로 표시하면 함축적 명제를 문자식 (4a)나 함축 관계 논리식 (4b)로 표시할 수 있다.

(4) a. 문자식: 만약 P라면 Q이다.
     b. 논리적 함축식: $P \supset Q$

(4)에서 P는 함축하는 자(implicature) 또는 전건(前件), Q는 함축된 자(implicatum) 또는 후건(後件)이라고 한다. (5)는 (4)의 실례이다.

(5) a. 어떤 언어의 유성 자음에 유기음과 무기음의 대립이 있으면 무성 자음에도 이러한 대립이 있다.
     b. 유성 유기음 대 유성 무기음 $\supset$ 무성 유기음 대 무성 무기음

(5)는 대량의 언어의 고찰을 통해 얻은 결론이다. 유성 자음에 유기음과 무기음의 대립이 있지만, 무성 자음에 이러한 대립이 없는 언어가 있으면 (5)는 더 이상 성립되지 못한다.

(4)에 의하여 (6)과 같은 논리적 등가 유도식을 얻을 수 있다. 이는 다른 경험적 증명이 필요하지 않다. 그러나 다른 경험적 증명 없이 (4)에 의하여 (7)의 결론을 얻을 수 없다.

(6) $-Q \supset -P$

(7) ~P ⊃ ~Q

(5)를 예로 설명하면 '~Q ⊃ ~P'는 어떤 언어의 무성 자음에 유기와 무기의 대립이 없으면 유성 자음에도 유기와 무기의 대립이 없다는 뜻이다. 영어는 바로 이러한 언어 유형이다. 그러나 유성 자음에 유기와 무기의 대립이 없다는 것으로 무성 자음에 유기와 무기의 대립이 없다는 결론은 내릴 수 없다. 중국어 오(吳)방언이 유성 자음에 유기와 무기의 대립이 없는 동시에 무성 자음에 여전히 유기와 무기의 대립이 있다는 것은 (5)에 어긋나지 않는다. 어순 유형 패턴은 이 믿을 만하지 못한 (7)을 통해 구축되어 상세한 설명이 이루어졌다.

어순은 둘, 또는 둘 이상의 문법 성분이 선형 순서에서 나타나는 상대적 위치를 가리킨다. 만약 각 성분을 하나의 알파벳으로 표시하면 알파벳의 순서는 성분 간의 순서를 나타낸다. (4)는 (8)로 표시될 수 있다.

(8) WX ⊃ YZ

예를 들면, Greenberg의 보편성 25(GU25로 약칭)는 '만약 대명사 목적어가 동사에 뒤따르면, 명사 목적어도 그렇다'고 지적하였다. 우리는 V로 동사를, On과 Op로 명사 목적어와 대명사 목적어를 표시하면 GU25는 (9)로 형식화할 수 있다.

(9) VOp ⊃ VOn

그리고 W와 X로 구성된 어순에서 자유 어순의 경우를 제외하면 ~WX = XW이다. (4)로 등가의 (6)을 이끌어 낼 수 있는 것처럼 (8)로 등가의 유도식인 (10)을 이끌어 낼 수 있다. 하지만 (11)을 이끌어 낼 수 없다.

(10) ZY ⊃ XW

(11) YZ ⊃ WX

　GU25를 예로 이를 설명하자. 이 보편성에 의해 명사 목적어가 동사를 앞서면 대명사 목적어도 동사를 앞선다. 일본어, 티베트어 등은 모두 이러한 언어이다. 만약 이때 대명사 목적어가 여전히 동사에 뒤따르면 GU25에 어긋날 것이다. 즉 GU25는 더 이상 성립되지 못할 것이다. 그러므로 (8)과 (10)은 등가이다. 또한 GU25로 명사 목적어가 동사에 뒤따르면 대명사 목적어가 동사에 뒤따라야 하는지 마는지를 알 수가 없다. 예를 들면, 불어의 명사 목적어는 일반적으로 동사에 뒤따르지만 대명사 목적어는 동사를 앞선다. 이는 GU25에 어긋나지 않는다.

　만약 함축적 관계가 한 방향이고 쌍방향이 아니면 더 이상 '만약……면'(if)로 표시되지 않고 '……때에만'(if and only if, iif로 약칭)로 표시될 것이다. Greenberg가 발견한 함축적 보편성의 대부분은 한 방향의 함축적 관계이다.

　사분표를 보면, 함축적 보편성은 모두 (4)와 논리적 등가인 사분표로 표시된다. 사분표는 함축적 관계 양측 간의 공존과 배척의 여러 가지 가능성을 상세하게 나타내는 함축적 명제의 분석적 표현 수단이다. (4)는 (12)와 같은 사분표로 표시될 수 있다.

(12)

+P, +Q	−P, +Q
*(+P, −Q)	−P, −Q

　함축적 명제가 있어, P가 참이고 Q가 거짓이라는 경우(위에 *표시를 가진 것)는 제외되어 있다. 모든 함축적 보편성을 사분표로 표시하면 성립되지 않는 빈 칸이 있다. (5)는 (12)의 식으로 표시되면 (13)이 될 수가 있다.

(13)

+유성 유기, +무성 유기	-유성 유기, +무성 유기
*(+유성 유기, -무성 유기)	-유성 유기, -무성 유기

문자로 표시하면 다음과 같다.

(14) a. 유성 자음은 유기와 무기의 구분이 있고 무성 자음도 그렇다. 가능
  (예: 힌디어)[4]
  b. 유성 자음은 유기와 무기의 구분이 없고 무성 자음은 그러한 구분이 있다.
  가능(예: 중국어에 속하는 오어와 옛 상어(湘語))
  c. 유성 자음은 유기와 무기의 구분이 있고 무성 자음은 그렇지 않다. 불가능
  d. 유성 자음은 유기와 무기의 구분이 없고 무성 자음도 그렇다. 가능
  (예: 영어)

두 가지 언어 현상의 데이터베이스에서의 분포를 검토할 때 빈칸을 가지고 있는 사분표를 구축하면 어순 보편성을 확립할 수 있다. (8)을 사분표로 표시하면 (15)가 된다.

(15)

WX, YZ	XW, YZ
*(WX, ZY)	XW, ZY

GU 25는 사분표로 표시되면 (16)이 된다. V는 동사이며, Op는 대명사 목적어이며, On은 명사 목적어이다.

(16)

VOp, VOn	OpV, VOn
*(VOp, OnV)	OpV, OnV

Greenberg의 함축적 보편성에 대한 연구로 인간 언어 보편성 연구의 새

---

4) 유성 자음이 유기인지 아닌지는 확실한 음성학 본질(phonetic nature), 예를 들어, 기화성 (氣化聲-murmur)이 아닌 음운론적 지위(phonological status)에 의해 제기된 것이다.

로운 길이 개척되었다. 인간 언어에서 현상의 보편성, 또는 생성학파가 말하는 실체적 보편성(substantial universals)은 발견하기 쉽다. 예를 들면, 모든 언어는 자음과 모음으로 구성된 음절이 있고 품사의 차이도 있다. 그러나 이러한 논의는 다른 어종들 간에 공유하는 현상이 그리 많지 않기 때문에 우리를 실망시킨다. 그러나 Greenberg의 함축적 보편성은 서로 다른 현상 속에는 인간 언어의 보편성이 많이 함유되어 있다는 것을 나타낸다. 이것이 다른 언어 현상 간의 함축적 관계이다. 어떤 언어에 P현상이 있는지 없는지는 P현상과 Q현상 간의 함축적 관계에 어긋나지 않을 것이다. 그래서 서로 상관없는 언어 현상들이 관련되어 있으면, 차이를 보이는 현상들이 보편성을 나타낼 수도 있다. 밝힐 수 있는 보편성의 수가 크게 증가된다.

물론, 수천 언어에서 모든 '보편성'이 완전히 귀납, 추리에 의해 얻은 결과는 아니다. 현실적으로 모든 '보편성'은 유한한 어종의 고찰에 의해 얻은 것이기 때문에 데이터베이스의 규모와 대표성은 고찰 결과에 영향을 미칠 수 있다. 그리고 어떤 데이터베이스에서는 함축적 보편성이 언제나 절대적 사분표에 의존하지는 않는다. 예컨대, Greenberg가 제시한 부분적 함축적 보편성은 네 개의 칸의 어종 수가 많이 다름(절대적 결원이 없음)을 근거로 제시된 것이다. 이때 보편성은 종종 빈도라는 수식어를 가진다.

> (17) GU4: 우연보다 훨씬 높은 빈도로, SOV 어순이 정상 어순인 언어들은 후치적이다.

어종이 극히 적은 칸은 '준(准) 빈칸'이다. '준 빈칸'에서 나타나는 개별 어종은 보편성의 예외이다. 이러한 공통성은 엄격한 함축적 보편성이 아니라 Comrie(1989: 19-23)가 말한 '경향'이다. 그러나 이러한 '경향'은 여전히 언어학적 의의를 가지고 있고, 다만 예외 없는 함축적 보편성보다 설명력은 약간 약하다. Greenberg의 데이터베이스는 지역, 계보, 유형의 균형을 고려하여 구축되었지만 30개의 언어에 불과하다(게다가 가장 많이 사용되는 중국어가 '우연히' 없다). 이는 수천 개의 인간 언어의 수에 비해 너무 적다. 데이터베이스가 확대되면서 작은 범위에서 검증받은 함축적 보편성은 예외 때문에 경향이 될 것이다. 진정한 예외 없는 함축적 보편성은 별로 많지 않지만 차이가 큰 어종 분포는 유형론적 '힘'을 나타내는 것을 우리는 믿는다. 그리고 사분표에 빈칸(空格)이 둘 있는데, 고찰된 두 항목은 동시에 양수나 음수이어야만 참이고, 하나가 양수이며 하나가 음수인 경우는 거짓인 것은 밝히기 어려운 쌍방향 함축적 관계이다.

2.3.2 우세 어순의 발견

대부분의 함축적 보편성은 한 방향성이다. 한 방향성은 함축적 관계의 양측이 언어 현상의 분포 면에서 대등하지 않음을 뜻한다. 위의 (5)(사분표로 표시된 (13))를 여기서 (18)로 다시 번호를 붙이고, 예를 들어 논의한다.

(18) a. 유성 유기 대 무성 유기 ⊃ 무성 유기 대 무성 무기

+유성 유기, +무성 유기	−유성 유기, +무성 유기
*(+유성 유기, −무성 유기)	−유성 유기, −무성 유기

(18)은 유성 자음에 유기와 무기의 대립이 있는지 없는지와 관련된 전제 조건이 있다. 즉 무성 자음에도 유기와 무기의 대립이 있어야 된다는 것이다. 그러나 무성 자음에 유기와 무기의 대립이 있는지 없는지 아무런 전제 조건이 없다. 이로써 함축적 보편성은 함축된 자 (후건(後件))가 함축하는 자(전건(前件))에 비해 우세 항목이라는 것을 알 수 있다. 사분표에 우세 항목은 언제나 두 번이나 나타나고 비우세 항목은 한 번만 나타난다.

어순의 경우도 마찬가지다. 함축된 자 위치에 있는 어순은 함축하는 자 위치에 있는 어순의 비해 우세한 어순이다(dominant order, Dik 1997: 34-41은 우선성(priorities)으로 우세 어순을 비롯한 각종의 우세 현상을 가리킴). 어순

의 함축적 보편성에는 하나의 등가 추리식이 있다. 즉 위에서 논의된 (8)(WX ⊃ YZ)와 (10)(ZY ⊃ XW)의 관계이다. 그래서 (8)을 통해 (8)의 후건인 ZY는 전건인 XW에 비해 우세하다. (10)의 후건인 XW는 전건인 ZY에 비해 우세하다. GU25를 예로 들면, 명사 목적어가 동사에 뒤따르는 것은 대명사 목적어가 동사에 뒤따르는 것보다 우세 어순이며, 대명사 목적어가 동사를 앞서는 것은 명사 목적어가 동사를 앞서는 것에 비해 우세 어순이다. 불어가 바로 이러한 언어이다.

아쉽게도 Greenberg(1966)는 위에서 논의한 것처럼 논리적 형식으로 함축적 보편성 중의 우세 어순을 표시하지 못하였다. 다만 그의 분석 과정에서 이러한 고찰이 포함되었다. Greenberg(1978)에서야 이와 관련된 논리적 서술을 하였다. 그 후의 어순 유형론 패턴이 우세 어순 현상을 소홀히 하거나 무시한 것은 Greenberg가 애초에 정면으로 우세 어순 현상을 강조하지 않았던 때문이 아닌가 생각한다(3.1 참조).

우세 어순은 언어 가운데 주목할 만하고 합리적인 해석을 해야 하는 현상이다. 그리고 우세 어순은 함축적 보편성뿐만 아니라 비함축적 보편성에도 있다. 특히 비함축적 경향 보편성으로 나타난다. Greenberg(1966)에는 이러한 보편성이 포함되어 있다.

(19) GU14: 조건 종속절이 모든 언어에서 주절을 앞서는 것은 정상적인 어순이다.

(19)를 통해 우리는 조건 종속절이 주절을 앞서는 것이 우세 어순임을 알 수 있다. 이러한 우세 어순은 반드시 다른 어순과 공존해야 하는 것이 아니고 다른 어순에 의해 함축되지 않는다. 이 보편성에서 우세한 어순의 원인은 언어 순서의 도상성(iconicity)과 관련되어 있다. 시간 측면에서, 조건 종속절이 나타내는 내용이 주절이 서술하는 사건보다 앞서기 때문에 이와 상응하는 어순도 객관적 사리 순서에 맞는 것을 우선적으로 취한다.

2.3.3 어순 조화의 발견

어순의 조화(harmony), 또는 W. Lehmann(1978a)의 일치(agreement): 또는 Dryer(1992)의 대등(correlation)도 Greenberg(1966: 97)가 최초로 제기했을지 모른다.

(20) a. 하나의 우세 어순은 언제나 존재하지만 열세 어순은 그 자체와 조화하는 구조가 있을 때만 존재한다.

　　 b. 비슷한 구조에서는 대응되는 성분들이 같은 어순으로 배열되는 경향이 있다.

(20a)는 Greenberg가 우세 어순과의 관계에 의해 조화를 제기하였음을 나타내고 (20b)는 조화에 대한 설명이다. (20a)는 조화가 함축적 보편성, 우세 어순과 관련된 현상이고 독립적으로 존재하는 보편적 규칙이 아님을 설명해 준다. 그러나 나중에 유형론 패턴에서 (20a)는 고의든 고의가 아니든 홀시된다. 이와 대조적으로 (20b)는 지나치게 강조되어 조화가 가장 핵심 개념이 된다. 사실 간소화된 조화는 Greenberg의 본래의 의도에 부합하지 않는다. 하지만 형식언어학이 사용하는 유형론 관념에서는 바로 이러한 지나치게 강조된 절대적인 조화에 치중한다. 예컨대, 지금까지 여전히 언어를 간단하게 핵어–시작(head-initial 또는 head first)과 핵어–종결(head-final 또는 head last)로 분류하고 있다. 그래서 이 문제에 대해 더 분석할 필요가 있다.

조화 어순과 우세 어순은 모두 사분표의 빈칸을 통해 얻은 것이다. 어순의 함축적 보편성을 나타내는 두 가지 등가의 도표를 되돌아보자.

(21) a. WX ⊃ YZ (= ZY ⊃ XW)

　　 b.

WX, YZ	XW, YZ
*(WX, ZY)	XW, ZY

함축식 양측의 WX와 YZ가 조화 어순(예: 대명사 목적어가 동사에 뒤따른다면 명사 목적어도 동사에 뒤따른다)이면 XW와 ZY도 조화 어순이다(예 대명사 목적어와 명사 목적어가 다 동사를 앞선다). 그러나 이러한 함축적 관계에 의하면 XW와 YZ는 조화되지 않는 어순(예: 대명사 목적어가 동사를 앞서며 명사 목적어가 동사에 뒤따른다)이지만 성립되기도 한다. GU25는 조화되지 않는 WX와 ZY 어순(예: 대명사 목적어가 동사에 뒤따르며 명사 목적어가 동사를 앞선다)만을 제거한 것이다. 조화되지 않는 어순 가운데 왜 하나는 성립되고 하나는 성립되지 않을까? 그 원인은 바로 Greenberg가 발견한 것처럼, 어순 보편성의 함축적 관계가 일반적으로 한 방향이라 후건의 어순이 우세 어순이라는 데 있다. (21a)에서 YZ는 후건으로 우세 어순이고 XW도 등가의 함축식의 후건으로 우세 어순이다. 두 가지 어순은 조화되지 않지만 공존할 수 있다. 그러나 WX와 ZY는 다 우세 어순이 아니며 조화되지도 않기 때문에 공존해서는 안 된다. 우세 어순은 사분표에서 두 번만 나타날 수 있는데 한 번은 조화되고 다른 한 번은 조화되지 않는다. 비우세 어순은 한 번만 나타날 수 있고 반드시 조화되어야 한다. 이로써 Greenberg가 밝힌 조화 어순과 우세 어순의 상호 작용 규칙을 다음과 같이 상세하게 서술할 수 있다.

(22) a. 두 가지 어순이 비록 그 중에 하나가 비우세 어순이라도 조화 관계가 있을 때 같은 언어에서 공존할 수 있다.
  b. 두 가지 어순이 비록 서로 조화되지 않아도 다 우세 어순이면 같은 언어에서 공존할 수 있다.
  c. 두 가지 어순이 조화 관계가 없고 모두 우세 어순이 아니면 같은 언어에서 공존할 수 없다.

이 분석으로 보면, 우세와 조화는 밀접하게 연관되면서도 내재적으로 모순된다. 우세 어순은 조화되지 않는 경우에도 존재한다. 이러한 조화되지 않는 어순은 자연적이고 정상적이다.

조화와 우세 어순의 모순은 함축적 관계의 한 방향성에 있다. 함축적 관계가 양방향이면 이러한 모순은 더 이상 존재하지 못할 것이다.

(23) GU2: 전치사를 가진 언어에서, 속격은 거의 언제나 지배 명사에 뒤따르지만, 후치사를 가진 언어에서 그것은 거의 언제나 앞선다.

한정어인 '거의'를 고려하지 않고, GU2의 두 개 명제를 묶어서 말하면, '전치사가 있을 때만 속격은 지배 명사를 뒤따른다'이다. 따라서 개사구와 속격 구조는 한 쌍의 조화 구조인데 개사와 예속된 지배 명사는 조화 구조에서의 서로 대응하는 성분이고, 개사의 지배를 받은 명사와 속격도 서로 대응하는 성분이다. 쌍방향 함축적 보편성을 바탕으로 구축된 조화는 가장 믿음직스럽고 순수한 조화이지만, 어순 보편성에서 극소수이며 예외를 가진 보편성이다. 중국어는 바로 이 보편성의 예외로 전치사가 있으면서도 속격이 다 지배 명사를 앞서는 언어이다.

2.3.4 어순 문제에 대한 관심, 개사 유형에 대한 중시

Greenberg의 선구적 논문의 또 다른 중요한 공헌은 어순 문제를 언어학의 중요한 위치에 올려놓은 것이다. 특히 개사의 어순 유형, 즉 전치사와 후치사 문제를 역사상 유례가 없는 위치에 올려놓았다.

고전유형론이 주로 형태, 및 형태와 통사의 관계에 주목한 것은 서구 학자들이 익힌 언어의 대부분이 형태적 언어인 점과 관련이 있다. 문법의 발전에 따라 통사는 문법의 핵심이고, 형태가 통사를 위해서 존재하는 것으로 언어학계에서 생각하게 되었다. 보편적으로 존재하는 형태는 거의 없지만 많은 통사 범주는 보편적으로 존재한다고 생각하게 되었다. 그래서 형태 대신 통사는 문법의 핵심이 된다. 통사 현상에서 어순은 가장 보편적인 것이다(물론, 어순이 모든 언어에서 통사적 가치가 있는 것은 아니다. 어떤 때는 어순의 변화가 통사에 영향을 주지 않고 화용에만 영향을 미친다(Connolly 1991: 6 참조). Greenberg(1966)는 어순을 핵심적 과제로 하여 형태유형론과 구별되는 어순 유형론을 세웠다.

각종 어순 가운데 Greenberg가 가장 중요시하는 것 중 하나는 절의 기본 성분(주어S, 목적어O, 동사V)의 상대적 어순과, 개사의 어순이다. GU의 배열 순서로 보아, GU1은 S, O, V에 관한 것이다. 동사의 위치에 따라 어순을 I형(VSO), II형(SVO), III형(SOV)의 세 가지의 주요 유형으로 나눈다 (Tomlin (1986)의 통계에 따르면 이 세 가지 유형에 속하는 언어는 언어 총수의 96%를 차지함). 이어서 GU2는 개사의 어순에 관한 것이다. 이는 그가 이 두 가지 어순을 중시함을 보여준다. GU의 45가지의 보편성 가운데 주어, 목적어, 동사와 관련된 것은 15개(가장 많음), 개사와 관련된 것은 7개로 두 번째로 많다(보편성 양측의 하나가 개사와 관련된 것의 통계). 어순 유형론에서 어떤 어순이 중시되어 유형론의 매개 변수로 간주되는 이유는 그 자체가 많은 통사 구조나 형태 구조와 관련되어 있기 때문이다(보편성의 전건이나 후건으로 됨). 주어, 목적어, 동사의 위치는, 그것이 절의 주요 성분이기 때문에 예전부터 언어학자의 주의를 끌었다. 이에 비해, 개사의 어순 유형 문제는 Greenberg 이전에는 그리 중시되지 않았다. Greenberg식으로 연구하는 유형론자인 Hawkins(1983), Dryer(1992) 등은 개사 문제가 Greenberg가 생각했던 것보다 더 중요하다는 것을 발견하였다.

Greenberg(1966)가 사용한 데이터베이스에는 중국어가 포함되지 않았다. 앞에서 말한 속격 한정어의 경우 외에 중국어의 여러 부분이 GU의 예외가 된다. 여기서 일단 GU에서의 개사와 중국어 연구와 관련된 몇 가지 보편성을 열거한다. 그리고 이 문제에 대한 국내 중국어 학계에서의 일반적 견해를 제시한다. 이를 통해 중국어 학계에서 일반적으로 인정하는 많은 견해가 Greenberg의 보편성과 일치하지 않는 것을 알 수 있다. 이러한 원인이 Greenberg의 보편성이 단편적이기 때문인가, 아니면 국내의 중국어의 보편성에 대한 견해에 일부 오류가 있기 때문인가? 이 문제가 바로 이 책에서 연구를 시작하게 한 동인 가운데 하나이다.

표1-1 Greenberg의 어순 보편성과 국내 학자들의 중국어에 대한 일반적 견해

Greenberg의 보편성	중국어(표준어)에 대한 일반적 견해
GU2. 전치사를 가진 언어에서, 속격은 거의 언제나 지배 명사에 뒤따르지만, 후치사를 가진 언어에서 그것은 거의 언제나 앞선다.	전치사는 있고 후치사는 없다. 속격은 지배 명사를 앞선다.
GU4. 우연보다 훨씬 높은 빈도로, SOV 어순이 정상 어순인 언어들은 후치적이다.	SVO어순이며 전치사 언어다.
GU9. 의문 조사나 접사의 위치가 고정적일 때, 우연보다 훨씬 높은 비도로 그들이 문두에 있으면 그 언어는 전치사 언어이고 그들이 문말에 있으면 그 언어는 후치사 언어이다.	의문문 조사 '嗎' 등은 문말에 있으며 전치사 언어이다.
GU22. 비교문의 유일한 어순이나 어순 중의 하나가 '기준-비교 표시-형용사'라면 그 언어는 후치사 언어이다. 유일한 어순이 '형용사-비교 표시-기준'이라면 우연보다 훨씬 높은 빈도로, 그 언어는 전치사 언어이다.	비교문의 어순은 '비교 표시-기준-형용사'이며 전치사 언어이다.
GU23. 접미사만을 가진 언어는 후치사 언어이고 접두사만을 가진 언어는 전치사 언어이다.	표준어는 거의 접미사("阿-"는 기본적으로 남방 방언의 접두사이다)만을 가지며 전치사 언어이다.
GU24. 관계절이 명사를 앞서는 것이 그 구조의 유일한 표현식이나 표현식 중의 하나라면 그 언어는 후치사 언어이거나 형용사 한정어가 명사를 앞서는 언어이다. 또한 이 두 가지의 특징을 다 가진 언어이다.	관계절이 명사를 앞서는 것이 유일한 어순이고, 전치사 언어이며 형용사 한정어가 전치적이다.

3. 어순 유형론의 발전

3.1 Vennemann과 Lehmann의 원칙에 근거한 어순 조화성 모형

Greenberg(1966) 후에 유형론자들은 각자 나름대로 Greenberg의 어순 유형론의 많은 내용을 발전시켜 다양한 어순 유형론 모형이 생겼다. 이 장에서는 이에 대해 간략히 논의한다.

Greenberg 연구에 힘입어, 70년대 일부 유형론자들은 보다 적은 원칙으로 더 많은 어순 현상을 개괄하고 설명할 수 있다고 낙관적으로 믿었다. 그 중에 대표 인물은 W. Lehmann(1973, 1978a, b. 이 책에서 같은 성씨를 가진 학자인 C. Lehmann도 언급할 것이기 때문에 Lehmann앞에 W를 붙인다)과 Vennemann (1974)이다. W. Lehmann이 편찬한 논문집의 첫째 논문과 마지막 논문의 제목은 바로 이러한 낙관적인 생각을 나타낸다. 즉 The Great Underlying Ground-Plans '주요한 심층의 기초 계획'과 Toward a Understanding of the Profound Unity Underlying Languages '각 언어의 심층적 통일성에 대한 이해'이다. 이 두 제목은 어순 조화성의 발견을 가리킨다. W. Lehmann 과 Vennemann의 어순 유형론 모형은 원칙에 근거한 순수한 조화주의로 이해될 수 있다. 즉 조화성은 어순 유형론이 준수하는 근본적 원칙인데 각 어순 보편성 더 나아가 어순의 역사적 변천도 이 원칙으로 결정된다. 그들의 유형론 이론은 다음과 같이 세 가지로 간추릴 수 있다.

첫째, 그들은 Greenberg 어순 유형론의 어순 조화성을 발전시켰는데 어순 보편성이 조화 원칙으로 결정된다는 것을 믿으며 조화성 원칙의 적용 범위를 크게 확대하였다.

Greenberg(1966)의 연구 성과는 주로 통계에 의한 보편성의 기술이다. 그의 논문 마지막 부분의 이론적 총괄은 극히 치밀하다. W. Lehmann과 Vennemann은 모두 조화가 어순 보편성에 숨어 있는 주요 원칙이라고 믿는다. Greenberg를 따라, 조화성은 '유사 구조'에서 나타나는데 그가 말한 '유사 구조'도 엄격하다. W. Lehmann과 Vennemann의 모형에서 '유사 구조'의 개념이 많이 확대되어 심지어 거의 모든 문법 구조와 연관되기도 한다.

예를 들어, W. Lehmann(1978b: 395-396)은 모든 통사 구조가 지배 성분(예: VO 구조에서의 V)과 피지배 성분(예: O) 두 부분으로 이루어지고 각 구조도 조화 어순이고, 지배 성분도 구조 한쪽에 있고, 지배 성분과 피지배 성분이 각 구조의 양측에 있다고 주장한다. W. Lehmann(1978a: 16-19)은 SOV인 싱할라어(Sinhalese)와 VSO인 아일랜드어(Irish)를 예로 이 원칙의 적용을 입증한다. 그가 제시한 조화 원칙의 지배를 받은 구조는 '지배-피지배'의 방식에 따라 다음과 같다. 동사-목적어, 개사(부치사)-명사, 형용사-비교 기준, 칭호-성명, 이름-성, 계수(係數)-위수(位數) (이상 단문 구조류), 중심 명사-관계절, 중심 명사-속격 한정어, 중심 명사-묘사성 형용사(이상 한정어류), 의문 조사-문장, 부정사-부정된 동사(이상 부사어류), 내포 동사-피내포절(복문류) 등이 있다. 이 패턴에 따라, 모든 VO 언어의 구조는 이러한 순서를 취하고 모든 OV 언어의 구조는 반대의 순서를 취한다. 이 논문 뒷부분에 대체로 40가지 구조를 포함하는 목록을 제시한다. Vennemann의 생각은 이와 비슷하다. 그는 지배 성분을 핵어(head), 피한정어(specified), 또는 피조작부(operand)로, 피지배 성분을 종속어(dependent), 한정어(specifier), 또는 조작부(operator)라 한다. 따라서 그의 이론은 '종속어-핵심어 이론'이라고도 불린다.

그들의 주장은 일부 언어에서 검증되어(그들 자신도 극히 적은 언어가 이 가설의 어순에 맞는다고 한다. W. Lehmann 1978b: 400) 언어 학계에 중대한 영향을 미쳤다. 생성 문법의 매개 변수(parameter)인 핵어 시작(head-first /head-initial)과 핵어 종결(head-last/head-final)은 바로 이 이론에서 나온 것이다. W. Lehmann(1978b: 22-23)은 어순 현상과, 어순 현상이 아닌, 심지어 문법 현상이 아닌 현상과의 대응을 제시한다. 예를 들어, 피동화가 VO 언어에서 보편적으로 존재하는 것, OV 언어의 음절 구조가 상대적으로 간단한 것, VO언어는 음성의 역행동화로 기울고 OV 언어는 순행동화로 기우는 것 등이 있다. Vennemann(1974)도 어순 유형과 형태 유형의 관계를 강조한다. 예를 들어, 안정적인 SOV 언어가 흔히 충분한 주어-목적어 형태 수단을 갖는다고 생각한다.

Vennemann과 Lehmann의 어순 유형론 모형은 사람들에게 어순의 관련성에 대한 시야를 넓혀 주었다. 그들이 세운 목록 가운데 새로 수록된 일부 어순은 확실히 V, O의 순서와 관련이 있다. 그러나 그들의 포부가 너무나 원대해서 개괄하려는 범위가 실제의 적용 범위를 초월하기 때문에 그 모형은 경험적, 논리적 면에서 어려움을 겪게 된다. Hawkins(1983)는 이에 대해 다음과 같이 지적한다. 통계에 따라 주술, 개사(부치사), 속격 구조, 형용사 명사 수식 구조 네 개의 항목만을 고려해도 Vennemann의 모형에 부합하는 언어(즉 모든 연산자(조작부: operator)는 한 쪽에 있고 모든 연산항(피조작부: operand)은 다른 한 쪽에 있는 것)는 Greenberg의 30개 언어 가운데 23%, Greenberg(1966)의 부록2 어종 데이터베이스의 48%일 뿐이다. 만약 더 많은 매개 변수를 열거하면 조화의 비율이 보다 더 낮아질 것이다. 논리적으로 보면, 순수한 조화 어순은 양방향 함축적인 어순 보편성이 있지만(2.3.3 참조), 어순 보편성의 대부분은 한 방향의 함축적 관계이며 함축의 후건은 우세한 어순인데, 사분표에 따라 그 어순이 조화되지 않는 어순과 하나의 언어에서 공존하는 것은 아무런 문제가 없다. 조화와 우세한 어순의 논리적인 모순 때문에 조화만으로 어순 보편성을 설명해서는 안 된다. 조화 자체가 여러 가지 원인으로 이루어진 가능성도 있다. 예를 들어, 문법화의 원류 관계, 표현의 경제적 원칙, 인지의 수월함 원칙 등이 있다. 따라서 조화가 문법 본질을 결정하는 근본적 원칙으로 간주되는 것은 믿을 수 없다.

둘째, Vennemann과 W. Lehmann은 VO/OV 구조를 핵심적인 것으로 보고 주어는 어순 유형론에서 아무런 역할도 없다고 주장한다. Greenberg의 VSO, SVO, SOV 세 가지 유형은 VO와 OV로 간소화될 수 있다고 한다. W. Lehmann(1978b)에서는 VO/OV가 언어의 유형으로 간주되고, 다른 구조의 어순은 다 이 두 가지 유형에 속한다고 지적한다. 그들의 분류법은 아직도 언어 학계에 영향을 미치고 있다. 예를 들어, VO 어순은 '핵어 시작 언어'를 대표하고 OV 어순은 '핵어 종결 언어'를 대표한다. 이렇게 분류하는 것은 어순 유형을 간소화함에도 불구하고 어떤 면에서는 새로운 문제를 불러일으키기 때문에 다른 면에서 복잡하게 된다.

Greenberg의 어순 보편성은 매개 변수인 목적어가 주어보다 더 정확한 예측력을 갖는 것을 나타낸다. 순수하게 논리상으로, SVO는 두 가지 다른 유형 사이에 있는데 SOV와 같이 SV에 속하고, VSO와 같이 VO에 속한다. Greenberg의 논술로 보아, SVO 어순은 SOV보다 VSO와 더 비슷하다. 이는 어순 유형론에서 목적어가 주어보다 더 중요하다는 것을 증명한다. 그러나 S를 완전히 등한시할 수 있으면 VSO 언어와 SVO 언어의 유형적 특징이 완전히 같아야 한다. Greenberg(1966)에서 VSO와 SOV는 유형의 양측에 있는데 각각 구조의 어순이 대립적이고, SVO 언어들의 유형적 특징과 불일치한다. SVO 언어들은 다른 식과 다른 정도로 VSO와 SOV 유형과 다르다. 그래서 Greenberg는 SVO와 VSO를 하나로 합병하지 않는다. Hawkins(1983)는 비록 SVO와 SOV가 가장 널리 분포된 유형이지만,

Greenberg(1966)의 15가지 주어, 목적어와 관련된 보편성 중에 SVO를 언급한 것은 하나도 없다고 지적한다. Greenberg가 여기서 SVO를 사용하지 않은 원인은 분명하다. 만약 SVO를 매개 변수로 하면 예외 없는 보편성을 찾기 어려울 것이다. 어떤 언어가 SVO어순인지를 알아도 그 언어의 다른 어순을 예측하지 못하기 때문이다. 동사, 목적어의 어순만으로 언어를 핵어 시작과 핵어 종결 두 유형으로 분류하는 것은 언어 학계에서 널리 성행하지만 세밀한 분류법이 아니다. 중국어가 바로 이러한 '동요하는' SVO 언어이다. 그래서 우리는 VO-OV유형론에 대해 면밀하고 신중한 태도를 취해야 한다.

셋째, 그들은 모두 통시적 변천을 중요시하는데 자신의 조화 모형이 어순 변천의 주요 동인이라고 하고, 복잡한 어순 변천을 VO와 OV 두 유형 간의 변환으로 간주한다. 순수한 조화론의 선호자인 그들도 모든 언어가 다 이상적인 모형에 부합하지 못하는 것을 발견하였다. 영어 같은 전형적 VO 언어(지배-피지배)에서도 수식어가 명사를 앞서고 부사어가 동사를 앞서는 경우(피지배-지배)가 있다. 이에 대해서는 그들은 다 통시적 변천의 원인으로 설명한다. 즉 어떤 언어의 내부나 외부적 요인에 의해 개별 구조의 어순이 변하면 다른 구조도 상응하는 변화가 생겨 새로운 조화가 이루어진다. 이러한 변천은 일반적으로 수백 년의 시간이 필요하기 때문에 유형이 일치하지 않는 많은 언어는 변천하고 있는 상태에 처한다. 이렇게 되면, 조화되지 않는 현상은 합리적으로 설명되고 조화성의 의의도 한층 더 중요해진다. 조화성은 많은 공시적 상태가 존재하는 원인이며 통시적 변천의 원동력이 되기도 한다(Vennemann 1974, W. Lehmann 1978b).

그들은 어떤 어순의 변천을 사례 연구로 하였는데 그 결과는 매우 설득력이 있다. Vennemann은 격 체계의 쇠퇴로 영어가 SOV에서 SVO로 변천하는 것에 대해 연구하였다. W. Lehmann은 라틴어의 영향을 받아 독일어는 종속절이 SOV로 변하였고, 이로 인해 OV 언어의 많은 특징이 나타난다는 것을 고찰한다. 그들은 일본어와 같이 유형이 일치하는 언어는 안정된 상태이어서 변하기 어렵다고 한다. Vennemann과 W. Lehmann을 비롯한 학자들은 수십 년 동안 홀시되던 통시적 연구를 기능 문법, 인지 문법, 유형론, 문법화 등에서 중요한 연구 대상이 되게 하여, 통시적 변천이 공시적 상태에 미치는 영향을 강조한다. 우리는 이에 대해 긍정적으로 평가해야 한다.

그러나 변천(잠정적으로, '조화-변천론')으로 모든 '조화되지 않는' 언어 현상을 설명하는 것은 받아들이기 어렵다. 우선 통시적인 면에서 조화에 부합하지 않는 어떤 언어의 상태는 많은 시간이 걸려도 안정적 상태로 확연히 변하지 않는다. Jepson(1985: 240-242), Lapolla(2002)는 중국어의 뚜렷하게 조화되지 않는 어순(예: VO 언어에 속하면서도 속격은 핵심 명사를 앞서는 것)은 이천 년 이래 '조화-변천론'대로 조화가 이루어지지 않았다는 것에 주목하였다. 조화-변천론은 논리상에서도 커다란 문제가 있다. 이 이론은 모든 현상을 개괄할 수 있는 것 같지만 곰곰이 생각하면 문제가 있다. 이는 다음과 같은 비유로 설명될 수 있다. 빨간색과 푸른색이 있는데, 다른 색깔은 다 안정적이지 않고 모두가 다 이 두 색깔 중의 하나에서 나왔고, 언젠가는 빨간색이나 푸른색으로 변할 것이다. 이것으로 모든 색깔에 관한 현상을 설명할 수 있을 것 같지만, 우리는 동시에 안정적인 색깔이 까만색과 흰색 또는 다른 두 색깔이고, 다른 색깔이 다 변하는 과정이라고 할 수 있다. 이는 조화-변천론에 대해 반증할 수 없는 것을 증명해서 이 이론이 과학적인 가설이 아님을 보이는 것이다. Hawkins(1983: 234-236)는 조화-변천론의 논리상 난처한 상태를 다음과 같이 지적하였다. 만약 어떤 공시적 보편성으로 인간 언어의 공시적 상태에 대해 잘 설명할 수 있으면 예외가 적을 것이기 때문에, 조화-변천론으로 증명할 예도 별로 없을 것이다. 만약 어떤 공시적 보편성이 보편적이지 않고 대량의 언어들이 이에 부합하지 않으면 다른 언어들이 이 보편성으로 변하는 것도 믿음직스럽지 못한다. 게다가 조화성이 그렇게 강한 힘을 갖는다면 오랜 세월이 지난 오늘에 인간 언어는 VO와 OV 두 유형만 있어야 하고 다른 구조의 어순이 다 VO나 OV와 조화해야 한다. 그러나 실제는 이보다 훨씬 복잡하다. Greenberg(1966)의 부록2에서는 위에서 말한 네 가지 구조에 의해 언어의 유형을 24가지로 분류한다. 이는 조화–변천론으로 설명할 수 없는 것이다. Lightfoot(1979, MacMahon 1994: 148을 재인용)는 또 다른 의문점을 제기하였다. 즉 조화로 달성하는 길은 극히 긴데(일반적으로 수백 년의 시간 필요) 중간 단계에 처하고 있는 현상은 왜 미래의 조화만으로 변하고 원래의 조화로 변하지 못할까?

그럼에도 불구하고 우리는 어순의 보편성, 또는 경향에 부합하기 위해 부분적인 어순 변화가 다른 구조의 어순 변화를 일으키는 것이 가능하다고 생각한다. 그리고 Vennemann과 W. Lehmann의 일부 구체적인 연구 성과도 믿음직하다. 위에서 질문한 것은 경험과 논리로 보면, 조화–변천론이 모든 어순 현상을 포괄할 수 있는 총 원칙으로 되기 어렵다고 설명하기 위해서이다.

3.2 Hawkins의 예외 없는 어순 보편성과 계량화에 의한 범–범주의 어순 조화성

Hawkins(1983)는 당시의 어순 유형론을 가장 세밀하게 논의한 저서이다. Greenberg의 어순 유형론은 처음부터 우세한 어순과 조화에 일부 모순이 있다. 우세한 어순을 나타내는 한 방향 함축적 보편성이 보편성의 질(예외 없음)을 탐구하는 것은 어순의 객관적인 비대칭을 반영한다. 조화성 이론이 보편성의 양(예외가 허용되는 개괄성)을 탐구하는 것은 어순의 대칭을 반영한다. Vennemann과 W. Lehmann은 조화성 이론을 발전시키고 Haw kins는 함축적 보편성에 몰두한다.

첫째, 예외 없는 함축적 보편성의 구축과, 보편성에 대한 계열화 시도
Hawkins는 Vennemann과 W. Lehmann의 조화론 모형에 많은 예외가
있는 것에 만족하지 않고 Greenberg보다 치밀하게 예외 없는 보편성을 구
축하였다. 그의 어종 데이터베이스는 300여 개의 언어를 포함하고 있기 때
문에 예외 없는 보편성을 구축하기가 더 어렵다. 그러나 그는 어느 정도
그 목적을 달성한다. 그는 Greenberg의 연구 방법을 바탕으로, 함축적 관
계의 전건을 증가시켜 이중 전건으로 예외 없는 함축적 보편성의 구축을
시도한다. Croft(1990: 52)는 이를 '복합 함축적 보편성'이라고 한다. 다음의
(1)과 (2)를 비교하여 보자(HU는 Hawkins의 보편성, GU는 Greenberg의 보편
성이다).

(1) GU5: 어떤 언어의 주요 어순이 SOV이고 속격이 지배 명사에 뒤따르면, 형용
     사도 그렇다 (명사에 뒤따른다). (Greenberg 1966: 79)
(2) a. HUⅡ: 어떤 언어가 VSO 어순이고 형용사가 명사에 뒤따르면, 속격 한정
     어도 명사에 뒤따른다.(Hawkins 1983: 65)
     b. HUXⅢ: 어떤 언어가 전치사를 가지고 있고 어순이 SOV가 아니면, 관계
     절도 명사에 뒤따른다.

어떤 언어가 SOV라는 것만으로는 그 언어의 형용사가 지배 명사를 앞
서는가, 명사를 뒤따르는가를 판단할 수 없다. 사실 일본어를 비롯한 많은
SOV 언어의 형용사가 지배 명사를 앞선다. 그래서 Greenberg는 하나의
전건을 첨가하였다. 즉 SOV 언어의 속격 성분이 지배 명사에 뒤따르면 그
언어의 형용사도 지배 명사에 뒤따른다. 이러한 복합 함축적 보편성은 GU
에 별로 없지만 HU에는 기본적인 형식으로 많이 있다. 이러한 방법으로
Hawkins는 300여 개의 언어를 연구 대상으로 많은 예외 없는 보편성을
구축하였다. 그러나 이러한 보편성의 언어학적 가치를 분석하는 것은 표면
적인 의미를 이해하는 것보다 더 복잡하다. 예를 들어, GU5가 강조하는 것

은 SOV 언어와 형용사 후치 간의 관련성이 아니라, 형용사 후치가 핵어 종결인 SOV 어순에서 이탈한다는 것이다. SOV 언어는 대체로 핵어 종결 언어로 속격 한정어가 대체로 지배 명사를 앞서며 형용사 한정어도 종종 명사를 앞선다. 일본어, 한국어가 바로 이러한 언어이다. 그럼에도 불구하고, 속격 한정어보다 형용사는 '불규칙하다'. SOV 언어에서 형용사가 지배 명사에 뒤따르는 언어가 있다. 예를 들어, 티베트어의 속격 한정어는 명사를 앞서고 대부분의 형용사는 명사에 뒤따른다(왕지민(王志敏) 1994: 286 -290 참조). 이어(彝語)의 속격 한정어는 명사를 앞서고, 단음절 형용사 한정 어는 명사에 뒤따르며, 이음절 형용사 한정어는 명사를 앞서도 되고 뒤따 라도 된다(정춘수(丁椿壽) 1993: 350 참조). 만약 속격어조차 '불규칙하게' 명 사에 뒤따르면 형용사는 반드시 명사에 뒤따를 것이다. 이는 GU5가 강조 하는 사실이다. 우세한 어순 이론에 따르면, GU5에서 형용사 후치는 함축 식의 후건이고 속격 한정어 후치는 전건이다. 후건인 형용사 후치는 속격 한정어 후치에 비해 우세한 어순이다.

함축적 보편성에 대한 Hawkins의 주장은 관련된 어순 보편성의 조합화 와 계열화에서도 나타난다. 그는 관련된 많은 보편성들로 하나의 복잡하고 등급 계열이 있는 보편성을 구축하는 동시에, 그 보편성이 예외 없는 특성 을 유지하도록 하였다.

(3) HUXVIII: Postp $\supset$ ((AN $\vee$ RelN $\supset$ DemN & NumN)) & ((DemN $\vee$ NumN $\supset$ GN))HUXVIII은 다음과 같이 서술할 수 있다.

(4) 어떤 언어가 후치사 언어에 속하고 형용사 한정어가 명사를 앞서나 관계절이 명사를 앞서면 그 언어의 지시 대명사, 수사는 다 명사를 앞선다. 또한 그 언어 의 지시대명사나 수사가 명사를 앞서면 속격어도 명사를 앞선다.

이 계열화 보편성은 후치사 언어에서 명사와 관련된 여러 성분과 명사 간의 어순뿐만 아니라 이러한 성분들이 명사를 앞설 때 서로 간의 순서를 나타내기도 한다. 구체적으로 말하면 다음과 같다.

1. 함축적 보편성의 마지막 후건인 속격어가 명사를 앞서는 것이 가장 우세한 어순이다. 즉 속격어는 후치 언어에서 핵어 종결의 특성에 제일 잘 맞고, 가장 전치 한정어로 쓰이는 경향을 갖는다. 명사를 앞서는 다른 성분이 있으면 속격어는 반드시 전치한다.

2. 속격어에 비해 지시 대명사, 수사가 명사를 앞서는 것은 후치사 언어에서 우세한 어순이 아니고 속격어보다 후치하기 더 쉽다. 형용사나 관계절이 전치하면 지시 대명사, 수사는 반드시 명사를 앞선다. 이와 반대로, 지시 대명사나 수사가 전치하면 형용사와 관계절이 명사에 뒤따를 가능성이 있다.

3. 형용사와 관계절이 명사를 앞선다는 것은 계열 함축적 명제의 맨 앞에 있다. 즉 이 두 성분은 후치사 언어에서 핵어 종결 언어의 조화성에 맞지 않게 명사에 뒤따를 가능성이 가장 크다.

4. 명사를 앞서는 성분 간의 우선 등급 계열에서 형용사와 관계절, 지시 대명사와 수사는 같은 지위를 차지한다.

위의 예를 보아, Hawkins의 예외 없는 보편성에 대한 탐구와 기술은 극히 형식화되었다. 이렇게 복잡한 함축적 관계를 하나의 보편성으로 표현하는 것은 유형론 가운데 형식 학파로 기우는 성향임을 보인다.

둘째, S, O, V 대신 전, 후치사를 핵심적 매개 변수로 사용함

Hawkins의 보편성이 보다 더 '깨끗해진' 또 다른 원인은 S, O, V의 순서가 아닌 개사(전, 후치사)를 핵심적 매개 변수로 사용하는 데 있다. Greenberg는 개사 유형을 버금 매개 변수로 보고 개사의 통사적 중요성을 강조한다. Hawkins는 개사 유형이 S, O, V의 순서보다 더 중요하다고 주장한다. Hawkins는 S, O, V를 매개 변수로 하는 단점을 분석하였다. 그 중에 가장 명확한 것은 SVO 언어가 인류의 큰 부분인데 그 유형적 특성은 안정적이지 않고, 언어의 보편성이 추구하는 예측성을 가지지 않기 때문에 예외 없

는 보편성을 구축하지 못한다. 그래서 Hawkins는 예측성이 보다 더 높은 개사를 선호한다. 위의 HUⅡ, HUXⅢ, HUXⅧ에서는 다 전, 후치사의 속성을 이용하고, HUⅡ, HUXⅢ에서는 각 SVO가 아닌 안정적인 VSO와 SOV를 사용한다. Siewierska(1988: 18)는 Hawkins의 선택을 논평할 때 개사 유형론(Pre/Pos typology: 개사를 핵심적 매개 변수로 함)의 설명력이 술목 유형론(VO/OV typology)보다 더 강하다고 지적한다. 그녀는 다음의 도표(필자에 의해 간소화됨)로 이를 설명하였다. 그녀의 어종 데이터베이스는 Greenberg(1966)의 부록Ⅱ에 의한 것이다.

표 3-1a 술목 유형론

	VO형 (총 78개 언어)	OV형(총 64개 언어)
Prep : Post	71% : 28%	8% : 92%
GN : NG	29% : 71%	83% : 17%
AN : NA	33% : 66%	45% : 55%
NA+NG : AN+GN	51% : 14%	17% : 45%

표 3-1b 개사 유형론

	전치사(총 63개 언어)	후치사(총 79개 언어)
GN : NG	10% : 90%	89% : 11%
AN : NA	29% : 71%	47% : 53%
NA+NG : AN+GN	70% : 8%	9% : 44%
VO : OV	92% : 8%	25% : 75%

이 두 도표는 어떤 매개 변수들을 기준으로 언어를 고찰할 때 대립적 어순의 분포 상황을 나타낸다. 목술 유형론에서 대립적 어순의 분포가 비슷하다는 것은 VO/OV와 다른 어순 간의 관련성이 낮다는 것을 의미한다. 따라서 이에 의한 조화성은 약하다. 개사 유형론에서 대립적 어순의 분포가 많이 다른 것은 개사 유형과 다른 어순 간의 관련성이 높음을 의미한다.

만약 S, O, V를 핵심적 매개 변수로 하였다면 Hawkins가 이렇게 '깨끗한' 보편성을 찾을 수 있었을지 모른다.

개사를 매개 변수로 하는 것은 중국어 연구에서 대단히 중요하다. 지금까지 중국어 어순 유형에 대한 연구는 주로 S, O, V를 위주로 한다. 전, 후치사의 문제를 언급한 사람(6.1.3 참조)이 있기는 있지만, 그 문제의 중요성에 대한 인식이 부족하다는 것은 중국어 유형론 연구의 수준과 질에 불리한 영향을 미친다.

셋째, 절대적인 조화성을 추구하고, 계량화 방식으로 조화를 처리하는 것은 예외를 축소한다.

Hawkins는 조화를 엄격한 어순 보편성이 아닌 통계적 경향으로 보아, 범-범주 조화성(Cross-Category Harmony)이라고 한다. 그는 주어, 목적어를 포함하는 절의 세 가지 어순(V1, V2, V3, 즉 동사 어두, 어중, 어말), 속격어와 형용사 한정어를 가지는 명사구의 세 가지 어순(N1, N2, N3, 즉 명사 어두, 어중, 어말), 전/후치사 등 세 가지 구조를 매개 변수로 하였다. 그리고 100여 종 언어를 포함하는 그의 어종 데이터베이스를 통하여 조화성의 각 어종에서의 분포 상황을 조사하였다. 조사 결과는 3-2(Hawkins 1983: 140 참조)와 같다. 더 명확히 보여 주기 위해 우리는 조화 어순 뒤에 '화'를 붙이고 조화되지 않는 어순 뒤에 '불'을 붙이고 중간급의 조화성 어순 뒤에 '중'을 붙인다. 이러한 '화, 중, 불' 표지와 어종의 수량 대비를 통해 조화를 계량화하는 의의를 볼 수 있다.

표 3-2a 개사구-명사구의 어순 조화성

63개 전치사 언어	79개 후치사 언어	특정한 어순의 언어 총수
44개 N1(화)	7개 N1(불)	51개 N1 언어
14개 N2(중)	37개 N2(중)	51개 N2 언어
5개 N3(불)	35개 N3(화)	40개 N3 언어

표 3-2b 절구조-명사구의 어순 조화성

26개 V1 언어	52개 V2 언어	64개 V3 언어	특정한 어순의 언어 총수
19개 N1(화)	21개 N1(중)	11개 N1(불)	51개 N1 언어
5개 N2(중)	22개 N2(화)	24개 N2(중)	51개 N2 언어
2개 N3(불)	9개 N3(중)	29개 N3(화)	40개 N3 언어

표 3-2는 대체로 각 구조 간의 어순 조화성이 높은 언어가 널리 분포하고 조화성이 낮은 언어가 적게 분포함을 의미한다. 이는 인간 언어의 각 어순이 절대적인 조화를 이루지는 못하지만 조화로 발전하는 경향을 가진다는 것을 설명한다. 그럼에도 불구하고, 표 3-2에는 이상적이지 않은 숫자도 나온다. 표3-2a의 79개 후치사 언어에서는 조화된 N3 언어(35개)는 중간급의 조화된 언어(37개)보다 적다. 표3-2b에서는 이상적이지 않은 것이 두 가지 있다. 51개 N1 언어에서 조화된 V1 언어(19개)는 중간 조화된 V2 언어(22개)보다 적다. 또한 51개 N2 언어에서 조화된 V2 언어(22개)는 중간 조화된 V3 언어(24개)보다 적다. 이는 계량화로 분석해도 조화성이 언제든지 우세한 위치를 차지하지 못한다는 것을 설명한다. 이와 동시에 표 3-2 가운데 이상적이지 않은 숫자는 전, 후치사를 포함하는 조화성이 전, 후치사가 없는 조화성보다 낫다는 것을 뜻한다(3-2b). 이는 개사를 매개 변수로 한다는 강한 설명력을 나타낸다.

넷째, 언제나 보편성에 어긋나지 않는 통시적 설명의 추구

Hawkins도 어순 보편성과 조화성이 언어의 역사적 변천에 영향을 미친다고 생각했다. 그러나 그는 오늘 유용한 보편성이 과거와 미래에도 유용하다고 생각하고, 변천 과정에서 보편성에 어긋나지 않는 기제를 밝히는 것에 골몰했다. 이는 Vennemann과 W. Lehmann이 변천하는 과정으로 조화되지 않는 많은 현상을 설명하는 것과 대조적이다. Hawkins는 어떤 시기에 두 가지 구조가 공존하는데 새로 나온 구조가 점차 원래의 구조를 대체하는 것, 함축된 어순이 반드시 함축하는 어순과 동시나 더 이른 시기에

존재하는 것 등에 대한 가설로 약간의 실례의 분석을 통해 그의 이론적 목적을 달성하였다. 그의 가설들이 대량 언어에 대한 통시적 연구로 검증되어야 하기 때문에 지금 그의 논의의 합리성을 논할 수는 없다.

총체적으로 보아, Hawkins의 어순 유형론 모형은 Vennemann과 Lehmann의 모형보다 더 치밀하고 특히 구체적 방법으로서 형식화하는 방법을 구축한다. 그러나 Vennemann, Lehmann과 Hawkins의 모형은 각각 Greenberg 모형의 다른 방면(대립적인 방면도 있음)을 발전시켰는데 Vennemann, Lehmann은 크고 전면적인 것을 추구하고 Hawkins는 순수하고 치밀한 것을 추구했다. Greenberg보다 그들의 어순 유형론에 대한 연구는 지나치게 낙관적이고 이상적이다. 크고 전면적인 것을 달성하기가 어렵고, 순수하고 치밀한 것도 하나의 경향(강하고 약한 구분이 있음)일 뿐이다. Hawkins의 예외 없는 보편성도 유한한 어종 데이터베이스에서 밝힌 것이라, 절대적이고 보편적인 유용성 특히 통시적 측면의 영구적 유용성을 확보하기 어렵다(LaPolla 2002 참조).

3.3 Dryer의 조화성 모형에 대한 발전

Dryer(1992)는 새로운 자료로 Greenberg식의 어순 대응성(조화)을 검증한다. Greenberg의 어순 유형론은 조화와 우세 어순 두 측면을 포함한다. Dryer는 Vennemann, Lehmann처럼 조화에만 주목하고 VO/OV를 기본적 매개 변수로 한다. 이와 반대로 Hawkins는 우세한 어순을 강조한다. 따라서 Dryer의 연구가 Vennemann-Lehmann식의 조화를 검증하는 것이라고 해도 과언이 아니다. 그럼에도 불구하고 그는 자료의 범위를 많이 확대하고 연구 방법도 개선하였다. 그래서 그의 검증 결과는 중시할 만하고 독특한 '설명 이론'도 단순한 조화 이론보다 더 깊이가 있다.

첫째, 어종 데이터베이스를 확대하고 통계 방법을 개선

Dryer는 지금까지 규모가 가장 큰 어종 데이터베이스를 구축하는데, 625개 언어의 자료(어떤 언어는 매개 변수로 분석하는 데 필요 없음)를 모았다. 이와 동시에 그는 단순히 어종 수를 증가하는 것만으로 지역, 언어 계통에서 나타나는 통계의 오차를 방지할 수 없음을 알고 이를 보완하였다. 그의 구체적 방법은 625개 언어를 계보 면에서 서로 관련되는 지역, 유형이 일치하는 100개의 속(genera)으로 분류한다. 그리고 속을 6대 구역으로 분류하는데, 즉 동아시아–동남아시아–태평양구(중국어 및 중국어 방언을 포함), 북아메리카, 남아메리카, 아프리카, 서아시아, 유럽이다. 어떤 대립적 어순은 반드시 속과 구역의 대다수에 존재해야 한다. 분포가 균형적이지 못한 어순은 중요시되지 않는다. 이러한 방법으로 밝힌 어순 대응 규칙은 보다 더 강한 설득력을 가지고 있다.

둘째, 어순 조화(대응성)를 연구하는 새 단계에 진입, 어순 연구에서 개사구의 중요한 역할이 드러남

Dryer는 개선한 방법으로 다음과 같은 구조와 목술 어순 사이에 대응적인 상관쌍(correlation pair)의 어순이 존재한다고 인정한다. 그 중에 앞 부분은 동사와 대응되는 성분(verb patterner)이고 뒷부분은 목적어와 대응되는 성분(object patterner)이다. 즉 VO 언어는 일반적으로 다음과 같은 어순을 갖고, OV 언어는 이와 반대이다.

(5) 개사 – 지배된 명사
     명사 – 관계절
     명사 – 속격 한정어
     형용사 – 비교 기준
     동사 – 개사구
     동사 – 방식 부사어
     계사 – 서술어(국내에서 말하는 계사 – 목적어)
     '희망'의 뜻을 나타내는 동사 – '고 싶다'와 같이 쓰이는 동작 동사

여기서 주목할 만한 것은 위의 어순 중에 개사와 관련된 것이 두 개 있는 점이다. Dryer는 개사 유형(전치사/후치사)뿐만 아니라 개사구와 동사 간의 어순도 고찰한다('在上海住(상해에 산다) ∽ 住在上海'(상해에 산다)를 비교하자). 더 흥미로운 것은, 그는 개사구의 어순(줄곧 홀시된 매개 변수)이 모든 매개 변수 중에서 목술 어순과 가장 밀접하게 대응된다는 것(거의 예외 없는 보편성이 됨)을 주목한다.

Dryer의 통계 결과는 중국어가 일부 어순 조화에 맞지 않는 것을 나타낸다. 위에서 개사구와 목술 어순 간의 조화는 거의 예외가 없다고 지적하였는데, 사실 반례는 동아시아의 한 속(genera) 즉 중국어 속(Dryer(1992)은 그 반례가 중국어 속이라고 하지 않았지만, Dryer(1999)는 명확히 그것이 중국어 속이라고 하였다)이다. 60개 VO형 속에서 59속은 다 '동사-개사구'의 어순(예: 영어 dance on the stage)을 사용하고 중국어 속만 '개사구-동사'의 순서를 일반적 어순으로 한다(예: 在臺上跳舞(무대 위에서 춤을 춘다)). 그리고 중국어의 명사/관계절, 형용사/비교 기준(Dryer는 비교표지를 고려하지 않음) 등의 어순도 Dryer 통계의 예외가 된다. 다른 VO 언어는 다 '명사-관계절'(예 영어 the book that I read) 어순, '형용사-비교기준'(예: 영어 taller than John) 어순을 사용하지만 VO 언어인 중국어만 '관계절-명사'(我看的書(내가 보는 책))와 '비교 기준-형용사'(比小張高(소장(小張)보다 키가 크다)) 어순을 사용한다. Dryer(1999)는 어종 데이터베이스를 940개로 확대하는데 중국어가 여전히 유일한 예외이다[5]. 이것이야말로 중국어 학계에서 주목하고 더 깊이 연구할 만한 과제이다.

Vennemann에 의해 VO/OV 어순과 조화되는 것으로 여겨지는 다음과 같은 구조는 Dryer의 통계에 따라, 더 이상 목술 구조와 대응된 것으로 보

---

5) 이 외에 SVO와 SOV 어순을 다 가지는 백어(白語)에서도 관계절이 전치한다. 일반적으로 백어는 중국어의 영향을 가장 많이 받은 장면어(藏緬語)(티베트-미안마)로 간주된다. 그러나 정장상방(鄭張尙芳)은 백어가 장면어에 속하지 않고, 중국어와 같이 '한백어족'(漢白語族)으로 장면어의 영향을 많이 받은 중국어에 해당된다고 본다.

기 어렵다.

   (6) 형용사 한정어를 가지는 명사
       지시 대명사를 가지는 명사
       정도 부사어를 가지는 형용사
       부정사를 가지는 동사
       시/상 표지를 가지는 동사

그러나 Dryer의 모형이 순수한 조화에 주목하고 우세한 어순 현상을 고려하지 않기 때문에 어떤 조화적 현상을 감출 수도 있음을 지적해야 한다. 만약 WX가 VO와 조화되며 우세한 어순이라면 많은 OV 언어에서 분포할 수도 있다(우세한 어순은 반드시 조화된 상황에 분포하지 않음). 그러나 이와 반대로, XW는 절대로 대량의 VO 언어에서 분포하지 않는다. WX가 OV 언어에 많이 있다는 것은 Dryer 모형에서 W, X의 어순과 목술 구조가 조화 관계를 이루지 못하도록 한다. 따라서 Dryer는 우세한 어순을 소홀히 하여 나타나는 단편성을 극복하지 못한다.

셋째, 어떤 구조들의 핵심에 대해 새로 인식함－종속 관계 Dryer의 통계에 따르면 이전의 조화론으로 인정된 어떤 핵심어－종속어 구조들이 대응 관계를 이루기 어렵다. 통계된 결과도 기대하는 것과 반대이다. 이는 이전의 핵심어－종속어를 바꾸어 보면 대응 관계가 이루어진다는 것을 의미한다. 달리 말해, 동사와 대응된 것은 전통 문법에서 종속어로 보고 목적어와 대응된 것은 전통 문법에서 핵심어로 본다. 예를 들어, 관사(article)/미사(尾詞)는 전통 문법에서 명사의 수식어로 보는데 어순 면에서 보아, 관사/미사는 종종 목술 중의 동사와 대응되고 명사는 목적어와 대응된다. 즉 VO 언어는 '관사－명사', OV 언어는 '명사－미사'를 많이 사용한다. 그가 예로 든 대응 구조는 다음과 같다(VO형).

(7) 관사/미사 – 명사
     시, 상 조동사 – 주요 동사
     부정 조동사 – 주요 동사
     의문 조사 – 문장
     복수를 나타내는 단어 – 명사

홍미로운 점은, 전통 문법에서 종속어인 성분을 Dryer는 어순 대응의 면에서 핵심 성분으로 인정한다. 이러한 성분 중 어떤 것은 생성 문법에서도 핵심적 성분으로 인정하는데 구(XP)를 투사하는 어휘항이나 기능항(X)이라고 한다. 예를 들어, 관사 D는 DP(지시사구)의 핵심이고 NP는 관사의 보충어이고 부정 성분 Neg는 NegP(부정구)의 핵심이고 부정을 받은 VP는 Neg의 보충어이다. 이는 어느 정도 '길은 다르지만 이르는 목적지는 같다'고 설명할 수 있다. 그러나 이로 인해 어순 유형론이 생성 문법과 완전히 일치한다고 해서는 안 된다. 어순 유형론에 근거하여, 관사/미사는 동사와 대응된 성분이 될 수 있지만 지시 대명사는 그렇지 않고 심지어 목적어와 대응된 성분과 더 접근해 있다. 장면(티베트-미얀마) 어족에 속하는 셰르파어(Sherpa)에서는 한정 성분이 명사구 양측에 동시에 나타난다. Givón(1984: 157)에 따라, '이 남자'를 셰르파어로 말하면 ti mi-ti인데 영어로 하나씩 하나씩 번역하면 the man-DEF이다. 즉 앞에 있는 ti는 정관사이고 뒤에 있는 ti는 한정 접사(DEF는 definite의 약어)이다. 그의 표지법을 따르면, 앞의 ti의 독립성은 뒤의 ti보다 강하고 뒤의 ti보다 더 추상적이기 때문에 this man-the로 번역하는 것이 정확한 것 같다. 즉 앞의 ti는 지시 대명사이고 뒤의 ti는 영어의 정관사에 해당하는 '정미사(定尾詞)'이다. 셰르파어는 친족 언어인 티베트어와 같이 SOV 언어이고 핵심이 문말에 있다. 정미사가 핵심으로 문말에 있는 것은 합리적이고 지시 대명사는 다른 수식어와 같이 명사를 앞서는 것도 OV 언어와 조화되어 일반적이다6). 생성 문법에서는

---

6) 김붕(金鵬) 편(1983: 65-67)과 왕지민(王志敏)(1994: 420)에 의하면, 티베트어의 근지사

지시대명사와 관사/미사가 있는 구를 다 DP라고 한다. 영어와 같은 언어에서 지시사와 관사의 어순은 일치하고 하나의 DP에서 서로 배타적이기에 같은 식으로 처리하는 것은 별 문제 없다(* the this man / * this the man). 그러나 셰르파어와 같은 언어를 분석할 때 생성 문법의 DP이론은 더 이상 적용할 수 없을 것이다. 지시사와 관사/미사를 구분하는 것이 급선무인데 지시사가 아닌 관사/미사야말로 구의 핵심이다.

넷째, 어순 조화성(대응)을 설명하는 새 가설

Dryer는 핵어-종속어 모형으로는 어순의 대응되는 현상과 대응되지 못하는 현상을 전면적으로 설명할 수 없다고 하고, 자신의 새 가설(분지 방향 이론-Branching Direction Theory, BDT)을 제기한다. 이 가설에 따르면, 동사 위치와 대응되는 성분은 모두 어휘적 단위, 또는 적어도 귀납 원리로 충분히 확대될 수 있는 단위가 아니다. 예를 들어, 개사, 관사, 부정 조동사 등이다. 목적어 위치와 대응되는 성분은 다 귀납 원리로 충분히 확대될 수 있는 구와 같은 단위, 즉 분지 가능 구조이다. 예를 들어, 명사구, 동사구 등이다. 한 언어는 일반적으로 같은 방향으로 분지가 나타나는데 분지 불가능한 어휘적 단위는 한 쪽에 있고 분지 가능한 구와 같은 단위는 다른 한 쪽에 있다. 그의 이론은 조화 현상이 어떤 범위에서 작용하는지를 설명할 수 있다. 즉 Greenberg가 말한 '유사한 구조'는 무엇인가? 그 두 성분 간의 위치는 동사와 목적어 간의 위치와 대응된다. 그러나 우리가 종종 강조하는 것과 같이, 조화는 어순 보편성의 한 측면일 뿐이고 우세한 어순 현상도 중요하다. 따라서 Dryer의 원칙도 어순 보편성의 총 원칙이 될 수는 없다. 게다가 핵어-종속어 이론은 통사 구조의 관계 유별 문제(한 구조에는 어떤 것이 핵

(近指詞)는 ti[13]이다. 이것은 셰르파어의 ti(상고 시대 중국어의 '之, 是'와 같이 지시 대명사에서 나왔음)와 비슷하다. 두 책에서는 다 ti[13]은 명사를 앞서도 되고 명사를 뒤따라도 된다고 지적한다. 왕지민(王志敏)은 라사(拉薩) 구어에서는 ti[13]이 후치하는 경우가 더 많다고 한다. 그러나 두 책에서는 ti[13]이 동시에 명사 앞과 뒤에 쓰이는 것이 나타나지 않는다. 셰르파어와 다른가의 문제는 앞으로의 과제로 고찰되어야 한다.

심이고 어떤 것이 종속어인가)에 주목하는데, Dryer의 분지 방향 이론은 이 문제에 대해 무관심하며 통사적 층계 문제(어떤 것이 확대될 수 없는 단층 구이고, 어떤 것이 다층 구조로 확대될 수 있는 것인가?)에만 주목한다. 만약 Dryer의 이론이 성립된다면, 왜 어순 보편성에서 문법의 계층 구조가 관계 구조보다 더 중요한가 하는가는 더 논의가 필요한 문제이다.

3.4 어순 보편성에 대한 설명

Greenberg의 선구적인 논문에서는 설명이 아닌 기술에 중점을 둔다. 그 후의 어순 유형론자들은 기술하는 동시에 언어 보편성에 대한 설명에도 진력한다. 전체적으로 보면, 대부분의 유형론자들은 Chomsky의 선천적 문법 이론이 아니라, 기능적 면에서 언어 보편성을 설명한다(Comrie 1989: 223-229). Hawkins는 생성 문법의 일부 성과를 선호하는 유형론자이다. 예를 들어, 그는 생성 문법의 X(X')이론으로 그의 범-범주 조화를 설명하였다(Hawkins 1983: 183-205). X'이론은 통사 구조가 계열화 경향을 가지는데 다른 구조들이 다 같은 구조로 배열된다고 주장한다. 이는 문법의 복잡성을 줄일 수 있다. Hawkins는 이를 근거로 범-범주 조화의 원인을 설명하지만, 생성 문법의 선천적인 주장에 대해서는 여전히 반대한다.

90년대 이후, 국내 많은 문법 학자들은 단순한 기술, 해석에 더 이상 만족하지 않고 문법 현상에 대한 설명에 골몰한다. 사실 설명도 다른 층위들을 포함하는데 설명과 기술의 구별은 절대적인 것이 아니다. 어떤 분석은 종종 하위에서는 설명이고, 상위에서는 기술이다. 기술 자체도 어떤 이론적 틀(직접 구성 성분법, X이론, 논항 구조 등)이 필요한데 이 틀들 자체도 문법 현상에 대한 설명적 요소를 가지고 있다. 기술하는 현상에 대한 직접적 설명은 높은 층위의 기술로 볼 수 있고 그 자체도 더 높은 층위의 설명이 필요하다. 예를 들어, 유형론으로 범-언어적 비교를 할 때 다른 구조의 어순 간의 관련성을 밝히는 것은 전형적인 유형론 기술이다. 이는 어떤 언어에 대한 기술에 있어 하나의 설명도 된다. 즉 어떤 언어의 어순이 왜 그런가의 이유는 우연이 아니라 언어의 보편성이다. 그 어순 간의 상관성이 왜 생기는지의 문제는 더 설명되어야 한다.

Hawkins(1983: 88-92)는 수식어 어순과 관련된 함축적 보편성, 그리고 명사 수식어들의 어순 배열 규칙(3. 2 예 3, 4 참조)을 바탕으로 무거운 계층(Heaviness Hierarchy)을 제기한다. 즉 인간 언어는 일반적으로 무거운(길거나 구조가 복잡한) 성분이 오른쪽(뒤)에 놓이는 경향이다. 그러므로 SOV 언어에서 관계절은 수식어 가운데 가장 '무거운' 것이라 제일 활동적이며 자주 명사를 뒤따른다. 그러나 사람들은 어린이처럼 계속해서 물어볼 수 있다. 왜 가장 '무거운' 것이 맨 뒤에 있는가? 이 문제는 설명이 더 필요하다. Dryer의 분지 방향 이론도 어순 조화성에 대한 설명의 하나이다. 왜 분지 방향이 어순을 결정하는지의 문제도 설명이 더 필요하다. 이상 Hawkins와 Dryer의 설명은 한 가지 중요한 현상을 반영한다. 즉 구조의 계층성과 복잡성은 구조의 관계적 성질보다 어순에 더 많은 영향을 준다. 그 중에는 담화나 인지적 원인이 있어야 된다. 이러한 원인들에 대한 분석은 더 나아간 설명이다. Arnold와 Wasow(2000)는 심리언어학 실험으로 언어 이해, 특히 언어 생성의 측면에서 무거운 성분 후치 원칙에 대해 비교적 합리적인 설명을 한다. 무거운 성분은 단시간에 많은 기억을 차지하기 때문에 뒤에 놓으면 기억의 부담을 줄일 수 있다. 마찬가지로 무거운 성분의 생성도 화자가 사고하는 시간이 많이 필요하기 때문에 그것을 뒤에 놓으면 화자가 사고하는 부담을 줄일 수 있다.

프라하학파 유형론자인 Sgall은 경제성 원칙으로 조화 현상을 설명한다(Shibatani & Bay on 1995: 8 참조). 여기서 주의해야 할 것이 있다. 프랑스 기능주의 학자인 Martinet 등이 제기하는 경제적 원칙은 주로 담화 중의 경제성에 주목하는데, Sgall이 말한 것은 실제의 인지적 측면의 경제성을 가리킨다. 즉 유사한 구조들이 같은 어순 규칙을 사용하는 것은 인간 대뇌의 기억과 처리 부담을 줄일 수 있다는 것이다.

Comrie(1989)가 제기한 보편성(어순 보편성만이 아니다)에 대한 설명은 인간 언어의 단일 기원설, 선천설, 기능설 등이 있다. 그는 기능설이 제일 기대할 만하다고 한다.

Croft(1990)의 설명도 언어 기능에 속한다. Croft(1990: 246)는 인지 기능이나 담화 기능의 기초가 인간의 심리적, 생리적 조건이므로 기능적 설명이 최종적으로 인간의 심리적, 생리적 기초에서 나오는 것이라고 생각한다. 이렇게 되면, 기능적 설명은 최종적으로 생성문법과 일치한다. 왜냐하면 생성문법은 언어 능력을 선천적 요소로 보고 있는데 선천적 요소는 물론 생리적 조건에 의해 결정된 것이기 때문이다. 그가 구체적으로 논의하는 기능적 요소는 경제성, 도상성과 담화 동인이다. 어순 보편성에서 그는 Bybee의 연구를 인용하여, 성분의 선형 계열에 있는 접근도와 개념 간의 긴밀도 일치로 뚜렷한 언어 도상성을 나타낸다. Haiman(1983)에는 도상성으로 문법의 보편성을 설명하는 논문이 많이 실려 있다.

Hawkins(1994)는 어순 보편성을 연구하는 또 다른 대작이다. 1983년 기술에 치중하던 그의 저서와 달리 이 책에서는 주로 어순 보편성의 설명에 주목한다. Hawkins(1994: 409)는 어순이 언어 수행(performance) 면에서 설명되어야 하고, 생성 문법에서 말하는 언어 능력(competence)의 선천성이 어순 보편성에 미치는 영향을 과대평가하면 안 된다고 주장한다. 그는 어순 보편성의 형성 원인이 언어 사용의 편리성 추구, 즉 언어 구조를 사용하는 어려움과 복잡성을 줄이는 것이라고 믿는다. 그는 형식 문법과 비슷한 구조 수형도로 구조 복잡성을 측정하였다(1994: 29 참조). 그의 계산 방법은 육병보(陸丙甫)(1986a, b)가 제기한 덩어리 분석(組塊分析), 난이도 계산(難度計算)과 많이 비슷하다. 그는 언어가 사용 편리성의 목적을 달성하기 위해 지키는 주요 원칙이 '초기 직접 구성성분'(Early Immediate Constituents) 즉 EIC 원칙이라고 생각한다. 그 책의 대부분은 각 언어를 측정하는 것과 어떻게 EIC로 설명하는지에 관한 것이다. 주의해야 할 것은, 대부분의 유형론자의 조작성(操作性) 설명과 달리 Hakwins는 EIC원칙이 설명하는 것은 주로 통사 조작('직접 성분'이 통사의 개념이다)이지 다른 사람이 강조하는 의미나 화용 조작이 아니라는 점이다. 그는 어떤 통사적 개념이 의미나 화용에서 왔더라도 문법화 된 통사 성분으로 EIC 원칙의 지배를 받는다고 주장한다. 통사적 독립성을 강조하는 면에서 그는 형식학파의 입장에 접근한다. 그리고 그는 화용 기능으로 보편성을 설명하는 이론이 뚜렷한 모순을 보이고 있음을 지적한다. 예를 들어, 프라하학파의 '구정보-신정보' 원칙은 Givón(1988)의 '중요한 정보/예측 불가, 부차적인 정보/예측 가능'의 원칙과 모순된다. 그는 이러한 원칙으로는 일부 언어만을 설명할 수 있고, 그의 EIC원칙으로 진정한 어순 보편성을 설명할 수 있다고 생각한다. 물론 Hawkins도 모든 어순 현상이 다 EIC에 부합하지 못한다는 것을 잘 알고 있다. 그럼에도 불구하고, 그는 EIC에 부합하는 구조가 어종 분포와 화용 분포 면에서 절대적으로 큰 비중을 차지한다고 생각한다. 그는 EIC로 생성 문법의 많은 발견을 설명할 뿐만 아니라 기능 학자들의 서로 다른 주장에 eogo 일치하는 설명을 제공할 수도 있다고 생각한다. 이렇게 생각한 것은 지나친 자신감을 가졌기 때문인 것 같다. 사실 어떤 어순 보편성, 경향은 직접 성분의 변별과 필연적 연관성이 없다. 예를 들어, 조건을 나타내는 절의 전치와, 목적을 나타내는 절의 후치는 범-언어적으로 많다. 이는 언어의 도상성과 많이 관련되어 있고 직접 성분과 아무런 관계도 없다. 이론적 측면에서 생성문법이 문법의 근본적인 규칙 선천적인 기제에 의해 나타난다고 주장하는 것과 같이, 문법 규칙이 언어의 조작 규칙에 의해 결정된다고 말할 수 있다. Hawkins는 뒤의 견해를 취하였다. 만약 조작에 의해 결정된 것을 인정한다면 조작의 목적은 효율적으로 정보를 전달하고, 청자로 하여금 화자의 기대대로 정보를 이해하게 하는 것이다. 조작의 결정적인 작용을 인정하며 의미, 화용 규칙을 배척하는 순수한 통사 관념 자체는 내재적 모순을 가지고 있다.

  문법화를 연구하는 어떤 학자들은 통시적 변천으로 어순 보편성을 설명하는 것을 선호한다. 이는 어순 보편성으로 통시적 변천을 설명하는 것과 반대이다. 도대체 어느 것이 원인이고 어느 것이 결과인가의 문제에 대해 우리는 더 깊이 생각해야 한다. Mallinson & Blake(1981: 385-390)는 Vennemann의 연구를 바탕으로 동사, 명사와 개사가 발생학에서 보편적 연관성을 가지고 있으므로 동사/목적어 어순, 속격 구조의 어순이 개사의 유형과 조화하게 된다는 것을 밝혔다. VO 언어에서는 동사의 추상화로 인해 나타나는 개사는 저절로 전치사가 된다. OV 언어에서는 동사에서 생긴 개사가 후치사가 된다. VO 언어에서 NG(명사 + 속격) 어순을 많이 사용하기 때문에 수식을 받은 명사에서 생긴 개사도 전치사가 된다. 이와 반대로 OV 언어에서는 그것이 후치사가 된다. LaPolla(2002)는 주로 한장(漢藏)어계를 예를 들어, 서로 다른 구조 간의 어순 관련성을 통시적 문법화 이론으로 설명하였다.

4. 어순 유형론에서의 개사, 연결사 매개 변수

4.1 어종유형론과 특징유형론

　제2, 3장에서 개사와 개사구의 현대 어순 유형론에서의 '현저한' 지위에 대해 논의하였다. 이번 장에서는 더 나아가 개사 매개 변수의 어순 유형론에서의 역할과 개사, 연결사의 어순 유형론에서의 긴밀한 관련성에 대해 논의하고자 한다. 이에 앞서 유형론 자체의 한 가지 분류, 즉 어종유형론과 특징유형론을 검토한다. 왜냐하면 우리의 개사 유형에 대한 태도는 특징유형론 태도에 속하기 때문이다.

　형태가 유형론을 주도했을 때부터, Sapir(1962[1921])는 이미 같은 언어를 다른 형태적 매개 변수들(예 굴절, 첨가, 종합, 분석)로 분류할 수 있을 뿐만 아니라 같은 매개 변수로도 다양하게 분류할 수 있고, 단지 분류된 유형적 특징의 비중만 다를 수 있다는 것을 주목하였다. 예를 들어, 첨가보다 굴절이 많은 것, 고립보다 첨가가 많은 것 등이 있다. 어순 유형론도 같은 문제에 직면한다. 독일어가 바로 그런 뚜렷한 예이다. 독일어 종속절의 어순은 주절에 의해 분류하면 V2(동사가 두 번째 위치에 있음) 유형이다. V2언어는 간단히 Greenberg의 세 가지 유형 모형으로 귀납하기 어렵다. Greenberg 의 Ⅱ형 언어는 SVO이고, 독일어 주절의 동사는 두 번째 위치에 있지만 이에 의하여 SVO 언어라고 단언하기가 어렵다. 만약 V앞에 주어가 오면 SVO 언어이고, 장소를 나타내는 부사어가 오면 주어가 동사에 뒤따라야 하기 때문에 VSO 언어가 된다. 종속절에 의해 분류하면, 독일어는 표준적인 SOV 언어이다. 결국, 독일어는 Greenberg의 Ⅰ, Ⅱ, Ⅲ 형에 동시에 속한다. 개사를 기준으로 하면 문제는 더 복잡해진다. 독일어에는 전치사, 후치사 외에 앞뒤에서 같이 사용하는 임시적인 분리사도 있다. 독일어의 유형 문제는 중국어와 '동병상련'이다. 그리고 Downing(1995: 18-19)이 지적하듯이 어떤 언어에는 지정 매개 변수의 범주가 없기 때문에 모든 언어는 같은 기준으로 분류될 수 없다. 우리가 알고 있는 바에 의하면, 자유 어순 언어, 일부 화제 우선 언어, 능격(ergative) 언어를 S, O, V의 위치를 기준으로 하여 분류하는 것은 적당하지 못하다.

이렇게 복잡하고 어려운 문제로 인해 유형적 분류의 의의가 없다고 할 수는 없다. 만약 다른 매개 변수를 같이 고려하면 논리상 가능한 유형은 실제로 검증될 수 있는 유형에 비해 훨씬 많다. 논리상으로 존재하는 많은 유형에 부합하는 예증은 못 찾는다. 또한 매개 변수가 많을수록 논리적 유형도 많고, 논리적 유형과 실제적 유형 간의 차이도 많을 것이다. 이는 유형론자가 연구를 하게 하는 원동력 중의 하나이다. 예를 들어, 두 개 매개 변수가 있는데 각각 두 개의 성분이 어순과 관련된다면 논리적 유형은 4가지(AB-ab, AB-ba, BA-ab, BA-ba)가 있을 것이다. 세 개 매개 변수가 있는데, 세 개의 성분이 각각 어순과 관련된다면 논리적 유형은 216가지(ABC-abc-XYZ, ABC-bca-YXZ……)로 증가할 것이다. 어순 유형론에서 실제로 검증된 유형수는 논리적 유형수보다 아주 적다. 그 원인 중 하나는 LaPolla(2002)가 지적하듯이 많지 않은 인간 언어의 수로 논리적 가능성을 이루기는 충분하지 못하기 때문이다. 게다가 많은 언어들 간에는 계보, 지역적 연관성이 있는데, '유전'(초기 기원)과 '전염'(후기 접촉)으로 인해 유형은 접근하게 된다. 그러나 계보와 전파의 작용을 과대평가해서는 안 된다.

계보로 보아 영어와 독일어는 다 게르만어족에 속하고, 지역적으로 보아, 아일랜드어와 영어는 아주 '친밀하다'. 그러나 그들은 어순 유형 면에서 심한 차이가 있다. 즉 영어는 SVO 언어이고, 독일어 주절은 V2 언어이며 종속절은 SOV 언어이고, 아일랜드어는 VSO 언어이다. 인간 언어의 실제 어순의 수가 논리적으로 가능한 유형의 수보다 아주 적은 주요 원인 중에 하나는 다른 통사적 구조들이 각각 함축적 보편성이나 강도가 다른 조화성을 가지고 있으므로 논리적인 유형이 나타나지 못한다는 것이다. 예를 들어, AB 언어가 다 ab와 XY 어순을 사용한다면 AB-ba-XY, AB-ab-YX, AB-ba-YX 등의 논리적 유형은 나타나지 못할 것이다. 따라서 일정한 매개 변수로 유형 분류하는 것은 가능하고도 필요하다. 이는 많은 언어들이 몇 가지의 유형에만 속하고 논리적으로 가능한 유형에 속하는 언어가 없는 원인이 무엇인지를 생각하게 한다. 그러나 어떤 언어에서 나타나는 복잡한 상황에 대해 우리는 유형 분류 방법을 개선해야 한다.

독일 학자 Almann과 Lehfieldt(1973, Vennemann 1984: 597에서 재인용)가 제기한 일반 유형론(general typology, 독일어: Allgemeine Spachtopolie)과 부분적인 유형론(partial typology, 독일어: Teiltypogien)은 바로 언어 내부의 유형적 특징이 복잡한 상황을 직면하는 것이다. 일반 유형론은 여러 특징으로 어떤 언어를 총체적으로 분류한다. 예를 들어, '어떤 언어는 SVO 언어인가, SOV 언어인가'이다. 부분적인 유형론은 어떤 언어의 한 가지 요소의 특징으로 그 언어를 분류한다. 예를 들어, 어떤 언어는 전치사가 있는데 전치사가 다른 어순을 함축하는 특징을 갖는다. 이와 동시에 그 언어에 후치사도 있는데 후치적 언어와 관련된 특징을 가진다는 것을 배제할 수 없다. 언어 요소의 각종 복잡성 때문에 일반 유형론은 만족스러운 성과를 거두기 어렵다. 이는 Sapir가 형태적 분류를 할 때 나타났다. 이에 근거하여 Vennemann (1984: 597)은 부분적인 유형론만 있고 일반 유형론은 없다고 주장하였다. Croft(1990: 33)는 위의 두 가지 유형론을 전체적 유형론(holistic typology)과

부분적인 유형론이라고 하였다. 그는 전체적 유형론을 부정하지 않고 부분적 유형론을 더 주목했다. Croft의 용어에 의하면, 전체 유형론을 기준으로 분류된 것은 어종 유형(language types)이다. 예를 들어, '고립어인가, 굴절어인가', 'SVO 언어인가 SOV 언어인가'이다. 부분적인 유형론을 기준으로 분류된 것은 언어학 특징 유형(linguistic types)이다. 예를 들어, 독일어는 V2 형(SVO, VSO의 변화가 있음)에 속하며 SOV 형에도 속하고, 전치사와 후치사를 다 가진다. 이 책에서는 전체 유형론을 '어종 유형론'으로, 부분적인 유형론을 '특징 유형론'이라 부른다.

어종 유형론과 특징 유형론을 구분하는 것은 중국어 어순 문제를 분석하는 데 도움이 된다. 특징 유형론은 보다 더 현실적이고 정밀한 유형론이다. 유형론은 요소의 특징을 단위로 하여, 같은 특징이 다른 유형에 나타나지 않도록 한다. 특징 매개 변수로 분류된 유별도 극히 적은데 일반적으로 두세 가지가 있다. 예를 들어, 만약 속격과 핵심 명사의 위치에 의해 분류하면 속격 전치, 속격 후치, 속격 전/후치 세 가지 상황이 있을 것이다. 수많은 유형이 나타나는 난처한 상황이 아니다. 보다 더 중요한 것은, 유형론은 언어학 특징들 간의 함축과 조화 관계를 유지하는 것이다. 언어 요소가 수없이 많기에 함축적 관계와 조화성을 가지는 특징 범주야말로 매개 변수가 될 수 있다. 어종 유형론을 기준으로 하면 중국어, 독일어를 비롯한 많은 언어는 범주의 구별로 분류하기 어렵다. 유형론의 면에서 보면, 많은 유형적 특징을 가지는 언어라도 각 특징 간의 함축적이나 조화적 관계가 여전히 있다. 예를 들어, 독일어에는 VO 어순도 있으며, OV 어순도 있는 것과 같이 전치사와 후치사도 공존한다. 유형론으로 중국어 어순과 개사 유형을 연구하면 많은 문제에 대해 믿을 만한 설명을 할 수 있다. 이전의 중국어가 SVO 언어인가, SOV 언어인가의 문제에 대한 논의는 어종 유형론 관념으로 제한되어 이상적인 결과를 이끌지 못하였다.

4.2 개사 매개 변수의 각 방면

4.2.1 개사 매개 변수의 보편적 적용: '개사 없는 언어'를 어떻게 보아야 하는가?

개사 유형 문제는 현대 어순 유형론에서 중요한 관심을 받는다. 개사 유형은 다른 구조의 어순보다 더 강한 유형론 예측력(한 가지 어순으로 다른 구조들의 어순을 예측하는 것)을 가지고 있기 때문이다. 앞에서의 몇 개 어순 유형론 모형에 대한 분석은 이를 설명할 수 있다. 그러나 개사는 보편적으로 적용하는 매개 변수가 아닌 것 같다. 왜냐하면 언어 기술에 따르면, 일부 언어는 개사가 없기 때문이다. 사실 많은 경우에 개사가 있는지 여부는 언어 사실 문제가 아니라 전문 용어 문제이다. 예를 들어, 일본어의 후치 개사는 전통적인 일본어 학교 문법에서 조사라고 하지만 일본의 유형론자들은 그것을 후치사라고 한다. 그런데 개사가 없을 때는 정말 언어 사실의 문제이다. Tsunoda 외(1995)는 컴퓨터 소프트웨어의 대규모 통계, 조사를 통해 이 문제를 해결하였다. 그들은 130개 언어의 19가지 어순 매개 변수를 검토하고 컴퓨터 통계 방법으로 접근도에 의해 차등 분류하였다. 그 결과 언어는 전치적 언어와 비전치적 언어로 분류될 수 있음이 밝혀졌다. 비전치적 언어는 다시 후치적 언어와 개사 없는 언어로 분류될 수 있다. 이 연구는 겉으로 개사 없는 언어가 객관적으로 존재함을 인정하지만 실제로는 개사 매개 변수의 중요성을 강조하였다.

첫째, 그들은 우선 개사 매개 변수에 특별한 지위를 부여하지 않고 그것들과 다른 어순 매개 변수를 같이 컴퓨터에 입력하였다. 다음에 컴퓨터로 선입견 없는 통계를 통해, 어떤 어순 매개 변수가 어순에 의해 언어를 잘 분류할 수 있는가를 분석하였다. 통계 결과 인간 언어의 가장 큰 어순 유형의 한계는, 확실히 개사 매개 변수에 의해 확정되는 것이라는 점이다. 즉 개사와 다른 어순들 간의 연관성이 가장 긴밀하기 때문에 그것으로 예측할 수 있는 어순이 가장 많다. 따라서 어순 유형론은 개사를 핵심적 매개 변수로 인정해야 한다.

둘째, 개사 매개 변수는 개사가 있는 언어뿐만 아니라 개사가 없는 언어에도 적용한다. 개사가 없는 언어의 어순은 후치적 언어와 같다.

셋째, 130개 언어 가운데 19개 '개사 없는' 언어의 어순은 후치적 언어와 일치한다. 이는 우리로 하여금 '개사가 없는' 것과 후치사 간의 관계를 주목하게 한다. 개사가 없는 많은 언어는 소위 격조사나 격표지로 간접 의미역(제원(題元))을 나타낸다. 예를 들어, 미얀마어는 통계상 개사가 없는 언어로 간주되지만, 미얀마어에서는 후치적 격조사가 개사 역할을 한다. 이러한 격조사는 의미가 더 추상화, 약화되면 격표지나 접미사라고 할 것인데 일반적으로 후치한다. Greenberg(1966)는 접두사에 비해 접미사가 우세한 유형이라는 것을 주목하였다. Tsunoda 외의 논문에서도 전, 후치사의 비대칭, 즉 후치사가 더욱 쉽게 독립성을 잃고 접미사로 되는 것을 지적한다. 개사가 격 표지로 변하는 것은 극히 정상적인 문법화 수단으로 추상화, 첨가의 정도 문제이다(C. Lehmann 1995: 79). 격표지는 약화된 후치사이다. 따라서 개사가 없는 언어는 대부분이 격−접미사 언어, 달리 말해 후치사가 약화되며 독립성이 약한 후치적 언어이다. 후치적 언어와 개사 없는 언어의 유형론에서의 공통점은 바로 후치적 언어 간의 공통점이다. 이와 반대로 전치사는 통사적, 운율적인 면에서 보다 더 강한 독립성을 가지고 있어 격−접두사로 추상화되기 어렵다. Hawkins와 Gilligan(1988, Hawkins & Cutler 1988: 286)의 고찰에 따르면, 만약 어떤 언어의 명사에 격−접사가 있다면 그것은 반드시 접미사일 것이다. 그러므로 개사가 없는 언어의 존재는 개사가 보편적인 어순 유형론의 매개 변수가 된다는 것과 모순되지 않는다.

Tsunoda 외의 연구 결과는 중국어 연구에 도전이기도 한다. 그들은 관례에 따라 중국어를 전치적 언어로 본다. 결과적으로 중국어는 개별적 예외 중에 하나이다. 다른 면에서 중국어는 비전치적 언어와 더 비슷하다. 이것은 우리가 중국어를 단순한 전치적 언어로 보는 것에 대해 의심하게 한다.

4.2.2 개사의 어순과 개사구의 어순

대부분의 어순 유형론자가 주목하는 개사 문제는 바로 개사 자체의 어순, 즉 전치사인지 후치사인지의 문제이다. Dryer(1992)와 C. Lehmann(1992)은 같은 해에 개사 어순의 다른 방면, 즉 개사구와 그것이 수식하는 핵심어 간의 어순을 논의하였다.

Dryer(1992)는, 개사구와 그것이 수식하는 동사 간의 어순은 술목구조와 가장 조화한다고 한다. 비록 Dryer의 이론 프레임이 동사–목적어/목적어–동사 어순에 의한 것이지만 이로 인해 개사의 어순 유형론에서의 중요성은 더 부각되었다.

C. Lehmann(1992)은 문법화의 정도를 연구하기 위해 개사 어순의 두 측면을 구분하였다. 한 측면은 개사와 그것이 지배하는 NP 간의 어순, 즉 개사가 개사구 안에 있는 위치이다. 이러한 매개 변수로 분석하면 전치사(개사 + 명사), 후치사(명사 + 개사), 및 전치사 후치사의 공존 세 가지 경우가 있다. 다른 한 측면은 개사와 개사 목적어구를 지배하는 VP 간의 어순, 즉 개사구 자체의 어순으로 이 때 '개사구+VP'와 'VP+개사구'의 두 가지 경우가 있다. C. Lehmann은 개사 자체의 어순이 개사구의 어순보다 더 고정적이라는 것에 주목하였다. 문법화 정도가 약하고, 실사에서 나온 지 얼마 안 되는 개사는 이 두 측면에서 어순이 비교적 활동적이다. 예를 들어, 독일어에서 어떤 개사는 전치사가 될 수도 있고 후치사가 될 수도 있다. 이러한 개사를 핵심으로 하는 개사구의 어순도 비교적으로 활동적이라 동사의 앞뒤에 다 나타날 수 있다. 문법화 정도가 강한 개사는 그 자체의 개사구 안에서 위치가 고정적이지만(예 독일어의 순수한 전치사), 이러한 개사를 핵심으로 하는 개사구의 어순은 여전히 활동적이다. 문법화 정도가 더 강해지면 개사의

어순과 개사구의 어순 모두가 고정적이 될 것이다.

　Dryer와 C. Lehmann의 개사 이론은 유형론에서 홀시되던 개사구 전체의 어순을 주목하게 하였다. 이는 중국어 연구에 직접적인 계시를 준다. 다음 장에서 개사 어순과 개사구 어순 간의 밀접한 관계에 대해 깊이 있게 논의할 것이다.

4.2.3 개사구는 부사어와 한정어로 쓰인다

　앞에서 말한 개사구 어순은 개사구와 그것이 수식하는 동사 간의 어순이다. 개사구의 통사적 기능은 부사어로 동사를 수식하고, 동사를 위해 간접적 의미역을 이끌어낸다. 이와 동시에 많은 언어의 개사구는 한정어로 명사를 수식할 수도 있다. 이러한 사실 중의 일부는 어순 유형론의 시각으로 분석될 만하다. 그래서 이 책에서는 개사구가 명사를 수식하는 것도 고찰 대상이 된다.

　개사구가 한정어 기능을 할 때 개사는 언어에 따라 한정어 표지이기도 하고 한정어 표지가 아니기도 하다. 어떤 언어의 개사구는 한정어 기능을 할 때 부사어로 쓰일 때와 같이 개사가 종속 표지로 한정어 표지 기능을 한다. 예를 들어, 영어 the book in the chair(의자 위에 있는 책), to sit in the chair(의자 위에 앉는다)에서 허사 in이 표지 역할을 하고, 따로 허사 표지를 사용하지 않는다. 이러한 언어를 쓰는 사람은 한정어 표지로 쓰이는 것을 개사의 '겸직' 기능으로 보지 않고 개사의 원래 기능으로 볼 것이다. 더 많은 언어를 검토하면, 개사가 반드시 한정어 표지 역할을 하는 것이 아니라 개사구가 한정어로 쓰일 때 진정한 한정어 표지가 나타나야 한다. 예를 들어, 일본어에서 후치 개사구는 한정어로 쓰일 때 하나의 후치 한정어 표지를 첨가해야 한다. 이때 개사와 한정어 표지는 겹쳐 쓰인다.

(1) しんぶん へ の ひはん
shinbun e no hihan
신문에의 비판
the criticism of the newspaper(신문에 대한 비판)

후치구인 'しんぶんへ'는 한정어로 쓰일 때, へ 외에 후치 한정어 표지인 の도 써야 한다. 영어에서는 の와 비슷한 것이 불필요하고 of만 쓰면 된다.

개사구가 한정어로 쓰일 때와 부사어로 쓰일 때의 어순 일치 여부 문제도 주목할 만하다. 두 경우의 어순이 같을 가능성도 같지 않을 가능성도 있다. 일본어에서는 한정어와 부사어가 다 핵심어를 앞서기 때문에 두 경우의 어순이 일치한다. 영어에서는 개사구가 부사어로 쓰일 때는 두 가지 어순(동사 뒤, 동사 앞 특히 주어 앞)이 있고, 한정어로 쓰일 때의 어순은 한 가지만 있다. 두 경우의 어순은 완전히 일치하지 않는다. 중국어, 특히 고대 중국어에서 개사구가 부사어로 쓰일 때의 어순은 동사 앞에 있는 것과 동사 뒤에 있는 것 (동사 뒤에 있는 개사구는 보어로 불린다) 두 가지가 있다. 한정어로 쓰일 때는 개사구가 핵심어를 앞서는 어순만 있다. 이는 영어와 비슷하지만 개사구가 한정어로 쓰일 때의 어순은 영어와 반대이다. 총체적으로 보면, 개사구가 한정어, 부사어로 쓰일 때의 어순은 완전히 같거나 대부분 같은데 한정어와 부사어의 위치가 완전히 반대인 언어는 아직까지 발견하지 못했다.

개사구가 한정어로 쓰일 때 중국어와 영어의 어순은 서로 반대임에도 불구하고, 개사구가 한정어로 쓰일 때의 어순은 부사어로 쓰일 때보다 고정적이라는 면에서 두 언어는 같다. 이는 결코 우연이 아니다. 언어학자는 이른 시기에 어순에 관한 다음과 같은 규칙을 발견하였다. 언어 단위의 층계가 높을수록 어순은 자유롭다. 이와 반대가 되면, 어순은 더 고정적이다. 각 언어 단위들의 고정에서 자유로의 배열 순서는 대체로 '단어를 구성하는 형태소 < 구를 구성하는 단어 < 절을 구성하는 구 < 복문을 구성하는 단

문 < 텍스트나 단락을 구성하는 문장'이다. 한정어는 명사구 안의 단어(또는 더 작은 구)일 뿐이고 한정어가 있는 한정어-핵심어구가 절의 성분이다. 부사어는 직접적으로 절의 핵심을 수식하는 성분으로 절의 성분이다. 따라서 부사어보다 한정어의 어순이 더 고정적인 것은 합리적이다.

4.3 Dik의 어순 유형론의 연계자(relator) 이론과 개사의 어순

왜 개사가 어순 유형론에서 이렇게 중요한 위치를 차지하는가? 개사 자체가 통사적 구성가운데 중요한 자리를 차지하고 있는 것(5.1 참조)이 그 원인 중의 하나다. 이보다 더 직접적인 원인은 Dik(1997)의 연계자 이론으로 밝혀진 개사의 연계자 성질에 있다. 비록 Greenberg, Hawkins, Dryer 등을 비롯한 개사 보편성을 밝히는 유형론자들이 개사와 관련된 보편성과 연계자의 위치적 특징을 연관하여 분석하지 않았지만, 우리는 Dik의 '연계자 원칙'에 대한 분석을 통해 두 문제가 직접적으로 연관된다는 것을 발견하였다.[7]

Dik은 연결사, 개사, 격표지, 종속사(subordinators, 관계 대명사 포함), 수식어 표지(형용사 표지(예: traditional의 al))를 포함, 부사 표지(예: slowly의 ly), 속격 표지(예: John's room의 s) 등이 모두 연계자에 속한다고 한다. 이 것들의 공통 기능은 병렬, 또 종속 관계를 가지는 두 성분을 연계함으로써 두 성분을 더 큰 단위로 변하도록 하는 것이다. 이와 동시에 두 성분 간의 관계를 나타내기도 한다(같은 책 398쪽). Dik은 연계자를 위해 두 가지 하위

---

7) 필자는 Dik의 견해를 읽기 전에 '중국어 동남쪽 방언 비교 연구 심포지엄' 안휘(安徽) 1995에 제출한 논문에서 어떤 언어들의 고찰을 통해 개사가 매개 위치에 있다는 경향을 지적하였다. 여기서 Dik의 원칙에 대해 중점적으로 소개하는 것은 Dik의 연계자 원칙이 더 이른 시기에 제기되고, 더 엄밀하며 성숙하기 때문이다. 이 원칙은 Dik(1978)의 Functional Grammar에서 제기되었다(Siewierska(1988: 134-138) 참조). Dik(1978)이 수중에 없어 Dik (1997)의 논술을 인용한다.

항목을 포함하는 어순 원칙을 제시하였다(같은 책 406쪽).

  (2) 연계자의 우선적 위치: (i) 두 개 연결된 성분 사이에 있다. (ii) 만약 연계자가 어떤 연결된 성분에 첨가되면, 연계되는 성분의 가장자리에 있다.

  (2)의 두 개 하위 항목은 연계자 위치의 두 측면을 반영하는데 종종 동시에 적용된다. 예를 들어, 중국어 표준어 연결사인 '和'는 '中國絲綢和意大利皮鞋'(중국 실크와 이탈리아 구두)에서 연결된 성분인 '中國絲綢'와 '意大利皮鞋' 사이에 있다. 이는 (2i)에 부합한다. 이 구의 두 성분 사이에서 휴지하려면 휴지는 앞성분과 '和' 사이에서만 할 수 있고(中國絲綢, 和意大利皮鞋), '和'와 뒷 성분 사이에서 해서 안 된다(中國絲綢和, 意大利皮鞋). 이는 본질적으로 '和'가 뒷 성분에 첨가되어야 하고, 그 성분의 가장자리에 있어야 함을 설명한다. 이는 (2ii)에 부합한다.

  소위 '우선적 위치'는 이 용어의 의미가 나타내는 것처럼 절대적 보편성이 아니고 경험적 보편성이다. 그러나 이 원칙은 강한 경험적 기반, 예측력, 이론적 힘을 가지고 있다. 그것의 의의와 가치는 세 측면으로 나타난다.

  우선 Dik이 지적한 바와 같이 연계자 원칙은 강한 예측력을 가지고 있고, 그것으로 설명할 수 있는 구조가 많기 때문에 적어도 통계적 의미에서 보면 예측력은 정확하다(같은 책 406쪽). 우리가 접촉하는 수 십 개의 언어 자료를 보면, 연계자 원칙은 아주 강하다. 다음에는 개사의 몇 가지 예를 들어 이를 논증한다.

  전치 언어에서 전치사구는 일반적으로 'VP+전치사+NP'의 어순인데 전치사는 VP와 NP 사이에 있다.

  (3) 영어(SVO형)
      a. to sit in the chair
         앉다 위에 이 의자
         이 의자 위에 앉는다.

    b. to open it with a key
       열다 그것 로   열쇠
       열쇠로 그것을 연다.

(4) 태어(傣語), 서쌍반납(西雙版納)(SVO형, 양민(梁敏), 장균여(張均如) 1996: 869)

    a. up^9 $tɔ^5$ su^1 $tsau^3$ (위 첨자는 성조를 나타냄)
       말하다 한테   너
       너한테 말한다.

    b. mai^3 $mən^1$ fai^2
       덥다   처럼   불
       불처럼 덥다.

(5) 와어(佤語)(VSO & SVO형, 안기향(顔其香), 주식지(周植志) 1995: 437-438)

    a. Sai   hu   mai   mai?
       인명 가다 와   너
       Sai는 너와 간다.

    b. ki?   tciak   kahkhɔ
       파다 로   호미
       호미로 판다.

    c. Nji   lhauŋ   khaiŋ   nɔh
       인명 크다 보다   그
       Nji는 그보다 크다.

(6) 이스터섬어(Easter Island, VSO언어, Chapin 1978: 146)

    a. he   oho   ti   miro   mai   Magareva   ki   Nuku Tava
       과거 가다 이/저 배 에서   지명   가다   지명
       저 배는 Magareva에서 Nuku Tava로 갔다.

후치적 언어에서 후치사구는 일반적으로 VP를 앞서고 'NP-후치사-VP'의 어순으로 후치사는 VP와 NP 사이에 있다.

(7) 일본어(SOV형, Kuno 1978: 79)

Taroo ga   zidoosya de Hanako to Tookyoo kara Hiroshima
타로우(주격) 자동차 로 하나코 와 토쿄 에서 히로시마
made ryokoosita
까지 여행하였다.
타로우는 하나코와 같이 자동차로 토쿄에서 히로시마까지 여행하였다.

(8) 한국어(SOV형, 인터넷 자료)

haksaeng I chigum hakkyo so hanguk mal ul kongbu hamnida
학생 이 지금 학교 서 한국 말 을 공부 합니다.
학생이 지금 학교서 한국어를 공부합니다.8)

(9) 헝가리어(SVO & SOV형: 인터넷 자료)

a. Az irodá ban dolgozik
그 사무실 에서 일하다
그는 사무실에서 일한다.

b. London ból Romá ba utazom
런던 에서 로마 까지 여행
런던에서 로마까지 와서 여행한다.

(10) 납호어(拉祜語)(SOV형, 대경하(戴慶夏) 1990: 89)

la^{31}nɔ^{33} tha^{31} la^{31}pe^{31} thi$^{·35}$ (첨자는 성조 값을 나타냄)
손가락 위 반지 끼다
손가락 위에는 반지가 껴 있다.

(11) 납시어(納西語)(SOV형, 대경하(戴慶夏) 1990: 87)

si$^{·55}$kv^{33} nuɯ^{33} dze^{33} khv^{33}
낫 로/으로 밀 베다
낫으로 밀을 벤다.

---

8) 역자 주: 이 문장의 '학교서'는 자연스럽지 않다. '학교에서'가 오른 표현이다. 그러나 원문
에 있는 그대로 둔다.

그리고 위의 예를 보아 Dik의 원칙은 이미 발견된 다른 개사의 보편성에 대한 설명에 도움이 되는 것을 알 수 있다. 학자들은 VO-OV어순을 매개 변수로 하는 것과 가장 조화(대응)하는 어순은 개사 유형(3.2 참조), 개사구와 그것이 수식하는 핵심 간의 어순임을 발견하였다(3.3 참조). 이는 더욱 개괄적인 연계자 원칙과 연관됨을 더 분명히 하여 준다. Dryer(1992)의 통계에 따르면, 현대 중국어 외의 VO 언어에서는 일반적으로 개사구가 그것이 수식하는 핵심에 뒤따른다. 이때 연계자를 연결된 두 성분 사이에 넣으려면 전치사를 꼭 사용해야 한다(예: 영어 sit in the chair, 고대 중국어 '靑取之于藍, 而靑于藍'(푸른색은 쪽에서 나왔지만 쪽빛보다도 더욱 푸르다)). OV 언어에서는 개사구가 그것이 수식하는 핵심을 앞서므로 이때 연계자를 두 성분 사이에 넣으려면, 후치사를 사용해야 한다(예: 일본어 zidoosya *de* ryokoo sita(자동차 -로-여행하다 순서)). 물론 더 직접적인 조화성은 개사 유형과 개사구 사이에 있어야 한다. 영어, 장어(壯語)와 같이 전치사를 사용하는 언어는 개사구가 동사에 뒤따르고, 일본어, 납호어(拉祜語)와 같이 후치사를 사용하는 언어는 개사구가 동사를 앞서야 한다. 그럼에도 불구하고 술목구조를 중요시하는 전통 때문에 이러한 조화 어순에 대해 아직까지 대규모의 언어 분포를 조사 통계화 한 사람이 없다. 그러나 다른 관련된 보편성을 통해 개사 유형과 연계자 사이의 연관성을 충분히 알 수 있다.

마지막으로, 연계자 원칙은 보다 더 높은 층위의 대원칙에 의해 합리적으로 설명할 수 있다. Dik의 어순 총 원칙들(GP) 가운데의 첫 번째는 도상성 원칙이다(Dik 같은 책 399쪽). 우리는 연계자가 연결된 두 성분 사이에 있는 것이 도상성 원칙에 가장 부합한다는 것을 직감으로 알 수 있다. 소위 연계자 원칙은 다음과 같이 비유될 수 있다. 사교 활동에서 소개인 A가 B, C 두 사람이 서로 알기 위해 소개할 때 가장 좋은 위치는 B와 C의 사이이다. 만약 A가 B, C 사이가 아닌 B 뒤에서 소개하면 아주 부자연스러울 것이다. 달리 말해, 연계자는 접착제와 같이 두 물건을 연결시키는 것이다.

두 나무 마디를 연결시키는 소개가 두 나무 마디 사이에 있는 것은 당연하다. 두 벽돌을 연결시키는 시멘트도 두 벽돌 사이에 있어야 한다. 연계자 원칙은 언어 규칙이 행위 규칙을 가장 잘 모방한다는 것을 나타낸다. 이 외에도 개사의 연계자 원칙은 Dik의 다른 총 원칙, 즉 '핵심 인접 원칙', 또 Hawkins(1994)가 제기한 '직접 성분 초기 구성 원칙'에 부합하기도 한다. 개사가 개사구의 핵심으로 NP와 VP 사이에 있는 것은 개사를 높은 층위의 핵심(수식받는 동사)과 가장 접근하게 한다. 예를 들어, 영어 sit in the chair에서 in은 PP의 핵심으로 VP의 핵심인 sit와 가장 접근한다. 핵심들이 가까이 있으니 문장을 이해할 때 직접 성분을 쉽게 변별할 수 있다. 7.2.4에서는 중국어를 예로 연계자 원칙이 구조적 복잡성은 감소할 수 있다는 것을 설명할 것이다. 다른 자항목 (2ii)는 Dik의 다른 어순 총 원칙, 즉 '영역집중(范域整合)원칙'(The Principle of Domain Integrity)에 부합한다(402쪽). 이 원칙은 각 성분의 영역 한계가 명확하고 서로 교차하면 안 된다는 것을 요구한다. 만약 그것을 구 중간 부분에 넣으면, 예를 들어, in my chair가 아닌 *my in chair라 하는 것은 영역들을 교차하게 할 것이다. 즉 in이 지배하는 my chair는 in의 양측으로 분리되고, chair는 my를 지배하지만 그것이 지배하지 않는 in으로 분리된다.

연계자 원칙은 개사와 절 간의 어순 관련성, 조화성의 심층적 원인뿐만 아니라 다른 주목되거나 주목되지 않은 어순 보편성의 심층적 원인이기도 한다. 어순 유형론자들은 줄곧 비교문의 어순을 주목해 왔다. 표1-1의 GU22는 비교문과 개사 간의 관련성에 관한 보편성이다.

(12) GU22: 비교문의 유일한 어순이나 어순 중의 하나가 '기준-비교 표시-형용사'라면 그 언어는 후치사 언어이다. 유일한 어순이 '형용사-비교 표시-기준'이라면 우연보다 훨씬 높은 빈도로, 그 언어는 전치사 언어이다.

왜 비교문과 개사 유형 간의 관련성이 긴밀한가? 'Greenberg가 기술한

두 가지 상황'을 보자. '기준-비교표지-형용사' 예를 들어, 필절이어(畢節彝語) ($\eta\upsilon^{21}$ bu^{13} $?a^{33}$ mu^{33}) $\eta\upsilon^{21}$ bu^{13} ka^{33} mu^{21} '(나-의-형-) 나-보다-크다', '내 형 나보다 키가 크다'(정춘수(丁椿壽) 1993: 286)는 '종속어-연계자-핵심'의 구조로 연계자는 중간에 있다. 이것은 'NP-후치사-VP'와 같은 모형이다. 따라서 이러한 언어는 후치사를 사용한다. 이와 반대로 '형용사-비교표지-기준', 예를 들어 영어 taller than John, 고대 중국어 '(苛政)猛于虎'(가혹한 정치는 호랑이보다 더 무섭다)는 실제로 '핵심-연계자-종속어' 구조로 연계자가 중간에 있다. 이것은 'VP-전치사-NP'(예: 영어 to sit in the chair, 고대 중국어 '臥于地'(땅에 누워 있다))와 같은 모형이므로 전치사를 사용한다. 이러한 보편성의 핵심적 의의는 연계자를 중간에 위치하게 하는 데 있다. 이 밖에도 연계자 원칙은 개사 어순 유형과 연결사 어순 유형을 정확히 일치하게 하는 중요한 원인 중의 하나이다. 위의 몇 가지 어순 유형론 모형은 연결사의 어순 유형을 논의하지 않았다. 이 책에서는 개사와 연결사가 어순 유형 면에서 정확히 일치한다는 것을 검토할 것이다.

4.4 개사와 연결사 어순 유형 간의 일치성

연결사와 개사는 다 연계자 범주에 속한다. 실제로는 연계자 원칙에 의해 이 두 가지 품사의 어순이 꼭 일치해야 한다. 어떤 언어에서는 종속절의 위치가 일반적으로 개사구의 위치와 일치한다. 개사구가 문장의 종속어이기 때문이다. 이러한 배경 하에 둘이 다 연계자로 중간에 있으므로 어순이 자연스럽게 일치하는 특징이 있다. 예를 들어, 영어와 같은 언어에서 종속절은 주로 주절에 뒤따르고 개사구도 주로 핵심 동사에 뒤따르기 때문에 개사와 연결사는 다 전치 표지로 중간에 있다. 예를 들면, go **by** bus와 I will go **because** they have invited me이다. 일본어 어순은 영어보다 더 고정적인데 영어와 반대 어순인 '거울 영상'을 이룬다. 즉 부사어와 종속절은 다 대응된 성분을 앞서고, 개사와 연결사는 후치적 표지로 매개 위치에 있다. 앞의 zidoosya de ryokoosita는 바로 후치사구가 동사를 수식하는 예이다. 다음 (13)은 Kuno(1978: 122)가 예로 든 수식-핵심 복문이다. 이 중에 시간절 연결사 'node(부터)'가 위치하는 수식절의 문말은 바로 수식절과 주절의 중간이다.

(13) Bukka ga   agatta   node, minna ga   komatte iru
     가격 (주격) 오르다(과거) 부터   모두 (주격) 고생하다 이다
     가격이 올랐을 때부터 모두가 고생해 왔다.

　그럼에도 불구하고 보충 설명해야 하는 것은, 연결사와 개사 간의 강한 조화성은 모두 연계자 원칙과 연관되지는 않는 점이다. 예를 들어, 병렬 구조에서 전치적 언어든 후치적 언어든 연결사는 일반적으로 병렬 성분이나 병렬 절의 매개 위치에 있다. 연계자 원칙에 따르면, 이 두 상황이 완전히 같아야 한다. 예를 들어, John and Bill과 일본어 Taroo to Hanako(타로와 하나코)이다. Siewierska(1991: 207)는 Dik의 연계자 원칙을 소개할 때 병렬 구조의 경우에 연계자가 두 병렬 성분 어느 것과도 성분 관계가 없다고 지적하였다. 그러나 Siewierska의 주장은 정확하지 않다. 이러한 경우에 휴지를 해 주면 차별이 나타난다. 병렬 구조라도 연계자는 여전히 병렬 성분의 하나와 성분 관계가 있다. 영어에서는 휴지를 주면 John, and Bill만 되고, 일본어에서는 Taroo to, Hanako만 될 수 있다. 달리 말해, 영어를 비롯한 전치적 언어에서 병렬 연결사는 실제로 전치 연결사(이것은 본 책에서 제시하는 용어로 영어 prepositional conjunction로 번역될 수 있다)로 병렬 성분 뒷부분의 앞에 있다. 이와 반대로 일본어를 비롯한 후치적 언어에서 병렬 연결사는 실제로 후치 연결사(postpositional conjunction)이다. 병렬 연결사와 개사의 조화성이 연계자 원칙과 무관하다고 하는 것은 전치, 후치가 다

매개 위치에 있기 때문이다.

생성문법도 초기에는 병렬 연결사가 전치하고 후치하는 차이를 주목하지 못하였다. Zoerner(1995: 8-12)는 X이론의 병렬 구조에 대한 전형적인 처리 방법이 (14)인데, 이렇게 되면 병렬 구조가 통사론에서 유일한 단일하지 않은 핵심적 구조가 된다고 지적하였다.

(14)

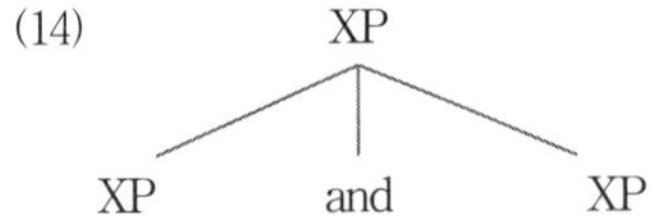

Zoerner은 병렬 연결사를 단일한 핵심으로 간주하는 연결사구 '& P'를 설치하고, 연결사를 우선 병렬 성분의 하나와 연결시켰다. 이러한 분석에 의해, '& P'는 개사구 PP, 및 다른 구와 같은 층위 구조를 가지므로 더 이상 유일한 예외가 아니다. 그는 이렇게 분석하는 것이 X이론을 더 일치하게 할뿐더러, 핵어 시작 언어와 핵어 종결 언어의 연결사의 차이도 밝힌다고 생각한다. 이러한 차이는 (15)로 나타날 수 있다. b의 일본어 연결사 to는 필자가 첨가한 것이다.

(15) a. (핵어 시작 언어) & P

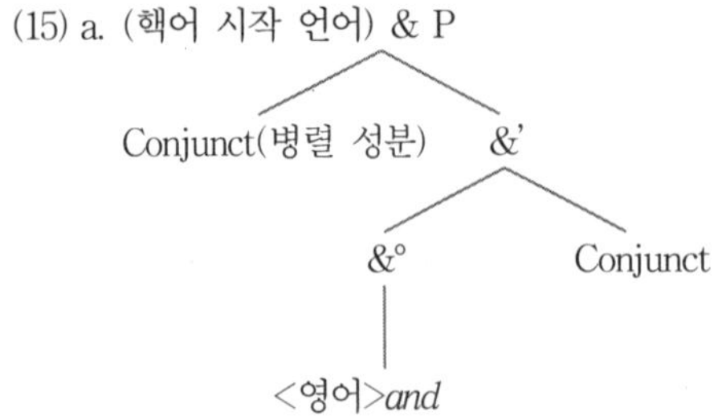

b. (핵어 종결 언어) & P

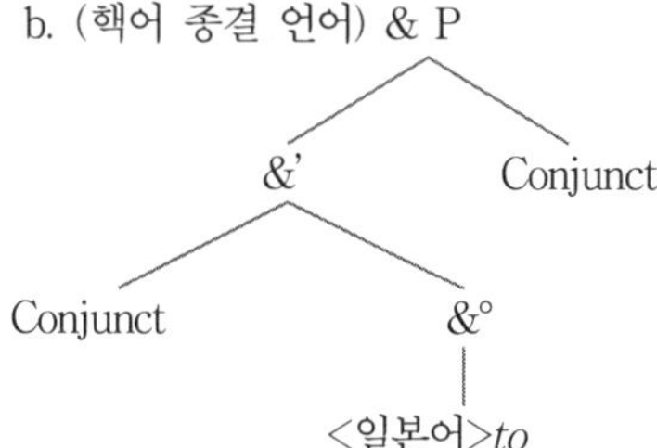

그의 영어 연결사와 일본어 연결사에 대한 분석은 휴지를 둘 때의 다른 표현에 의한 것이다(같은 책 19-20쪽).

위의 논술을 통해, 연결사 유형은 확실히 개사 유형과 가장 긴밀하게 연관되는 매개 변수라는 것을 알 수 있다. 이것이 이 책에서의 고찰 대상이다.

5. 개사 의미론과 문법화이론

5.1 개사 의미론

5.1.1 직접 의미역, 간접 의미역과 개사의 의미역 부여 작용

어떤 언어 요소가 많은 언어에 적용되는 유형적 매개 변수가 되려면, 그 요소 자체가 나타내는 범주는 강한 언어 보편성을 가져야 한다. Greenberg, Hawkins, Dryer 등의 어순 보편성에서 지시사, 수사 어순에 관한 보편성이 있지만 중국어 학계에서 말하는 분류사(classifiers)의 어순을 언급한 것은 없다. 이는 적은 수의 언어들에만 있는 분류사의 어순이 대부분의 언어와 무관하고, 지시사, 수사가 보편적으로 존재하는 품사이기 때문이다9). 전치사, 후치사가 어순 유형론의 핵심적 매개 변수 중의 하나가 될 수 있는 것은 개사는 인간 언어에서 보편적으로 존재하는 현상으로 분류사처럼 적은 수의 언어에만 존재하는 품사가 아니기 때문이다.

개사의 보편성은 개사가 절의 의미 구조에서 의미역을 부여하는 작용과

---

9) 물론, 중국어-티베트(漢藏)어계와 같은 분류사가 있는 언어에서는 분류사 어순과 다른 어순 간의 관련성을 고찰할 수 있다. 이를 통해 특정한 언어들의 보편성을 밝힐 수 있다. 양사가 없는 언어는 이러한 보편성의 반례가 될 수 없으므로 그것은 여전히 진정한 어순 보편성이 될 수 있다. 다만 대부분의 언어는 이와 관련되지 않기 때문에 이러한 보편성은 어순 유형론의 핵심적 보편성이 될 수 없다.

관련이 있다.

절 구조의 의미 대응물은 명제 구조이다. 이 구조는 서술어를 핵심으로 하는 의미역(thematic role)을 바탕으로, 핵심인 서술어와 약간의 명사구 NP, 명사화 된 다른 구와 내포문으로 구성된다. 의미역 이론에 의해, 절 안의 모든 NP가 일정한 의미역을 받는다. 주격-대격 언어에서 주어와 목적어 위치에 나타나는 NP는 통사론의 직접적인 격으로 간주되어 각각 묵언의 의미역(default roles)을 갖는다. 즉 주어 위치는 행위자(agent) 의미역을 가지고, 목적어 위치는 대상(patient/theme) 의미역을 가진다. 달리 말하면, 주어, 목적어의 위치는 일반적으로 각각 행위자, 대상 의미역을 부여(assign)하는 것이다. 이것은 바로 이 책에서 말하는 부여 작용이다. 물론 일정한 조건 하에서 구조격(직접격) 위치에 다른 유형의 의미역이 나타날 수도 있다. 다음 문장에서의 기울인 글자로 나타난 주어와 목적어를 보자.

(1) a. *The book* sells well 이 책은 잘 팔린다.
  b. *This key* opened the door 열쇠로 문을 열었다.

(2) a. *這張沙發*坐了三个人 이 소파에 세 사람이 앉았다.
  b. *他在逛馬路* 그는 거리에서 이리저리 거닐다.

(1a)의 주어 the book은 실제로는 동사 sell의 대상으로, 주어 위치가 부여하는 행위자가 아니다. (1b)의 주어 key는 동사의 도구이다. (2a)의 주어 '這張沙發'는 원래 '坐'의 도구이며 장소인데 이 문장에서 용기의 의미를 강조하고, 목적어 '三个人'은 행위주이다. 이 문장의 주어, 목적어는 다 부여받아야 하는 의미역을 취하지 않았다. (2b)의 목적어 '馬路'는 장소이다. 주어와 목적어 위치에 부여되어야 하는 묵언의 의미역이 아닌 것은 무표적이 아니다. 통사론으로 직접격은 다른 의미역을 부여하는 수단이 불필요하므로 구조격(직접격) 위치에 있는 의미역은 **직접 의미역**이다. 어떤 언어의

목적어 위치에서는 다른 목적어, 즉 수여자(recipient) 의미역이 나타난다.
많은 의미역은 일반적으로 통사론의 사격(간접격: oblique) 위치에 있으며
전문적 표지로 표시된다. 이러한 의미역은 간접적 의미역이다. 예를 들어,
영어의 장소, 기원, 도구는 각각 전치사 in, from, with로 표시되고, 일본어
의 장소, 기원, 도구는 각각 후치사 に(ni), から(kara)와 で(de)로 표시된다.
간접적 의미역을 부여하는 허사는 문법상 개사이다. 그리고 어떨 때는 주
어, 목적어가 관례로 묶인되는 의미역은 임시로 간접격으로 강등된다
(degrade). 따라서 모든 언어에는 행위자, 대상을 낮추는 개사가 있다. 예를
들어, 영어의 by, 중국어의 '被'는 다 행위주 의미역을 부여할 수 있고, 중국
어의 '把'는 대상 의미역을 부여할 수 있다[10].

　간접 의미역을 부여하는 기능은 모든 언어에 중요하다. 여기에는 질적,
양적 원인이 있다. 질적인 원인은 동사가 직접적으로 부여할 수 있는 의미
역의 수는 유한해서 많은 의미역이 개사에 의해 이끌려야 하기 때문이다.
예를 들어, '他在北京買了'(그는 북경에서 샀다)에서 비록 '買'의 목적어 위
치에 아무것도 없지만 '北京'은 대상이 아닌 장소이기에 목적어로 쓰인 '他
買了北京'은 안 된다. 따라서 반드시 개사인 '在'로 장소인 北京을 이끌어
야 한다. 양적인 원인은 하나의 동사가 의미역을 부여하는 성분은 일반적
으로 두 개만 있고, '給, 敎'와 같은 3가 동사는 세 개에 불과한데, 동사가
가질 수 있는 의미역은 이보다 더 많기 때문이다. 그래서 절의 다른 종류의
의미역은 개사에 의해 이끌린다. 예를 들어, '他在圖書館對著光線用放大
鏡看書'(그는 도서관에서 광선을 맞춰 확대경으로 책을 본다)의 '在…, 對…,

---

10) 여기서 토론하는 것은 대격(accusative) 언어의 경우이다. 이러한 언어는 형태적, 통사적
　면에서 행위주를 원형으로 하는 주어와 대상을 원형으로 하는 목적어가 대립적이다. 그리
　고 그 행위주는 타동사의 행위주뿐만 아니라 자동사의 행위주도 포함한다. 능격형(작격형
　(作格形) ergative) 언어는 이와 약간 다른데 다른 형태격의 대립을 나타낸다. 즉 한 면은
　자동사의 행위주와 타동사의 대상을 원형으로 하는 대격(통격(通格)), 다른 한 면은 타동
　사의 행위주를 원형으로 하는 능격이다. 중국어가 능격 언어에 속하지 않으므로 목적격형
　언어의 경우만 고려할 것이다.

用…'이다. 그리고 직접적 의미역이 될 수 있는 성분도 다른 성분이 그 위치를 차지하거나, 또는 다른 원인 때문에 '어쩔 수 없이', 개사에 의해 이끌려 심지어 간접적 의미역이 되기도 한다. 예를 들어, '小王被小李打破了頭'(소왕(小王)은 소리(小李)한테 매 맞고 머리가 깨어졌다), '小李把小王打破了頭'(소리(小李)는 소왕(小王)을 머리가 깨어지도록 때렸다)에서의 '被…, 把…'. 이로 인해, 개사는 보편성을 가지는 중요한 허사가 된다.

의미역의 직접, 간접 구별이 모든 언어에서 다 뚜렷하게 나타나는 것은 아니다. 개사의 통사적 지위도 언어에 따라 다르다. 형태격이 있는 경우 직접적인 의미역과 간접적 의미역은 모두 격표지를 가질 수 있다. 예를 들어, 일본어의 주어, 목적어는 '격조사' 즉 후치적 격표지인 が(ga)와 を(o)를 첨가한다. 이렇게 되면, 형태적 격표지와 통사적 허사인 개사 간의 한계가 모호해진다. 그럼에도 불구하고 특정한 언어에서는 통사적 표현으로 직접적인 격과 간접적인 격을 구분할 수 있고, 나아가 형태적 격표지와 통사적 개사를 구분할 수 있다. 예를 들어, 일본어에서는 전통문법이 말하는 '격조사'를 현대 이론언어학에 의해 격표지와 후치사로 구분할 수 있다. 즉 주어에 뒤따르는 ga와 목적어에 뒤따르는 o는 같은 특성을 가지고, 그것들은 다른 의미역에 뒤따르는 표지, 즉 후치사와 다르다는 것을 증명할 수 있다11). 그래서 사실은 대부분의 언어에서 개사와 해당하는 품사를 찾아낼

---

11) Napoli(1993: 245-246)는 주격 표지인 ga와 목적격 표지인 o 뒤에서 화제를 나타내는 wa가 쓰이면 안 되는 것을 주목하였다. 만약 행위주, 대상이 화제로 쓰이면 관련된 명사구에 wa가 첨부되어야 한다. 다른 후치적 표지를 가지는 성분이 화제로 쓰이면 관련된 표지 뒤에 wa를 더 첨부해야 한다. Napoli의 분석에서는 주격, 목적격 조사 ga, o 및 속격 표지 no는 다 기능 조사로 불린다. 즉 그것들은 각각 주격, 목적격, 속격의 표지이고, 다른 의미역 표지는 다 후치사로 간주된다. 미묘한 것은 여격, 즉 간접적 목적어 표지 ni인데 간접적 목적어는 화제로 쓰일 때 ni-wa를 가질 수도 있고 wa를 가질 수도 있다. 여격은 많은 언어에서 목적어가 될 수도 있고 간접격이 될 수도 있다. 예를 들어, 영어의 I gave him a book과 I gave a book to him 등이 있다. ni의 각종 통사적 표현으로 보아, 행위주와 부차적 행위주의 표지의 격은 낮추어졌지만(부사어화) (Kuno 1978: 109-110 참조), 그 표지는 여전히 간접 격 표지, 즉 후치사여야 한다. 비록 Napoli는 그것을 ga, o와 같은

수 있다. 위에서 분석한 소위 개사 없는 언어는 실제로는 후치사가 격으로 추상화, 약화된 언어이다.

5.1.2 '서술어적' 개사와 '비서술어적' 개사

Van Vanlin & Lapolla(1997: 52-53)는 의미와 관련된 측면에서 개사를 분류하였다. 즉 서술어적 개사와 비서술어적 개사이다. 이 분류에 따르면, 만약 개사가 이끄는 의미역이 서술어를 핵심으로 하는 논항 구조 외의 의미역이라면, 그 개사는 서술어성 개사이다. 이러한 개사는 없어서 안 된다. 이 의미역의 기능은 서술어와 같다. 예를 들어, Robin read in the library (Robin은 도서관에서 읽는다)의 in이다. 만약 이끌린 것이 서술어를 핵심으로 하는 논항 구조의 의미역(즉 서술어에 필요한 의미역)이라면, 그 의미역은 개사가 없어도 나타날 수 있다. 이러한 개사는 비서술어적 개사이다. 예를 들어, Kim gave a flower to Sandy(Kim은 Sandy한테 꽃을 한 송이 주었다)의 to이다. 이 문장의 to는 Kim gave Sandy a flower와 같이 안 쓰여도 성립할 수 있다. 중국어의 예에서, '把, 被, 給'과 개사 용법으로 쓰이는 '對'(我對新來的助手很滿意(나는 새로 들어온 조수에 대해 만족한다)~我很滿意新來的助手(나는 새로 들어온 조수가 마음에 든다)를 비교해라)는 비서술어적 전치사로 간주될 수 있고, 다른 전치사는 대부분 서술어적 개사에 속한다. 이러한 분류는 우리로 하여금 개사가 이끌어내는 의미역과 동사의 논항 구조 간의 서로 다른 관계를 주목하게 하므로 개사의 기능 고찰에 도움이 될 것이다.

5.1.3 개사의 추상화 정도: 기본 개사, 차등급 개사, 개사의 연용(連用)

개사들의 의미는 각각 다른 추상화 정도를 가진다. 이는 개사의 공시적

유별로 간주하더라도 그렇다. 다른 분석은 ni를 그것의 용법에 따라 분류하는 것이다. 예를 들어, Sadakane & Koizumi(1995)은 ni를 네 가지, 즉 여격 표지, 후치사, 'ni 첨가'(부사어화)의 표지, 계사로 분류하였다.

통사 표현과 통시적 변천에 중요한 영향을 미친다.

Traugott & Heine(1991: 107)는 개사를 추상적 관계를 나타내는 기본 개사(primary adposition)와 구체적 관계를 나타내는 차등급 개사(secondary adposition)로 분류하였다. 실사가 개사로 변하는 문법화 과정은 일반적으로 차등급 개사로부터 기본 개사로 변하는 과정을 거친다. C. Lehmann(1992: 403-404)은 개사 의미의 추상화 정도와 통사 표현 간의 관련성에도 주목하였다. 독일어에서 전치사, 후치사 용법을 다 가지는 것은 문법화 정도가 낮은 구체적 개사이다. 예를 들어, wegen(~로 인하여)12), nach(~후에), entlang (~에 따라)이다. 뒤의 관사와 합음이 될 수 있는 전치사는 모두 문법화 정도가 높은 추상적 개사이다. 예를 들어,

> (3) a. von(…의(영어 of)) + dem(이) → vom
>   b. zu(까지) + dem → zum
>   c. an(에서) + dem → am
>   d. in(안에) + dem → im

우리는 다음과 같은 것을 발견하였다. 개사 의미의 추상화 정도의 차이는 직접적으로 두 가지의 통사적 현상, 즉 개사의 연용과 분리사에 영향을 미친다. 많은 언어에서 하나의 명사 단위에 두 개사가 첨가될 수 있다. 이 두 개사는 일반적으로 서로 다른 의미의 추상화 정도를 가지고, 엄격한 규칙에 따라 배열된다. 즉 명사와 개사가 멀리 있을수록 추상화한다. 전치적 언어에서, 같이 쓰이는 개사 중 앞에 있는 것이 더 추상화한다. (4)와 (5)에서 영어의 개사구를 보자.

> (4) from inside/outside the room
>   방안/밖으로부터

---

12) W. Lehmann(1978: 410)에 따르면, wegen은 도로를 뜻하는 명사 weg의 여격 형식에서 나왔다.

(5) in between the two sides
양측 사이에서

(4)의 개사 from은 '~로부터'의 뜻으로 출발점 의미역을 나타내는 표지
인데 추상적이다. 개사 inside와 outside는 구체적 위치를 나타내 출발점을
더 구체화시킨다. 개사인 inside와 outside는 종종 단독으로 장소 의미역을
이끈다. 예를 들어, He live inside/outside the campus(그는 학교 안/밖에서
살다)이다. 영어에서는 추상화 정도 배열 규칙에 어긋나는 inside from과
같은 개사의 연용은 절대로 없다. (5)의 in은 장소 의미역을 추상적으로 나
타내고, between은 장소의 위치를 구체적으로 지정한다. 따라서 between
in와 같은 비정상적인 순서가 나타나지 못한다. 이와 대조적으로 만약 후치
적 언어에서 개사 연용 현상이 나타나면 뒤에 있는 개사가 더 추상화한다.
만약 어떤 언어에서 분리사가 있으면 개사 연용 기능은 명사구 앞뒤에 있
는 두 개사에 의해 실현된다. 일반적으로 하나는 추상적이고 하나는 구체
적이다. (4)와 (5)의 중국어 번역은 '從…裏邊, 在…之間'에서 '從, 在'와 같
은 전치사는 더 추상적이고 '裏邊, 之間'과 같은 후치사는 더 구체적이다.
  마지막으로 개사의 추상화 정도는 해당 언어의 개사 체계와 관련이 있다.
아이슬란드어의 전치사는 적어도 47개가 있는데 그 중에 의미가 아주 구체
적인 것도 있다. 예를 들어, austan(…동쪽에), norðan(…북쪽에), innan(…안
에), meðan(…아래에), ofan(…위에) 등이다. 이와 반대로, 대양주 Kwamera
어에는 4개의 전치사(Lindstrom & Lynch 1994: 18)만 있다. 이 4개의 전치사
의 의미는 비교적 다 추상적인데 다른 언어의 많은 개사에 해당된다. 예를
들어, ia는 장소, 시간, 도구, 비교 기준 등을 나타내고, ti는 접수자, 목적,
사동, 수혜자, 호격 등을 나타낸다. 물론 필요할 때는 다른 품사도 구체적
의미역을 표현할 수도 있다.

5.1.4 개사 의미의 '처소 주의'(localism)

언어학의 처소 주의(Heine 1991: 118, Genetti 1991: 231)는 처소 방위 범주가 인간 언어의 가장 기본적인 관계 범주이고, 다른 많은 관계 범주가 종종 이 범주의 은유와 의미 확대로 간주된다고 주장한다. 왜냐하면 다른 범주들이 종종 처소류 범주의 형식이나 방식으로 표현되기 때문이다. 처소 주의는 개사, 연결사 등 연계자에 대해 설명력이 유난히 강하다. 영어 개사의 대부분은 처소의 의미와 처소가 아닌 의미를 가지는데 후자는 전자에서 인식된다. 예를 들어, in, at, on, above, under, over, below, behind 등이 있다. 일부 중요한 의미역 표지도 처소 개사에서 나왔다. 예를 들어, 도구를 나타내는 with의 본래의 뜻은 '…와 같이', 피동문의 행위주를 나타내는 by의 본래의 뜻은 '접근하다', 접수자를 나타내는 to의 본래의 뜻은 '…향하여, …이르다'이었다. 다른 언어도 흔히 그렇다. 일본어의 여격 표지 に(ni)는 중국어의 '給'에 해당하고, 동시에 처소 후치사로 '까지, 에'를 나타낸다. 고대 중국어의 '於'는 처소를 나타내는 기본 의미 외에 대상, 피동문의 행위주, 비교 대상 등의 의미를 나타내기도 한다. 처소와 가장 긴밀하게 연관된 것은 시간 범주이다. 시간을 나타내는 개사, 연결사는 대부분 처소 허사에서 나왔다. 예를 들어, 영어의 at, in, on, before, after 등, 일본어의 に(ni), で(de), 중국어의 '於, 在' 등이 있다. 그리고 시간 표지도 많은 추상적 관계 표지의 기원이다. 예를 들어, 영어 when은 가설 조건을 나타내고, while은 대조 열거나 비교를 나타내고, since는 원인을 나타낸다. '時'는 중국어 역사상에 중요한 가설문 표지(애호덕(艾浩德) 1991)이었고, 하카(Hakka) 방언과 같은 일부 현대 방언에서 화제 표지로 발전된다(항몽빙(項夢冰) 1998). 그러므로 넓은 의미의 처소 주의를 '시공(時空) 주의'(tempolocalism)라 하는 것도 무방하다. 시공 개념이 개사, 연결사 체계의 기초적 지위를 가진 점으로 보아, 이 책에서는 시공류 개사, 연결사에 대한 고찰에 특별히 집중한다.

5.2 문법화 이론과 개사의 역사적 기원

5.2.1 문법화 이론 개설

문법화 이론은 유형론과 긴밀하게 관련되어 있는 언어학 이론으로 중국어 개사 연구에서 아주 중요하다. 왜냐하면 중국어에는 완전히 허사적인 개사가 아주 적고, 대부분의 개사는 실사에서 허사로 변하는 문법화 과정에 있다.

Traugott & Heine(1991: 2)은 현대 언어학에서 말하는 '문법화'에는 서로 관련되면서도 구별되는 두 가지 의미가 포함되어 있다고 하였다. 그들은 다 문법 형식과 의미가 어떻게 결합하는지에 주목하지만 관심의 차이가 있다.

문법화의 한 가지 의미는 의미 기능으로부터 통사 형식으로 변하는 문법화인데 핵심적 문제는 '문법에서의 의미, 범주가 어디서 나왔을까?', 즉 어떤 의미 내용과 화용 기능이 고정된 문법 범주가 되고 전문적인 통사적인, 형태적 형식으로 표현되는가이다. 이러한 의미에서 문법화의 주요 관심사는 공시적 언어 사실이다.

예를 들어, 단수, 복수의 구별은 원래는 의미 범주였지만 그것들의 의미 대립은 영어, 러시아어에서 고도의 문법화 범주이다. 이 두 언어에서는 명사, 대명사는 반드시 상응하는 형태로 '수'를 표현하고, 통사적 주어와 동사 서술어도 수가 일치해야 하고(He likes music(그는 음악을 좋아하다)~They like music(그들은 음악을 좋아하다)을 비교해라), 심지어 형용사도 명사와 수에서 일치해야 한다(러시아어 новая книга(새 책 (한 권)))~новые книги((몇 권의) 새 책). 이는 의미 범주의 문법화이다.

초점은 원래 정보 구조의 개념으로 화용 기능으로 간주될 수 있지만 헝가리어에서 초점은 고정된 통사적 위치에 있다. 동사 서술어 앞에 있는 통사적 위치는 바로 문장의 초점 위치로, 초점은 헝가리어에서 이미 문법화되었다. 이러한 언어는 '초점 우선 언어' 또는 '초점 형상화 언어'(focus

-configurational language)로서 화제 우선 언어, 즉 화제 형상화 언어나 담화 형상화 언어(discourse configurational language)이다. 의미, 화용에서 통사로 변하는 이러한 문법화는 통사화라 하기도 한다. Comrie(1988: 266)는 많은 통사적 현상이 의미나 화용에서 생긴 것으로, 그것들의 기원인 의미, 화용과 구분됨을 지적하였다. 달리 말해, 그것은 이미 의미−화용 현상의 문법화, 또는 더 정확히 통사화(syntacticization)이다. 만약 통사화가 형태적으로 실현된다면 형태화라 할 수 있다. 이러한 문법화를 통해, 언어의 보편성과 차이를 고찰할 수 있다. 어떤 의미나 기능의 문법화는 인간 언어에서 보편적으로 존재한다. 예를 들어, 행위주와 대상은 문법 체계에서 언제나 어떤 방식(격 형태, 어순 등)으로든지 구별된다. 긍정, 부정 의문문은 각 언어에서 특정한 문법 수단(영어의 주어와 서술어 자리 바꿈, 중국어의 'V不V'구, 허사 '嗎' 등)으로 표현된다. 이외에도 많은 의미 범주의 문법화가 어종에 따라 일정한 특징을 가진다. 예를 들어, 진택평(陳澤平)(1996: 249, 1998: 116)에 따르면, 복주(福州)말의 동사는 한 가지 형태 변화(그의 저서에서 음융합(연음식: 衍音式))를 가지고 수의성(수의모(隨意貌))을 나타낸다. 예를 들어, '行'[kiaŋ⁵³]과 '寫'[sia³¹]는 규칙에 따라 각각 [ki⁴⁴ lu⁴ kiaŋ⁵³], [si²¹ lu²⁴ sia³¹]로 변한다. 이러한 의미는 일부 장동(壯侗)어 가운데 문법화 범주와 같다. 그러나 대부분의 언어와 대부분의 중국어 방언은 어휘적 수단으로 이러한 의미를 나타낸다. 예를 들어, 他**隨便**走走(그는 여기저기 어슬렁거린다), 他**胡亂**寫了點兒(그는 대충 좀 썼다) 등이 있다. 이러한 문법화는 보편성과 유형을 관찰하는 '창'이다. 공시적 문법화는 유형론자의 관심을 끈다.

그러나 중국어 개사 연구와 더 긴밀하게 관련된 것은 문법화의 다른 의미이다. 즉 어휘적 형식에서 통사적 수단, 형태로 변하는 문법화이다. 이러한 문법화의 핵심적 문제는 '문법에서의 형식은 어디서 나왔을까?', 즉 어떤 구체적 의미를 나타내는 단어가 어떻게 역사적 변천하여 점차 구체적 의미를 잃고 문법 범주를 나타내는 허사나, 추상적 형태소로 변했을까이다. 문법화의 주요 관심은 언어의 역사적 변천이다. 이러한 의미의 '문법화'는 20세기 초 Meillet의 저서로 거슬러 올라갈 수 있다. 이러한 문법화는 20세기 80년대 이래 이미 통시 언어학에서 가장 사람들의 주목을 끄는 이론 프레임이 되었다. Traugott & Heine(1991), Heine(1991), Hopper & Traugett(1993), C. Lehmann(1995) 등은 이 분야의 중요한 성과를 대표한다. 사람들은 종종 이러한 문법화를 허화라고 한다. 예를 들어, 손조분(孫朝奮)(1994)은 중국 국내에 Heine 등(1991)의 책을 소개할 때 그 책을 '허화론'이라고 번역하였다. 그러나 여기서 '허화'가 '문법화'의 중요한 한 특징을 반영하지만, 문법화의 복잡한 과정을 전면적으로 개괄하지 않는다. 문법화는 의미의 허화뿐만 아니라 어음의 약화, 문법 특히 결합의 보편화, 화용의 평범화를 불러일으키기도 한다. 이를 허화라고 하기는 어렵다. 그래서 이 책에서는 여전히 '문법화', 필요할 때는 '통시적 문법화'란 용어를 사용한다.

문법화의 두 가지 의미는 한 이름의 다의가 아닌 한 몸의 두 측면이다. 총괄적으로 말하면, 문법화는 바로 어떤 의미, 기능이 문법 형식과 결합하여, 한 측면은 문법 범주, 다른 한 측면은 문법 형식이 된 문법 체계를 구성하는 문제에 주목한다. 두 측면에 대한 연구는 다른 시각으로 이 핵심적 문제를 설명하는 것이다. 다음에는 통시적 문법화 이론에 대해 논술한다.

최근 10~20년간 대량의 언어 고찰을 통해, 문법화 학계에서는 많은 공통된 인식을 갖게 되었다. 그 중에 이 책에 아주 중요한 것은 다음과 같다 (어떤 서술은 필자 자신의 생각을 포함함).

1. **한 방향성**(unidirectionality). 문법화는 같은 방향으로 진행하고 역방향으로 진행하지 않는다. 의미적 측면에서는 구체적인 것에서 추상적인 것으로, 개념을 나타내는 것에서 관계를 나타내는 것으로 변한다. 통사적 측면에서는 결합하는 범위는 작은 것으로부터 큰 것으로, 어순은 자유로부터 고정으로, 단위는 독립으로부터 의존으로 변한다. 화용적 측면에서는 언어 환경의 제한에서 자유로, 화용적으로 의미가 강한 것에서 화용적으로 의미

약한 것으로 변한다. 어음의 측면에서는 강한 것에서 약한 것으로, 긴 것에서 짧은 것으로, 복잡한 것에서 간단한 것으로 변한다. 그러나 어떤 문법화는 구체와 추상 사이에 있어 역방향으로 진행할 수 있다. 예를 들어, 개사와 연결사, 개사와 부사는 서로 바꾸어 쓸 수 있다(더 이상 허화라 하는 것은 적절하지 않음). 문법화 정도를 나타내는 지표인 의미, 통사, 음운 사이에는 뚜렷한 관련성이 있다. 대체로 개념이 추상적일수록 결합하는 범위는 크고, 화용의 제한은 적고, 어음은 약하다. 그러나 서로 다른 지표들이 꼭 동시에 변하는 것은 아니다. 예를 들어, 어떤 성분의 의미는 이미 극히 추상적이지만 어음이 약화해지는 과정은 약간 느리다. 또는 이와 반대가 된다. 문법화는 꼭 어떤 허사 단계에 멈추는 것이 아니라 다음 단계, 즉 보다 더 추상적인 단위로 변하여 문법화 연계가 형성되고 최종적으로 어음이 '영' 형식이 될 수 있다.

2. **점진성(graduality)과 이중 분석**. 문법화는 장기적 역사 관점에서 점진적으로 변할 수 있고 돌연적으로 변할 수 없다. 그러므로 구체적인 것으로부터 추상적인 것으로 변하는 과정에는 모호한 상태가 필연적으로 존재된다. 이는 실제로는 화자가 추상화 된 단위가 있는 구조에 대해 이중 분석하는 것을 허용하는 것이다. 문법화의 최종적 완성은 바로 위의 세대와 아래의 세대가 같은 구조에 대해 서로 달리 분석하는 것이다.

3. **재분석(reanalysis)**. 문법화가 깊이 진행되면 이중 분석 중 기원과 관련된 분석은 점차 어감(語感)에서 사라진다. 다른 분석 방법이 우세하고 심지어 받아들일 수 있는 유일한 어감인데, 해당 구조가 재분석될 경우에 이른다. 이중 분석이 재분석으로 발전된 것은 하나의 문법화 단계가 끝났음을 의미한다. 예를 들어, '子在齊聞韶'(공자가 제(齊)나라에 있어 소(韶)의 음악을 든다)('論語·述而')는 당시 사람의 어감에 따라 연속동사구(連動句)로 간주되어야 한다. 왜냐하면 당시의 문헌에서 'NP₁在NP₂VP'의 'NP₁在NP₂'(子在齊)는 다 단독으로 쓰일 수 있었는데 그 후에는 '孔子在書上寫

字'(공자가 책에 글자를 쓴다)('孔子在書上' 단독으로 쓰일 수 없음)와 같은 문장이 없다. '在'의 문법화에 따라, 같은 문장이 의미 변화 없이 다르게 분석될 수 있다. 즉 '在齊'는 연속동사구의 첫째 서술어로 분석될 수도 있고, 전치구로 '聞韶'의 부사어로 분석될 수도 있다. 이것이 이중 분석이다. 다음 단계에서는 뒤의 분석을 선호하게 된다. 이러한 분석에 비추어 '孔子在書上寫字'와 같은 구조를 유추하였는데 이러한 문장은 더 이상 연속동사구로 분석될 수 없다. 이로써 재분석은 완성된다.

잘 따져보면, 재분석은 두 가지 상황으로 분류할 수 있다. 하나는 통사적 관계만 변화하고 계층 구조는 변화하지 않는 것이다. 이러한 재분석은 통사적 관계에 대한 재해석(re-interpretation)일 뿐이다. 예를 들어, '子在齊聞韶'는 어떻게 분석되는가와 관계없이 통사적 계층은 모두 (6)이다.

(6) 在　　齊　　　聞　　　韶

다른 하나는 계층 구조를 변화시키는데 이러한 분석은 새로 이해함뿐만 아니라 재분리(re-segmentation)까지 생기게 한다. 재분리의 뚜렷한 예는 고대 중국어의 구조 조사 '之'(후치 개사로 간주될 수 있음)의 문법화이다. 왕력(王力)(1980: 335)은 개사 '之'와 대명사 '之'가 같은 것에서 나왔다고 지적하였다. 최초에는 지시 대사 '之'는 명사에 뒤따라 다시 가리킴으로써 속격을 나타낸다. '麟之趾'(기린의 발가락)의 최초의 의미는 '麟他趾'(기린 그놈의 발가락)의 뜻인데 후에는 '麟的趾'(기린의 발가락)로 이해된다. 북경어 '老王那書'(노왕(老王)의 책)의 '那'는 속격 관계를 나타내는 것에 도움 역할을 하기도 한다. '之'를 지시사와 후치사(또는 구조 조사)로 설명하는 것은 계층 구조도 달라지게 한다. 재분리 전과 재분리 후의 계층은 다음 (7a)와 (7b)이다.

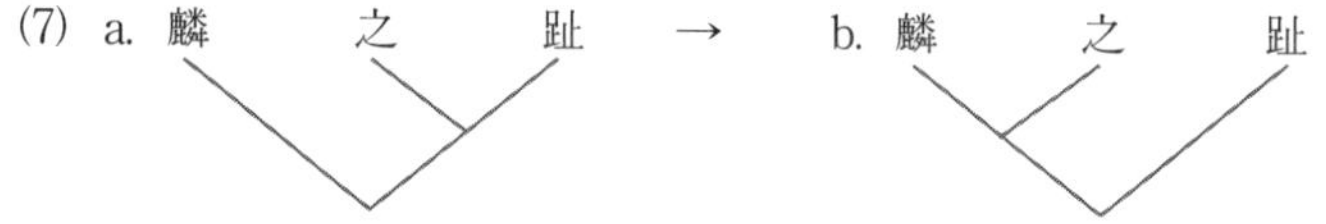

5.2.2 개사 문법화에서 흔한 과정

중국어 언어학자들은 모두 동사에서 개사(또는 부동사(converb)라 하기도 함)로 변하는 과정에 대해 잘 안다. 중국어에만 있는 개사 유형으로 간주되는 전치사는 다 동사에서 왔고 많은 개사는 지금까지도 동사의 기능을 가지고 있기 때문이다. 유형론과 문법화 연구에서 개사의 기원은 다양하다. 그 중에 가장 흔한 것이 동사, 명사와 부사이다.

Mallinson & Blake(1981: 385-390)는 Vennemann의 연구를 바탕으로 동사, 명사와 개사의 발생학 측면에서의 보편적 관련성을 밝혔다. 이러한 관련성의 배경 하에 형성된 개사가 전치사인지 후치사인지는 그것의 기원이 동사인가 명사인가에 달려 있지 않고, 어순 유형과 관련되어 있다. 전치적 언어에서 전치사는 동사에서 올 수도 있고 명사에서 올 수도 있다. 전치사가 동사에서 온 원인은 그 언어의 술목 구조는 VO 어순인데, 재분석되어 '전치사+명사' 구조가 되기 때문이다. 이에 대해서는 더 예를 들어 설명할 필요가 없다(예: 앞의 '在齊聞韶'). 전치사가 명사에서 생긴 원인은 그 언어에 NG(핵심명사 + 속격어) 어순이 있는 것에 있다. 개사는 종종 '장소, 머리, 등 처소' 의미를 가진 명사에서 생긴다. 그것들의 문법화 과정은 '**명사+속격 어 → 전치사+목적어**'이다. 예를 들어, 태국어 thii baan에서, thii(=중국어 '地')는 원래 '곳'을 뜻하는데 핵심 명사였다. baan은 '집'을 뜻하는데 원래 속격어였다. 이 구는 원래 한정어-명사 구 '집이 있는 곳'인데, 영어 the place of home와 해당한다. 다음에는 이 구가 전치사구로 분석되어, 장소의 '집에, 집 안에'를 의미한다. 이렇게 되면, 원래의 명사 thii(곳)는 전치사로 추상화 되고 원래의 속격어는 전치사의 지배 대상이 된다. 후치사를 가지는 언어에서도 개사는 동사에서 올 수도 있고, 명사에서 올 수도 있다. 만약 후치사가 동사에서 온다면 그것은 그 언어에서 OV 구조가 사용되고, V가 개사로 추상화 된 과정이 '**목적어+동사 → 목적어+후치사**'이기 때문이다. 예를 들어, 독일어 betreffend(고려하여 → 에 관하여)이다. 이러한 경우, 동사는 목적어에 뒤따라 OV 구조를 구성하는데 문법화를 통해 저절로 개사인 후치사가 된다. 만약 후치사가 명사에서 생긴다면, 그것은 그 언어의 속격어가 핵심 명사를 앞서기 때문인데 그 추상화 된 과정은 '**속격어+명사 → 목적어+후치사**'이다. 예를 들어, 핀란드어의 구 talon kohdalla의 의미는 각각 '집(속격)'과 '곳'인데 원래의 뜻은 '집이 있는 곳'인데, 추상화 되고 후치사구가 되었다. 지금의 의미는 '집 안에'로 장소 명사 kohdalla(곳)는 후치사로 추상화 된다.

이로 보아, 동사에서 나온 개사(Heine 1991: 140은 V-adposition이라고 함)가 전치하거나 후치하는 것은 동사, 목적어의 어순과 관련되어 있다. 술목 구조가 개사구로 재분석되면 VO 어순은 전치사가 나타나게 하고 OV 어순은 후치사가 나타나게 한다. 이와 달리, 명사에서 나온 개사(Heine의 N-adposition)의 유형은 속격 구조의 어순과 관련되어 있다. 속격 구조가 개사구로 분석되면 NG(핵심-속격어)어순은 전치사가 나타나게 하고, GN 어순은 후치사가 나타나게 한다.

Hopper & Traugott(1993: 106-107)에 의해, 명사가 개사로 변하는 문법화 과정에서 종종 거치는 '길'은 다음과 같다.

(8) 신체 부위나 물체 조성 부분을 나타내는 실체 명사 → 방위 명사를 포함하는 관계명사 → 개사

이 외에도 개사, 연결사, 부사어 표지로 추상화 된 명사에는 시간의 의미를 나타내는 명사, 예를 들어, 영어의 while, 네팔 Newari어의 belas/bale(시간, ~ㄹ/을 때. Genetti 1991: 235 참조), 일본어의 toke(시간, ~ㄹ/을 때.

Shibatani 1991: 99 참조), 도로의 의미를 나타내는 명사, 예를 들어, 납호(拉祜)어 lo(길, ~안에, ~안으로부터. Matisoff 1991: 389-390 참조), 독일어 wegen(~(으)로 인하여, 도로를 나타내는 weg의 복수 여격에서 나옴. W. Leh mann 1978: 410), 영어에서 방식을 나타내는 way(I will treat it the way you do) 등도 있다.

개사는 종종 속격어가 수식하는 명사에서 생겨서, 많은 언어의 개사 형태는 여전히 속격 구조의 흔적을 가지고 있다. Weninger(1993: 32)에 의하면, 걱어즈어(格厄兹語(Gəcəz): 고대 에티오피아어)에서 모든 전치사는 a로 끝나는데 이 a는 수식을 받고 있는 핵심 명사의 표지이다(위와 같은 책 12, 33쪽). 이를 통해, 그 언어의 전치사가 다 명사에서 나온 개사이고, 개사의 목적어는 원래 명사를 뒤따르는 속격 한정어였음을 알 수 있다. 이것은 중국어의 '之'를 가지는 후치사와 아주 비슷하다. 단지 어순은 반대이다. 중국어의 후치 개사는 속격 한정어에서 나온 개사 목적어를 뒤따른다. 그러므로 mal ᶜəta는 방위 명사 mal ᶜət(높이, 위)에 a를 첨가함으로써 구성되고 중국어의 '之上'에 해당한다. 이와 마찬가지로 qədma는 중국어의 '之前'과 해당한다. 스와힐리어(Swahili)에서도 이와 같은 현상이 있다(장배지(張培智) 1990: 215-216 참조). 그 언어의 전치사는 명사와 ya로 구성되는데 ya는 바로 속격 표지이다. 예를 들어, mbele ya(~기 전에)에서, mbele는 '앞'의 의미를 나타내는 명사이다.

위의 걱어즈어와 스와힐리어의 거울 영상 현상, 즉 중국어처럼 명사에서 후치사가 생기는 모형은 찾기 쉽다. Mikola(1975, Hopper & Traugott 1993: 59에서 재인용)는 사모예드어(Samoyedic, 우랄어계에 속함)의 한 후치 장소 개사에 대해 설명하였다.

(9) 원시 사모예드어

    mäto-n + in → 사모예드어 mäto- + nin
    텐트 - 꼭대기   텐트   위로 향하여(onto)

in은 원래 '꼭대기'를 뜻하는 장소 명사이었는데 후에는 장소 후치사 nin 으로 추상화 된다. 이와 동시에 이 개사는 원래 명사를 뒤따르는 속격 표지인 n을 갖게 된다. 이것은 재분석의 결과이다. 중국어에서 후치사 '之上', '的話'를 하나의 단위로 간주하는 것과 같다. '之上', '的話'의 '之', '的'은 원래 앞의 성분과 더 가까이 있던 속격 표지였다.

인구어의 많은 개사는 부사에서 왔다. 그 중에 어떤 부사는 명사나 동사에서 생긴다(C. Lehmann(1995: 87-93) 참조).

개사 특히 전치사가 반드시 동사에서 왔다는 주장은 유형적 설명력이 아주 부족하다.

5.2.3 개사 문법화 기원의 의미적 동인

왜 개사는 주로 동사와 명사, 특히 동사 명사의 특정한 종류에서 생겼을까? 이는 뚜렷한 의미적 원인이 있다. 개사의 주요 기능은 동사가 직접적으로 의미역을 부여하지 못하는 명사구에 일정한 의미역을 부여하는 것이다. 그 명사구를 간접적인 의미역이 되게 한다. 개사가 실사에서 생긴 것은 바로 의미역을 부여하는 이러한 기능과 관련되어 있다.

동사가 일반적으로 주어, 목적어에 부여하는 것은 묵인된 의미역, 즉 행위주 의미역이나 대상 의미역이지만 어떤 실사는 그 자체의 의미 때문에 관련된 통사 성분에 묵인된 의미역 외의 의미역을 부여할 수 있다. 이와 동시에 다른 의미역을 부여하는 허사가 불필요하다. 예를 들어, 동사 '用' 뒤의 목적어, '外國遊客也用了筷子'(외국 관광객도 젓가락을 사용한다)의 '筷子'는 '도구' 의미역의 성질을 가지고 있어 더 이상 도구를 나타내는 전치사가 필요하지 않다(영어의 동사 use도 이와 비슷함). 동사 '在' 뒤의 목적어, '我在家'는 '家'가 장소를 뜻하므로 장소 전치사가 불필요하다. 또한 '幫'의 의미는 뒤의 목적어가 꼭 일반적인 대상이 아닌 수혜자인 것을 결정한다. 우리는 간접적 의미역을 부여할 수 있는 동사를 역할 부여 동사(role-assigning verbs)라고 한다.

역할 부여 동사는 통사적, 의미적인 면에서 보통 동사와 의미역을 부여하는 개사의 결합체와 해당한다. 예를 들어, '用'은 '…로 하다'('用筷子'는 바로 '筷子로 하다'), '在'은 '位于, 存在于, 坐落于', 영어 to enter '들어가다'는 to go into, to reach '도착하다'는 arrive at, to resemble '닮다'는 to look like에 해당한다. 달리 말해, 역할 부여 동사 자체는 의미역을 부여하는 개사를 포함하고 있다. 그래서 어떤 역할 부여 동사는 같은 의미역을 나타내는 개사를 배척하기도 한다. 예를 들어, '以筷子吃飯'은 되고, '以筷子用'은 비문이다. 영어에서 도구를 나타내는 동사 use(He uses chopsticks(그는 젓가락을 쓰다))는 개사 with로 바꾸어(He eats rice with chopsticks(그는 젓가락을 쓰다)) 쓸 수 있지만, to use with chopsticks로 '젓가락을 쓰다'라 할 수 없다. 이와 비슷하게 to resemble like도 비문이다. 상고 중국어의 일부 역할 부여 동사는 같은 의미역을 나타내는 개사와 동시에 나타날 수 있는데 이 동사는 생략될 수 있다. 예를 들어, 양수달(楊樹達)(1984[1930]: 100-101) 예문에서 전치사 '於'는 a 문장에서 생략되고 b 문장에서 나타난다.

(10) a. 公在乾侯。'春秋·昭公三十年'
　　　 노소공(魯昭公)은 건후(乾侯)에 있다.

　 b. 魚在於藻。'詩·小雅·魚藻'
　　　 물고기가 수초에 있다.

(11) a. 子入大廟, 每事問。'論語·八·佾'
　　　 공자는 대묘(大廟)에 들어갈 때마다 모든 일을 다 물어본다.

　 b. 鼓方叔入於河, 播鼗武入於漢, 少師陽擊磬襄入於海。'論語·微子'
　　　 고방숙(鼓方叔)은 황하(黃河)에 들어갔고, 파도무(播鼗武)는 한수(漢水)에 들어갔고, 소사(少師)인 양(陽)과 경쇠를 연주하는 양(襄)은 바다에 들어갔다.

(12) a. 叔孫通已出宮反舍。'史記·叔孫通轉'
　　　숙손통(叔孫通)은 이미 황궁에서 나와서 거처로 돌아갔다.

　　 b. 仲尼適楚, 出於林中。'莊子·達生'
　　　공자는 초(楚)나라에 가는 길에서 숲에서 나왔다.

(13) a. 吾嘗西至崆峒。'史記·五帝紀贊'
　　　내가 서쪽에 있는 공통(崆峒)에 가 본 적이 있다.

　　 b. 順流而東行, 至於北海。'莊子·秋水'
　　　강물을 따라 동쪽으로 가서 북해(北海)에 도착하였다.

(14) a. 吾自衛反魯, 然後樂正。'論語·子罕'
　　　나는 위(衛)나라에서 노(魯)나라로 돌아가서 음악을 정리한다.

　　 b. 孟子自齊, 葬於魯 ; 反於齊, 止於嬴。'孟子·公孫醜下'
　　　맹자는 어머니의 영구(靈柩)를 가지고 제(齊)나라에서 노(魯)나라에 가서
　　　어머니를 안장하였다. 그리고 다시 제나라에 돌아가서 영(嬴)에서 묵었다.

　역할 부여 동사의 이러한 의미적 특성은 그것들이 개사 문법화의 '후보
자'가 되게 한다. 따라서 그것들은 개사의 중요한 기원 중 하나이다. 역할
부여 동사의 결합 능력이 강해지고 구체적 의미가 적어질 때에도 의미역을
부여하는 기능은 여전하다. 최종적으로 이러한 동사는 의미역을 부여하는
기능만 가지는 개사가 되었다. 예를 들어, '在'는 원래 방위 역할 부여 동사
였는데 문법화 과정을 통해 방위 전치 개사가 된다. 또 현대 중국어의 도구
전치사 '用'은 도구 동사 '用'이 추상화 된 것이다. '幫'은 수혜자 역할 부여
동사인데 새 상해(上海)어와 새 소주(蘇州)어에서는 수혜자 전치사로 추상
화 된다. 예를 들어, '我幫老王倒杯茶'(내가 노왕(老王)한테 차를 따른다), '小
張幫我做助手'(소장(小張)이 나의 조수로 한다), '幫我滾出去'(꺼져 버려) 등
이 있다.

　명사가 개사로 변하는 문법화는 의미역을 부여하는 기능과 관련되어 있

다. 동사는 명사 성분에 의미역을 부여함으로써 개사 '후보자'가 되고, 명사는 자체에 의미역을 부여함으로써 개사 '후보자'가 된다. 명사 성분 자체는 일반적으로 의미역의 특성이 없다. 예를 들어, 단어 '전등'은 당사자(전등이 고장이 났다), 대상(전등을 설치하다), 수혜자(전등 위에 등갓을 올려놓다), 도구(전등으로 비추다), 장소(전등 밑에서 책을 읽다), 방향(전등 쪽으로 보지 말다), 종점(물이 튀어 전등에 묻다), 기점(한 줄기 강한 빛이 전등에서 나와 그의 눈을 찌르다) 등 의미역은 통사적 위치, 같이 쓰이는 동사와 개사에 의해 결정된다. 그러나 어떤 명사는 자체 의미로 인해 종종 자체, 또는 자체를 핵심으로 하는 명사구가 간접적 의미역이 된다. 이러한 명사는 의미역을 부여하는 허사와 같이 쓰이지 않아도 특정한 간접적 의미역을 나타낸다. 이 책에서는 이것을 자체 역할 부여(role self-assignment)라고 하고 이러한 명사를 '역할 부여 명사'라고 한다. 앞에서 언급한 바와 같이 개사로 추상화 된 원래의 명사는 일반적으로 방위, 시간, 장소, 도로, 도구 또는 방법을 나타내는 명사이다. 이들 명사 자체는 언어에서 많이 쓰이는 간접 의미역을 포함하고 있는데, 추상화 과정을 거쳐 어휘적 의미가 약해지지만 자체에 의미역을 부여하는 기능이 여전히 있으므로 간접적 의미역을 부여하는 개사나 연결사가 된다. 원래 속격어가 되던 성분은 개사가 지배하는 성분으로 재분석된다. 예를 들어, 방위 명사 '裏邊', '裏邊請'에는 전치사인 '在'가 없지만 '裏邊'은 장소 의미가 자체에 의미역을 부여하여 '請'의 행위주 주어가 아니라, '請'의 방위 의미역이 된다. '裏邊' 앞에 속격 한정어가 있을 때 '裏邊'은 명사구 전체가 방위 의미역 특성을 가지게 될 수 있다. 예를 들어, '房間裏邊請' 등이 있다. 따라서 이러한 명사는 개사로 변할 가능성이 크다. 명사에서 나온 다른 개사는 대체로 이와 같은 과정을 거친다.

5.2.4 분리사 및 그것의 문법화 과정

Greenberg(1980)는 최초로 분리사 현상에 주목하였다. 처음에는 그는 이것을 '분리 접사(광철(框綴, circumfix)'라고 하였고, 그후(1995)에는 '분리사'(circumposition)라고 하였다. 개사 기능을 가지고 있는 허사에 대해, 둘째 명칭이 적당하다. 개사와 관련된 용어(개사(adposition), 전치사(preposition), 후치사(postposition))와 계열을 이룬다. '분리 접사'라는 용어는 계속 사용되어 접사 특성을 가지는 '테두리'라는 단위를 가리킬 수 있다. 예를 들어, 소주(蘇州)어의 '阿 N 頭', 'ー V 頭' 등 접사가 있다(사자립(謝自立) 등 1989).

Greenberg(1980, 1995)가 연구한 분리사는 에티오피아어족(Semitic)의 일부 언어와 이란어족(Iranian)의 일부 언어에 있다. 이 두 가지 언어에는 원래부터 전치사가 있고 나중에 후치사가 나타났는데 둘이 같이 분리사를 구성한다. 흥미로운 것은, 셈어족에서 후치사가 나타날 때가 어순 유형이 변천하는 시기인 점이다. 즉 VSO에서 SOV로, NG에서 GN으로 변했다. 원래 G를 앞서던 전치사 속격 표지가 G의 앞으로 이동함에 따라 더 이상 매개 자리에 위치하지 않고, 대신에 명사로부터 추상화 된 후치사가 매개 자리에 나타난다. 이란어족의 경우도 이와 비슷한 점이 있다. 비록 그것들은 SOV 언어이지만 모두 전치사가 있고, 후치사는 후에 일부 언어에서 나타난다. 그 후치사들의 나타나는 것은 꼭 속격 한정어가 뒤에서 앞으로 이동한 뒤이다. 이로써 분리사는 형성된다.

Greenberg는 속격 한정어 문제를 집중적으로 토론하였지만, 그가 말하던 분리사는 속격 구조만 포함하지 않는다.

> (15) a. 셈어족에 속하는 Amharic어: bä-bet wast
>   b. 이란어족에 속하는 Pashto어: pa kor kše

위 예의 문자적 의미의 영어 직역 in-house interior는 '어쩔 수 없는'이다. 중국어로 정확히 번역하면 '在房子裏'(집에 있다)이다. 중국어가 이 두 언어와 비슷하다는 것은 우연이 아니다(7.3, 특히 7.3.2 참조).

Heine 외(1991: 140-141)는 분리사라는 개념을 사용하지 않았지만 문법화의 측면에서 일부 아프리카 언어의 이와 비슷한 현상에 주목하였다. 많은 언어에서 동사에서 생긴 개사와 명사에서 생긴 개사가 동시에 존재하는데, 두 가지 개사의 통사적, 의미적 기능은 서로 같지 않다. 이러한 언어에서는 두 가지 개사가 NP의 한 측이나 각각 NP의 양측에 있을 수가 있다. 뒤의 것은 바로 Greenberg가 말한 분리사이다. 예를 들어, Ewe어에서

(16) é-no   déha   le   xɔ megbé
      삼인칭-마시다   야자주   있다 집   뒤
      그는 집 뒤에서 야자주를 마신다.

le는 동사에서 나온 전치사, megbé는 명사에서 나온 후치사이다. 분리사의 기원이 다른 개사와 같음을 알 수 있다. 다만 분리사의 앞부분과 뒷부분은 다른 실사에서 생길 수 있다. 예를 들어, (16)의 le…megbé의 앞부분과 뒷부분은 각각 자동사와 명사에서 생겼다.

이러한 자료로 보아, 분리사는 대부분 고정적인 품사 항목이 아니다. 하나의 분리사는 일반적으로 하나의 전치사와 하나의 후치사가 통사적 결합에서 임시적으로 같이 나타나기 때문에 종종 한 부분은 생략된다. 따라서 분리사는 통사적 현상이지 하나의 품사 항목이 아니다.

6. 중국어 어순 유형의 선행 연구 개설

6.1 중국어 어순 연구

6.1.1 구조주의 전의 중국어 어순관(語順觀)

70년대 전만 해도 중국어 문법 학계에는 명확한 어순 유형의 개념이 없었다. 각 학파의 통사적 연구를 통해 중국어 절의 기본 어순과 개사 유형에 대한 당시의 견해를 분석할 수 있다.

중국어 문법론의 최초 저서인 '마씨문통(馬氏文通)'(마건충(馬建忠), 1898 초판)과 현대 중국어 문법 연구의 시초인 '신저국어문법(新著國語文法)'(여금희(黎錦熙), 1924 초판)은 모두 서구 전통 문법을 바탕으로 하고, 그것을 모방하였다. 예를 들면, 중국어는 형태적인 격이 없음에도 불구하고 품사와 문장 성분 사이에 격에 해당하는 '次'나 '位'의 개념을 세웠다. 형태 표지가 없는 경우에는 주로 의미에 근거하여 '次/位'와 주어, 목적어 등의 문법 단위를 결정지었다.

'마씨문통'은 대체로 SOV의 구조로 고대 중국어를 분석했다. '마씨문통'에서는 주어, 서술어, 목적어를 각각 '기사(起詞), 어사(語詞), 지사(止詞)'로 정의하고 타동사를 외동사(外動詞)로 정의했다. 그리고 다음과 같이 결론을 내렸다. '語詞后而起詞先者, 常也'(어사(語詞)가 뒤에 있고, 기사(起詞)가 앞에 있는 것은 일반적이다)(1983[1898]: 392), '凡爲外動止詞者, 位其後'(외동사(外動詞)의 지사(止詞)는 모두 그것을 뒤따른다). '起', '止'의 이름 자체는 뚜렷한 어순 의미를 가지고 있다. 만약 중국어가 VSO 언어라고 가정한다면 주어를 '기사'로 말하기 힘들 것이고, SOV 언어라면 목적어를 '지사'로 말하기 힘들다.

선진(先秦) 중국어는 어순 유형이 단일한 언어가 아니었으며, 인칭대명사가 부정문의 목적어로 쓰일 때나 의문대명사가 동사나 개사의 목적어로 쓰일 때는 모두 반드시 동사나 개사에 앞서야 하였다(7.1.1 참조). 이 점을 마건충은 상세히 논술하였다('마씨문통' 399, 400). 이와 같이 일정한 규칙에 의해 전치 대상을 목적어로 보는 것은 아무런 문제가 없고 일정한 조건에서 중국어가 SOV 어순을 갖는다는 것을 말해준다. 다른 한 부분은 화용론적 변이현상이다. 예를 들면, 감탄문의 주어와 목적어의 도치 등이 있다. 마건충(393)에서도 이와 같이 언급하고 있다.

다른 어순 현상의 분석은 이처럼 쉽지 않다. 고대 중국어에서 흔히 나타나는 전치 대상류 논항에 대해 마건충은 그들을 거의 대부분 지사(止詞)로 보았으며, 동사 뒤에 쓰인 '중지(重指)'(즉 복지(復指)) 대명사의 사용 규칙을 다음과 같이 결론지었다. '外動字之止詞而爲意之所重者, 率先弁諸句首. 其外動者無弗者, 則其後加代字以重指焉. 有弗辭者, 則不重于外動者後,而有重于其先者焉'('馬氏文通' 396). 이는 목적어가 문두에 쓰일 때, 긍정문에서는 목적어 자리에 '之'를 사용하여 '복지'의 의미를 나타내고 부정문에서는 동사 뒤에 '복지'의 의미를 나타내는 것이 없지만 '복지'의 뜻을 나타내는 성분이 동사 앞에 올 수 있다(부정 대명사 목적어는 전치해야 한다). 굵은 글씨와 부호는 필자가 첨가한 것인데 i는 동지표 관계를 표시하고, t는 공범주(어적공어류(語迹空語類))를 표시한다.

(1) a. [**巧言, 令色, 足恭**]i, 左丘明恥之i, 丘也恥之i。'論語·公冶長'
감언이설, 환심을 사는 표정, 지나치게 겸손하고 공경하는 것에 대해, 좌
구명(左丘 明)은 그것이 수치스럽다고 생각하고 나도 수치스럽다고 생각
한다.

b. [**弑父與君**]i, 亦不[ti]從也。'論語·先進'
그들(子路, 冉求)에게 자신들의 아버지와 군주를 살해하라고 하면 그들도
복종하지 않을 거야.

c. [**楚君之惠**]i, 未之i敢忘。'左傳·僖公二十八年'
초나라 군주가 베풀어 주신 은혜는 감히 잊을 수가 없다.

어순 부호로 마건충의 분석을 표시하면 위의 세 문장은 각각 OiSVOi, OV, OiOiV가 된다. (1a)는 행위자 주어의 출현으로 문두의 성분이 화제화된 목적어로 볼 수 있지만 (1b)와 (1c)는 그렇게 보기에는 뭔가 이상하다. 왜냐하면 문장에 주어가 없고, 문두의 성분을 목적어로 보는 유일한 이유는 의미상의 대상이기 때문이다. 마건충의 분석을 유형론적 관점으로 서술을 하면, 고대 중국어 어순은 SVO와 일정한 조건하에서의 SOV뿐만 아니라, 확실한 제약이 없는 OiSVOi, OV, OiOiV 등이 있다는 것을 인정하는 것이다. 이러한 분석의 가장 큰 문제점은 표지를 갖지 않는 피동구와 서로 모순이 된다. 한편으로는 의미 관계에 근거하여 대상 전치, 주어 없는 문장을 OV로 보고, 다른 한편으로는 또 표지 없는 피동문의 존재를 인정하는 것이다. '外動字單用, 先後无加, 亦可轉爲受動(동사가 단독으로 쓰일 때 피동의 용법으로 쓰일 수 있다)' ('마씨문통'165). 예를 들면, '言聽計用'(어떤 사람의 말이나 계책을 모두 듣고 받아들인다), '兵挫地削'(군사는 좌절당하고 지역은 뜯긴다) 등이 있다. 소위 말하는 피동이란 '受者居主次(피동자는 주어 뒤에 있다)'이고, 즉 대상이 주어로 되는 것이다. 그렇게 되면 (1b)의 '弑父與君'(아버지나 군주를 죽인다)은 왜 '受者居主次'가 아니고 '言聽計用'의 '言', '計'는 왜 '지사'가 '位乎動之先'(대상이 동사를 앞선다)이 아닌가의 의문을

갖게 된다. 이러한 것은 '마씨문통'으로 해석할 수 없는 문제들이다.

현대 중국어 절의 어순 유형이 고대 중국어와 확연히 다른 점 두 가지가 있다. 하나는 현대 중국어에는 전치사 '把'를 사용한 대상 전치문이 있는 것이고, 다른 하나는 현대 중국어에는 고대 중국어에서 제약이 명확하였던 대명사 목적어 전치 현상이 없는 점이다. 여금희 '신저국어문법'(1933[1924]) 을 비롯한 당시의 문법 저서들은 거의 대부분이 마건충의 분석 방법으로 현대 중국어 어순을 분류하였다. '신저국어문법' (35-41)에서는 목적어 자리 바꾸기(변식적빈어(變式的賓語))'를 제목으로 계통적으로 목적어 주제화(제 빈설(提賓說))를 제시하였다. 여금희가 말한 목적어 전치 현상은 '把'자문, '連'자문, 어떠한 허사도 없는 '제빈', '제빈'과 동시에 동사 뒤에 대명사 복지를 사용하는 것 등이 포함된다. 바꾸어 말하면 여금희는 현대 중국어에는 명확한 제약이 없는 SOV와 OSV 문장이 많다는 것을 사실상 인정한 것이다. 또 한편으로는 표지를 갖지 않는 피동문을 인정하였기에 목적어 전치와 표지 없는 피동문의 모순 문제는 그대로 보류하였다. 따라서 여금희는 아예 문맥에 따라 목적어 전치문의 대부분을 피동문으로 보았다. 그러나 목적어 도치문의 원래 주어 앞의 '被'와 '由' 등은 다 생략된다('신저국어문법' 43). 그렇다면, OSV=S(+被)+NP+V, 즉 전치 목적어는 주어가 된다.

이를 통해 의미를 바탕으로 하는 마건충, 여금희의 분석 방법은 주관적 수의성이 있고, 주어, 목적어 인정이 매우 주관적이라는 것을 알 수 있다. 이러한 견해로 중국어 어순을 논의하기는 어렵다.

여숙상(呂叔湘)(1982 (1942-1944초판): 28, 33-36, 40-41, 55), 왕력(王力) (1985(1943-1944 초판): 43, 317-323) 등 초기의 문법 저서는 전통 문법으로부터 구조주의 문법으로 발전하는 과도기에 있었기에 모방하는 것이 적고 중국어 정체성을 탐구하는 부분에서 큰 성과를 거두었다. 그럼에도 불구하고 어순에 대해서는 여전히 마건충, 여금희의 의미를 기초로 하는 주어, 목적어 분류 방법을 사용하였다. 즉, 한편으로는 전치한 대상 성분은 '목적어 전치'로 분석하고, 다른 한편으로는 동사 뒤의 행위자는 주어의 후치로 분석했다. 예를 들면, 여숙상(40-41,55)의 '店裏走了一帮客'(몇 손님은 식당에서 갔다)과 '船上点了一个小灯籠'(배에는 하나의 작은 초롱불을 켜 있다) 등이 있다.

50년대 이전의 중국어 문법학계는 보편적으로 의미를 기준으로 하여 주어와 목적어를 확정하고 '주제화', '도치(도장(倒裝))'로 대상이 동사나 문두에 나타나거나 행위자가 동사 뒤에 나타나는 현상을 분석하였다. 이와 동시에 보편적으로 대상이 주어가 되는 피동문의 존재를 인정하였다. '목적어 주제화', '도치'는 중국어의 많은 통사 현상과 관련되어 있다. 그 중에는 아무런 통사적 제약이 없는 것이 많다. 따라서 중국어에는 SOV, OSV, OV, VS가 흔히 볼 수 있는 구문이라고 할 수 있다. 이러한 견해는 50년대 후에 큰 변화를 가져왔다.

6.1.2 구조주의식의 중국어 어순관(語順觀)

조원임(趙元任)의 '국어입문'(國語入門)은 미국의 기술언어학파 구조주의의 연구 방법으로 중국어 문법을 분석한 최초의 중요한 저서이다. 이영(李榮)은 1951–1952년에 이 책을 '북경구어문법'(北京口語文法)이란 제목으로 번역하였고, 후에 국내 정기 간행물에 연재하고 출판하였다. 이 책에서 중국어의 주어는 화제이며, 서술어와의 관계는 느슨해질 때가 많아 행위자와 대상(시수(施受)) 간의 관계에 근거하여 판단하면 안 되고 위치에 근거하여 주어, 목적어, 및 동사 앞에 있는 명사적 단위를 확정하는 것이 타당한데, 시간, 장소 명사 등이 주어로 쓰일 수 있다고 하였다. 서술어가 모두 동사는 아니고 모든 구, 주술구 등이 서술어로 쓰일 수 있다. 한 문장 안에 많은 주술 관계를 포함할 수 있는데 명사 단위들은 순차적으로 주어로 쓰인다. 예를 들면, '我今天城裏有事'(나는 오늘 시내에서 해야 하는 일이 있다)를 '我/

今天城裏有事'(나는 오늘 시내에서 해야 하는 일이 있다), '今天/城裏有事'(오늘 시내에서 해야 하는 일이 있다), '城裏/有事'(시내에서 해야 하는 일이 있다)와 같이 세 개의 주술 관계로 나눌 수 있다. 다른 말로 하면 이러한 문장은 바로 나중에 흔히 말하는 '주술술어구'이다.

행위자와 대상 관계가 아니라 위치를 바탕으로 하여 주어, 목적어를 분류하는 분석 방법은 정성수(丁聲樹)외 (1961[1952-1953])가 전적으로 동의하였다. 정성수의 주어와 관련된 개념이 조원임(趙元任)의 정의에 비해 광범하지 않음에도 불구하고 중국어 어순에 대한 새로운 관념을 확립하였다. 정성수(1961)에서는 목적어 도치설(倒裝說)의 모순을 논증하였다. 예를 들면, 많은 '목적어'가 도치가 아닌 '정상 어순'이 없고, 앞에 쓰일 수도 있고 뒤에 쓰일 수도 있는 성분이 행위자인지 대상인지 변별하기 어렵다. 그래서 동사와 행위자, 대상 관계가 있는 명사성 단위는 동사 앞에 쓰이면 무조건 주어이고 행위자와 대상 성분이 동시에 나타날 때는 주술술어문(주술구가 서술어로 됨)이라 하였다. '把'자문에 대해서는 '把'를 차동사(次動詞)로 분석하는데 '목적어 주제화'구라고 보지 않았다. 그리고 동사 뒤의 행위자는 목적어로 보았다(來了一个人(한 사람이 왔다)/這一鍋飯能吃三十个人(이 한 가마의 밥은 서른 사람이 먹을 수 있다)). 그리하여, 20세기 초에 SOV, OSV로 보았던 문장이 다 S1S2V로 변하였다. 단지 주어 S1을 어떤 경우에는 행위자, 어떤 경우에는 수여자로 보는 것만이 세부적인 차이이다. 이로부터 중국어에는 SVO 어순 외에 SSV 어순이 있고, SOV와 OSV 어순은 없다는 것을 알 수 있다.

이러한 유위치론(唯位置論)의 분석 방법이 80년대에 중국 문법 학계의 주류가 되었다. 특히 주덕희(朱德熙)(1982)의 문법 저서와 80년대에 번역된 조원임의 '한어구어문법'(漢語口語文法)은 이러한 분석 방법으로 편찬한 대표작이다. 그러나 이러한 분석 방법은 종종 한 문장 안에 많은 주어가 있는 결과를 초래하였다. 예를 들면, 육검명(陸儉明 1990)은 '我們班上的學生名

字我一个也叫不上來'(우리 반 학생의 이름은 내가 하나도 못 부른다)에 '我們班上的學生'(우리 반 학생), '名字'(이름), '我'(나), '一个'(하나) 네 개의 주어가 있다고 주장했다. 어순 유형론의 규칙으로 표시하면, 위의 문장은 S1(S2(S3(S4(V))))구조이다. 이후 '把'자문과 같은 문장을 '목적어 주제화'로 보는 학자가 거의 없었다. 대부분의 학자들은 '把'자문의 명사가 흔히 뒤의 동사의 대상임에 불구하고 '把'자문을 통채로 뒤에 오는 동사의 상황어로 인정했다. 이로부터 SOV, OSV 분석은 중국 문법 학계에서 점차 사라져갔다. 몇 권의 교과서에서는 동사 앞의 목적어가 있다는 것을 인정했지만 그것은 제약이 분명한 몇 개의 유형일 뿐이다. 예를 들면, 호유수(胡裕樹 1981, 382-383)는 '의문대명사+都/也+V(她什么都會(그녀는 무슨 일이든 다 할 수 있다))', '一……都/也+不(我一个人都不認得(나는 한 사람도 모른다))' 등 문장에 동사 앞의 '주편성(周遍性)' 대상을 목적어로 볼 수 있다고 하였다.

유위치론은 그전의 '도치', '목적어 주제화'론의 모순과 주관적인 수의성을 모면하기는 했지만, 그 자체에 아무 문제가 없는 것은 아니다. 1. 중국어의 '주어'는 공허한 개념이 되어버리는데, 아무런 의미 기초도 없고 아무런 통사적 속성도 없으며 심지어 품사의 속성도 없다. 각종 서술어 자리에 있는 서술어와 구가 다 주어가 될 수 있다. 2. 유위치론에 의하면 절의 구조와 논항구조의 관계를 고찰하기 어려워질 것이다. 논항 관계가 인간 언어에 보편적으로 존재하는 관계이어서 논항구조의 내외 성분을 구분할 수 없으면, 유위치론으로 통사구조를 밝힐 수 있는 가능성은 희박하다. 3. 기계적으로 주어의 갯수가 증가하는 것은 중국어의 어순 변화와 내재적 규칙이 더욱 복잡해지게 하였다. 4. 다른 언어와 비교할 수 없다. 유위치론은 S1(S2(……SnV))와 같은 이상한 공식 외에는 중국어의 어순과 통사적 모형을 귀납하기 어렵다.

6.1.3 유형론 이론의 중국어 어순 연구

Greenberg(1966)의 유형론 이론으로 중국어 어순을 연구한 것은 70년대 부터 국외 중국어 학계에서이다. 최초의 연구자는 대호일(戴浩一)(Tai 1973) 이다. 대호일은 중국어가 SOV 언어라는 것에 입각하여 많은 중국어의 사실(즉 SOV 언어에서 흔히 볼 수 있는 것)을 해석할 수 있다고 생각했다. 이눌 (李訥)과 탕선적(湯仙笛)(Li & Thompson 1973a, b, 1975)은 통사적 측면에서 2천년이라는 시간을 거쳐 중국어 어순이 SVO에서 현대의 SOV로 변화하였다고 주장하였다. 대호일(Tai 1976)은 이에 동의했다. 교본(하시모토, 橋本)(1985)은 다른 측면을 고찰하여 현대 중국어 특히 북쪽 방언이 SOV의 특징을 가지고 있다고 주장했다. '把'자문은 이 주장의 근거이다. 중국어의 SOV의 특징은 몽골어, 만주어 등 알타이어에서 받은 영향이라고 하였다. Light(1979), Mei(1980)를 비롯한 학자들은 SOV설을 받아들이지 않고 계속 SVO설을 주장하였다.

논쟁의 양측은 어순 유형론의 조화이론으로 분석하면서 중국어가 VO와 OV 언어의 특징을 동시에 가짐을 모두 인정하였다. Li & Thompson(1978: 230-233)은 다음의 (2a)는 SVO문이고 (2b, c)는 SOV문이라고 주장하였다.

   (2) a. 我喜歡他. (나는 그를 좋아한다.)
        b. 張三把他罵了. (장삼은 나를 욕하였다.)
        c. 他書賣了. (그는 책을 팔았다.)

Li & Thompson에 따르면 중국어에는 SOV 어순뿐만 아니라 SOV 언어의 다른 특징도 많이 있다. 즉 1. 개사구가 동사 앞에 있다. 2. 후치사가 있다. 3. 관계절이 명사 앞에 있다. 4. 소속어가 명사 앞에 있다. 5. 상 표지가 동사 뒤에 온다. 6. 일부 부사어가 동사 앞에 온다. 중국어는 SVO 언어의 특징도 일부 가지고 있다. 즉 1. 전치사가 있다. 2. 조동사가 동사 앞에 있다. 3. 목적어 명사구가 거의 언제나 동사 뒤에 쓰인다.

현대 중국어가 SOV 언어라는 견해와 중국어가 SVO에서 SOV로 변했다는 견해에 관하여 손조분(孫朝奮)은 공시적인 측면과 통시적인 측면에서 두 가지의 의견을 제출했다. Sun & Givón(1985)은 실제 언어 자료에 대한 통계로 SVO 설에 동의했다. 그들의 분석에 의하여 현대 표준어 언어 자료(소설과 구어 음성 자료) 중에 OV 구조는 십분의 일도 안 된다는 결론이 나왔다. 그리고 Erbaugh가 대만 어린이를 대상으로 한 연구 성과를 근거로 중국어가 SVO에서 SOV로 변한 증거가 부족하다고 지적하였다. Jepson(1985: 141-145)의 북경 어린이를 대상으로 한 연구도 중국어가 SOV를 기본 어순으로 하는 가설을 부정했다. 통시적 측면에서 보면, 손조분(孫朝奮)(Sun 1996: 10, 187)은 이천년 이래 중국어 어순이 SVO에서 SOV로 변한 것이 없는데 딱 한 가지 주목해야 하는 것은 전치구가 동사 뒤에서 동사 앞으로 이동한 것이다라 하였다(7.2-7.3 참조). Jepson(1985)도 중국어가 Vennemann과 Lehmann의 이론에서 예언하는 각 항의 어순 조화 추세로 변하지 않았다고 주장했다. 재미있는 것은 중국-티베트어 비교 학자인 Matisoff, Lapolla 외(Lapolla 1994 참조)는 고대 중국어의 SVO 어순이 더 이른 시기의 SOV 어순에서 생긴 것이라 아직까지 SOV 언어의 특징을 가지고 있다고 주장하였다. 일부 대명사 목적어가 일정한 제약으로 전치하는 것은 바로 이러한 예이다. 그리고 SOV 언어의 다른 특징이 사라진 것이다.

유형론 이론으로 보면, 70년대에 대호일(戴浩一), Li & Thompson 등의 중국어가 SOV 언어라는 견해는 한계가 있다.

그들이 입증한 근거는 Greenberg의 엄밀한 함축적 공통성이 아니라 Lehmann-Vennemann의 VO/OV를 기본 매개변수로 하는 언어 조화성 가설이다. 3.1에서 제시한 것처럼 이러한 가설은 존재하지 않는 VO/OV 어순과 다른 구조 사이의 함축을 전제로 하였기에 믿을 만하지 못하다.

그들의 논점의 출발점은 Croft가 말하는 '전체유형론'(4.1 참조)이다. 즉 먼저 어떤 언어를 하나의 유형으로 보고 이 언어가 그 유형의 다른 특징을 가져야 한다는 것을 추측한다. 사실 언어 종류 내부의 복잡성 때문에 전체 유형론은 지금까지 언어들을 성공적으로 분류한 적이 없다. 따라서 이것에 의해 중국어를 단일한 유형 모형이라고 하는 것은 문제가 많다.

그리고 심각한 문제는 중국어는 SVO가 뚜렷한 우세 어순이므로 중국어가 OV 어순이라는 것을 증명하기가 어렵다. 학자들은 주로 관련된 증거(즉 중국어가 VO 언어의 다른 어순특징을 안 가지는 것)로 자신의 논점을 입증했다. 이러한 '방증'의 위험성은 SVO가 유형의 기준이 되는 자격이 별로 없는 것이다. SVO 어순에 근거하여 해당 언어의 다른 어순을 예측하거나 해당 언어의 다른 어순에 근거하여 SVO 어순을 예측하기는 어렵다(3.1 참조). Hawkins(1983: 29)는 Greenberg 어순 공통성의 앞부분이나 뒷부분은 흔히 VSO나 SOV로 SVO가 전혀 쓰이지 않는다고 지적했다. Dik(1997: 404, 409) 의 어순 변천 이론으로 보면, SVO 언어는 VSO 언어에서 생길 가능성도 있고 SOV 언어에서 생길 가능성도 있다. Greenberg가 VSO와 SOV를 함축적 공통성의 앞에 두는 것은 각 유형의 내부가 일치하고 두 유형 사이에 각 어순의 특징이 뚜렷이 대립하기 때문이다. SVO 언어 내부의 두 언어는 서로 대립하고 각각 VSO와 SOV 언어의 특징을 가지는 것이 있다. 중국어의 SVO는 한장조어(漢藏祖語)의 SOV에서 왔기에 SOV 언어의 특징을 일부 가지고 있다는 견해를 이해할 수 있다. 그러나 이것으로 중국어가 SOV 언어라고 증명할 수가 없다.

또 Tai, Li & Thompson, 교본(하시모토, 橋本)이 제시한 현대 중국어의 OV 어순(예: '把'자문) 자체가 문제가 있다. Sun & Givón은 통계 방법으로 Tai 등의 가설을 부정했지만 여전히 그 문장들이 OV 문장이라고 인정했다. 우리가 여기서 강조하고 싶은 것은 10%도 안 되는 통계 결과를 가지고 중국어의 OV문이 진짜 OV문이라 하는 것에 대해 다시 검토할 필요가 있다.

첫째, 중국어가 SOV 어순이라고 하는 가장 중요한 증거인 '把'자문은 순수한 SOV 어순이 아니다. 1. '把'자문은 3가가 아니라 동사 뒤에 목적어가 나타날 수 있다. 예를 들면 '他把橘子剝了皮'(그는 귤을 껍질을 벗겼다), '小張把酒喝了一大半'(소장은 술의 절반을 마셨다) 등(여숙상 1956b)이 있다. 이를 통해서 '把'는 동사 뒤에 목적어 자리를 해소하지 않고 '把'자문의 목적어가 동사의 목적어가 아니라는 것을 알 수 있다. 2. 중국 문법 학자들은 '把'를 모두 개사(부동사/차동사)로 보고 있다. '把'의 통사적 기능은 다른 전치사와 같다. '把'가 개사이므로 '把'를 간접 의미역의 표기로 봐야 한다. 그러나 목적어는 다 직접 의미역이다. 즉 '把'와 결합된 성분을 SOV의 O로 보는 것은 문제가 있다. 그러므로 '목적어 주제화'설과 '把'의 개사성은 모순된다. 일정한 통사적 제약으로 직접 의미역을 간접적으로 표현하는 것이 언어의 보편적인 현상이다. 영어의 예를 들면, to sew the dress>to sew at the dress (Van Vanlin & Lapolla 1997: 124), to meet him>to meet with him 등이 있다. 예문 중의 at, with의 목적어는 더 이상 동사의 목적어가 아니다. 만약 '把'자문의 목적어가 동사 뒤에 쓰일 경우가 있다는 이유만으로 '把'자의 목적어를 동사의 목적어로 보면 '對他討厭'(그를 싫어한다)과 '管他叫小李'(그를 소리(小李)라고 한다) 중의 '他'를 목적어 전치로 볼 수 있다. 왜냐하면 이 두 문장은 '討厭他'(그를 싫어한다)와 '叫他小李'(그를 소리라고 한다)로 변형할 수 있기 때문이다. 이렇게 분석하면 안 된다. 3. 통사적 측면에서 보면, '把'자문과 가장 비슷한 것은 '被'자문이다. 두 구문의 차이는 '把'자문은 목적어를 간접 상황어로 강등(degrade)하는 것이고 '被'자문은 주어를 간접적 상황어로 강등하는 것이다. 만약에 '把'자문을 SOV로 보면 '被'자문은 OVS로 볼 수밖에 없다(그러면 영어의 피동문은 OVS로 봐야 한다). 이는 분명히 비합리적이다. 따라서 '把'자문을 SOV로 보기 어렵다.

둘째, 앞에서 제시한 예문 '他書賣了'(그는 책을 팔았다)와 같은 문장을 SOV로 보는 것도 적절하지 않다. '書'를 목적어로 보는 것은 통사적 근거가 없다. 근거가 있다면 단지 행위자와 대상 간의 관계만 있다. '腰直起'(허리를 펴다)와 '直不起腰'(허리를 펴지 못하다), '烏云出現'(검은 구름이 나타나다)과

‘出現烏云’(검은 구름이 나타나다)과 같은 문장은 행위자인지 대상인지 변별하기 어렵다. 또한 대상 전치구도 ‘把’자문과 같은 ‘목적어 보존’ 현상을 가지고 있다. 예를 들면, ‘他書只賣了一半’(그는 책을 절반만 팔았다), ‘他剛才肉都切了嗎?’(그는 방금 고기를 다 썰었어?), ‘他肉都切了肉絲了’(그는 고기를 다 채 썬 고기로 썰었다) 이 두 개의 예문을 통해 대상 전치문도 동사 뒤의, 목적어의 통사 자리를 해소하지 않는다는 결론이 나올 것이다. 그리고 ‘他書賣了’(그는 책을 팔았다)를 SOV로 보면 ‘書她賣了’(책은 그녀가 팔았다)는 OSV로 볼 수 밖에 없다. 그러나 이러한 ‘OSV’는 표준어에서 많이 쓰이지만 이를 근거로 중국어가 OSV 언어라고 하는 학자는 한 사람도 없다.

중국어가 SOV 언어가 아니라는 것을 안 이상 중국어가 SVO로부터 SOV로 변했다는 주장에 대해서도 더 이상 논의할 필요가 없다.

여기서 지적해야 할 것은 유형론 이론으로 중국어 어순을 연구하는 학자들이 전통 문법의 목적어 전치의 관점에 동의하지만, 이는 전통 문법에 대한 단순한 답습이 아니다. 그들의 중요한 공헌은 유형론 이론으로 중국어 내부의 서로 다른 구조 간의 어순 상의 상관성을 밝힌 것이다. 구체적인 성과 중에 하나는 중국어에 후치사가 존재함을 보인 것이다. 이 책에서의 후치사에 대한 연구는 그들의 연구의 연속이라고 할 수 있다.

다음에 우리는 서열형(徐烈炯), 유단청(劉丹靑)(1998)의 중국어 절 어순 연구에 대해 간략히 소개한다.

6.1.4 화제와 중국어 절의 어순

지금까지의 여러 가지 비슷하거나 다른 통사 분석 패턴으로, 중국어 절의 어순 현상을 고찰하기는 어렵다. 그 원인 중 하나는 화제(topic)의 중국어에서의 중요성과 통사성이 별로 중시되지 않은 점이다. 조원임(趙元任)은 중국어 화제의 중요성을 인식한 최초의 학자이다. 그러나 화제와 주어를 같은 것으로 보는 그의 관점은 문제 해결에 이롭지 않다. 왜냐하면 화제로 보기 어려운 많은 주어와, 주어로 보기 어려운 화제가 있기 때문이다. 이눌 (Li & Thompson 1976)은 최초로 중국어가 화제 우선형 언어이고 화제의 화제 우선형 언어 속의 통사적 지위를 강조하였다. Xu & Langendoen(1985)은 생성 문법의 방법으로 이눌(李訥)의 논점을 입증하고 중국어의 화제가 기초적인 생성적 통사 성분이라고 주장하였다. 그러나 서열형(Xu 1998)이 지적한 것과 같이 이눌(李訥) 등의 학자들은 그들의 분석 방법으로 철저히 중국어 어순을 연구하지 않고 단지 주어, 서술어, 목적어만을 고찰했기에 표준 중국어가 SOV 어순이라는 받아들이기 어려운 결론을 내렸다. 중국어 화제를 연구하는 많은 학자들도 화제를 한 가지의 담화/화용적 현상만으로 보았다.

Xu(1998), 서(徐), 유(劉)(1998)는 여러 측면의 고찰을 통해 중국어 절 구조 중에 화제가 주어와 구별되는 통사 성분임을 입증하였다. 화제를 T로 표시하면 중국어는 SV(O) 어순 외에 흔히 볼 수 있는 TSV(O), STV(O)등 어순도 있다. TSV(O)와 STV(O)설은 중국어의 여러 방언에서 유형론적 의미가 있다. 표준어에는 TSVO가 많이 쓰이지만 오어와 민어(閩語)에 STVO가 많이 쓰인다. 그리고 화제의 통사적 위치를 확립해 주면 표준어와 상해어에 관한 SOV, OSV 어순에 대한 쟁점이 사라질 것이다.

Shibatani(1991)는 어떤 언어의 주어는 화제의 기능도 가지고 있을 때도 있지만, 본질적으로 주어는 행위자 의미의 고정화와 문법화에서 나오고 통사적인 화제는 담화 화제의 문법화에서 나온다고 하였다. 이 점은 우리가 화제 우선 언어인 중국어에 대하여 통사적 측면에서 화제와 주어를 구별해 주는 어순 변화의 각종의 제약을 밝히는 데 유익할 것이다. 더 중요한 것은 동사 앞의 전치 대상 성분이 다 화제의 특성을 가지고 있는 것이다.

우리의 구상 중에, T는 많은 경우에 대상 성분으로 충당되기에 T가 있는 문장에 O가 없어도 상관 없다. 그러나 6.1.3에서 제시한 것처럼 전치의 대상은 동사 뒤의 목적어 자리를 이동하지 않고 동사 뒤에 목적어로 쓸 수 있다. 그리하여 전치 대상은 더 이상 목적어가 아닌 **화제화** 목적어로 분석할 필요가 없다.

유단청(劉丹靑 2001a)은 표준 중국어와 중국어 방언의 분열식 화제 구조(예: '襯衫他買了三件'(셔츠는 그가 세 장을 샀다))를 상세히 분석하였다. 즉 대상 의미역은 동사의 양측에 분포하는데 각각 화제와 목적어이다. 이 책에서의 중국어 어순에 대한 고찰은 대체로 서(徐), 유(劉)(1998)의 주장으로, 화제의 통사적 지위를 인정하는 동시에 동사와 목적어의 위치에 대해 다시 검토하고, 표준어와 화제화가 더욱 발달되고 대상 전치가 더 많이 나타나는 상해어는 모두 VO 언어라고 강조한다. 그러나 일부 방언이 어떤 원인에 의해 SOV 어순으로 나타나는 경우는 배제하지 않는다. 예를 들면, 알타이어의 영향을 받은 서녕(西寧) 방언(서(徐)), 유(劉) 1998: 30, 유단청(劉丹靑)(2001b) 등이 있다.

6.2 중국어 개사(전, 후치사) 연구

6.2.1 '개사' 정의의 변천사

중국 문법학계에서 개사의 명칭은 몇 가지 있는데 그 중에 가장 많이 쓰이는 것이 '개사'이다. 사실 '개사'의 명칭은 '마씨문통'(마건충(馬建忠) 1983[1898]: 246)의 '개자(介字)'에서 나타난다. 마건충은 다음과 같이 정의를 내렸다. '凡虛字用以連實字相關之義者, 曰'介字''(개자(介字)란 의미가 관련된 실자(實字)들을 연결시키는 허자(虛字)이다). 馬建忠이 예로 들었던 고대 중국어에서 흔히 쓰인 개사는 '之, 于, 以, 與, 爲' 등 다섯 개가 있다. 그 외에 '由, 用, 微, 自'도 있다. 마건충은 '五字之用 先所介者常也'(이 오자(五字)는 개자(介字)가 일반적으로 전치한다)라고 하였다. 즉 개사는 일반적으로 전치이지만 다 그렇지는 않다. 마건충(馬建忠)이 고찰했던 첫 번째 개사 '之'는 바로 후치이다. 다른 예들은 주로 전치인데 고대 중국어에서 후치의 용법도 있었다. 예를 들어, '是以, 何以' 등이 있다. 이것으로 마건충의 '개자'가 엄밀한 전치사(preposition)가 아니라 오히려 현대 유형론의 부치사 (adposition)의 의미와 같다는 것을 알 수 있다. 마건충이 이 정의를 내릴 때 '전치자'라고 하지 않았던 것은 우연이 아니다. 그러나 오늘의 중국어 학계는 이에 대해 소홀히 하고 있다. 물론, '之'의 특별성은 후치에 그치는 것이 아니다. 다른 개사의 주요 기능은 명사를 동사에 '소개'해 주는 것임에 비해 '之'와 그의 '후계자'인 '的'의 기능은 명사를 명사에 '소개'하는 것이다. 이러한 차이는 서구의 격 범주에서도 볼 수 있다. 속격은 명-명 관계이고 다른 격은 다 명-동의 관계이다. 마건충이 '之'를 개사로 본 것은 속격이 인구어에서 격에 속하는 것과 연관이 있다. 고대 중국어의 자료를 검토하면, 마건충이 '개자'에 '上, 下, 前, 後'와 같은 방위사를 포함하지 않았던 것은 합리적이다. 왜냐하면 그 당시에 방위사의 의미는 구체적이고 용법도 현대 중국어 '방위사'의 허사식(虛詞式) 강제성이 없었기 때문이다.

현대 중국어를 연구하는 여금희의 '신저국어문법'에서는 마건충의 방안을 그대로 채택하였다. 단지 '개자'의 명칭을 '개사'로 수정하고 개사 중에는 전치사뿐만 아니라 특별 개사 즉 '之'의 현대 대응사 '的'을 포함한 것만 다르다. 그러나 현대 중국어에서 다른 전치사의 후치 용법이 다 사라졌으므로 '的'은 더욱 특별하고 '고독'해 보인다.

여숙상(呂淑湘)(1982(1942-1944):18)과 왕력(王力)(1985(1943-1944):181-182) 은 모두 개사와 전치사의 명칭을 쓰지 않았다. 그들은 후치성을 가지고 있는 '之', 전치사, 연결사(連詞) 등을 '관계사(여숙생)'나 연결사(왕력)라고 하였다. 이는 Dik의 '연계자'에 해당한다. 이렇게 명명한 것은 허사 중에 어떤 것은 전치 용법이 있고 어떤 것은 후치 용법이 있다는 뜻이다. 그러나 왕력 은 고도의 추상화를 요구한다. 왕력이 말하는 전치사는 '于, 以' 두 개 뿐이다. ‘把, 被’는 자동사에서 생겼기에 ‘조동사’라고 하였다(왕력: 12-13). 그 외 대부분의 전치사를 다 동사로 보았다. 왕력은 ‘연결사’가 두 성분 사이에 위치하는 것에 근거하여 ‘之’와 ‘的’을 구별했는데 ‘的’은 ‘연결사’에 속하지 않고 ‘후부호(後符號)’라고 하였다. ‘之’는 연결사로 차품(次品)(정어(定語)-인용자)와 수품(首品)(핵심명사-인용자)사이에 쓰여야 하고, ‘的’은 반드시 그렇지는 않다. 따라서 ‘這書是我的’(이 책이 내 것이다)은 되고 ‘這書是我之’는 안 된다(왕력: 182). 그러므로 왕의 ‘연결사’ 중에는 순수한 현대 중국어 후치사가 없다. 여숙상은 ‘之, 的’을 모두 관계사라고 하는 동시에 ‘之’와 ‘的’의 차이도 밝혔다. ‘병렬 한정어의 경우, 고대 중국어에서 ‘之’는 하나만 사용될 수 있고, 현대 중국어에서 ‘的’은 몇 번이나 사용될 수 있다’. (이는 ‘之’는 독립적인 관계사이고 ‘的’은 어미의 기능을 점차 가지게 되었음을 의미한다) (여(呂) 같은 책: 21)13)

전치사와 후치사 문제를 최초로 정면으로 토론한 학자는 고명개(高名凱)이다. 고명개는 VO 관계를 ‘인도(引導)’ 관계라 하고 목적어를 ‘인도자’라고 하였다. 즉 ‘목적어는 ‘과정’을 어떤 종점으로 이끄는 것이고 동사는 이끌어지는 것이다’(고명개(高明凱) 1948: 171). 그러므로 고명개는 중국어의 전치사를 인도 관계 중의 ‘허자’로 보고 ‘피인도사’라고 하였다(고명개: 185-212). 이러한 ‘피인도사’는 품사의 측면에서 보면 ‘반동사’(半動詞)나 ‘준동사’(準動詞)이다. ‘개사’나 ‘전치사’로 명명하지 않았던 이유는 이러한 ‘허자’들이 모두 동사에서 생겼기에 용법도 동사와 비슷하고 동사와 같이 ‘인도’ 관계가 있다는 것이다. 따라서 고명개의 전치사 계통에 ‘之’와 ‘的’이 없는 것은 당연하다. ‘的’은 ‘규정관계’이고 ‘규정사’라 하였다. 이는 중국어 학계에서

---

13) C. Lehmann(1995: 150)도 병렬 성분이 허사를 가지는 표현을 추상화 정도의 지표로 간주하였다. 즉 개사가 일반적으로 병렬구에서 한 번 사용되지만 더 추상화(접사 방향으로)된 후에 각 병렬 성분 뒤에서 다 쓰인다. 영어 **to** the author or the editor와 프랑스어 l’ auteur ou **au** siège를 비교하자. au는 à와 le의 합음이다. 따라서 ‘之’는 후치사이고, ‘的’은 접사와 같다.

'之/的'과 전치사를 따로 보는 시작이다. 그리고 고명개는 서구 학자들의 '于/在……之上/上'의 뒷부분을 후치사로 보는 주장을 비판하였다. 고명개는 '站在桌子上'(책상 위에 서 있다)의 '上'은 분명히 명사로 그 뜻은 '책상의 위'이고 '的'은 '上'과 '桌子'의 규정관계를 보인다고 하였다(고명개: 192). 그러나 고명개는 '上面'이 아닌 '上'을 쓸 때 '的'을 쓰면 안 된다는 것을 소홀히 하였다. 즉 '站在桌的上'(책상 위에 서 있다)이라는 말이 없다. 이는 '上'이 더 이상 명사가 아니라는 것을 증명한다. '的'을 쓰면 안 된다는 것으로 '上'과 '桌子'는 규정관계가 아니라는 것을 알 수 있다. 이와 같이 중국어에 전치사만 있다는 견해는 고명개 시기에 확립되었다. 50년대 후의 중국어 문법 저서는 대체로 고명개의 분류를 취했다. 정성수 외(1952-1953)에서는 전치사를 부동사(副動詞)라 하고, 정식으로 출판한 1961년에는 차동사(次動詞)로 수정하였다.

여숙상(1980), 주덕희(1982)와 대학교, 중학교 교과서를 비롯한 문법 저서에서는 대체로 전치사를 개사, '的'(문말의 어조사 용법 제외)을 구조조사라고 하였다. 정성수는 '的'을 어미로 보고 주덕희는 '的'을 다시 접미사와 조사로 분류하였다.

이처럼 부치사(adposition)와 비슷하고 전치사(preposition)와 후치사(post-position)의 의미를 다 포함하는 중국어 '개자/개사'는 복잡한 변천을 거쳐서 전치사의 대응사로 변하였다.

6.2.2 중국어 전치사의 연구

국내의 중국어 학계에서 전치사인 개사를 허사로 보기 때문에 후치사라는 개념이 없고 전치사에 대한 연구가 후치사보다 훨씬 더 많다.

현대 중국어의 전치사는 거의 다 자동사에서 생겼는데, 대부분이 동사의 용법도 동시에 가지고 있다. 따라서 개사의 범위를 확정하는 것은 중요한 과제로 학자들의 관심을 끌고 있다. 그 외에 전치사의 의미, 통사적 특성을 연구하는 저서도 많다. 김창길(1996)은 이에 대해 간략히 소개했다. 김창길의 저서는 개사 문제에 관한 전문적 서적으로 중국어 개사와 개사구의 일부 문제에 대해 깊이 연구하였고, 가치 있는 발견과 논술이 많다. 예를 들면, 중국어에는 영어 from outside와 같은 개사를 연속 사용하는 현상이 없다고 하였다. 서술어가 앞에 쓰일 때 개사구는 단독으로 상황어의 수식을 받을 수 있다. 예를 들면, '每次髮貨, 他都按照規定的手續'(매번 그는 규정된 절차에 따라 출하하였다) 등이다. 개사구와 방위구가 부정부사와 함께 나타나면 차이가 있음도 발견하였다. 예를 들면, '他不*(向)場子裏走'(그는 공장 안으로 간다)와 같은 예가 있다. 그리고 단음절, 이음절 개사의 통사적 기능 차이를 밝혔다. 국외에서는 중국어 어순 문제를 연구한 Jepson(1985: 101-105)이 동사와 부동사(즉 전치사)의 한계 문제에 대해 관심을 갖고 그들의 차이를 구분할 수 있는 여러 가지의 테스트 항목을 제출했다. 그리고 이러한 기준으로 개사로 분류되는 41개의 단어를 고찰했다. 이외에, Jepson은 어린이가 '부동사'를 습득할 때 일반적으로 부동사를 동사처럼 쓴다는 것도 발견했다. 즉 '전치사구가 주로 동사와 같이 쓰이는 것도 하나의 구조가 아닌 두 성분(結句)의 결합으로 보인다'(165).

지금까지의 연구를 보면 다음과 같은 것을 알 수 있다. 1. 고대로부터 지금까지 쓰이고 있는 '于, 以, 與, 被' 등 몇 개의 전치사 외에, 현대 중국어의 대부분의 전치사들은 모두 동사의 용법과 동사의 형태적 특징을 가지고 있다. 2. 통사 테스트를 한 결과는 동사이고, 개사인 것은 모두 동사가 아닌 개사로만 분석된다. 가장 중요한 것은 이때 이 개사와 그의 목적어는 수식을 받는 동사 없이 단독으로 서술어가 될 수 없다. 예를 들면, '我在本子上寫字'(나는 공책에 글자를 쓴다)는 되고 '我在本子上'(나는 공책에)은 비문이다. 그리고 의미 차이가 심한 동사와 전치사도 있다. 예를 들면, '把門打開'(문을 연다)와 '把着門'(문을 잡고 있다)등의 '把'가 이 경우이다. 3. 전치사에 대한 분석은 많은 경우 이래도 저래도 좋다. 예를 들면 '我在圖書館看書' (나는 도서관에서 책을 본다). 현대 중국어의 전치사는 동사에서 개사로 변하는 문법화 단계에 있다.

어순 유형론의 측면에서는 개사구 어순 변천에 대한 연구가 주목할 만하다. 손조분(孫朝奮 Sun 1996)은 전치사구가 동사 뒤에서 동사 앞으로 이동한 것은 이천년 이래 유일한 중요한 어순 변천이라고 했다. 그리고 이에 대해 많은 학자들이 연구를 진행하였다. 예를 들면, 황선범(黃宣范 Huang 1982), 하락사(何樂士 1992a, b), Peyraube(1994), 장정(張禎: 2001) 등이 있다. 변천 시기에 대해서 학자들은 같은 생각을 가지고 있지만, 변천의 원인에 대해서는 각기 다른 견해를 갖고 있다.

이외에 선진(先秦) 전치사의 후치 용법도 학자들의 관심을 모으고 있다. 그리고 이러한 용법은 개사구의 위치와 엄밀한 관련이 있다. 청대 유월(俞越) '古書疑義擧例'(中華書局版 1956: 6)에는 '**室於怒市於色**'(집에서 천대를 받고 밖에서 남에게 화를 낸다)과 '**野於飲食**'(야외에서 밥을 먹는다)과 같은 도치의 예가 있다. 관섭초(管燮初 1994: 217-223)의 '좌전(左傳)'의 전치사 후치 용법에 대한 통계에 따르면 '좌전'에 전치사구가 5959개 있는데 그 중에 '목적어+전치사' 어순이 188개 있고, 3.2%에 해당한다. 대명사성 목적어 175개, 명사성 목적어 11개, 동사성 목적어 2개가 있다. 손조분(孫朝奮)(Sun 1996: 19,24)도 '以'를 비롯한 개사가 전치도 되고 후치도 되며 후치사구가 동사 뒤에 나타난 예가 없다고 하였다. 비대명사성 목적어를 보면 손조분의 고찰은 관섭초의 통계와 일치하다. '좌전'에서 나타난 개사가 명사나 동사 목적어 뒤에 쓰이는 13개의 예 모두가 개사구가 동사 앞에 쓰이는 경우다. 이러한 제약이 Dik의 연계자 어순 원칙과 연관된다고 7.2.1에서 설명하겠다.

6.2.3 중국어 후치사 연구

국내의 중국어 학계에는 후치 개사라는 개념이 거의 존재하지 않는다.14) 그러므로 후치사에 관한 연구는 산발적이고, 일반적으로 다른 개념으로 토론하거나 심지어는 무시하기도 한다. 국내에서 후치사를 본격적으로 연구하기 시작한 학자는 여지홍(余志鴻 1986)이다. 교본(하시모토, 橋本 1985)의 중국어 역본의 번역자이다. 여지홍은 교본처럼 알타이어가 원대(元代) 후에 나타난 중국어의 후치사에 미치는 영향에 주목했으나, 후치사와 중국어 자체가 갖고 있는 유형적 특징과의 관계에 대해서는 별로 전념하지 않았다.

국외 중국어 학계에서 말하는 후치사는 국내 문법 학계의 방위사(方位詞) 가운데 일부분이다. 특히 단음절 단어가 이 경우이다. 방위 명사는 중국어 후치사의 주요 기원인데 유일한 기원이 아니다(8.2-8.3). 현대 중국어 학계에서는 일찍이 방위사의 통사 특징이 보통 명사와 많이 다르다는 것을 주목하였다. 1956년에 반포한 중학어법교학잠의체계(中學語法敎學暫擬體系)에서는 방위사를 명사의 하위 개념으로 지정하여 방위사의 통사적 특성을 강조하였다. 그 후 대부분의 저서에서는 방위사를 명사의 하위 개념으로 보았다. 그러나 전내영(錢乃榮)(1990: 181)은 방위사가 허사의 한 갈래라고 주장했다(명사성을 가지고 있는 '방위 명사'와 구별함). 이것은 커다란 진보이다. 학자들은 모두 방위사가 명사의 하위 성분인지 아닌지를 막론하고, 통사적 측면에서 보면 방위사가 명사 기능을 하지 않고 그 앞의 명사구와 같이 방위결구(方位結構)나 방위단어(方位短語)를 이룬다고 생각한다(여숙상 1980: 7-8). 그러나 지금까지 명사구와 '방위사'의 관계는 무엇일까? 많은 언어는 왜 이러한 구조를 갖지 않을까? 에 대해 믿을 만한 해답이 없었다.

'방위사'에 대한 기술적 연구에서 여숙상(1965a)은 중요한 논문이다. 이

---

14) 여기서는 '마씨문통'(馬氏文通) 후의 중국어 문법 연구를 가리킨다. 사실은 마건충(馬建忠) 전의 서양 선교사들이 썼던 중국어 문법책에서 이미 후치사(postposition)의 관념을 사용하였다. 그것은 바로 방위사를 가리킨다. Edkins(1868)를 참조하라.

논문에서는 통계 방법으로 다음과 같은 중요한 사실을 밝혀냈다. 예를 들면, 1. 단음절 방위사는 대립 관계(對擧)와 일부 전치사 뒤에 쓰이는 경우 외에는 주로 명사성 단위 뒤에 쓰인다. 2. 방위사보다 '上, 裏'의 사용 빈도가 더 많고 결합 능력이 더 강하다. '中'은 그 다음이다. 많은 예문에 '上, 裏'와 상대적인 '下, 外'의 용법이 없다. 3. 많은 '上, 裏, 中' 용례와 일부분의 '下' 용례는 모두 '정향성'(定向性)이 아닌 '범향성(范向性)'(구체적인 방향이 아닌 것)의 의미만 가진다. 그러므로 어떤 경우에는 '上, 下, 中, 裏' 등이 서로 바뀌어도 의미가 변하지 않는다. 4. 단, 이음절 방위사의 선택은 명사의 단, 이음절과 무관하다. 오늘날의 관점으로 보면 위의 1로 단음절 방위사가 허사의 용법만 가지고 있다는 것을 알 수 있다. 통계 숫자를 보면 많은 이음절 방위사가 주로 명사 뒤에 쓰인다. 위의 2는 방위사의 문법화 정도가 서로 다른데 '上, 裏'의 정도가 가장 심하다. 3은 더 이상 중요하지 않다. 통사성이 더욱 중요하다. 4의 '명사+방위사' 구조는 보통 한정 관계가 아니다. 왜냐하면 표준어의 한정 관계의 음절 선택에 위반되기 때문이다. 예를 들면, 桌子上頭(책상 위에)-桌子上(책상 위에), 模范人物(모범인물) - 模范人(모범인). 그 후 국외 학자들이 방위사의 특징을 토론할 때 여숙상의 고찰, 특히 4를 중요시하지 않은 것 같다.

대호일(戴浩一)(Tai 1973) 등은 방위사 즉 후치사로 중국어가 SOV 언어라는 논점을 입증하였다. 그후 국외의 중국어 학자들은 방위사의 기능에 대해 많은 논쟁을 하였다. 이염혜(李艷惠: A.Li 1985, 1990)는 후치사설을 반대하는 관점의 대표이다. 이염혜는 소위 '후치사'나 '처소화 표지'(localizer)는 곧 장소 명사(place name)라 했다(1985: 51-55). 그 후에 일부 방위사가 실사로 보기 어렵다는 점을 고려하여 지점명사설(地點名詞說)을 말하지 않고 모호한 '명사 성분'(nominal expression)이라 하였다. 그리고 다시 자신이 싫어했던 '처소화 표지'의 명칭을 쓰기 시작하였다. 이 두 개의 명칭은 명사성을 인정하는 동시에 방위사가 한 가지의 품사인지 아닌지의 문제를 피하였다15). 그녀의 이 분석은 중국어 유형과 격 부여(賦格) 방향의 생성 문법 가설을 증명하는 증거가 된다. 즉 중국어는 SVO 언어이고 전치사만 있으며, NP의 격은 모두 NP 왼쪽의 동사나 전치사로부터 오는 것이다(1990: 11). 만약에 후치사의 존재를 인정하면 PosP 중의 NP격은 오른쪽의 후치사로부터 올 수 밖에 없다. 이염혜가 입증한 근거는 'NP+방위사'가 NP의 여러 가지 기능을 가지고 있는 점이다. 예를 들면, 주어: 椅子下很干淨(의자 아래는 아주 깨끗하다), 목적어: 先檢査椅子下(우선 의자 아래를 검사한다) 등이 있다. 이염혜의 논점의 가장 큰 단점은 모든 예문이 전부 방위구가 통사 표현이라는 것만을 설명하고 방위사 자체에 대한 분석과 예문이 하나도 없다는 것이다. 이는 방위사가 명사성을 가지고 있다는 논증의 설득력을 감소하게 하였다. 방위구가 어떤 조건 하에(사실 아주 우연히) NP가 되는 것은 바로 '在'구조가 어떤 조건 하에(심지어 자주) VP가 되는 것과 대조할 수 있다. 이에 근거하면 개사구의 특징을 부정할 수 없다.

이와 반대로 생성 문법의 방법으로 단음절 방위사(short form)가 후치사라는 주장을 가지고 있는 Ernst(1988)는 방위사 자체의 통사 표현을 중요시했다. Ernst는 이음절 방위사(long form)를 명사로 보는 주장을 반대하지 않는데 단음절 방위사를 명사로 보기 어렵다고 주장했다. 이러한 단음절 방위사는 단독으로 쓰일 수 없고 특별한 조건 외에 'NP+방위사'가 논항으로 될 수 없다. 그리고 단음절 방위사 앞에 '的'이 올 수 없고 형용사의 수식

---

15) '장소화 표지'(localizer)의 명칭은 방위사의 명사성과 충돌하기도 한다. 통사론에서 'XX화 표지'(…izer)라고 불리는 것이 다 기능구의 핵심인데 그것의 역할은 지배하는 논항의 성질을 변화시키는 데 있다. 예를 들어, 관계 종속절 표지(relativizer)는 절을 한정어가 되도록 하는 것이고, 피동 표지(passivizer)는 원래 주어로 쓰이는 행위주를 주어가 아닌 것이 되도록 하는 것이다. 방위사가 NP 뒤에서 쓰일 때 소위 '化'는 방위사가 지배하는 NP를 장소어(locative expression)가 되게 하는 것이다. 왜 NP 외에 '장소어'란 개념을 설치하는가? 그 원인은 장소어가 부사어로 잘 쓰이며 일반적인 NP로 쓰이는 단위가 아니기 때문이다. 만약 방위사를 가지는 구조가 여전히 NP이며 성질 면에서 앞의 NP와 비슷하면 '化'의 역할이 없고 'XX화 표지'(…izer)란 명사가 쓰일 필요도 없을 것이다.

도 받을 수 없다. Ernst가 지적하였듯이 세계 언어에는 부착성을 가지는 동시에 자체를 핵심으로 하여 구성하는 구절이 명사성이 아닌 부사어 기능만을 가지는 명사가 없다. 그러므로 Ernst는 방위사가 명사라는 것을 반대하였다. 중국어 방위사가 NP로 하여금 부사어 기능을 가지게 하는 것이 바로 개사의 기능이다. 그리고 Ernst는 다른 언어의 예문을 후치사, 개사(전치사)가 NP가 아닌 PP를 지배하는 것은 중국어만 가지고 있는 특징이 아니고, 다른 SVO 언어도 가지고 있기에 방위사를 후치사로 보는 것은 그다지 특이한 점이 아니라고 주장했다. 그리고 Ernst는 부격 방향이 일치하지 않는 것도 PP만이 아니라 ‘第三天’(세 번째 날)과 ‘六英尺高’(높이는 6피트이다) 등 예문에도 도량성 NP의 부격 방향이 일치하지 않는다고 하였다. 여기서 더 보충해야 할 것은 단음절 방위사만 명사성을 갖지 않는 것이 아니라 ‘以內, 以外, 之上, 之下’와 같은 이음절 방위사도 명사성을 가지지 않고 순수한 후치사인 것이다.

유봉서(劉鳳樺: F.Liu 1998)는 다시 방위사(단음절)의 통사 기능 문제를 검토하였다. 유봉서는 우선 여러 주장의 장점과 단점을 평론하고 통사적 측면에서 보면 명사설이 타당하지 않다고 지적했다. 이는 대체로 Ernst(1988)의 논술과 같다. 그리고 유봉서는 후치사설의 단점도 다음과 같이 지적했다. 유형으로 보면 중국어의 후치사가 SVO와 일치하지 않고(사실은 Ernst는 유형론의 통계에 의해 이것이 보기 드문 현상이 아님을 이미 증명했다) 방위구와 명사구가 나란히 쓰일 수 있다고 하였다. 예를 들면, ‘小明在家裏和學校都不聽話’(소명(小明)은 집에서든 학교에서든 다 말을 안 듣는다). 유봉서는 단음절 방위사는 강한 부착성을 가지고 있어서 대명사로 보기 어렵고 clitic(접어: 附綴-詞組尾)로 보아야 한다고 주장하였다. 왜냐하면 단음절 방위사는 통사적 기능이 없기에 통사적 유형의 하나가 아니다. 유봉서의 접어설은 인간 언어의 좌우 비대칭을 반영하였다. 즉 같은 유형의 성분들은 후치 성분이 독립성을 잃기 쉽고 운율은 그 앞 성분에 부착하는 추세가 있다(15.3.4 참조). 그러나 유봉서의 제안은 이러한 접어의 통사적 역할 문제를 해결하지 못하였기에 별로 큰 역할을 하지 못하였다. 영어 'I'm hungry' 중의 'm'는 접어인 동시에 통사적 측면에서 보면 동사이다. 마찬가지로 방위사의 통사 기능이 분명하기에 통사적 측면에서 분석해야 한다. 그리하여 설령 '접어설'이 성립될지라도 '접어'의 일부분을 후치사로 보는 것은 문제가 없다. 다시 말하면 이 견해로 후치사설을 부정할 수 없다. 더구나 위의 '以內'와 같은 이음절 후치사는 명사성이 전혀 없기에 접어가 아니다. 유봉서의 병렬 구조 문제는 분리사, 후치사의 영역 문제를 토론할 때 다시 검토할 것이다(9.1.2 참조). 유봉서의 다른 방위사에 대한 분석은 9.1.2에서 영역 문제와 같이 검토할 것이다. 이와 같은 주장의 문제는 중국어에는 방위사 외에 명사에서 생긴 것이 아닌 후치사(본고의 뒷부분을 참조)가 있다는 것을 주목하지 않은 것이다. 만약에 이를 직시하면 방위사의 통사적 후치사 기능을 인정하게 된다.

방위사의 문법화 문제에 대해서 최근에 약간의 중요한 성과가 있다. 강람생(江藍生: 1998)은 알타이어의 영향을 받아서 생긴 원대 중국어에서 쓰이던 후치사로 생각되는 '行'(처소, 객체, 대상, 기원 등의 의미)이 현대 북방 방언에서도 쓰인다고 하였다. 또 '行'은 바로 '上'의 오독이며 여러 문헌 자료를 통해 '行'을 '上'으로 표현한 예를 찾을 수 있다고 하였다. 그리고 많은 현대 방언에서 '合'과 같은 단어는 용법이 넓은데 사실은 후치사 '行'과 비슷하게 방위사 '下'에서 생겼으며, 일부 문법책에서 후치사로 보는 '的'은 초기에 '底'로부터 생겼다고 하였다. 이러한 예문들은 방위사가 허사화에 의해 후치사가 되는 것은 방위 의미역 표지에 그치지 않고 더 허사화, 더 추상적인 후치사, 심지어 격표지가 될 가능성을 보인다. 즉, '실체 → 공간 관계 → 추상 관계'의 변화가 허사화의 연속(虛化鏈)의 전형적인 변화 과정에 딱 맞는다.

6.2.4 한쪽 지시성(편지성(偏指性)) '개사'관 이론의 결함

현대 중국어 문법 체계에서 후치사라는 품사를 설정하지 않은 것은 간결함을 이루지 못하고 오히려 이론의 복잡성을 초래했다.

중국어 문법에서 방위사라는 품사 범주가 설정되어 있어 명사의 하위 개념으로 인정되고 있으나 '당당하게' 방위 명사라 부르지 않는다. 많은 언어에는 이러한 품사가 없다. '방위사'의 의미를 나타내는 단어가 통사 표현에 따라 각각 명사, 부사, 개사 등 품사에 속한다. 그러므로 실사 명칭의 '방위사'는 특이한 전문 용어이다. 국외 중국어 학자들은 '방위사' 중의 허사화자를 방위 조사(locative particles)로 본다. 이는 이미 일부 '방위사'를 허사 범주에 넣음을 의미한다. 이는 적어도 방위사 전체를 실사로 보는 관점이 문제가 있다는 것을 말해준다. 그렇다고 조사설이 아무 문제가 없는 것은 아니다. B.Comrie(개인 서신)가 지적한 바와 같이 조사(particle)는 선이론적 (pre-theoretic) 개념일 뿐이다. 이러한 개념은 우리가 어떠한 성분의 통사 기능에 대한 이론적 인식이 명확하지 않음을 설명한다. 만약 이러한 단위의 기능을 명확히 밝혔으면 더욱 명확한 용어를 쓰는 것이 마땅하다. 예를 들면, '구조조사'를 '부사어표지'로, '어기(語氣)조사'를 '문말어기사(文末語 氣詞)'로, '시태(時態)조사'를 '후부체(後附體)표지'로 바꾸는 것이다. 위치 (locative)는 의미의 개념이지 통사적 개념이 아니다. 때문에 위치사(locative particle)는 이 유형의 품사의 통사 기능을 반영하지 못한다.

방위사라는 명칭 때문에 특별한 구절인 방위구의 설정이 필요하다. 이 또한 언어학계에서 쉽게 받아들일 수 없는 특별한 개념이다. 이것은 여러 가지 이론적인 곤혹스러움을 초래했다. 첫째, 이러한 구절이 명사성인지 부 사/상황어성인지에 대한 믿을 만한 해답이 없다. 둘째, 방위사는 실사로 보 는데 실사와 실사가 결합할 때 일정한 구조관계가 있어야 한다. 그러나 '桌 子上'과 같은 '방위구'의 두 성분의 관계는 무엇인가? '방위사구설'을 주장하는 논저에서는 이 문제를 직시한 적이 별로 없다. 만약에 '桌子'가 '上'의 한정어라면 왜 '桌子上'과 '桌子的上面', '記在心上'의 '心上'과 '心的上面'이 서로 같지 않은가? 또한 왜 '心上'의 의미는 '心里, 心中' 심지어 현대 중국어의 '心下'와 비슷한가? 만약에 이러한 구절이 진짜 한쪽 핵심어가 명사성 '방위사'라면 왜 이 '방위사구'의 전체 기능은 명사구와 공동성이 거의 없는가? 대부분의 저서에서는 방위구의 구조 관계가 무엇인지 전혀 언급하지 않고 있다. 그래서 방위구는 실사구 중 하나 밖에 없는, 구조 관계가 분명하지 않은 '괴물'이 된다.

왜 중국어의 '개사'가 단독으로 명사를 인도하는 기능을 못하는지는 설명하기 가장 어려운 문제이다. '개사'의 기능은 명사를 인도하는 것인데 중국어를 배우는 사람은 오히려 종종 다음과 같은 지적을 받는다. '지명과 같은 장소 명사인 경우를 제외하고는 명사와 같이 쓰이는 일부 개사(일반적으로 가장 기본적인 개사: '在, 從')는 보통 명사성 성분 앞에 쓰면 안 되고 꼭 '방위구' 앞에 써야 한다.'

이상은 표준어에 대해서만 논의하였을 뿐이다. 방언도 같이 언급하면 '방위사'를 명사의 하위 개념으로 보는 주장은 더욱 더 어려운 곤경에 처할 것이다. 상해어와 오소남어(吳蘇南語)에서 'NP 上'에 해당하는 것은 'NP 浪[la]'이나 'NP 釀'[nia]이다. 'NP' 뒤가 아닌 자리에 쓰이는 '上'은 모두 [za]나 [ze]로 말한다. 그리고 원주민들은 언제나 다른 성분과 같이 쓰이는 '浪/釀'은 더 이상 '上'이 아니라고 생각한다. 그리하여 방언 문학 작품에서 흔히 '浪'을 쓴다. 부착성이 강한 '浪'은 더 이상 명사로 보기 어렵다. 이는 상주(常州)말에서 단독으로 쓰이는 '里[li]'와 NP 뒤의 '勒[lə]'의 분화로 볼 수 있다.

또한 원래부터 후치사로 해석되는 허사는 후치사의 개념이 없으므로 문법 체계에서 들어갈 집이 없는 '노숙자' 신세가 되었다. 예를 들면, '明天起學校放假'(내일부터 학교는 방학이다)의 '起'(부터), '三月份以來'(삼월 이래)

의 '(以)來'(이래), '他昨天拿我來出氣'(그는 어제 나에게 분풀이를 하였다)의 '來', '就銷售來說'(판매에 있어)의 '來說'(에 있어) 등이다. 물론 우리는 이것들을 다 조사라고 할 수 있으나 조사는 명확한 개념이 아니다.

유형론의 관점에서 볼 때, 후치사 개념이 없는 것은 가장 심각한 문제점이다. 이 가장 중요한 매개 변수에서 잘못 인도되어, 사람들이 중국어를 전치사가 없는 언어로 오해하고 중국어가 유형적으로 희소한 언어로 보여 중국어를 더욱 이해하기 힘들게 한다.

마지막으로 응용의 관점에서 볼 때 유감스러운 것은 허사의 지위를 갖지 못하여 많은 중요한 후치사, 예를 들면 '上, 裏, 起' 등이 규모가 아주 큰 허사 사전에도 오르지 못하는 것이다. 그들이 사용 빈도, 허화의 정도 면에서 이미 수록된 것보다 사용법이 다양하더라도 그렇다. 이는 중국어 교육과 자동화 처리에 많은 불편을 가져왔다.

요컨대, 후치사라는 개념이 없어서 중국어 문법의 틀은 더 복잡해지고 해석하기 어렵게 되었다. 그래서 후치사를 포함한 중국어 개사 연구 틀의 구축이 꼭 필요하다.

7. 중국어 개사의 유형적 배경

7.1 중국어의 어순 유형

7.1.1 중국어 절 구조의 기본 어순 유형

이 장부터는 앞에서 기술한 이론적 배경, 특히 어순 유형론 이론에 의해, 언어 사실을 바탕으로 중국어와 오(吳)방언의 개사 연구의 이론적 틀을 국내의 기존 학설과 달리 구축할 것이다. 먼저 개사 유형과 관련된 중국어 어순 유형의 배경을 검토한다.

역사적 문헌 기록이 있을 때부터 중국어는 줄곧 SVO가 절 구조의 기본 어순이었다. 선진(先秦) 중국어는 SVO를 주 어순으로 하는 동시에 명확한 통사적 조건을 가진 SOV 구문도 두 가지 있었다. 하나는 의문 대명사가 목적어로 쓰일 때 동사를 앞서는 것이다. 다음 (1)에서 '誰'는 전치하고 명사 목적어는 후치한다. 다른 하나는 부정문의 대명사 목적어가 동사를 앞서는 것이다. 예문 (2)에서 긍정문의 대명사 목적어 '汝'는 후치하고 부정문의 대명사 목적어는 전치한다. (3)은 부정문에서 대명사 목적어 '己'가 전치하지만 명사 목적어 '人'이 여전히 후치하는 것을 설명한다. 그리고 (3)은 이러한 규칙이 삽입문에서도 효력이 있음(뒤의 두 절은 다 '不患'의 목적어 절임)을 설명한다.

(1) 吾誰欺, 欺天乎?'論語 · 子罕'
내가 누구를 속이리요? 하늘을 속이리요?

(2) 三歲貫汝, 莫我肯顧。'詩經 · 魏風 · 碩鼠'
내가 당신을 오랫동안 섬겼는데 당신이 나에게 잘해 준 것이 없다.

(3) 不患人之不己知, 患不知人也。'論語 · 學而'
(군자는) 남들이 나를 알아주지 못함을 근심하지 말고, (내가) 남을 알지 못함
을 근심하니라.

GU25에 의해, 대명사 목적어 전치는 우세한 어순이다(2.3.1 참조). 중국어
와 가장 긴밀한 친족 언어인 티베트–미얀마(藏緬) 언어가 기본적으로 다
SOV 언어이므로 중국어와 티베트–미얀마 언어와 공통적인 원시어가
SOV 언어일 가능성을 배제할 수 없다. 중국어의 SVO 어순이 후에 나타난
것이라면 어떤 대명사 목적어가 명사 목적어보다 늦게 동사 뒤로 이동한
것은 정상이다. 불어의 원시어와 비슷한 라틴어는 SOV를 기본 어순으로
하는 언어이고 오늘의 불어는 이미 SVO를 위주로 하는 언어이다. 그러나
불어의 대명사 목적어는 여전히 동사를 앞선다.

진(秦) 한(漢) 시기 후에 위의 두 목적어 전치 규칙은 점차 약해지고 최종
적으로 사라졌다. 중고(中古) 중국어에 속하는 세설신어(世說新語)에서는
과도기의 예가 나타났다. 다음 예를 비교하자.

(4) a. 濟曰 : "臣叔不癡。" 稱其實美。帝曰 : "誰比?" '賞譽'
왕제(王濟)는 '저희 삼촌이 우둔하지 않으십니다.'하고 말하였다. 그리고
그의 진정한 재능을 칭찬하였다. 황제는 '누구를 비할 수 있느냐'하고 물
었다.

b. 世論以我家領軍比誰? '品藻'
사람들이 우리 영군님을 누구와 같은 사람으로 생각해요?

이보다 더 늦은 시기의 중국어 문헌에서는 고의적으로 고대 언어를 모방하는 문어를 제외하고, 위의 목적어 전치 규칙은 전혀 효력이 없었다. 따라서 보다 더 고정적인 SVO 모형이 되었다. 예를 들어, 왕유휘(汪維輝)가 구축한 중국어사 데이터베이스 참조.

(5) a. (請看漢武帝, 請看秦始皇。年年合仙藥, 處處求醫方。結構千秋殿, 經營萬壽堂。百年有一倒) 自去遣誰當?'王梵志詩'(107首)
(한무제(漢武帝), 진시황(秦始皇)을 보라. 줄곧 불로장생의 신선 약을 만들고 곳곳에서 불사의 처방을 구하였다. 천추전(千秋殿), 만수당(萬壽堂)을 구축하였다. 그러나 그것들이 마침내 넘어질 것이니) 누구에게 막으라고 하느냐?

b. 汝今悲泣, 更憂阿誰? '六祖壇經'
너는 지금 슬퍼 보인다, 누구를 걱정하느냐?

(6) a. (前母墓在順陽, 往視之, 旣至而墳隴雜沓, 難可識別,) 不知何許。'搜神後記'卷6
어머님 묘소를 참배하러 순양(順陽)에 갔다. 도착해 보니 묘는 알아볼 수 없을 정도로 난잡하다. 심지어 무엇인지도 모른다.

b. (端每早至野還, 見其戶中有飯飮湯火, 如有人爲者。端謂鄰人爲之惠也。數日如此, 便往謝鄰人。鄰人曰 :) "吾初不以爲是, 何見謝也。" '搜神後記'卷5
단(端)은 매일 아침에 밖으로 갔다 집에 와서 음식이 다 준비되었다는 것을 봤다. 어떤 사람이 한 것이 분명하다. 단은 이웃 사람이 한 줄 알았다. 며칠 후에 단은 이웃 사람을 찾아가 사의를 표하였다. 이웃 사람은 '나는 애초에 이렇게 하는 것이 옳지 않다고 생각하였으니 나에게 감사하지 마세요.'라고 말하였다.

(5)의 의문 대명사 '誰/阿誰', (6)의 부정 대명사 목적어 '何許', '是'는 다 동사에 뒤따른다.

7.1.2 '把'자문, 통사화 된 화제와 중국어 어순 유형

중국어가 SVO로 통합 조정되는 것이 점차 다 끝나는 중고(中古) 시기에 중국어에서 '將/把'를 통해 대상 논항이 동사를 앞선 구문이 나타났다. '將/把'는 원래 '가지다, 잡다'를 뜻하는 동사이었는데 목적어를 가지고 다른 동사와 같이 연속동사문을 구성한다. 이러한 연속동사문은 재분석되어 첫째 목적어가 뒤의 동사의 간접격 대상 논항이 되고 '將, 把' 등이 전치 개사로 추상화 되었다. 6.1.3에서 이미 통사적 측면에서 중국어의 '把' 자문이 OV 어순이 아니라는 것을 증명하였다. '把' 자문은 다만 대상 논항을 강등(degrade)하고 부사어로 쓰이게 할 뿐이다. 그러나 '把'자의 존재는 중국어 절 구조의 어순 유형에 영향을 미쳤다. 그 영향으로 나타난 표현 중에 하나는 동사에 뒤따르는 목적어가 많은 성분과 서로 용납하지 않는 것이다. 여숙상(呂叔湘)(1984[1948])은 일찍부터 많은 '把'자의 목적어가 동사 뒤에서 쓰이면 안 되는 원인의 일부는 동사 뒤에 다른 성분이 있기 때문임을 주목하였다. 여기서 몇 가지 더 쉬운 예로 설명한다.

(7) a. 你把茶杯擱在桌子上。
　　　　 찻잔을 테이블 위에 놓아라.

　　 b. *你擱茶杯在桌子上

(8) a. 小張把一些文件放進抽屜。
　　　　 소장(小張)이 서류들을 서랍 안에 넣어두었다.

　　 b. *小張放一些文件進抽屜

목적어 조건에 맞는 의미역이 동사 뒤에서 목적어로 쓰일 수 없고 동사 앞의 간접격으로 쓰이는 것은 영어, 장어(壯語)와 같은 전형적인 SVO 언어에는 없다. 그래서 '把'자문은 적어도 중국어를 전형적인 SVO 언어처럼 보이지 않게 한다.

중국어 절 유형을 복잡하게 만든 다른 요소는 화제이다. 이눌(李訥) 등이 현대 중국어의 우세한 어순이 SOV라고 한 이유 중에 하나는 동사 앞의 화제인 대상 성분이 목적어로 간주되기 때문이다. 6.1.5에서 이미 서(徐), 유(劉)(1998)의 연구를 바탕으로 하여 중국어가 통사적 측면에서 화제 위치인 T가 존재함을 설명하였다. 그리고 이 화제 위치는 동사 뒤의 목적어 위치를 변경시키지 않으므로 화제나 부차적인 화제인 대상 성분을 목적어로 간주해서는 안 된다. 그럼에도 불구하고 유형론 측면에서, 통사화 된 화제는 화제의 문법화의 유일하거나 최종적인 결과가 아니다. 화용 성분에서 기원한 화제는 통사화를 거쳐 언어에 따라 다른 통사적 결과에 이를 수 있다. 다음과 같은 현상을 주목한다.

1. 유형론자들이 잘 알고 있듯이 일본어, 한국어와 같이 주어, 화제가 거의 같은 위치를 차지하는 언어에서 화제는 이미 주어와 공존하는 통사적 성분이다. 둘은 통사적 기준으로 구분될 수 있다. 예를 들어, 일본어 주어 뒤에는 주격 표지인 が(ga)가 첨부되고 화제 뒤에는 화제 표지인 は(wa)가 첨부된다.

2. Givón(1976: 151-160)은 크리올어(Creole)와 분투(Buntu) 언어에 대한 연구를 통해 화제의 다른 귀속을 밝혔다. 즉 원래 화용성을 가지던 화제는 재생(resumptive) 대명사 체계가 일치 관계로 변천함에 따라 일반적인(화제성을 가지지 않는) 통사적 주어나 목적어가 된다. 이러한 Buntu 언어에서는 화제화로 인해 문두에 이동된 성분은 동사와 가까이 있는 위치에서 재생 대명사를 나타나게 한다. 그 중에는 행위주 화제를 재생하는 대명사는 허사화, 접어화를 통해 주어-서술어 일치 관계를 나타내는 표지가 되어 행위주 화제를 동사와 일치 관계를 가진 일반적인 주어가 되게 한다. 대상 화제를 재생하는 동사-목적어 일치 관계를 나타내는 표지로 추상화되어 대상 화제를 동사와 일치 관계를 가진 일반적인 목적어가 되게 한다.

3. Dik(1997: 409)은 화제가 문법화를 통해 주어가 되는 것이 어순 유형을

변하게 할 수 있다고 지적하였다. 예를 들어, VSO 언어는 화제화의 일반화로 인해 SVO 언어로 변할 수 있다. Greenberg(1966)의 GU6에서는 일찍부터 'VSO가 우세한 어순인 모든 언어는 모두 SVO가 가능하거나 유일한 교체성 기본적 어순이 될 수 있다'고 지적하였다. 여기서 변화체인 SVO는 실제로 VSO의 주어인 S의 화제화로 인해 나타난 것이다. 주어는 그 자체가 담화에서 강한 화제성을 가지고 있으므로 화제화 되기 쉽다. 다른 언어(SVO, SOV)에서의 주어가 화제화 될 필요가 없는 원인은 주어가 화제 역할이 있는 문두에 있다는 데 있다. VSO 언어의 문두에 동사가 있기 때문에 화제성이 강한 주어는 화제화를 통해 문두로 이동한다. 만약 이러한 화제 구문이 더 보편화 되고 최종적으로 절의 일반적인 어순(통사화를 통하여)이 되면 VSO 유형이 SVO 유형으로 변할 수 있다.

4. Shibatani(柴谷 1991: 129)는 화제화가 언어에 따라 다른 의미역을 선택할 수 있는데 이로 인해 다른 통시적 결과에 이르는 것을 주목하였다. 만약 어떤 언어의 화제가 행위자 논항을 먼저 선택하면 화제는 문법화를 통해 주어가 되기 쉽다. 주어의 원형이 바로 행위자이기 때문이다. 만약 대상을 먼저 선택하면 문법화 된 화제는 행위자 주어와 통사적 기본성을 다툴 것이다. 이러한 경쟁에서 대상 화제가 이기면 그 언어는 능격 언어가 될 수 있다. 그는 필리핀 타갈로그어 등의 언어가 이러한 과정을 거쳤다고 믿는다.

위의 논술로 아직까지 주목하지 않은 가능성을 알 수 있다. 즉 SVO 언어가 우선적으로 대상을 화제로 할 때 그 화제는 주로 주화제가 아닌 부차적 화제의 위치를 차지한다. 이러한 화제의 통사화가 최종적으로 진정한 SOV 유형을 나타나게 할 가능성이 있다. 오어(吳語)와 같은 중국어의 어떤 방언에서는 확실히 이러한 어순 변천의 싹이 생겼다. 다만 SOV 유형으로 변천하는 과정이 끝나지 않았을 뿐이다. 중국어 방언에서는 보다 더 전형적인 SOV 어순이 있고 SVO와 같이 쓰인다. 서(徐), 유(劉)(1998: 301)의 각

주에서 장성재(張成材)(1994: 14)의 용례를 인용할 때 청해(靑海) 서녕(西寧) 방언이 SOV 언어인 티베트어, 알타이어 등 가까운 언어의 영향을 받아서 화제 구조로 분석되기 어려운 SOV 어순이 존재한다고 지적하였다. 더 흥미로운 것은, 이러한 방언들의 전치 목적어 앞에 종종 '哈', '的' 등 표지가 쓰인다('哈'이 '合'으로 쓰이기도 하는데 그것의 어원은 아마 '下'이다. 강람생(江藍生 1998 참조). 그리고 이러한 표지들은 점차 전형적인 목적격 겸 여격 표지가 된다. 후치적 격표지를 사용하는 것은 바로 SOV 언어의 보편적 특징이다. 청해(靑海)와 감숙(甘肅) 방언의 더 많은 예를 검토하려면 황백영(黃伯榮)이 편찬한 책(1996: 725, 726, 724)에서 인용된 정상휘(程祥徽), 나태성(羅太星), 왕삼(王森)등의 자료를 참고할 수 있다. 그리고 유단청(劉丹靑)(2001b)의 논술을 참고할 수 있다.

7.2 중국어에서 후치사의 유형적 필요성: 연계자(relator) 원칙의 언어학의 힘

7.2.1 중국어 개사 유형에 영향을 미친 어순 특징

중국어는 처음부터 전형적인 SVO 유형으로 나타나지 못하였다. 중국어의 독특한 특징은 개사 유형, 개사구의 위치, 수식 성분의 위치 등에서도 표현된다. 개사 유형에 가장 직접적으로 영향을 미친 것은 동사의 수식어(부사어)와 명사의 수식어(한정어)의 위치의 불일치이다. 속격 한정어, 형용사 한정어, 관계절을 막론하고, 현대 중국어의 한정어는 다 핵심어를 앞선다16). 이와 반대로 상고(上古) 중국어의 개사구가 부사어로 쓰일 때에는 핵

---

16) 일부 복합 명사는 소위 '大名冠小名'(의미가 광범위한 명사가 의미가 좁은 명사를 앞서는 것)의 어순을 가지고 있어 한정어가 뒤에 있다고 간주된다. 예를 들어, '樹桑'(뽕나무), '城濮'(성복) 등이 있다. 이것들은 모두 단어보다 큰 구조에서 사용되지 못하며 전형적인 수식

심인 동사에 뒤따르는 경향이 있다17). 개사구가 동사에 뒤따르고 전치사가 쓰일 때 개사는 연계자로 바로 V와 NP 사이에 있다. 이는 연계자의 어순 원칙에 맞는다. 이와 달리, 한정어가 다 전치하고 전치사만 있다면 전치사는 한정어 NP와 핵심어 NP 사이에 있을 수 없다. 그러므로 전치사는 더 이상 연계자로서 연계 역할을 하지 못할 것이다. 영어 the cup on the table, the president of this university에서, 전치사 on, of는 다 연결된 두 NP 사이에 있다. 따라서 중국어는 처음부터 한정어와 핵심어 사이에 있는 연계 역할을 하는 후치사가 필요하다. '마씨문통'(馬氏文通)에서 열거된 많이 쓰이는 개자(介字) 5개 중 첫째는 한정어의 후치사로 쓰이는 '之'이고, 다른 4개는 부사어의 전치사로 쓰인다(6.2.1 참조). 이는 상고 중국어의 수식어 어순 특징에 의해 결정된다. 연계자 어중 원칙은 여기서 뚜렷한 역할을 하고 있다.

한정어와 후치사 간의 관계는 비교적 간단하고 직접적이다. 유형론에서 종종 따로 분석되는 속격 한정어, 형용사 한정어와 관계절은 중국어에서 모두 아주 일치하고(공시) 아주 고정되어(통시) 전치한다. 고대의 '之', 근대의 '底', 현대의 '的'은 연계자의 역할을 한다. 다만 그것들의 문법화 정도와 통사적 표현은 약간 다르다. '的'의 문법화 정도가 가장 강하고 용법도 다양한데 어떤 것은 이미 접사나 어조사에 속한다. 예를 들면, '個子高高的'(키가 되게 크다), '他會來的'(그가 올 수 있다). 부사어와 개사는 더 복잡하다. 다음에 구체적으로 논의할 것이다.

관계가 아니다. 여기서는 이에 대하여 고려하지 않는다.

17) 고대 중국어 문법 책에서는 종종 현대 중국어 문법론에서의 부사어, 보어의 구분함을 모방하여 후치한 개사구를 보어라 하였다. 사실 그것들은 완전히 부사어의 특성에 부합하기에 여기서 다 부사어라 한다.

7.2.2 선진(先秦) 중국어 개사구의 위치와 개사 유형

선진 중국어에서는 개사구 PP가 동사를 수식할 때 동사를 앞서든 뒤따르든 상관없었다. 개사 전치하는 것도, 후치하는 것도 있었다. 그러나 기본적인 경향은 명확하다. 즉 PP는 일반적으로 동사에 뒤따르고 개사는 일반적으로 전치사이다. 이렇게 되면, 개사는 거의 다 매개 위치에 있다. 이와 동시에 PP가 동사를 앞서는 경우도 있고 전치사도 임시로 후치사로 쓰일 수 있다. 그리고 PP가 동사 앞에 쓰일 때만 전치사는 후치사로 쓰인다. 그러므로 임시로 후치사로 쓰인 개사는 여전히 매개 위치에 있다. 달리 말해, 선진 중국어의 복잡한 어순 관계에서는 연계자 어중 원칙이 엄밀히 적용된다.

다음에는 '于'(그것의 변체 '於', '乎', '之于'의 합음인 '諸'를 포함), '以'를 예로 논의한다. '于'와 '以'는 상고 중국어의 가장 중요한 개사로 생명력이 강해 오늘까지 사용되어 왔다(특히 문어에서). 하락사(何樂士)(1992a)의 통계에 따르면, 이 두 개사('于'의 변체와 합음을 포함)는 좌전(左傳)에 나타난 개사(즉 전치사) 전체 수의 80%(4617/5798)를 차지한다. 이는 선진 중국어 개사의 상황을 나타낼 수 있다고 생각된다. 곽석양(郭錫良)(1997, 1998)의 고찰에 따르면, 이 두 개사는 다 자동사에서 왔다. '于'는 원래 이동 동사로 '어떤 곳으로 간다'의 의미를 나타냈는데 후에는 장소, 방위를 뜻하는 개사가 되어 방향, 기원, 시간, 비교 대상을 나타내기도 한다. '以'는 원래 '들다, 가지다'의 의미를 가리키고 '사람들을 이끌다', '공물이나 제품을 바치다'의 뜻을 나타냈는데 후에는 도구 의미가 나타나서 도구, 방식, 원인 등을 표현하는 개사가 되었다. '于, 以'는 기본적으로 전치사이다. '于'는 뚜렷하게 전치사로 쓰이고, '以'는 흔히 후치사로 쓰이기도 한다.

곽석양(郭錫良)(1997)의 통계에 따르면, 은허갑골각사모석총집(殷墟甲骨刻辭摹釋總集)의 5,000개의 변별될 수 있는 '于'자 용례에서 95%는 개사 용레이고, '于' 구조는 대부분 바로 동사 뒤에 뒤따른다. 상주청동기명문선(商周靑銅器銘文選)에서 '于'는 321개의 개사 용례가 있다. 동사 앞에 6번 쓰인 것 외에는 모두 동사나 목적어 뒤에 쓰인다. 장정(張楨)(1999)도 선진 시기에 장소를 이끌어내는 '於'가 일반적으로 동사에 뒤따른다고 지적하였다. '于'가 선진 문헌에서 후치사로 쓰인 용례는 극히 적다. 'N+于'의 용례는 다 'PPV'식 어순에 있다. 예를 들어, 관섭초(管爕初)(1994: 222-223)에 의해, 좌전(左傳)에는 'N+于' 용례가 6개 있고 다 동사 앞에 쓰인다.

(9) a. 諺所謂"室于怒市于色"者, 楚之謂矣。'昭公十九年'
        옛말에 말하였듯이 집에서 화를 내며 거리에서 기분이 나쁜 표정으로 남을 대한다. 이 말은 바로 초나라를 가리키는 것이다.

    b. 夫小人之性,釁于勇,嗇于禍,以足其性而求名焉者, 非國家之利也。若何從之? '襄公二十六年'
        소인들은 걸핏하면 필부의 용기를 내 혼란에서 이익을 얻습니다. 이는 그들의 본 성과 허명에 추구하는 생각과 맞는 것입니다. 이러한 사람과 싸우는 것은 우리나라의 이익에 맞지 않습니다. 이 건의를 어찌 받아들일 수 있습니까?

    c. 若得其人, 四方以爲主, 而國於何有? '哀公二十六年'
        이러한 사람을 얻었으면 사람들이 다 그를 주인으로 할 테니 나라를 얻기는 쉬울 것이다.

    d. 其子幼弱, 其一二父兄懼對宗主, 私族於謀, 而立長親。'昭公十九年'
        그의 아들이 아직 어렸다. 그 어린이의 백부들은 선조를 뵐 면목이 없을까봐 친척 중에 나이가 큰 아들을 후계자로 지정하였다.

좌전(左傳)에는 후치사로 쓰인 '于/於'의 목적어로 대명사가 사용된 예는 없지만 후치사로 쓰인 '呼'의 목적어로 대명사가 사용된 예는 있다. 이때 개사는 동사를 앞선다.

(10) 七月不克, 必爾乎取之。'襄公十年'
    칠 개월에 점령하지 못하면 너희들을 죽일 거야.

‘좌전’ 외의 다른 문헌의 경우도 마찬가지다. 앞에서 든 유월(兪樾)이 인용한 野于飮食(야우음식) (‘墨子 · 非樂上’)은 바로 이러한 경우이다.

‘于’자 구조가 동사를 앞선 용례는 극히 적고, 후치사로 사용된 용례가 다 이러한 저빈도 구조에서 쓰인다. 둘 사이의 관련성이 뚜렷하다. 즉 ‘于’자 구조가 동사를 앞설 때 ‘于’가 임시로 후치사로 쓰인 것은 개사가 VP와 NP(지금은 NP와 VP임) 사이에 있다는 것을 유지할 수 있다. 이는 연계자 원칙에 맞는다.

‘以’의 경우를 보자. 곽석양(郭錫良)(1998)은 개사인 ‘以’의 특성 중 하나로 목적어 생략과 목적어 전치의 경우가 많다는 것을 지적하였다. 목적어 전치는 바로 ‘以’의 후치적 용법이다. 관섭초(管變初)(1994: 194)가 열거한 ‘좌전’에는 이러한 용례만 130개나 있다. 이와 관련된 것은 ‘以’자 구조가 동사를 앞선 경우가 ‘于’자 구조보다 훨씬 더 많다는 것이다. 장정(張楨)(2002)의 통계에 따라, ‘논어’, ‘맹자’, ‘한비자’ 세 권의 책에서 도구를 나타내는 ‘以+목적어’가 동사의 앞, 뒤에 사용된 비례는 각각 16 : 22, 88 : 44, 385 : 205이다. ‘于’의 경우와 마찬가지로 ‘以’가 후치사로 쓰인 것은 다 ‘以’자 구조가 동사를 앞설 때이다. 예를 들어, 성어(成語) ‘야이계일(夜以繼日)’의 출처인 다음 문장에서,

> (11) 周公思兼三王, 以施四事。其有不合者, 仰而思之, 夜以繼日。
> ‘孟子 · 离婁下’
> 주공단(周公旦)은 생각이나 사상이 세 임금을 겸했다.(즉 하 우왕, 은 탕왕, 주 문왕 과무왕, 3대의 임금의 덕(德)을 겸했다.) 그리고 또 네 임금의 좋은 사업을 계승해서 했다. 혹 (주공 자신이 한 일이 선왕들의 덕업(德業)에) 맞지 않는 것이 있으면 하늘을 우러러 반성하고, 밤에도 낮에 이어 계속한다. (생각하고 요행히 좋은 생각이나 좋은 방도를 터득하면 잠을 안 자고 앉아서 새벽이 되기를 기다렸다.)

주의해야 하는 것은, 이러한 의미를 나타낼 때 ‘以夜繼日, 繼日以夜’는

되고 ‘繼日夜以’는 안 된다. 이러한 결과는 두 가지의 요소가 작용한 것이다. 하나는 연계자 어중 원칙, 다른 하나는 ‘以’의 일반적인 특성, 즉 전치사로 사용된 것이다. 이 성어의 네 가지 형식과 위의 두 요소를 결합하여 다음의 사분표로 표시할 수 있다.

구문 ＼ 부합하는 요소	연계자 어중 원칙 : 개사 ‘以’ 어중	‘以’의 일반적인 특성: 전치사
夜以繼日	+	−
繼日以夜	+	+
以夜繼日	−	+
繼日夜以	−	−

위의 구문은 두 개 요소 중 하나에만 맞으면 성립될 수 있다. ‘繼日夜以’는 동시에 두 요소에 어긋나기 때문에 성립하지 못한다. 이것으로 연계자 원칙이 확실히 개사의 용법에서 중요한 역할을 하는 것을 알 수 있다. 선진 중국어에서는 ‘以’가 후치사로 쓰일 때 종종 PP, ‘何以, 是以’ 등에서 나타난다. 이들 ‘NP以’ 구조는 다 동사를 앞선다. 같은 시기의 문헌에서 ‘以NP’ 구가 동사에 뒤따르는 것은 흔하다. 필자의 ‘論語’에 대한 통계는 ‘何以’는 7개(예 12와 같은 것)가 있고 ‘是以’는 4개(예 12, 13과 같은 것)가 있는데 다 VP를 앞선다. ‘以何’, ‘以是’가 없다. ‘VP以NP’가 32개(예 14와 같은 것, 통계 숫자가 장정(張楨)보다 많다는 것은 장정이 도구를 나타내는 ‘以’만 계산했기 때문이다) 있는데 그 중에 ‘V何以’, ‘V是以’는 하나도 없다.

(12) 子貢問曰 : “孔文子何以謂之‘文’也?” 子曰 : “敏而好學, 不恥下問 , 是以謂之文也。” ‘論語・公冶長’
　　자공이 물어 가로되, ‘공문자를 어찌 써 그(의 시호)를 [之] 文이라고 이릅니까?’ 공자 가라사대, ‘(공문자는 자질이) 총명하(되 총명함을 믿지 아니하)고 학문을 좋아하며, (벼슬이 대분이었으나 높은 데 거처하지 아니하고) 아랫사람에게 묻기를 부끄러워 아니한지라, 이로써 文이라고 이르느니라.’

(13) 有事, 弟子服其勞 ; 有酒食, 先生饌。曾是以爲孝乎? '論語 · 爲政'
   (부형이) 일이 있거든 아우와 아들이 그 수고로움을 (대신) 행하고, 술과 밥이
   있거든 부형을 잡수시게 함이 (사람마다 행할 일이요, 어렵지 않으면) 일찍이
   효도라 하였으랴?

(14) 夫子循循然善誘人, 博我以文, 約我以禮。'論語 · 子罕'
   부자께서 차례 있게 잘 이끌어 나가시어, 나를 넓히시되 (도가 나뉘어 실려
   있는 시서와 육예의) 글로써 하시고, 나를 (그 글의 모든 이치를) 요약하게
   하시되 (中正)하여 법도가 되는) 예로써 하시니라.

앞의 통계는 만약 PP가 동사를 앞선 것이 많을수록 전치사가 후치사로
쓰일 경우('以')도 많다. 반대로 되면 적을 것이다('于'). 이로 보아, 전치사가
후치사로 쓰인 원인은 개사의 매개 위치를 유지하는 데 있다. 이전의 연구
는 다 중요 관건 요소인 매개 위치의 역할을 유의하지 않았다.

7.2.3 선진 중국어의 분리사

전치사를 후치사로 사용하는 것은 연계자가 중간에 위치하지 않는 문제
를 해결하는 유일한 방법이 아니다. 고대 중국어에는 또 다른 방법이 있다.
즉 전치사구가 동사를 앞설 때 매개 위치에서 다른 '접착제'인 연계자를 사
용한다. 가장 흔히 볼 수 있는 것은 '而', 둘째는 '以'이다. 어떨 때는 휴지
어조사 '也'도 같이 쓰이는데 임시적인 분리사를 구성하기도 한다. 이러한
통사적인 방법은 중국어에서 줄곧 사용되어 왔다. 지금까지도 '爲事業而獻
身'(사업에 헌신한다), '因人而設事'(어떤 사람을 위하여 일자리를 마련한다),
'由于健康原因而辭職'(건강 문제 때문에 사직한다) 등과 같은 것이 사용되어
있다. 다음의 예(15)는 '좌전'에서, (16), (17)은 하금송(何金松)(1994)에서 인
용하였다.

(15) a. 宋人以兵車百乘, 文馬百駟以贖華元于鄭。'宣公二年'(以…以)
   송나라 사람들이 전차 백 대와 좋은 말 사 백 필로 화원(華元)을 되찾았다.

   b. 晉師三日館谷, 及癸酉而還。'僖公二十八年'(及…而)
      진나라 군대는 초나라 병영에서 삼일 동안 노획한 군량을 먹으며 묵었다.

   c. 越子以三軍潛涉, 當吳中軍而鼓之, 吳師大亂, 遂敗之。'哀公十七年'
      (當…而)
      월나라 왕은 병사를 이끌고 오나라 병영에 잠입하여, 오나라 중견 쪽을
      향하여 북을 쳤다. 오나라 병영이 크게 혼란스러워졌다. 나중에 실패하
      였다.

   d. 天子建德, 因生以賜姓。'隱公八年'(因…以)
      군주는 덕행이 좋은 사람을 제후로 봉작(封爵)하며 그 사람의 핏줄에 의
      해 성을 하사한다.

   e. 因人之力而敝之, 不仁。'僖公二十八年'(因…也而)
      남의 힘으로 남을 상하게 하는 것은 인자하지 않다.

   f. 故春蒐, 夏苗, 秋獮, 冬狩, 皆於農隙以講事也。'隱公五年'(於…以)
      그래서 봄, 여름, 가을, 겨울에 수렵하는 것은 다 농한기에 논의된다.

(16) 因民而教者, 不勞而功成。'商君書·更法'(因…而)
     원래부터 있는 풍습에 의해 백성들을 교화하면 고생을 별로 안 해도 성공할
     수 있다.

(17) 齊因孤國之亂而襲破燕。'戰國策·燕策壹'(因…而)
     제나라는 연나라 내부의 반란을 평정하는 것을 핑계로 연나라를 무너뜨렸다.

   전치사구가 동사를 뒤따를 때 이러한 연계자(連繫項)는 더 이상 사용되
지 않을 것이다. 예를 들면, '博我以文'(글로 하여금 나를 많이 알게 하다)을
'博我以而文'이나 '博我而以文'으로 말할 수 없다. 이로 보아, 이러한 연결
성분은 바로 개사가 매개 위치에 없을 때 쓰인 것이다.

   한어학계에서는 보통 후치 관계항을 연결사로 간주한다. 다만 왕력(王
力)(1980: 337-338)은 '而'의 이러한 역할을 분석할 때 '而'를 개사라고 하였
다. 그러나 그의 다른 문법 저서에 열거된 개사는 '而'를 포함하지 않는다.
만약 '而'를 연결사(連詞)로 간주한다면 이론적 허점이 있다. 절 안에서 연

결사와 개사 간의 유일한 구별은 연합적 관계에서 쓰이는가, 아니면 주종 관계에서 쓰이는가에 달려 있다. 위의 '以, 而'가 주종 관계를 연결시키는 것이 뚜렷한데, 만약 여전히 연결사로 간주하면 개사와 연결사의 한계는 더 이상 존재하지 못할 것이다. 사람들이 그것을 연결사로 간주하는 원인은 '개사=전치사'의 관념을 가지고 있기 때문이다. 이러한 허사들은 주종 관계에서 사용되기 때문에 연결사가 아닌 임시적 개사(후치 개사)로 간주되어야 한다. 이것들이 전치사와 같이 분리사를 구성한다.

7.2.4 연계자 원칙의 언어학의 힘

상고 중국어의 경우를 보아, 개사 특히 개사구가 어순 보편성 중에 대응성이 가장 강한 매개 변수가 된 것은 연계자 어중 원칙의 효력이 아주 강하기 때문이다. 개사가 매개 위치에 있는 것은 도상성에 가장 적합할 뿐만 아니라 다른 원칙과도 조화롭다. 개사 어중은 Dik(1997: 402)의 어순 총 원칙 5에 맞는다. 이 원칙은 **핵심 접근 원칙으로**, 이와 비슷한 원칙으로 Hawkins(1994)의 **직접적인 성분이 가능한 한 빨리 확립되는 직접 성분 초기 구성 원칙이** 있다. 이들 원칙은 관련된 구조의 핵심이 가능한 한 가까이 있을 것을 요구한다. 개사가 수식하는 동사나 명사는 VP나 NP의 핵심이고, 개사는 개사구 PP의 핵심이다. 개사는 매개 위치에 있어 PP를 지배하는 핵심인 V나 N와 가까이 있게 된다. 개사 어중 원칙은 VP와 NP 내부의 직접적인 성분이 가장 빨리 확인되도록 하기도 한다. 그것은 개사구와 수식받은 핵심 간의 경계를 똑똑히 보여 주기 때문이다. 중국어의 개사는 NP뿐만 아니라 VP도 지배한다. VP가 지배될 때 매개 위치에 연계자인 개사가 없으면 영역(domain)[18]이 뒤섞이기 쉽고 이중 의미가 생길 것이다.

---

18) 우리가 domain을 '영역'으로 번역한 것은 관할 영역(轄域(scope))과 구분하기 위해서이다.

(18a)에서 '而'가 생략된다면 이 문장은 b, c 두 가지로 분석될 수 있다(b는 원래 의미에 부합한다).

   (18) a. (越子以三軍潛涉,) 當吳中軍而鼓之, 吳師大亂, (遂敗之。) '左傳·哀公十七年'
         (월나라 왕은 병사들을 이끌고 오나라 병영에 잠입하여) 오나라 중군 쪽을 향하여 북을 쳤다. 오나라 병영이 크게 혼란스러워졌다. 나중에 실패하였다.

       b. 當吳中軍/ 鼓之, (吳師大亂,) '對著吳國的中軍擂鼓, 吳軍大亂'
          오나라 중군 쪽으로 북을 쳤다. 오나라 병영이 크게 혼란스러워졌다.

       c. 當吳中軍鼓之, /吳師大亂, '當吳國的中軍擂鼓時, 吳軍大亂'
          오나라 중군에서 북을 칠 때 오나라 병영은 크게 혼란스러워졌다.

'而'의 사용은 이러한 이중 의미를 제거한다. 개사가 NP와 VP, 나아가 절을 가질 수 있는 기능은 언어에서 흔히 볼 수 있다(절을 가질 때 흔히 연결사로 간주됨). 예를 들어, 영어의 as, for, since는 다 NP와 절을 가질 수 있다. 그래서 전면적으로 연계자 어중 원칙에 어긋난 언어가 별로 없다. 어긋났다면 (18b, c)와 같은 이중 의미가 나타날 것이다. 개사구 한정어의 개사에서, 개사의 목적어와 개사구가 수식하는 핵심이 다 NP이기 때문에 매개 위치가 비어 있다는 것은 구조적 문제를 일으키기 아주 쉽다. 왜냐하면 전치사의 영역이 뒤에 가까이 있는 NP인지, 아니면 더 뒤에 있는 명사를 포함하는 더 큰 NP인지를 확정하기 어렵기 때문이다. 영어의 경우가 아주 그러하다. 영어의 전치사구가 부사어로 쓰이는 것은 일반적으로 동사 앞이 아닌 동사 뒤이고 전치사구가 한정어로 쓰이는 것은 다 핵심 명사 뒤이다. 이로 보아 개사가 매개 위치에 있는 것을 강제로 요구하는 것을 알 수 있다. 그래서 한정어가 다 핵심을 앞서는 중국어에서는 후치사를 사용하는 것이 효과적으로 이중 의미가 생기는 것을 방지할 수 있다. 다음 표준어의 예를 보자(유단청 1999b 참조).

(19) a. [pp對[Np報紙的批評]]　　　　b. [Np[pp對報紙]的批評]
　　　　신문의 비판에 대해　　　　　　　신문에 대한 비판

(20) a. [pp[Np瓶子的蓋子]上]　　　　b. [Np[pp瓶子上]的蓋子]
　　　　병의 뚜껑 위에　　　　　　　　　병 위에 있는 뚜껑

(21) a. [pp在[Np貧困縣的小學]]　　　　b. [Np[pp在貧困縣]的小學]
　　　　곤궁한 현(縣)의 초등학교에　　　곤궁한 현에 있는 초등 학교

(22) a. [pp[Np貧困縣的小學]裏]　　　　b. [Np[pp貧困縣裏]的小學]
　　　　곤궁한 현(縣)의 초등 학교 안에　곤궁한 현(縣) 안에 있는 초등학교

(23) a. [pp像[Np猴子的面孔]]　　　　b. [Np[Np像猴子]的面孔]
　　　　원숭이의 얼굴과 같다.　　　　　원숭이와 같은 얼굴

(24) a. [pp[Np猴子的面孔]似的]　　　　b. [Np[pp猴子似的]面孔]
　　　　원숭이의 얼굴과 같이　　　　　원숭이와 같은 얼굴

　(19)a와 b는 표층 형식은 같지만 구조가 다르다. a에서 전치사 '對'의 영역이 '批評'을 포함하고 b에서는 '報紙'만을 포함한다. (20)에서 후치사 '上'이 사용됨으로써 형식적 면에서 두 가지 구조가 구분되기 때문에 (19)와 같은 이중 의미는 더 이상 나타나지 않는다. (21)과 (22)는 같은 의미를 나타내기 위해 각각 전치사 '在'와 후치사 '裏'로 표시된다. 결과적으로 전치사로 표시된 (21)은 이중 의미가 생기고 후치사로 표시된 (22)는 이중 의미가 생기지 않는다((22)a와 b의 형식이 다름). 이와 같은 경우가 (23, 24)와 같이 비유를 나타내는 구조에서도 나타난다. 이 때문에 개사가 매개 위치에 없는 것은 종종 영역의 이중 의미를 가져오기도 한다. 이중 의미를 감소시키는 것은 개사가 매개 위치를 선호하는 원인 중에 하나이다.

7.3 어순 변천과 중국어 후치사의 발전

7.3.1 개사구가 뒤로부터 앞으로 향한 역사적 이동

선진 후부터 현대까지 중국어 어순 도식은 크게 변하지 않았다. 한정어가 여전히 전치하는데 원래의 후치사 '之'의 역할과 비슷한 '的'은 전자를 대체하였다. 손조분(孫朝奮)(Sun 1998)에 의하면, 이천 년 이래 어순 안정의 유일한 예외는 전치사구가 동사 뒤에서부터 동사 앞으로 이동하였다는 것이다. 바로 이러한 변천은 중국어의 개사 체계에 중요한 영향을 미쳤다.

하락사(何樂士)(1992a)는 기술언어학의 방법으로 '춘추'의 '좌전'과 서한(西漢)의 '사기'에 나타난 개사(전치사)의 용법을 세밀하게 비교하고 여러 항목별로 중요한 통계를 제시하였다. 그녀의 통계에 따르면, '좌전'에서 전치사구가 동사를 앞선 것과 동사에 뒤따른 것의 비례는 1:1.6(2228 : 3570)이다. 전치사구가 후치한 것이 뚜렷이 우세하다. '사기'(제8권의 통계에 따라)에 이르러 이 비례가 1:0.32(1464 : 469)로 변하였는데 전치사구가 동사를 앞선 것이 뚜렷이 우세하다. 장정(張楨)(2002)은 이 과정이 명나라 시기에 끝났다고 생각하였다. 장정의 약간의 데이터베이스 통계에 따르면, 원명(元明) 시기에 장소 PP가 동사 앞, 뒤에 있는 비례는 789:367, 대상류 PP는 164:18, 도구류는 183:3이다. 장소류 비례로 보아, 1/3에 근접한 전치구가 동사에 뒤따르고, 이외의 것들은 동사를 앞선 것이 절대적으로 우세하다. 황선범(黃宣范)(Huang 1982), Peyraube(1994), 손조분(孫朝奮)(Sun 1998), 장정(張楨)(1999)은 인용한 다양한 문헌을 인용하여 여러 층면에서 PP가 역사적으로 앞으로 이동한 사실과 원인에 대해 탐구하였다. 그러나 이들 논의에서는 이러한 이동이 개사의 매개 위치에 미친 영향을 주의한 적이 없다. 전치사구가 주로 동사를 앞선 경우, 개사는 더 이상 연계자가 가장 적합한 매개 자리에 위치하지 못할 것이다. 한대(漢代) 후에 연계자 원칙은 더 이상 중국어에 적용되지 않았을까? 사실은 그렇지 않다.

7.3.2 방위 명사의 후치사 문법화

개사구가 뒤로부터 앞으로 이동하는 과정에서 하나의 새 추세, 즉 방위 명사의 문법화가 생겨난다. 이는 Greenberg(1980, 1995)가 기술한 Amharic 등 셈족 언어와 Pashto 등 이란어족의 언어에서 한정어, 부사어가 앞으로 이동하였기에 실사가 후치사로 추상화되는 것과 같다(5.2.4 참조).

추상화된 방위 명사는 연계자가 비어 있는 매개 자리를 메우는 중요한 '보상'이다. 방위 명사는 관계 명사의 큰 하위 분야로 모든 언어에 다 있다. 선진 중국어에서 방위 명사는 추상화 정도가 아직 심하지 않다. 일반적으로 구체적인 방위를 나타낼 때 방위 명사를 사용하였다. 이는 통사적인 강요성이 없다. 즉 의미적 동인만 있고 통사적인 동인은 없다. (25)는 이 점을 뚜렷하게 나타낸다.

(25) 豕人立而啼。公懼, 隊=墜于車。傷足, 喪屢。反, 誅屢於徒人費。弗得, 鞭之,
見血。走出, 遇賊于門。劫而束之。費曰: "我奚禦哉?"袒而示之背。信之。
費請先入。伏公而出, 鬥, 死于門中。石之紛如死于階下。遂入, 殺孟陽于
床。曰 : "非君也, 不類。"見公之足于戶下, 遂弒之, 而立無知。'左傳 · 莊公
八年'
그 산돼지는 사람처럼 서서 울기 시작하였다. 노장공(魯庄公)은 너무 무서워
차에서 넘어졌다. 발을 다치고 신발도 잃어버렸다. 노장공은 궁궐에 들어와서
비(費)라는 수행원에게 신발이 어디에 있는지를 물어봤다. 없다고 해서 채찍
으로 피가 나도록 비를 때렸다. 비는 매를 맞은 후에 달려 나왔다. 비는 궁궐
대문에서 난을 일으키는 반란자들을 만났다. 그 사람들은 비를 잡아매어 놓았
다. 비는 자신이 당신들에게 저항하는 사람이 아니라고 하며, 옷을 벗고 매를
맞은 등을 보여주었다. 그 반란자들은 믿었다. 비는 먼저 들어간다고 청하였
다. 비는 궁궐에 들어가서 우선 노장공을 숨기고 다시 나왔다. 비는 반란자들
과 싸우다가 대문 안에서 죽었다. 관직이 작은 신하인 석지(石之), 분여(紛如)
가 계단 밑에서 죽었다. 반란자들은 궁궐에 들어가 노장공의 침대에서 맹양
(孟陽)을 죽였다. 다들 사자(死者)가 노장공을 닮지 않았고 노장공이 아니라
고 하였다. 이때 문 밑에 있는 노장공의 발이 발견되었다. 노장공은 죽음을

당하였다. 반란자들은 무지(無知)를 국군으로 지명하였다.

같은 단락에서 隊=墜于車(차에서 떨어진다), 遇賊于門(문 앞에서 도둑을 만난다), 殺孟陽于床(침대 위에서 맹양(孟陽)을 죽였다) 등에는 방위 명사가 없고, 死于門中(문 안에서 죽었다), 死于階下(계단 아래에서 죽었다), 見公之足于戶下(문 앞에서 제자님을 만났다) 등에는 방위 명사가 있다. 이들 방위 명사는 다 장소를 나타낸다. (26)은 선진 저서에서 일부 방위사를 가지지 않는 장소 의미역의 예이다.

(26) a. 將往, 又數人告於道, 遂如陳氏。‘左傳·昭公八年’
자기(子旗)가 자야(子良) 집으로 가려고 하다가 길에서 여러 사람의 보고를 받고 진씨(陳氏) 집으로 갔다.

b. 孔子謂季氏 : “八佾舞于庭, 是可忍也, 孰不可人也?”‘論語·八佾’
공자께서 계씨를 (꾸짖어) 이르시되, ‘(계씨가 대부로서 참람히 천자의 예악인) 팔일 춤을 (그 집 사당) 뜰에서 춤추었으니, 이를 차마 하거늘 무엇을 가히 차마 못하리요?’

c. 赤也, 束帶立於朝, 可使與賓客言也。‘論語·公冶長’
적은 (禮容과 應對에 익숙하니, 예복을 입고 그 위에) 띠를 띠고 조정에 서서 가히 하여금 (나라의) 빈객과 더불어 말[應對]하(여 임금의 명을 욕되지 아니하)게함 직하거니와, (그의 인함은 알지 못하겠노라).

d. 且予與其死於臣之手也, 無甯死於二三子之手乎?且予縱不得大葬, 予死於道路乎? ‘論語·子罕’
또 내가 그 가신의 손에서 죽는 것과 함께 하는 [것보다는] 너희들의 손에서 죽는 것이 차라리 편치 아니하냐? 또 내가 비록 (가신이 없어서) 능히 군신의 예식을 갖추어 치르는 장사는 못하나, (너희들이 있으니) 내가 길에서 죽으랴?

e. 鄕人儺, 朝服而立於阼階。‘論語·鄕黨’
고향 마을 사람들이 (섣달에 역귀를 쫓는) 나례를 함에, 조복을 하시고 (주인이 손님을 맞는) 동편 섬돌에 서(서 기다리)시더라.

  f. 頒白者不負戴於道路矣。'孟子·梁惠王上'
     머리가 희끗희끗한 노인들이 짐을 지고 길을 가지 않게 된다. 경로(敬老)
     할 줄 안다.

장소 의미역이 점차 동사 앞으로 이동할 때 상황이 약간 변하였다. 선진 시기에 방위사 없이 나타날 수 있던 때의 의미는 일반적으로 방위사가 첨가되어 표현되어야 한다. 하락사(何樂士)(1992b)의 통계 비교에 따라, 사기 (史記) 제8권에서 '於'(于)가 동사 앞, 뒤에 있는 비례는 105(20%)/417(80%) 인데 동사에 뒤따르는 것이 우세하다. 그러나, 좌전(左傳)에서의 '於'(于)자 구가 거의 다 후치한 것과 대조적이다. 이미 동사 앞으로 이동하였다. 남조 (南朝)의 세설신어(世說新語)에 이르기까지 이 비례는 142(50.5%)/139(49.5 %)인데 '於'(于)자구가 전치한 것이 이미 후치한 것보다 많아졌다. 하락사 의 논문에서 이와 관련된 예문은 사기(史記)에서 동사 앞에 있는, 장소를 나타내는 '於'(于)에 방위사가 첨가된 것이 보편적이지 않다는 것을 나타낸 다. 그녀가 예로 설명한 두 문장에서는 방위사가 다 사용되지 않았다.

  (27) a. 呂後側耳於東箱聽。'張丞相列傳'
       여(呂)황후는 동편 곁채에서 귀 기울여 열심히 듣는다.

     b. 景帝入臥內, 於後宮秘戲。'史記·萬石張叔列傳'
       경(景)황제는 침실에 들어가 후궁에서 부부 생활을 한다.

그녀가 열거한 세설신어(世說新語)의 예들에서는 지명, 장소 대명사, 방 위사만 사용된 것 외의 장소 의미역은 일반적으로 그 명사 뒤에 방위사를 첨가한다.

  (28) a. 鄧攸始避難, 於道中棄己子, 全弟子。'德行'
       등유(鄧攸)가 애초에 피난할 때 길에서 자신의 남동생의 아들을 보전하기
       위해 자신의 아들을 포기하였다.

   b. 世子嘉賓出行, 於道上聞信至。'捷悟'

     태자인 가빈(嘉賓)이 외출하는 길에 신사가 도착하였다는 것을 들었다.

   c. 令於是大遽, 不敢移公, 便於牛屋下修刺詣公。'雅量'

     현령(縣令)은 무척 놀라 감히 제공(諸公)에게 이동하라고 하지 못하였다.
     외양간 밖에서 자신의 명함을 만들어 제공(諸公)을 찾아뵈었다.

   d. (陸)機於船屋上遙謂之曰 : …… '自新'

     육기(陸機)는 배의 돛 아래에서 대연(戴淵)에게 멀리서 말하였다.

(28)의 동사 앞에 있는 於道中(길에서), 於道上(길에서)은 동사 뒤에 방위사가 없는 (26)의 告於道(길에서 알렸다), 死於道路(길에서 죽었다), 負戴於道路(길에서 짐을 가지고 갔다)와 대조적이다. 더 중요한 것은 (28)의 방위사의 통사적 역할이 어휘적 역할보다 크다는 것이다. '於道中'과 '於道上'은 의미에서 거의 별 차이가 없어 (26a)의 '於道'와 같다. 이러한 방위사를 진정한 명사로 보기 어렵다.

세설신어(世說新語) 시기의 이러한 추세는 당오대(唐五代) 시기에 이르면 더 명확하다. 하락사(何樂士)(1992b: 214-216)는 이에 대해 설명하였다. 그녀는 세설신어(世說新語)와 돈황(敦煌) 변문(變文)을 대비하여 다음과 같이 지적하였다. 세설신어(世說新語)의 장소구의 다른 경우는 방위사를 중심으로 하고 장소를 나타내는 단어를 한정어로 한 것이다. 이는 '변문(變文)'에서 많이 발전되었는데 방위사인 '中', '上', '前', '後', '內', '外', '頭'가 장소를 나타내는 단어와 널리 결합해 장소구를 구성하였다. 그리고 방위사인 '里', '間', '方', '面', '邊', '底' 등을 중심으로 구성된 장소를 나타내는 구의 용법은 상당히 다양하다. 이들 방위사는 거의 모든 명사와 결합하여 장소를 나타내는 구를 구성할 수 있다. 그리고 이들 장소는 실제적인 장소만 아니라, '空中', '經上', 나아가 '心裏', '情中'도 나타낼 수 있다. 이와 동시에 이들 장소구는 대부분 개사 없이 사용되는데 대부분 서술어 앞이나 문두에 있고 소수가 서술어에 뒤따른다. 하락사(何樂士)의 이 말은 소위 방위사가 이미 많이 문법화 되는 것을 뚜렷하게 드러낸다. 첫째는 결합 범위가 크고, 둘째는 의미가 추상화되고(예를 들어, '經上', '情中' 등의 의미가 추상적이고 구체적인 장소 위치를 나타내지 않음), 셋째는 대부분이 전치하는데 장소 의미역과 서술어의 매개 위치에 있다. 마지막으로 가장 중요한 것은 방위사를 사용한 후에 개사(즉 전치사)를 종종 더 이상 사용하지 않는다. 이는 방위사가 흔히 독립적으로 장소 의미역 개사의 기능을 하여 후치사의 특성에 접근하고 있다는 것을 설명한다.

물론, 방위사가 동사 앞에만 쓰이는 것은 아니다. 현대 중국어에서 방위사는 이미 장소 의미역의 문법적 표지가 되어 동사 앞이나 뒤에서 다 강제성을 가진다. 예를 들어, '在路上走'(길에서 걸어가다)와 走在路上(길에서 걸어가다)의 '上'은 다 생략될 수 없다. 우리가 알고 싶은 것은 이러한 강제성에 이르기 전에 방위사의 사용이 개사구의 동사 앞이나 뒤에 있는 것과 확실히 관련되어 있는가이다. 이를 위해, 우리는 대규모 통계 조사를 하였다. 사용된 데이터베이스는 왕유휘(汪維輝)가 제공한 중고 시기부터 청대까지의 12가지 문헌(전자판 약 40만자)이다. 그것은 다음과 같다.

1. 동약(童約)
2. 수신후기(搜神後記)
3. 유선굴(遊仙窟)
4. 돈황신본유조담경(敦煌新本六祖談經)
5. 입당구법순예행기(入唐求法巡禮行記)
6. 구도여본 수신기(勾道興本 '搜神記')
7. 패해본 수신기(稗海本 '搜神記')(편찬년대 불명, 단지 참고만 제공함)
8. 조당집(祖堂集)
9. 대당삼장취경시화(大唐三藏取經詩話)
10. 삼조북맹회편(三朝北盟會編)
11. 근대한어어법자료회편(近代漢語語法資料匯編)(원(元)대,명(明)대권, 일부)
12. 홍루몽(紅樓夢)(두 장(章))

이 가운데의 11은 여러 문헌을 포함하고 있다. 통계 대상은 '于'(於를 포함)가 동사 앞, 뒤에서 방위사와 같이 쓰인 것이다. '于'를 선택한 것은 방위사와 같이 쓰이는 전치사 가운데 '于'가 순수한 개사이기 때문이다. 중고 시기 이래 빈번하게 쓰여 온 '在'는 오늘까지도 동사로 쓰일 수 있으므로 통계할 때 그 한계를 구분하기 어렵다. 우리가 주로 대비한 것은 '于'가 동사 앞, 뒤에서 방위사와 같이 쓰이는지의 여부이다. 따라서 방위사를 갖지 못하는 것, 예를 들어, '于'가 시간 의미역, 지명인 고유 명사, 목적어로 쓰이는 방위사 등과 같이 쓰인 것은 통계 대상이 아니다. 이러한 경우에 단지 '于'가 가질 수도 있고, 갖지 않을 수도 있는 명사적 단위만 통계한다. 통계 결과는 다음과 같다(Loc는 방위사를 뜻함).

표7-2 동사 앞, 뒤에서 방위 후치사의 사용 비례 차이

	童約	搜後	遊仙	六祖	入唐	勾搜	稗搜	祖堂	三藏	北盟	元明	紅樓	총계
于…LocV		1		22	82	15	20	24	1	24	39	3	231
于NPV				15	64	7	13	19		7	31	1	157
V于…Loc		2	8	2	16	7	19	4		17	20	8	103
V于NP	1	5	11	24	61	16	57	77	5	47	97	8	409

이들 문헌은 천년의 시간을 거쳤고 지역적 배경도 다르다. 총계 및 각 문헌에서 '于'자구가 동사를 앞설 때 방위사가 사용된 것은 그렇지 않은 것보다 많다. '于'자구가 동사에 뒤따를 때 반대로 된다. 홍루몽(紅樓夢)에서 두 가지 상황이 거의 비슷한 것은 유일한 이상적이지 않은 숫자인 셈이다. 동사 앞, 뒤에는 다 의미역의 특성 때문에 방위사를 별로 가지지 않는 '于'자구가 있다. 우리는 장소류 의미역에 대해 통계를 하지 않았다. 많은 예는 장소 의미역이 아닌 것으로 간주되고, 장소 의미역의 확대나 은유의 용법으로 간주되기도 한다. 그것들 간의 한계를 구분하기 어렵다. 예를 들어, 예기(禮記)의 昔者吾舅死於虎(옛날에 우리 외삼촌이 호랑이한테 먹혔다)는 오

늘의 死在虎口裏(호랑이한테 먹혔다)에 해당하여 장소 의미역으로 간주될 수 있다. 그러나 손조분(孫朝奮)(Sun1996: 25)은 위의 문장을 피동문으로 분석하였다. 피동문으로 분석하는 것이 성립되지 않는 것은 고대 중국어의 '死'가 타동사로 쓰일 때(예, '死之') '죽이다'(kill)의 뜻이 아닌 '누구를 위해 죽다'(die for)의 뜻을 나타내기 때문이다. 그러나 그의 분석은 적어도 많은 예가 장소 의미역인지를 확정하기 어렵다는 것을 설명한다. 동사 앞에서 여전히 삼분의 일의 '于'자구가 방위사를 갖지 않는다. 이것들은 주로 '此, 地, 山, 院'과 같은 짧은 장소 명사나 대명사이다. 통사적으로 보아, 이러한 단어 뒤에 방위사가 첨가될 수 있으므로 통계 대상으로 간주된다. 이것들이 영역의 이중 의미를 일으킬 가능성이 별로 없기 때문에 뒤에 통사적인 면에서 특별히 방위사가 첨가되어야 하는 것은 아니다. 그리고 '于此, 于山' 등은 긴밀한 운율사(韻律詞)를 구성하여 어휘적 경향을 가지고 있다. 따라서 실제적인 언어 자료에서는 일반적으로 방위사를 사용하지 않는다. '處'는 중고, 근대 중국어에서 많이 추상화 되어 더 이상 명사 같지 않고 뒤에 방위사가 첨가될 수 없다(*與此處裏/*于飮酒處上). 그래서 우리는 '處'를 방위사로 인정한다. 상당한 예가 동사 앞, 뒤에서 의미 표현 필요로 방위사를 사용하는 것이다. 이러한 경우들 외에 동사 앞, 뒤에서 방위사를 사용하는 것과 그렇지 않은 것과의 비례는 더 차이가 크다. 이들 차이는 주로 어순이 원인이다. 이로 보아, 동사 앞에서 방위사가 필요한 것이 뒤에서보다 훨씬 더 많다. 더 고려해야 하는 요소가 있다. 하락사(何樂士)가 지적하였듯이 방위사를 가진 장소구는 종종 전치사를 더 이상 사용하지 않고, 주로 동사 앞에서 사용된다. 이것들은 표7-2에서 통계로 나타나지 못한다. 이 요소를 고려하면, 동사 앞에서 방위사를 사용하는 비례는 더 클 것이다.

위의 통계로 손조분(孫朝奮)(Sun 1996)이 발견한 현상을 설명할 수도 있다. 즉 한대(漢代) 후에 '개사'가 책에서 나타나는 빈도는 갈수록 적어진다는 사실이다. 천자의 단위로 '개사'를 통계하면, 한대(漢代)의 '史記'는 50‰,

남북조(南北朝)의 '世說新語'는 24‰, 원대(元代)의 '張協狀元'은 8‰이다. 표면적으로 보아, 이는 중국어의 의미 표현 방법이 갈수록 엄밀해진다는, 많은 사람이 말한 견해와 모순된다. 가능한 원인 중에 하나는 실사의 이음절화로 인해 같은 내용의 텍스트의 절대적인 숫자는 증가되는데 이와 동시에 개사가 단음절을 위주로 하는 것은 한자를 기수(基數)로 하는 개사의 출현 빈도를 감소시킨다. 더 근본적인 원인은 후치사의 사용이다. 중고 후에 중국어 장소류 의미역이 종종 방위사에서 추상화된 후치사에 의해 이끌린다. 이러한 후치사는 전치사보다 더 유리한 매개 위치에 있으므로 전치사의 상당한 역할을 대체할 수 있다. 그러나 손조분(孫朝奮)의 책에서 말하던 '개사'는 전치사만 가리킨다. 사실은 중고 이래, 협의의 장소 의미역만 방위사에 의해 이끌린 것이 아니라, 원점(源點)을 나타내는 의미역도 방위사에 의해 이끌리기도 하였다.

> (29) a. 有二人墳上望, 霧暝不見人往。'搜神後記' 63則
>   두 사람이 무덤에서/쪽에서 보았는데 큰 안개 속에서 사람이 오가는 것을 보지 못하였다.
>
> b. 問從何處來。僧等 便虛答之：“僧等……實是本國船上來……”'入唐求法巡禮行記' 143節
>   어디서 왔느냐고 물었다. 스님들은 '우리……우리 나라 배에서 왔습니다' 라고 모호하게 대답하였다.

a의 '墳上望'은 장소 의미를 나타내는 '在墳上望'(무덤에서 본다)으로 이해될 수도 있고 원점 의미를 나타내는 '從墳上望'(무덤 쪽에서 본다)으로 이해될 수도 있다. b의 질문 구에서는 전치사인 '從'으로 원점 의미역을 나타내고, 대답문에서는 방위사인 '……上來'만으로 기원을 나타낸다. 만약 후치사를 고려한다면 소위 개사의 빈도 감소는 다만 하나의 허상일지도 모른다.

또한 어떤 실질적인 용례가 이 문제를 설명할 수 있다. 같은 단락, 심지어 같은 내용에서 '于'자구는 동사 앞에서 방위사를 갖고(예 (30)의 '于江海中'(강, 바다에서)), 이와 달리, 동사 뒤에서 방위사를 갖지 않는다(예(30)의 '雨于大海'(비가 바다에 내린다)).

> (30) 譬如天龍, 若下大雨, 雨于閻浮提, 城邑聚落, 悉皆漂流, 如漂草葉 ; 若下大雨, 雨于大海, ……譬如其雨水, 不從天遊, 元是龍王于江海中將身引此水。 '六祖壇經'
> 예를 들어, 큰 비가 올 때 도시나 촌락이 다 물 위에 나뭇잎처럼 떠 있을 것이지만 바다는 아무 영향도 받지 않을 것이다. 예를 들어, 빗물은 원래부터 하늘에서 온 것이 아니고, 용왕이 강, 바다에서 끌어낸 물이다.

언어 자료에서 이와 반대인 것, 즉 같은 의미역을 나타내는 개사구가 동사 뒤에서 방위사를 가지고, 동사 앞에서 갖지 않는 사실을 발견하지 못하였다.

방위 후치사로 매개 위치를 채우는 것 외에, 선진 중국어에서는 흔히 전치사구 뒤에 하나의 연결 성분이나 휴지 어기사를 연계자로 하기도 하였다. 한대(漢代) 후에도 이 수단을 계속 사용해 왔다.

> (31) a. 善戰者, 因其勢而利導之。 '史記孫子吳起列傳'(因…而)
> 전쟁을 잘하는 자는 사물의 발전 추세에 따라 유리한 방향으로 이끌 수 있다.
>
> b. 及周之衰也, 分而爲兩。 '史記劉敬叔孫通列傳'(及…也)
> 주(周)나라가 쇠약해질 때 둘로 분리될 것이다.
>
> c. 及諸校尉畏亡將軍而誅之。 '史記匈奴列傳'(及…而)
> 교위(校尉)들이 장군을 잃어버린 탓으로 죽음을 당할까 걱정할 기회를 빌려서…
>
> d. 太卜之起, 由漢興而有。 '史記日者列傳'(由…而)
> 태복(太卜)이란 관직이 한나라 때부터 행하고 있었다.

  e. 副使王然于, 壺充國, 呂越人馳四乘之傳, 因巴蜀吏幣物以賂西夷。'史
      記司馬相如列傳'(因…以)
      부사(副使)인 왕연우(王然于), 호충국(壺充國), 여월인(呂越人)은 네 필
      의 말이 끄는 차를 타고 서이(西夷) 쪽으로 갔다. 그들은 파촉(巴蜀)의
      관리의 도움으로 서이에 뇌물을 주려고 한다.

(32) 不如因其機而遂取之。'漢書趙充國傳'(因…而)
     이번 기회에 (초나라를) 공격해야 한다고 생각한다.

(33) 益州險塞, 沃野千裏, 天府之土, 高祖因之以成帝業。'三國志諸葛亮傳'
     (因…以)
     익주(益州)는 지리적 위치가 험하며 토지가 비옥하고 자원이 풍부하다. 고조
     (高祖)는 이곳으로 업적을 이루었다.

(34) 敕賜封刀, 于街衢而斬三段。'入唐求法巡禮行記' 382節(于…而)
     황제는 칼을 하사하였다. 거리에서 '반란자'를 세 토막으로 베었다.

  더 흥미로운 것은 일부 흔적에서 드러나듯이 전치사의 의미보다 더 구체
적인 방위사가 전치사의 말미보다 더 광범위한 연결사인 '而'와 매개 위치
에서 비슷한 접착 역할을 한다는 것이다.

(35) 至暮還家, 覺有一人, 從霍後行, 霍急行, 人亦急行, 霍遲行, 人亦遲行。霍
     怪之, 問曰 : "君是何人, 從我而行?"答曰: "我是鬼也。"霍曰 : "我是生人,
     你是死鬼, 共你異路別鄉, 因何從我而行?" '搜神記' (勾道興本) 一卷行孝
     第一10則。
     곽(霍)은 저녁에 집에 갈 때 뒤에서 따라오는 사람이 있는 것을 느꼈다. 곽이
     빨리 걸어가면 그 사람도 빨리 갔다. 곽이 느리게 걸어가면 그 사람도 느리게
     걸어갔다. 이상하게 생각한 곽은 그 사람에게 '당신 누구세요?'라고 물었다.
     그 사람은 '나 귀신이다'라고 대답하였다. 곽은 '나 사람이고 너 귀신이야. 우
     리 길도 다르고 고향도 다른데 왜 날 따라와?'라고 말했다.

  첫째의 '從X' 뒤에서 '而'가 아닌 '後'가 사용된다. 뒤의 두 '從X' 뒤에서

방위사가 아닌 ‘而’가 사용된다.

방위사는 발전 과정에서 더 이상 장소(장소, 원점, 종점, 방향 등)만을 표지하지 않았다. 알타이어를 말하는 몽골족이 원나라를 세울 때 추상화된 방위사(주로 ‘上’)는 진일보하여 원인, 목적, 대상, 나아가 ‘把/將’ 구조까지 확장되었는데 ‘因…上(頭)’, ‘爲…上’, ‘就…上’, ‘把/將…上’, ‘如…上’ 등 분리 위치사를 구성한다. 전치사 없이 ‘상’만이 사용된 것도 있다(예: 37b).

(36) a. 君王又道此人肯受天下怨, 卻不知天下怨氣只在君王處。因此, 上賢的君王在事前處置得不敎生亂。(元)許衡‘魯齋遺書直說大學要略’
황제는 이 사람이 백성들의 원망을 받아들일 수 있다고 말하였지만 백성들이 진짜 원망하는 사람이 바로 황제 자신임을 모른다. 때문에 현명한 황제는 일을 하기 전에 어떻게 잘할 수 있는지 미리 생각한다.

b. 卻不思量這般東西卻是百姓每身上脂膏, 敎百姓每怨不好, 天下諸侯都怨。爲這上, 賢的人比干諫他, 又將比幹殺了。(同上)
그는 이것들이 다 백성들의 피땀으로 이룩한 것임을 고려하지 않았다. 백성과 제후들은 모두 다 그를 원망하였다. 이로 인해, 현명한 비간(比干)이 진언하였는데 그는 비간을 죽였다.

c. ……便當就那每日所接的事物上逐件窮究其中的道理……(同上)
……그래서, 매일 만나는 사물에 대해 깊이 생각해 그 중의 도리를 탐구한다 ……

(37) a. 旣兩家做了一家, 好好的往來。把賞賜也減了。因這等上, 我告天會同脫脫不花王衆頭目每, 將你每使臣存留, 分散各愛馬養活著。(元)哈銘 ‘正統臨戎錄’
기왕 우리가 한 가족이 되었으니 앞으로 잘 지냅시다. 하사품도 감소할 수 있다. 나는 황제께 이 일을 말씀드리고, 탈탈부화왕(脫脫不花王) 등 수령들과 당신들의 사신을 환대할 것이다.

b. 如今天的氣候上, 大明皇帝來了, 親自見你每的這每若楚, 也不罪你每了。(同上)
오늘 같은 때에 만약 명나라의 황제가 오신다면 너희들이 고생하는 모습을 보시고 너희들을 책망하시지 않을 거야.

   c. 銘說 : "老爺爲爺爺上來, 爺爺敎老爹去, 太師不肯留你。"(同上)

      양명(楊銘)은 '나리님께서 할아버지를 위해 오셨다. 할아버지가 아버지에게 가라고 하였다. 부원군님께서 당신을 만류하시지 않았다.

   d. 皇帝上去奏, 我是個女人, 我的言語到得哪裏?(同上)

      (=向/對皇帝去奏)

      황제에게 '여자 때문에 제 말이 어디로 전해질 수 있습니까'라고 말씀드렸다.

   e. 銘又奏 : "央伯顏帖木兒太師上說, 討使臣。"(同上)(=向/對太師說)

      그리고 양명(楊銘)은 '백안첩목아(伯顏帖木兒) 부원군께 사신을 보내 달라고 합니다'하고 아뢰었다.

(38) 因這般上頭得那普天下歡喜的心, 把祖先祭祀呵, 也不枉了。貫雲石 '孝經直解孝治章第八'

이것으로 백성들의 환심을 살 수 있다. 그리고 조상을 제사한다. 이는 맞는 것이다.

(39) a. 准擬照斷, 免配外州, 將頰上刺個雀兒, 敎記取所犯事頭也。'新編五代史平話周史平話上'

      판정한 것을 허락하였다. 곽위(郭威)를 국도(國都) 밖으로 유배시키지 않고, 징벌로는 그의 얼굴에 죄명을 문신하였다.

   b. 郭威脫了衣服, 令軍人將他脊背上打了三十下背花。(同上)

      곽위(郭威)는 옷을 벗고 병사에게 자신의 등을 서른 번 때리라고 하였다.

이러한 구조에 대해, 어떤 학자는 몽골어의 'OV'와 '후치사' 유형이 중국어에 미친 영향을 고찰하였다. 사실 방위사가 추상화되고 점차 개사의 역할을 가지게 되는 과정은 원대(元代) 이전 몇 백 전년부터 시작하였다. 가장 중요한 요인은 개사가 매개 위치에 없어 매개 위치가 비어 있는 데 있다. 알타이어의 영향은 다만 중국어 자체에 맞는 이러한 유형적 수요의 도식을 보다 더 성행하게 한 것뿐이다.

7.3.3 매개 위치의 다른 보충 성분

중고 근대에 비어 있던 매개 위치를 채운 성분들은, 현대 표준어까지 계속 존재하는 것도 있고, 사라진 것도 있다. 그리고 어떤 것은 강해지고, 어떤 것은 약해진다. 이와 동시에 표준어도 여러 새 수단을 창조하였다. 전면적이고 세밀한 역사적인 연구가 부족한 탓에 모든 수단이 나타난 시기를 다 정확하게 확정하지 못한다. 다음에 방위 후치사 외의 다른 관련된 수단의 표준어에서의 역할을 간단히 열거한다.

명사에서 생기지 않은 후치사 '起, 來, 以來, 開始'는 기점은 있고, 종점은 없는 시간 범주를 나타낸다. 이들 후치사는 전치사인 '從, 自, 自從' 등과 같이 쓰일 수도 있고 단독으로 쓰일 수도 있다. 예를 들어, '(自)春節起(설날 때부터), 三天來(삼일 동안), (從)三月份以來(삼월 이래), (從)明天開始(妳不用來上班了)(내일부터 출근하지 않아도 돼)' 등이 있다. '以來/已來'는 예로부터 오늘까지 계속 사용되어 왔다.

(40) 自有生民以來, 未有孔子也。'孟子‧公孫醜上'
    사람이 태어난 이래 공자같은 성인은 아무도 없다.

(41) 帝問達摩：朕一生已來造寺, 布施, 供養, 有功德否? '六祖壇經'
    황제는 달마(達摩)한테 '나는 평생 동안 절을 세우고, 남한테 재물을 주며 노인을 모시고 산다. 나한테 공덕이 있느냐?' 라고 물었다.

종점이 있는 시공 범위를 나타낼 때 동사성이 강한 후치사 '爲止'가 사용된다. 그것은 종종 동사성도 가지는 전치사 '到'와 같이 쓰인다. 예를 들어, '到三月底爲止共有兩萬人參觀了展覽會'(삼월 말까지 모두 이만 명의 사람이 전람회를 참관하였다), '房子蓋到前面路口爲止'(집은 앞 도로의 한 쪽 끝까지 지어진다). 만약 주요 동사를 빼면 '到……爲止'는 서술어가 된다. 예, '房子到前面路口爲止'(집은 앞 도로의 한 쪽 끝까지이다). 그러나 '到'와 '爲止'

는 어떤 것이 서술어인지 확정하기 어렵다.

피동문의 '所'도 비어 있는 매개 위치를 채울 수 있다. 왕력(王力)(1980: 418-429)에 의하면, 상고 중국어에서 표지로 행위주를 이끌어내는 피동식은 주로 'NP1V于NP2'이다. 개사 '于/於'는 매개 위치에 있다. 예를 들어, '勞力者治於人'(육체노동자는 다른 사람의 지배를 받는다). 또한 'NP1爲NP2V 식'도 있다. 이때 매개 위치에 연계자가 없다. 예를 들어, '道術將爲天下裂'(학문, 철학 사상이 국토가 분열함에 따라 나름대로 발전된다). 한대(漢代)로부터 동사 앞의 '爲'는 동사 뒤의 '于'를 대체하여 피동문에서 행위주를 이끌어내는 주요 형식이 되었다. 이렇게 되어, 이러한 피동문은 하나의 변체가 나타났다. 즉, 'NP1爲NP2所V'식이다. 예를 들어, '衛太子爲江充所敗'(위(衛)나라 태자가 강충(江充)한테 패하였다)에서는 추상화된 '所'가 매개 자리를 채웠다. '所'가 나타난 원인 중에 하나는 간접적 의미역과 핵심인 동사 사이에서 연계자 자리를 채우고 분리사를 구성하는 것이다. 풍춘전(馮春田)(1992: 318-320)에 의하면, '爲…所'는 양한(兩漢)으부터 위진남북조(魏晉南北朝)까지 계속 중국어 피동문의 주도적 위치를 차지하고 있었다. 당오대(唐五代) 시기에 이르기까지만 해도 '爲…所'의 출현 빈도는 '所'를 가지고 있지 않은 '爲'자식보다 훨씬 더 높다. 또한 '爲…見', '爲…之所', '爲…之' 등 변화체도 있다(풍(馮) 같은 책 305-306 참조). '被'자식이 발전된 후에 심지어 '被'자문의 매개 위치에서도 '爲…所'식처럼 '所'가 사용되는데 당오대(唐五代) 이래에 흔히 볼 수 있는 '被…所'식이 형성되었다. 예를 들어, 홍루몽(紅樓夢) 중의 '父母已亡, 或**被**叔伯兄弟**所賣**'(부모가 다 죽었으니 삼촌들한테 팔렸는지도 모른다).

이 외에 현대 구어에서 '給'이 첨가되어 다른 표지와 같이 간접격 행위주, 대상을 이끌어내기도 한다. 즉, '被'자문, '把'자문에 '給'을 첨가함으로써 '被…給'인 분리 구조를 구성하는 것이다. 예를 들면, '鎖被小偸給撬了'(자물쇠가 도둑한테 파손되었다), '小偸把鎖給砸了'(도둑이 자물쇠를 파손하였다).

이러한 '給'는 수혜자 의미역할을 하는 '給NP'의 NP의 생략형이다. 예를 들면, '給我們開一下門'(문을 좀 열어)은 간략하게 '給開一下門'(문을 좀 열어)이 된다. 흥미로운 것은 '給'이 비어 있는 매개 위치를 채우는 역할이 점차 강해지면 '給NP' 뒤에도 '給'이 첨가될 수 있다. 이로써 '給…給'인 분리 구조가 구성된다. 예를 들어, '你給我們給開一下門'(문을 좀 열어).

고대에는 동사성이 강한 전치사 서술어 뒤에서 '如, 似'를 사용하여 동등 비교 기준(비유 대상을 포함함)을 표시한다. 예를 들어, 백거이(白居易)의 유명한 시구인 '春來江水綠如藍'(봄이 되면 강물은 난초처럼 푸르다). 이러한 격식은 부차적인 격식으로 오늘까지도 여전히 남아있다. 홍루몽(紅樓夢)의 '老劉老劉, 食量大如牛'(노류(老劉)는 소처럼 식사량이 많다)는 오늘도 받아들일 수 있는 문장이다. 서면어(書面語)에서 '情深似海(정이 바다같이 깊다), 恩重如山(은정이 산처럼 한없이 크다), 削鐵如泥(칼, 검 등이 예리하기 짝이 없다)' 등은 더 흔히 볼 수 있다. '如, 似'는 동사성을 가지고 있지만 어디까지나 연계자 역할을 하는데, 'VP如/似NP'는 연계자를 매개 자리에 위치하게 한다. 다른 면에서 보아, 원대(元代)로부터 기준이 서술어를 앞서는 것은 이미 있었다. 이때 종종 '也似, 似的, 似, 一般, 一樣' 등 후치적 연계자로 기준을 표기한다. 근대 중국어에서는 가끔 '來'를 사용하기도 한다. 예를 들어, Sun(1996: 40)이 열거한 명대(明代) 예문 '膽似天來大'(매우 대담하다). 이들 후치적 연계자는 마침 기준과 서술어 사이에 있다. 후치한 '也似'는 동사 겸 전치사인 '似 si'와 같은 기원일 것 같다. 그러나 '似的'의 '似'는 동사 '似'와 상관없고 '是的'에서 나왔다. 그래서 그것의 성모가 shi이다(강남생(江藍生) 1992 참조). 근대 중국어로부터 현대 중국어까지 기준이 서술어를 앞설 때 일반적으로 전치사가 사용되지 않아도 되지만 후치사는 꼭 사용되어야 한다. 이는 후치사가 기준과 서술어 사이에 있기 때문이다. 동등 비교 구문의 변천은 매개 위치가 전, 후치사의 사용에 미친 영향을 나타냈다.

(42) a. 他(像/跟)賊似的溜了 ~他像/跟賊*(似的)溜了
　　　그는 도둑처럼 몰래 달아났다.

　　b. 姑娘像/跟鮮花一樣美麗~姑娘像/跟鮮花*(一樣)美麗
　　　처녀가 꽃처럼 예쁘다.

다른 면에서 보아, 전치사는 서술어 뒤에서 중요한 역할을 한다. 그러나
서술어 뒤의 동등 비교/비유 기준은 이미 표지인 '得'을 가지고 있으므로
전치사는 때로 생략될 수도 있다. 예를 들어, '姑娘美麗得(像/跟)鮮花一
樣'(처녀가 꽃처럼 예쁘다). 그럼에도 불구하고, 이때 후치사를 생략하는 것
은 더 자연스럽다. 예를 들어, '姑娘美麗得像鮮花'(처녀가 꽃처럼 예쁘다).
실제적인 용례에서 '得'마저 생략된 경우도 발견하였다. 이때 동등 비교/비
유 전치사가 생략되면 절대로 안 된다.

(43) 我猶豫了一下, 決定先看明信片, 畫面上是巨大像寶塔的仙人掌. (衛慧)
　　내가 망설이다가 우선 엽서를 보려고 하였다. 그 엽서 그림 안에는 보탑과
　　같은 큰 선인장이 있다.

　　'巨大像寶塔'(보탑처럼 크다)과 같은 것은 흔히 쓰이지 않지만 받아들일 수
　　있다. 만약 비교 성분이 동사를 앞서면 후치사 없이 전치사만으로 쓰인 '像寶
　　塔巨大'(보탑처럼 크다)는 절대로 성립되지 못한다. 같은 저자가 비유 대상을
　　한정어로 할 때 후치사만으로 의미역을 이끌어낸다. 예 (44)의 '般'.

(44) 我做不到面對一個有著嬰兒般純潔眼神, 天才般智商, 瘋子般愛情的男孩
　　說謊. (衛慧)
　　그 사람은 아기와 같은 순결한 눈빛, 천재와 같은 지능지수, 미치광이와 같은
　　총각이다. 내가 그에게 거짓말을 할 수 없다.

이때 후치사가 매개 자리에 위치하여 전치사만으로 의미역을 이끌어내
서는 안 된다. 예를 들어, '像嬰兒純潔眼神'은 안 된다. 이들 예는 연계자
원칙이 전, 후치사 사용에 미친 직접적인 영향을 충분히 설명할 수 있다.

비교의 기준(비유 대상을 포함함)은 Greenberg(1966)와 Dryer(1992)에서 모두 중요한 유형 매개 변수이다. GU22는 다음과 같이 지적하였다. 비교문의 유일한 어순이나 어순 중의 하나가 '기준-비교 표시-형용사'라면 그 언어는 후치사 언어이다. 유일한 어순이 '형용사-비교 표시-기준'이라면 우연보다 훨씬 높은 빈도로, 그 언어는 전치사 언어이다. 이것은 쌍방향 함축에 접근하는 강력한 보편성으로 비교표지와 개사 어순 간의 일치성을 나타낸다. 그리고 비교표지는 개사처럼 매개 위치에 있다. 사실 많은 언어에서 바로 개사를 비교 표준으로 하기 때문에 비교표지는 개사와 고도로 대응된다. Dryer는 비교표지를 고려하지 않고, 기준과 형용사 간의 어순이 동사와 목적어 간의 어순과 고도로 대응하여 '형용사+기준'인 VO 언어와 '기준+형용사'인 OV 언어의 예외는 드물다는 것을 지적하였다. 고대 중국어에서 비교 기준은 '于/於'로 표시된다. 예를 들어, '君富**於**季氏, 而大**於**魯國'(우리 나라는 계(季) 씨보다 부유하고 노(魯)나라보다 크다)(左傳・定公九年). 후세에는 '如/似'가 '于'를 대체하여 동등비교와 차등비교의 이중 의미를 일으키기도 한다(Sun1996: 41). 오늘의 월(粤)방언에서는 '過'로 고대의 '于'를 대체한다. 예를 들어, '阿良肥過妳'(아량(阿良)이 너보다 뚱뚱하다). 이것들은 다 GU22와 Dryer의 'VO 언어의 특성, 즉 기준이 형용사에 뒤따른 것'에 부합한다. 그러나 표준어와 많은 현대 방언에서는 기준이 형용사를 앞서는 것이 이미 비교문의 기본 형식이 되었다. 예를 들어, '他比我高'(그가 나보다 키가 크다). 이러한 구문은 비교표지가 더 이상 매개 자리에 위치하지 않고 GU22에 부합하지 않는다. 또한, '기준+형용사'가 OV 언어의 특징으로 중국어에서 나타난 것은 Dryer의 대응 규칙에 어긋나기도 한다. 사실 중국어는 바로 Dryer가 통계한 언어 중의 극히 적은 예외이다. 그럼에도 불구하고, 우리는 다음과 같은 것에 주의하였다. 즉 '比'자구를 사용하는 방언에서는 종종 어떤 성분은, 필요할 때 기준과 서술어 사이에 삽입될 수 있어 접착 역할을 한다. 이러한 성분에는 부사 '更', 조동사 '要' 등이 있다. '更'과 '還'

은 다른데, '還'은 꼭 예정 기준이 이미 해당 속성을 가지는 경우에 사용되기 때문에 의미적 원인이 있어야 된다. 이와 반대로, '更'은 무 예정의 중성(中性) 비교의 경우에 사용될 수 있고, 의미적 필요가 꼭 있는 것이 아니다.

(45) 黑包小了點, 藍包比黑包 (更/*還) 大, 放在藍包裏吧。
　　까만색 가방이 약간 작다. 푸른 색 가방은 까만 색 가방보다 더 크다. 그것 안에 넣자.

(45)에서 '黑包'가 '크다'인 속성을 가지고 있지 않아 '還'이 사용되지 않지만 '更'은 사용될 수 있다. 여기의 '更'은 의미 면에서 문장에 더 많은 정보를 첨가하지 않고, 역할은 '像…似的/一樣'의 후치사와 비슷한데, 주로 매개 위치에 있는 연계자의 기능을 한다. 'A于B'나 'A過B' 구문을 가지는 방언에서는 중성적인 용법을 발견하지 못한다. 예를 들어, 광주(廣州)말에서 '黑包'가 크지 않은 것을 분명히 안 경우에 '藍袋大過黑袋'(푸른 색 가방이 까만 색 가방보다 크다)는 '藍袋更大過黑袋'로 바꾸면 안 된다. 물론 '更'은 '還'처럼 예정이 있는 경우에 사용될 수도 있다. '要'는 보다 더 중성적으로 비교를 나타내는 허사이다. 비교 구문에서 '要'의 정태적 의미가 아주 약하다. 만약 형용사 뒤에 도량 성분이 있다면 '要'는 '比'자구 없이 사용될 수 있으며 잠재적인 비교 구문이 된다. 그러나 이때 주로 다량 성분으로 잠재적인 비교를 나타낸다. 예 (46a). 만약 도량 성분이 없으면 '要'는 '比'자구 없이 사용될 수 없다. 예: (46b).

(46) a.　藍包(比黑包)要小一點兒
　　　푸른 색 가방은 (까만 색 가방보다) 약간 작다.

　　 b.　藍包*(比黑包)要小
　　　푸른 색 가방은 까만 색 가방보다 약간 작다.

만약 '要'가 정태 조동사라면 개사가 아닌 서술어 형용사와 공존해야 한다. (46b)에서 '要'는 반드시 '比黑包'와 공존해야 한다. 이로 보아, '要'가 여기서 하는 주요 역할은 기준과 형용사 간의 접착이다. 우리의 100만 자 전산 자료 통계에 따르면, '要'를 가지는 '比'자문이 29개 있는데, 그 중에 '要'가 '比'자구 뒤에 사용된 것은 24개 있다. 복잡하거나 동사성인 '比'자구 의 경우 '要'는 더 생략되기 어렵거나 '比'자를 앞선다. 이로 보아, '要'가 매개 성분으로 '경계선'을 긋는 역할을 하는 것이 분명하다.

(47) a. 你趕快走, 出去報信, 比我們兩個都在這裏要强啊！(語料庫)
         너 빨리 소식을 전하러 가라. 이는 우리 둘이 여기서 기다리는 것보다 낫다!

   b. 我發明的這場"報複"的結果, 遠比我們幼稚的童心所能想象得到的要深刻
       得多, 要殘酷得多。(語料庫)
       내가 이번 '보복'을 발명한 결과는 우리의 유치한 동심으로 생각할 수 있는
       것보다 훨씬 더 심각하고 잔혹하다.

동반(comitative) 의미역을 나타내는 '跟/和/同'은 단독으로 병렬 연결사 나 동반 개사로 사용될 수 있다. 이와 동시에 이것들은 종종 동사 앞에 있 는 '一起, 一道' 등과 같이 분리 구성을 이루는데 그 중에 어떤 '一道, 一起' 는 생략되지 못한다.

(48) 這篇文章我可以跟他＊(一起)寫
     이 글은 내가 그와 같이 쓸 수 있다.

남경(南京) 방언에서는 '한 쪽이 다른 쪽에/에게'를 나타내는 '跟…' 뒤에 흔히 '兩個人'이 첨가되어 의미를 강화한다. '兩個人'은 수의 제한 없는 양 측이나 동물을 가리킬 수 있다. 이로 보아, 이러한 강화 성분이 극히 추상화 됨으로 '跟…兩個人'은 분리사로 간주될 수 있다. 예 (49)(유단청(劉丹青) 1995b: 236에서 인용)를 참고하라. 이러한 형식은 오래 전부터 있다. (50)은 원대(元代)의 이와 비슷한 용법이다.

(49) a.　你們跟我兩個人講沒得用。

　　　너희들이 우리 두 사람한테 말하는 것은 아무 소용이 없다.

　　b.　我們四個人要走了, 他還來跟我們兩個人囉嗦。

　　　우리 넷이 가려고 하는데, 그가 여전히 와서 잔소리 한다.

　　c.　我看見一群螞蟻跟一條蜈蚣兩個人鬥。

　　　내가 한 떼의 개미와 지네 하나가 싸우는 것을 봤다.

(50) 皇帝也爲自家人煙上, 與歹人兩個相爭…… 哈銘'正統臨戎錄'

　　황제께서도 가족을 위해 나쁜 두 사람과 싸우셨다.

도구 의미역을 나타내는 '用, 拿(照), 通過' 등 전치사는 종종 도구 의미역 뒤에 첨가된 '來'(때로는 '去, 而, 以')와 같이 '用…來'와 같은 분리 구조를 구성한다. 예: (51a-g). 여기의 '來'는 이동동사(추향동사(趨向動詞))에서 생겼는데 그 자체가 도구 의미를 갖지 않고 도구 의미역 뒤에서 연결 역할을 한다. 그것의 역할은 고대 중국어의 '而'와 비슷하다. '而'는 오늘까지도 이러한 용법으로 사용되고 있다. 예, (51h). 등위문의 경우, 심지어 뒤에 있는 분절의 전치사까지 생략될 수 있는데 '來'는 언어 환경을 이용하여 단독적으로 도구 의미역을 표시하기도 한다. 예, (51c). 예문을 통해, 구조가 비교적 길거나 복잡한 도구 의미역 뒤에서 '來'가 생략되기 어렵다. 예: (51b).

(51) a.　怎麼可以用這條來懲罰我?(語料庫)

　　　어찌 이것으로 날 징벌할 수 있나?

　　b.　然而她的確需要用一種不讓他感到被責備的方式來表達自己的感情。
　　　(語料庫)

　　　그러나 그녀는 확실히 자신의 감정을 표현할 수 있는 방법이 필요하다.
　　　그것은 그로 하여금 책망받을 것을 못 느끼게 하는 방법이다.

　　c.　他用藍色的盆來洗臉, 紅色的盆來洗碗。

　　　그는 푸른 대야로 얼굴을 씻고, 붉은 대야로 설거지한다.

d. 就算美國佬趕不上中國人機靈吧, 也不至于就拿這種菜來糊弄人家呀。
(語料庫)
설령 미국 놈이 중국 사람보다 똑똑하지 못하다 하더라도 이러한 요리를
해줘서는 안 되지.

e. 他們的自我價值是通過所獲得的成就來定義的。
……她們的自我價值是通過感覺和相處的好壞來定義的。(語料庫)
그들의 자아가치는 얻은 성과에 의해 정의된다. 그녀들의 자아가치는 자
신의 느낌과 사이좋게 지낼 수 있는지 여부에 의해 정의된다.

f. 而是淡化外部情節, 按照人物的心理, 情緒, 幻想來結構全劇。
(語料庫)
곁줄거리를 가볍게 처리하며, 인물의 심리, 정서, 상황에 따라 이 극을 구
상한다.

g. 沒有一種拼音文字的分詞是嚴格按照“詞”的定義來進行的。(語料庫)
엄격히 ‘단어’의 정의에 따라 인정된 병음 문자의 분사는 없다.

h. 人人都可以通過文化和發展積極心態而開發潛能, 改善人生。(語料庫)
사람마다 다 문화나 적극적인 심리 상태의 양성을 통해 인생을 개선할 수
있다.

우리는 50만 자의 데이터베이스를 가지고 통계를 내었다. 동사 앞에서
도구 의미역을 이끌어내는 ‘用’이 모두 199번 나타났는데 그 중에 ‘用…來’
는 55개(27.6%), ‘用…去’는 5개, ‘用…而’와 ‘用…以’는 각 1개였다. 총계는
62개(31%)로 약 1/3을 차지한다. 매개 성분이 없는 것은 137개(68.8%)로 2/3
가 넘는다. 이로 보아, 매개 성분이 차지하는 비례를 소홀히 해서 안 된다.
대체적으로 ‘來’는 구어체와 과학 기술 문체에서 많이 쓰인다. 전자는 ‘來’
의 실제적인 의사소통에서 하는 중요한 접착 역할을 설명하고, 후자는 길
고 복잡한 도구 의미역이 많음을 보인다. 일반적인 문어에서 ‘來’ 등이 별로
사용되지 않은 것은 간결성의 추구와 관련될 것 같다. 일반적인 문어 데이
터베이스에서 차지하는 비례는 95%를 넘는다. 만약 구어체와 과학 기술

문체의 비례를 증가시키면 매개 성분이 사용된 비례는 보다 더 클 것이다. 그리고 단어식 도구어는 일반적으로 매개 성분을 별로 사용하지 않는다. 예를 들어, '用手(손으로), 用電腦(컴퓨터로), 用汽車(자동차로), 用理論(이론으로)' 등이 있다. 이것도 '來'가 사용되지 않는 예가 많은 원인 중의 하나다. 구조적 기원에서 보면, '來'가 뒤에 있는 주로 동사와 더 긴밀하게 결합해야 하지만 '來'가 연계자로 종종 '用'과 같이 나타나므로 '用'과 '來' 간의 구조 긴밀도는 강해진다. 나아가, '用來'는 점차 하나의 단어처럼 쓰인다. 예를 들어, '稻草可以用來造紙'(볏짚으로 종이를 만들 수 있다). 데이터베이스의 통계에서 이러한 '用來'는 18번 나타난다. 역할이 같은 고대 중국어의 '用以'는 2번 나타난다.

'來'는 도구 의미역과 앞에서 말한 시간 기점 의미역을 나타내는 것 외에 다양한 역할을 한다. 관련된 대상을 나타내는 '就…來'에서 사용된다. 예를 들어, '我只就這件事來分析'(내가 이 일만 가지고 분석한다). 또한 행위주를 나타내는 '由…來'에서 사용되기도 한다. 예를 들어, '由上級來處理比較好'(상급 부서에 의해 처리되는 게 더 낫다). 때로는 대상을 나타내는 '把…來'에서 사용되기도 한다. 예를 들어, '你們應該先把事實來擺一擺'(너희들은 우선 사실을 좀 열거해야 한다). 관련된 대상을 나타내는 용법은 더 나아가 안정적인 '就/對…來說/來講' 같은 분리 구조로 발전된다. 여기의 '來'는 고대의 '而'와 대응된다. '就/對…來說'과 대응되는 '문어다운' 형식이 바로 '就/對…而言'이다. '就/對…來/而'는 원래 임시적인 분리사였는데 형식의 공정화, '說/講/言'이 추상화 되며 '就/對…來說/來講/而言'도 분리사로 문법화 되는 과정을 시작하게 된다.

명사에서 생긴 것이 아닌 다른 추상화 된 단위 '起見'은 '爲了…' 뒤에서 사용되어 같이 원인 의미역을 나타낸다. '爲了安全起見, 還是要照章辦事'(안전을 위하여, 규칙에 따라 해야 한다). '爲了…起見' 외에 '起見'은 다른 용법이 없으므로 '爲了…起見'은 분리사로 간주될 수 있다. 그리고 전체가 하나의 사항(詞項)으로 간주될 수 있는 극히 보기 드문 분리사이다.

위의 분석으로 보아, 방위 명사에서 생긴 용법이 광범위한 후치사 외에는, 표준어에서는, 전치사구가 핵심인 서술어를 앞서기 때문에 생겨난 비어 있는 매개 위치를 채우는 방법이 상당히 많다. 이들 방법은 개사가 원래부터 매개 위치에 있는 언어에는 불필요하다. 중국어 문법론에서는 이들 방법에 대해 아직 체계적으로 연구, 설명하지 않았다.

7.4 중국어의 개사 체계: 전치사, 후치사와 분리 위치사

역사와 현황에 대한 위의 분석에 의해 중국어가 처음부터 순수한 전치적 언어가 아닌 것을 명확히 알 수 있다. 개사가 전치사만으로 간주되는 것은 중국어 PP의 통사적 지위와 역할을 전면적으로 인식하는데 불리하다. 따라서 중국어 문법론 중, 개사에 대한 관념을 바꾸고 새로운 개사 체계를 구축해야 한다.

단독적으로 NP에 앞서 NP와 같이 하나의 구를 구성할 수 있는 개사가 전치사이다. 중국어 문법론에서 말하는 개사가 다 이러한 전치사이다. 그 중에 동사로 쓰인 것도 있다. 예를 들어, '于, 以, 自(이 세 개는 고어 색채를 가지고 있음), 在, 從, 到, 向, 往, 爲, 對, 比, 給, 跟, 背, 把, 用, 沿著, 爲了, 對于, 關于' 등이 있다.

대부분의 전치사가 구성한 개사구 PP는 동사 앞(주어 앞도 포함함)에만 사용되어 전치사라 할 수 있다. '于, 以, 自, 在, 到, 向, 往, 給' 등을 가지는 PP도 일반적으로 동사를 앞선다. 이와 동시에 이것들은 일정한 조건 하에서 동사에 뒤따르기도 하여 이위(二位)전치사로 불릴 수 있다. 일부 전치사는 동사 뒤에서만 사용되어 동사후(動後)전치사로 불릴 수 있다. 이러한 전치사는 주로 표준어의 경성(輕聲)인 de이다. de는 '在'와 '到'의 역할을 다

가진다. 예를 들어, '坐de椅子上'(의자 위에 앉는다), '跳de河裏'(강에 뛰어든
다). 중고 중국어의 '着(著)'이 더 전형적인 동사후(動後)전치사이다. 매조린
(梅祖麟)(1988), 하락사(何樂士)(1992b: 145), 유사진(柳士鎭)(1992: 115-116),
Peyraube(1994: 378-380)는 모두 위진(魏晉)부터 당오대(唐五代)까지 쓰였
던 '着'의 이러한 용법을 분석하였다. 그래서 그것이 많이 쓰이고 주로 동사
에 쓰인다는 것을 발견하였다. 예(52a). 그러나 현대 민(閩)어에서 '着'는 이
미 이중 분리 전치사가 되어 더 이상 순수한 동사후 전치사가 아니다. 예를
들면, 복주(福州)말(52b, c)(진택평(陳澤平)1998: 147 참조).

(52) a. 長文尙小, 載著車中……文若亦小, 坐著膝前。'世說新語德行'
　　　　장문(長文)은 아직 어려서 차에 내버려 두었다. 문약(文若)도 어려서 순숙
　　　　(荀淑) 무릎 앞에 앉아 있다.

　　 b. ＜복주(福州)＞ 眠床拍著廳中。
　　　　침대가 거실에 놓여 있다.

　　 c. ＜복주(福州)＞ 着牆口禮亂畫。
　　　　담 위에 낙서한다.

　　NP에서, NP와 같이 단독으로 하나의 구를 구성하는 개사가 후치사이다.
고어 색채를 가지는 '之', 근대의 '底'와 현대의 '的'이 NP를 이끌어낼 때
다 후치사로 간주될 수 있다. 그러나 다만 한정어 표지로 쓰인다. 중국어에
서 추상화된 방위사, 특히 단음절인 방위사와 '以/之'를 가지는 이음절 방
위사는 비교적 전형적인 후치사 용법을 가진다. 예를 들어, '上, 下, 前, 後,
中, 裏, 外, 間, 旁, 邊, 之上, 之下, 之前, 之後, 之間, 以前, 以後, 以內,
以外' 등이 있다. 이 특성에 맞는 다른 후치사는 '(三天)來, 以來, 明天起,
爲止, 似的, 一樣, 般' 등이 있다.
　　전치사와 후치사는 문장에서 분리사를 구성할 수 있다. 예를 들어, '在…
上, 從…裏, 向…外, 自…起, 到…爲止, 跟…似的, 像…一樣' 등이 있다.

전치사는 진정한 후치사가 아닌 단위와 분리사를 구성할 수도 있다. 그 중에 후치한 부분은 원래 동사 앞의 조동사, 부사나 의미가 추상화된 연결 성분일 수 있으나 전치사 PP가 동사를 앞설 경우에 주로 PP와 핵심 사이의 빈 연계자 자리를 채운다. 이때 그것 자체의 의미가 더 이상 명확하지 않거나 존재하지 않을 것이다. 이러한 분리사는 '比…更, 比…要, 跟…一起/一道, 用…來, 通過…來, 以…來, 按照…來, 對…來說/來講, 就…而言, 爲了…起見, 爲…所, 被…所, 被…給, 把…給, 給…給' 등이 있다. 이러한 분리사의 뒷부분은 그 자체가 단독으로 의미역을 이끌어낼 수 없으므로 임시적인 후치사로 간주될 수 있다.

이 책에서는 표준어와 오어(吳語)의 개사를 연구할 때 위의 개념 체계에 따라 개사 및 관련된 유별의 개념을 사용할 것이다.

7.5 중국어 연결사와 개사 간의 어순 관련성

7.5.1 연결사와 개사 간의 유형적 관련성

4.4에서 이미 초보적으로 연결사와 개사의 어순 유형론에서 긴밀한 관련성에 대해 논의하였다. 그 중에 가장 중요한 것은 연결사와 개사가 다 Dik이 말한 '연계자'에 속하여 일반적으로 연결된 두 성분 사이에 있다. 다른 면에서는 중국어 연결사가 개사가 처해 있는 비슷한 어순 유형 환경에 직면하는데 그때의 대안도 개사와 비슷한 점이 있다.

표준어의 구 안에서 병렬, 선택 연결사 '和, 並, 而, 或者, 還是' 등은 다 병렬 성분들 사이에 있다. 이외에 다른 방법이 사용되기도 하는데 그러한 단위는 일반적으로 짝으로 나타난다. 이때 적어도 하나의 연계자가 매개 위치에 있어 접착 역할을 한다. 예를 들어, '又白又胖'(뽀얗고 통통하다)의 둘째 '又'가 매개 자리에 위치한다.

문장을 연결시키는 면에서 중국어의 연결사는 대부분 전치 연결사에 속하는데, 즉 절 끝(節末)이 아닌 절 앞(節頭)에 쓰인다. 이것들도 종종 짝으로 사용된다. 만약 하나가 생략된다면 일반적으로 앞 절의 연결사가 생략되면 뒷 절의 연결사는 생략되지 못한다(육검명(陸儉明)(1985b)이 이 사실을 주목하였음). 이러한 규칙이 나온 원인도 뒷 절의 전치 연결사가 매개 위치에 있는 데 있다. 다음의 문장을 비교하자.

(53) a. (因爲)主任批准了, 所以小張參加了。
  주임의 허락을 받아서 소장(小張)이 참석하였다.

  b. 因爲主任批准了, *(所以)小張參加了。
  주임의 허락을 받아서 소장(小張)이 참석하였다.

(54) a. 小張(之所以)參加了, 是因爲主任批准了。
  소장(小張)이 참석한 것은 주임이 허락하였기 때문이다.

  b. 小張之所以參加了, *(是因爲)主任批准了。
  소장(小張)이 참석한 것은 주임이 허락하였기 때문이다.

(53)의 두 연결사는 의미적 면에서 어느 것이 더 중요하고 기본적인가를 구분하기 어렵다. 그러나 '因爲'는 매개 자리에 위치하지 않으므로 생략될 수 있다. 예: (53a). 이와 달리 '所以'는 두 절 사이에 있어 접착 역할을 하여 생략되지 못한다. 예: (53b). 원인구(탐과구(探果句))로부터 결과구(소인구(溯因句))가 된 (54)에서 '之所以'는 생략될 수 있고 매개 위치에 있는 '是因爲'는 생략되지 못한다. 이로 보아, 중국어 복문 연결사는 일정한 유연성이 있지만 관건이 되는 위치인 두 절 사이에서는 연결사는 자체의 접착 역할 때문에 생략이 어렵다. 이는 개사의 경향과 완전히 일치한다.

사실 종속적 복문에서, 수식구의 통사적 지위는 PP에 해당한다. 표준어의 PP 부사어가 주로 핵심인 서술어를 앞선다. 이와 상응하여, 중국어의 복문도 일반적으로 종-주(편-정(偏-正))의 순서로 나타난다. 전치사가 PP와 동사 사이에 위치하지 못하는 것 같이 종속절을 이끌어내는 전치 연결사(當, 因爲, 雖然, 假如, 卽使, 旣然 등)도 두 절 사이에 위치하지 못한다. 표준어에서 이에 대한 대안도 약간 있다. 하나는 위에서 말한 것처럼 짝으로 나타나는 연결사로 뒷 절의 연결사를 매개 자리에 위치하도록 한다. 이는 중국어의 짝으로 나타나는 연결사가 영어, 일본어보다 훨씬 더 많은 원인 중 하나이다. 영어에서는 일반적으로 종속절이 후치하여 종속절의 전치적 연결사는 마침 매개 자리에 위치한다. 일본어에서는 일반적으로 후치적 연결사(일반적으로 접속 조사로 불림)가 사용되며 종속절이 주절을 앞서기 때문에 종속절의 연결사도 매개 자리에 위치한다. 그래서 영어, 일본어에서는 짝으로 나타나는 연결사가 별로 없다. 물론 이 세 가지 언어의 연결사는 다 약간 변화 형식이 있다. 그럼에도 불구하고 연결사가 매개 위치에 있는 것을 보증할 수 있다. 영어에서 종속절이 전치할 때 주절에 종종 연결 성분이 첨가됨으로써 짝으로 나타나는 연결사를 구성한다. 예를 들어, if…then(If you agree, then I will go with you), although…yet(Although he is very rich, yet he likes to live a simple life) 등이 있다. 이때 매개 위치에 여전히 연결 성분이 있다. if, although 종속절이 뒤에 있을 때는 then, yet의 자리가 없다(I will go with you if you agree/ He likes to live a simple life although he is very rich). 일본어에서 전치 연결사(후치한 '접속 조사'와 구분하여 '접속사'라고 약칭함)가 사용될 때도 있는데 주절 앞에 쓰여 여전히 매개 위치인 종속절과 주절 사이에 있다. 영어와 일본어의 연결사의 사용은 각각 전치적 언어와 후치적 언어의 전형이다. 짝으로 나타나는 연결사 외에 중국어 표준어에 후치 연결사도 약간 있다. 예를 들어, 시간 종속절을 나타내는 '時'(구어 '的時候'), 조건 가설문을 나타내는 '的話' 등이 있다. 이것들은 단독으로 매개 위치인 종속절 뒤에 쓰일 수도 있고, 전치 연결사와 같이 사용되어 분리 연결사를 구성하기도 한다.

(55) a. (要是)你去買的話, 給我也帶一點。
    (만약) 네가 사러 가려면 나한테도 좀 사라.

  b. (當)他進來時, 我已經做完了。
    그가 들어올 때 내가 이미 다 했다.

짝으로 나타나는 연결사와 분리 연결사는 다 연결사와 개사가 어순 유형에서 고도로 일치함을 설명한다.

7.5.2 연결사와 개사 간의 공시적 조화와 통시적 관련성

연결사와 개사는 가장 긴밀한 어순 조화 관계가 있다. 4.4에서 이미 지적하였듯이 이러한 조화는 연계자 어중 원칙으로 설명될 수 없다. 구 안의 병렬 연결사들이 똑같이 매개 위치에 있어도 휴지를 통해 전치사인지 후치사인지를 구분할 수가 있다. 전치사와 후치사가 다 발달된 오어(吳語)에서 병렬 연결사가 영어식 전치 연결사와 일본어식 후치 연결사가 공존하는 경우가 나타난다(12.2.1 참조). 이는 매개 위치에 영향을 미치지 않는 경우라도 연결사가 여전히 개사 유형과 조화된 경향을 가진 것을 설명한다. 여기서 어순 조화는 독립적인 동인이 된다.

연결사와 개사의 역사적 기원의 관련성이 이들이 조화를 이룬 원인 중에 하나일 것 같다. 종속적 관계를 표시하는 면에서 연결사와 개사의 구별은 절을 이끄는지, NP를 이끄는지에 달려 있다. 많은 단어가 실제로 이 두 가지 기능을 다 가지고 있다. 이것들은 연-개 겸류사를 구성한다. 예를 들어, 영어의 since, for, as와 중국어 표준어의 '由于(身體不好/健康狀況)(건강 문제로), 因爲(他參加了/他的參加/他參加的緣故)(그가 참가하였다/그가 참가한 것/그가 참가한 이유로), 爲了(你身體好/你的健康)(네 몸/네 건강을 고려하여), (過春節/春節)時(설날을 지냄/설날 때)'. Genetti(1991)는 전문적으로 Newari어 후치사가 광범위하게 종속절의 연결사로 문법화 된 것을 연구하였다.

그리고 이러한 문법화와 상응하는 겸류(兼類: 연결사 겸 개사) 현상이 그가 고찰한 장면(藏緬)어 박다(博多)(Bodic)어족의 26개 언어에서 널리 존재한 다고 지적하였다. 이렇게 형성된 연결사가 후치사인 것은 당연하다.

그러나 중국어에서는 보편적 규칙에 따르지 않는 같은 기원의 개-연 겸 류사가 있다. 이는 중국어의 특정 속성 때문에 나타난다. 이러한 개-연 겸 류사는 바로 '和, 跟, 同, 與'인데 이것들은 문장에서 종종 이중 의미를 보인 다. 다른 언어에서 이와 같은 유별의 허사는 이중 의미를 별로 가져오지 않는다. 다음 문장을 비교하자(일본어의 예는 평전창사(平田昌司) 교수가 제공 함, 필절이어(畢節彝語)의 예는 정춘수(丁椿壽 1993: 295)에서 인용.

(56) a. [[我**和**他]吵架了]
　　　 나**와** 그가 말다툼을 하였다.

　　 b. [我[[**和**他]吵架了]]
　　　 내가 그**와** 말다툼을 하였다.

(57) <영어> a. John **and** I quarreled
　　　　　 John**과**연결사 나는 말다툼을 하였다.

　　　 b. John quarreled **with** me
　　　　 John은 나**와**개사 말다툼을 하였다

(58) <일본어> a. Taroo **to**　　 Hanako　ga kenka si-ta
　　　　　　 타로우**와**연결사 하나코가 말다툼을 하였다

　　　 b. Taroo　　ga　　　 Hanako　**to**　 kenka　　 sita
　　　　 타로우 가(주격) 하나코　**와**개사 말다툼을 하였다

(59) <이어(彝語)>

a.　 $zu^{33}ɬa^{13}tʂʰɻ^{21}$ $zo^{33}tɕʊ^{55}$　　 $zu^{33}ɬa^{13}$ $ʔɯ^{55}$ zo^{33} $zi^{13}tse^{33}$　 dʊ
　　 남 청년 이 (양사)**와**연결사　 남 청년 저 (양사) 결혼하다 (과거)
　　 이 청년과 저 청년이 결혼하였다

b. $zu^{33}ɬa^{13}tʂʰ˞^{21}zo^{33}ʔa^{21}mə^{33}ɬa^{13}ʔɯ^{55}zo^{33}\mathbf{bu^{33}}zi^{13}tse^{33}dʋ^{33}$

남 청년 이　(양사)　여 청년 저 (양사)**와**_{개사} 결혼하다(과거)

이 청년이 저 청년와 결혼하였다

전형적인 전치적 언어에서는 병렬 성분이 주어일 때 위의 '和'에 해당하는 병렬 연결사가 병렬식 주어 사이에 있다. PP는 동사의 첨가 성분으로 종종 동사에 뒤따른다. 이렇게 되어, 위의 '跟'과, 해당 전치사는 동사 뒤, NP 앞에 있으므로 절대로 병렬 연결사와 뒤섞일 수 없다. 예(57) 영어의 병렬 연결사 and와 동반격 개사 with의 어순 위치는 서로 다르다. 만약 영어와 같은 언어에서 같은 허사로 연결사 and와 개사 with의 의미를 나타내도 어순 면에서 두 가지 의미가 구분될 수 있어 이중 의미가 나타나지 않을 것이다.

이와 대조적으로, 전형적인 후치적 언어에서는 전치사인 '和'와 해당하는 것이 후치사여야 하고 병렬식 주어 전체 뒤에 있을 것이다. 이것은 병렬식 주어 사이에 있는 연결사와 뒤섞이지 않을 것이다. 일본어에서 이러한 경우 같은 to로 표시하는 것이 이중 의미를 초래할 수 없다. 예(58)의 to는 a에서 병렬 연결사로, b에서 동반자 후치사로 사용된다. 두 문장의 어순이 뚜렷하게 다르다. 후치적 언어에 속하는 이어(彝語)를 보자. (59)의 병렬 연결사와 동반자 후치사가 같은 것에서 생기지 않았으며 그것들의 차이는 일본어와 비슷한 식으로 표현된다. 이로 보아, (56)의 이중 의미가 생긴 원인은 연결사와 개사의 같은 기원, 같은 형식인 것뿐만 아니다. 더 중요한 원인은 중국어에서 전치사가 사용되며, 전치사구가 동사를 앞서는 것에 있다. 이것은 세계 언어에서 보기 드문 현상이다. 이로 인해 생긴 이중 의미도 언어에서 보기 드물다.

8. 중국어 개사의 기원

8.1 동사기원(動源) 전치사의 문법화

개사는 주로 동사(주로 타동사), 명사(특히 관계 명사) 및 부사에서 문법화 과정을 거쳐 생겼다(5.2.2 참조). Delancey(1997: 57-64)는 다음과 같이 개괄하였다. 개사의 두 가지 기원은, 하나는 연속동사(連動) 구조, 하나는 관계 명사 구조(relator noun construction, relational noun이라고 하기도 함)이다. 그는 둘째 기원이 더 흔히 나타나는 개사의 중요한 기원이라 하였다. 대체로, 전자는 중국어 동사기원 전치사의 기원이다. 이것은 중국어의 VO어순에 달려 있다. 후자는 중국어 명사기원(名源) 후치사의 기원이다. 이것은 중국 어의 GN(속격 한정어+명사)의 어순에 달려 있다. 중국어에 NG어순이 전혀 없으므로 전치사가 명사에서 직접적으로 나올 수 없다. 어떤 개사의 기원은 다소 복잡한데 그 중에 어떤 분리사의 뒷부분은 부사에서 생겼다. 이것도 언어의 일반적인 규칙에 맞는다. 개사 체계 문법화의 구체적인 과정은 역사 언어학에 의해 더 깊이 연구되어야 한다. 여기서는 중국어 개사 문법화의 기제에 대해 주로 검토한다.

곽석양(郭錫良)(1997, 1998)은 중국어에서 역사가 가장 오래된 두 개사 '于, 以'가 다 타동사의 문법화 과정을 거쳐 생겼다고 지적하였다. 후에 나타난 다른 전치사도 대부분 이와 같다. 가장 문법화 되는 동사는 의미역을 부여하는 동사이다. 이러한 동사 자체는 의미역을 부여하는 허사 없이 목적어에 대상류 의미역 외의 의미역을 부여할 수 있다. 예를 들어, '于'가 갑골문(甲骨文)에서 다른 개사 없이 직접적으로 동사로 장소 목적어를 가질 수 있다. 후에는 '于'가 이로부터 점차 장소 전치사의 용법을 가지게 되었다. '在, 往, 向' 등은 '于'와 같이 '같은 길을 걸었다'. 또한, 동사 '用'(他會用筷子)(그가 젓가락을 이용한다)과 '給'(東西給你)(너한테 줄 거 있다)은 각각 전치사 없이 목적어에 도구 의미역과 수여자 의미역을 부여할 수 있다. 둘이 이로부터 점차 도구 표지(用心血澆灌)(심혈을 기울여 배양한다)와 수여자 표지(送本書給他)(그한테 책을 한 권 준다)인 전치사 용법을 가지게 되었다. 의미역을 부여하는 동사에서 생기지 않은 동사기원 개사도 있다. 그것들은 연속동사식(連動式)에서 종종 어떤 의미역을 받았기 때문에 널리 쓰여 점차 그 의미역의 표지로 변해 개사가 되었다. '以'의 본의는 '들다, 가지다'이며, 그 자체의 목적어가 꼭 도구 의미역이 아니다. 연속동사식 안의 '以'의 목적어가 의미적 면에서 종종 다른 VP의 도구나 평계로서 점차 도구, 방식의 의미역을 나타내는 전치사가 되었다. '把'가 '잡다'의 의미에서 도구 전치사와 대상 표지로 발전된 것도 이와 같은 과정을 거쳤다.

동사기원 전치사의 문법화 과정은 다 재분석 과정을 거친다. 왕력(王力)(1980: 412)은 두보(杜甫)의 시(1)의 분석에서 '재분석'이란 용어를 사용하지 않지만 비슷한 생각을 가지고 있었다.

(1) 醉把茱萸子細看。
     취한 눈으로 소유나무를 살폈다.

왕력(王力)은 '把茱萸子細看'을 '拿着茱萸而子細看'(소유나무를 가지고 살폈다)으로 분석해야 한다고 하였다. 그러나 '拿'이 '看'을 위한 것이고 '看'의 대상도 '茱萸'이다. 그래서 문장의 악센트가 점차 '看'으로 이동함에 따라, '把'자는 점차 추상화 되어 간다. 문법화 이론으로 분석하면, 재분석 전에 '把茱萸'와 '子細看'은 같이 쓰이는 두 VP이다. 다만 '看'은 의미에서도 '把'의 목적어를 지배한다. 재분석 후에 '茱萸'는 '子細看'의 대상이 되고, '把'는 더 이상 '손으로 잡다'의 의미가 없이 대상을 이끌어내는 허사가 된다. 재분석을 통해 연속동사식은 전치사구가 뒤의 동사를 수식하는 것이 되고, 술목구(述目句)는 전치사구가 된다. 이렇게 되어, 목적어의 의미역 유별이 변하지는 않지만 다른 성분과의 관계의 방향이 변하였다. 즉 원래 동사의 직접 의미역은 재분석을 통해 뒤의 주요 동사의 간접 의미역이 된다. 원래의 동사는 통사적 전치사 겸 의미역 표지가 된다. 이 재분석의 근거는 이러한 구조의 보편화이다. 손으로 잡지 못하는 많은 대상도 '把' 뒤에 쓰여 '把'는 허사만으로 설명된다. 예를 들어, 왕력(王力)이 예로 든 백거이(白居易)의 시 '莫把杭州刺史欺'(항주(杭州) 자사(刺史)를 속이지 마라)는 '拿著杭州刺史而欺騙他'(항주(杭州) 자사(刺史)를 가지고 그를 속인다)의 뜻이 아니고, '欺騙杭州刺史'(항주(杭州) 자사(刺史)를 속인다)만으로 설명된다. 중국어의 동사기원 전치사는 대체로 모두 이와 같은 '재분석' 과정을 거친다. 주의해야 할 것은 어떤 전치사는 주요 동사 뒤에서 추상화되는 것이다. 예를 들어, 위에서 말한 중고(中古) 장소 전치사 '著(着)'은 원래 주요 동사 뒤에서 쓰여 '부착'을 나타내는 동사였는데 종종 장소 성분을 가지기 때문에 점차 '재분석' 되어 동사 뒤의 전치사가 되었다. 그것이 오늘의 민(閩)방언에서 동사 앞, 뒤에서 다 장소 의미역을 이끌어내는 전치사가 된다.

　위에서 기술한 동사가 전치사로 문법화 된 것은 다 연속동사식인 통사적 환경에서 나타난다. 이것이 중국어 전치사 기원의 주류이다. 그러나 중국어의 주요 전치사 중에 적어도 하나는 연속동사식에서 생긴 것이 아니다. 그것은 바로 '被'이다. '被'의 문법화 과정에 대해, 이미 같은 견해가 있다(예: 왕력(王力) 1980, Zhang 1994). '被'는 원래 동사로 명사 목적어를 가지곤 한다. 그 중에 어떤 목술관계는 '피해'의 뜻을 가질 수 있다. 예를 들어, '被八

創'(찔려 여덟 군데 상처가 생겼다)의 목적어는 임시로 추상 명사로 쓰인 동사로 대체된다. 예, '被辱'(모욕을 당한다). 일정한 단계에 이른 후에 '被'의 목적어 앞에서 속격 한정어가 나타날 수가 있다. 이 한정어는 의미에서 바로 목적어가 가리키는 행동의 행위주이다. 예를 들어, '被明公辟'(명공(明公)한테서 관직을 부여받는다). '재분석'을 통해, '被明公辟'는 술목구조로부터 개사구가 동사를 수식하는 구조가 된다. '明公'은 '辟'의 한정어로부터 '被'에 의해 이끌어진 간접격 행위주가 된다. '被'도 '피해'의 뜻인 동사로부터 전치사가 된다. 비록 여기서도 어느 정도의 문법화 과정을 거쳤지만 구체적인 과정은 연속동사의 추상화와 많이 다르다. 위에서 언급한 DeLancey가 개괄한 개사의 두 추상화 조건은 동사기원 개사가 연속동사식에서 나오고 명사기원 개사가 속격 구조에서 나온 것이다. '被'의 경우는 아주특이하다. 즉 동사기원 개사가 속격 구조를 가진 술목식에서 나온 것이다.

역사상의 문법화에서 우리는 관찰하고, 통계를 내는 것만으로 대체로 그것의 추상화 정도를 대체로 측정할 수 있다. 만약 동사의 용법과 개사의 용법이 지금 공존한다면 통사적 방법으로 그것의 추상화 정도를 확정할 수 있다. 다음 문장을 비교하자.

(2) a. 公在乾侯。'春秋昭公三十年'
         노소공(魯昭公)이 건후(乾侯)에 있다.

     b. 他在上海。
         그가 상해에 있다.

(3) a. 我在內心感激他。
         내가 마음속에서 그한테 감격한다.

     b. 他在≪新民晚報≫登廣告。
         그가 '신민만보'에 광고를 싣는다.

(2)에서 '在'는 확실히 동사이다. '在' 외에 다른 동사가 없기 때문이다.

(3a)에서 '我在內心'이 하나의 절이 될 수 없으므로 '在'는 더 이상 동사가 아니다. '內心'이 여전히 '在'의 지배 성분이지만 '在內心' 전체는 이미 뒤의 VP의 부사어가 된다. (3a)는 '재분석' 후의 구조이다. (3b)도 이와 같은 식으로 분석될 수 있다.

(3)에 대한 분석은 동사기원사가 전치사로 추상화 되는 과정이 끝났는지를 측정하는 통사적 기준을 나타낸다. 즉 목적어를 가진 구조가 단독으로 서술어로 사용될 수 없고, 반드시 다른 주요 서술어와 같이 나타난다면 진정한 PP이다. 어떤 용례는 동사와 개사의 특성을 다 갖고 있어 두 가지로 분석될 수 있다. 다음의 예를 보자.

> (4) a. 子在齊聞韶。'論語述而'
>   공자는 제(齊)나라에서 소악(韶樂)을 듣는다.
>
> b. 他在齊國聽到了韶樂。
>   그는 제(齊)나라에서 소악(韶樂)을 들었다.
>
> c. 他在圖書館看書。
>   그는 도서관에서 책을 본다.

선진(先秦)시대에는 (3)과 같은 문장이 없었다. 모든 '在NP'는 다 단독으로 서술어로 쓰일 수 있었다. 그래서 (4a)는 연속동사문으로 분석되어야 한다. (4b, c)의 구조는 (4a)와 같은데 그 중의 '在NP'는 단독적으로 서술어로 사용될 수 있으므로 연속동사문으로 간주된다. 그러나 이 '在'는 일찍부터 전치사로 쓰일 수 있는 현대 문장이다. (3)의 '在'가 개사로 인정된 만큼 여기의 '在'가 개사로 분석되지 않을 이유가 없다. 사실 문법 학계에서 처리의 편리함과 일치성을 고려하여, 일반적으로 (4b, c)를 PP가 VP를 수식하는 것으로 분석한다. 이는 합리적이라고 생각된다.

문법화의 점차적인 특성으로 인해, 진정한 개사가 된 어떤 동사기원 전치사라도 여전히 동사의 일부 특성을 가질 수 있다. 표준어에서, 다음과 같은 측정의 기준도 있다. 'V不V'식으로 질문할 수 있는지(在不在內心感激他 (마음속으로 그한테 감격하는가)~*對于不對于他有利), 상 표지를 가질 수 있 는지('在'는 안 되고, '爲了, 沿著, 對著' 등은 다 가능함), 동사 뒤에서 가능식이 될 수 있는지(*坐得在圖書館~走得到圖書館(도서관에 걸어갈 수 있다)), 부정 사를 가지고 이동할 수 있는지(他看書, 不在圖書館(그가 책을 보고 있어, 도서 관에 없다)~*我感激他, 不在內心) 등이 있다(Jepson 1985: 101-105, 김창길(金 昌吉) 1996 참조). 이러한 방법으로 추상화 정도를 측정할 수 있지만 동사와 전치사 간의 절대적인 한계를 구분하기 어렵다.

위의 가능식 기준은 추상화 정도 문제뿐만 아니라 종속어를 표지하는지 핵심을 표지하는지(dependent-marking vs. head-marking)의 문제와 관련되 기도 한다(9.1.3 참조).

8.2 명사기원(名源) 후치사의 문법화

명사기원(名源) 후치사의 개념은 중국어 언어학에서 낯선 개념이다. 명 사기원 후치사는 일반적으로 관계 명사 구조에서 나타난다. 가장 개사로 추상화 된 관계 명사는 신체 부위, 부품, 위치를 나타내는 명사이다. 예를 들어, '背, 頂, 上面, 外面, 處' 등이 있다. 이것들은 일반적으로 속격 한정어 가 그것들이 부착하는 명사 전체의 의미를 이끌어낼 때에 사용될 수 있다. 예를 들어, 우리가 '這個人的背很疼'(이 사람의 등이 많이 아프다)을 말할 수 있고 '這個背很疼'으로 말할 수 없다. 문법화를 거쳐, 핵심인 관계 명사는 개사(중국어에는 후치사이고, 태국어와 같은 속격 한정어가 후치한 언어에는 전치 사임)로 재분석된다. 원래의 속격 한정어는 개사의 '목적어'로 재분석된다. 격액자어(格厄玆語: GəCəz), 스와힐리(Swahili) 등과 같은 많은 언어에서 개 사가 종종 속격 표지를 포함하는 것은 바로 이와 관련된다. 중국어 후치사

‘之上, 之下’ 등이 ‘之’를 가진 것도 이와 같다. 많은 언어(일부 인구어)에서 개사의 목적어가 대격이 아닌 속격을 취하는 것도 개사가 명사에서 나온 것과 관련될 수 있다.

여기서 지적해야 할 것은, 관습대로 말하는 개사 목적어구(개빈단어(介賓短語)), 개사의 목적어 등이 실제로 술목구조와 대조하여 부르는 명칭인 점이다. 이는 개사와 동사 간의 발생학적 관련성을 암시하지만 개사와 명사 간의 발생학적 관련성을 고려하지 않는 것이다. 이는 전면적이 아닌 개사 허사화 관념이다. 만약 개사 기원의 다양성을 고려하면, 우리가 오도할 수 있는 이러한 개념을 사용하지 않고 개사구(介詞短語)란 개념을 사용해야 한다. 그 중에 개사와 상대하는 성분이 개사가 관할(govern)하는 대상이 된다. 관례대로 여전히 개사의 목적어라 하더라도 모든 개사구가 다 술목구조와 대조적이지 않다는 것을 알아야 한다.

중국어의 단음절 방위사는 원래 위치를 나타내는 관계 명사였다. 예를 들어, ‘上, 下, 前, 後, 內, 外’ 등이 있다. 그 중에 어떤 것은 보다 더 구체적인 부위의 의미로 거슬러올 수 있다. 예를 들어, ‘裏’는 원래 ‘衣’ 부수를 가지고 옷의 안감을 나타낸다. ‘左, 右’는 각각 왼손, 오른손의 상형 문자로 손과 관련되어 있다. 상고 중국어에서 이것들이 NP 뒤에서 위치를 나타내도 여전히 개사가 아니고 관계 명사이었다. 가장 명확한 증명은 이것들의 앞에 ‘之’가 첨가될 수 있는 것이다(‘之’가 첨가되지 못한 용례는 7.3.2(25) 참조). ‘之’는 한정어 표지이다.

(5) a. 疾不可爲業, 在于肓之上, 膏之下, 攻之不可, 達之不及…‘左傳·成公十年’
이 질병은 치료할 수 없다. 그것이 황(肓)의 위와 고(膏) 사이에 있어 침구나 약효가 미치지 못하기 때문이다.

b. 女, 司典之後也, 何故忘之? ‘左傳·昭公十五年’
너는 사전(司典)의 후손이야, 어찌 이를 잊어버렸나?

c. 使賊殺其宰華吳, 賊六人以鈹殺諸盧門合左師之後。
'左傳・襄公十七年'
나쁜 놈들을 보내 화오(華吳)를 죽이게 하였다. 여섯 나쁜 놈이 노문합좌사(盧門合左師) 뒤에서 검으로 화오를 죽였다.

d. 請三之後有罪殺之。'左傳・哀公十六年'
그가 범죄를 세 번 저지른다면 그를 죽여라.

e. 封略之內, 何非君土? '左傳・昭公七年'
국가 안의 땅에 임금의 것이 아닌 곳이 있나?

f. 四海之內, 皆兄弟也。'論語・顏淵'
온 세상 사람들이 모두 형제이다.

g. 亡人之憂, 不可以及吾子 ; 草莽之中, 不足以辱從者。'左傳・昭公二十年'
망인의 근심이 사자인 그대에게 미쳐서는 안 되고 초망 속에 있는 사람으로서 그대에게 수고를 끼칠 수 없으니 감히 사절하고자 하오.

이러한 'NP之L'의 구조는 때로는 구체적인 의미도 나타낸다. 예를 들어, (5b)는 '你是司典官的後代'(네가 사관의 후손이다)를 나타낸다. 공간을 나나내는 '盧門合左師之後'(노문(盧門)합좌사의 호순이다)와 시간을 나타내는 '請三之後'(세 번 초청한 후에)는 (5b)와 같은 형식을 취한다. 그리고 (5g) '草莽之中'(풀숲 속에서)은 진정한 NP인 '亡人之憂'(도망가는 사람의 우려)와 대구를 이룬다. 대구(對句)는 일반적으로 구조가 같다.

'NP之L'식은 현대 중국어까지 계속 쓰인다. 예를 들어, '一人之下'(일인지하), '萬人之上'(만인지상), '千裏之外'(천리 외에), '城牆之內'(성벽 안에) 등이 있다. 그럼에도 불구하고, 일부 흔적에서 드러나듯이 한대(漢代)부터 이러한 방위 관계 명사들은 더 추상화되어 이미 진정한 명사가 아니었다. 이는 '內/中'과 '里' 간의 관계로 알아볼 수 있다. 선진(先秦) 중국어에서 '里'가 방위 명사로 사용된 용례가 없었다. 당시에는 '內'나 '中'으로 후세의 '里'의 방위 의미를 나타낸다. 예: (5e-g). 왕유휘(汪維輝)(2000: 93-104)에 의하면, 서한(西漢)부터 '里'는 점차 '內'와 '中'의 용법을 일부 대체하기 시작하였는데 위진남북조(魏晉南北朝) 시기에 이미 우세하게 되었다.

(6) a. 魏清河宋士宗母, 以黃初中夏天於浴室裏浴, 遣家中子女闔戶。'搜神後記' 卷四48
위(魏)나라 청하(清河) 사람인 송사종(宋士宗)의 어머니는 황초(黃初) 시기 어느 여름에 욕실에서 목욕하니 자식들에게 문을 닫으라고 하였다.

   b. 栗初熟出殼, 卽于屋裏埋著濕土中。'齊民要術·種栗'
밤이 막 익었을 때 방에서 그것을 눅눅한 흙으로 묻었다.

홍미로운 것은 중국어에서 '之里'가 줄곧 나타나지 않는 점이다. 이는 '里'가 '內/中'을 대체할 때 '裏' 등 방위사가 더 이상 진정한 명사가 아니어서 '之'를 가진 속격의 수식을 받을 수 없음을 설명한다((6)의 '家中, 濕土中'에서도 '之'를 사용하지 않았음). 계속하여 사용된 'NP之L'은 이미 더 분리될 수 없는 화석 구조가 되었다. 그 중의 '之'는 'NP之L'이 편정(偏正) 구조임을 증명할 수 없을 뿐만 아니라, 반대로 L이 더 이상 진정한 명사가 아니며 이 구조 전체도 더 이상 속격구조가 아님을 증명할 수 없다. 우선 현대 중국어 통사론에서 속격표지는 '之'가 아니고 '的'이다. '之'가 '的'으로 대체될 수 없기 때문에 이런 구조가 통사적 속격구조가 아닌 것을 알 수 있다. 이와 대조적으로, '후세'를 나타내는 '後'가 중고(中古)에 여전히 명사로 쓰여 뒤에 '的'이 첨가될 수 있다. 예를 들어, 경극(京劇)의 대사인 '那劉備是中山靖王的後'(유비(劉備)가 중산(中山) 정왕(靖王)의 후손이다). 둘째, '之'는 속격 표지로 심한 고어 색채를 가지고 있다. 예를 들어, 현대 구어에서 '小王之媽媽'(소왕(小王)의 어머니)는 절대로 없다. 그러나 'NP之L'이 구어에서 쓰일 수 있다. 예를 들어, '五公裏之內不讓停車'(오 킬로미터 안에서 주차하면 안 된다). 이로 보아, 이것은 어휘적 화석의 조합이며, 자유로운 속격 구조가 아니다. 마지막으로, 만약 '之'가 속격을 내타내는 후치사나 '구조조사'

라면 구조면에서 뒷 성분이 아닌 앞 성분과 더 긴밀하게 결합해야 한다. 그러나 현대 문법책에서 '之上, 之內'가 복합 방위사인 것을 보편적으로 인정한다. 이로 보아, '재분석'을 거쳐, 사람들은 이미 어감에 의해 '之L'을 하나의 단위로 생각한다.

'上, 下, 中, 里, 外' 등은 명사성이 점차 사라지며 허사성이 증가된다. 현대 중국어의 시각에서 보아, 그것들의 허사성은 아주 뚜렷하다.

1. 단독으로 쓰이는 능력이 거의 사라진다. 단독으로 쓰인 것으로 보이는 것은 주로 다음 두 가지이다. 하나는, 일부 전치사 뒤에 쓰여 실제로 고정적인 어휘화 조합이 된다. 예를 들어, '往里, 朝里'라 말할 수 있지만 '在裏, 到裏'라 말할 수 없다. 이때 '在裏面(안에 있다), 到裏邊(안으로 이른다)'을 말해야 한다. 다른 하나는 대구(대거(對擧))식의 경우이다. 예를 들어, '上有老, 下有小'(집에 부양하는 노인과 어린 아이가 있다)와 같은 것이다. 이것들도 부분적으로 속어화 된다.

2. 명사성 단위 뒤에서 많이 쓰여 허사가 흔히 가진 정위성(定位性)이 드러난다.

3. 같이 쓰일 수 있는 명사구가 갈수록 광범위해지고, 어휘적 선택 제한이 갈수록 적어진다. 나아가 방위 의미와 관련되지 않은 추상 명사, 서술성 단위와도 쓰인다. 예를 들어, '思想裏, 行動上, 關心下, 發展中'.

4. 어휘 의미가 갈수록 약해진다. 많은 경우에 문법적 필요에만 나타나며 사용 빈도가 많아진다.

5. 방위사들 간에 의미 차이가 적어지는데 의미 중화(中和)와 어휘 교체 현상이 나타난다. 예를 들어, '地上=地下(경성)', '心上=心中=心裏=心下(근대 중국어)'.

6. 의미에서 짝으로 된 방위사는 문법화 정도 차이 때문에 용법에서 대응하지 않는다. 예를 들어, '上, 里'의 용법은 '下, 外'보다 훨씬 더 크다(여숙상(呂叔湘) 1965 참조).

7. 어음 면에서 경성(輕聲) 약화로 인해 생긴 어음 변화, 음소 탈락 등의 현상이 나타났다. 예를 들어, 북경어의 '里, 上' 등은 경성으로 읽힌다. 북부 오어(吳語)의 '上'은 후치사로 쓰이지 않을 때 [zã]로 말하고, 후치사로 쓰일 때 [lã]나 [ɲiã]로 말한다. 상주(常州)말의 후치사 '里'는 모음 중앙화가 되어 [lə?]로 말한다. 전증이(錢曾怡)(1994: 14)에 의하면, 산동 박산(山東 博山)말의 후치사 '里'는 경성인 중앙모음 [ə]만 가지고 있다.

방위 명사가 후치사로 문법화 된 과정도 '재분석' 과정을 거친다. 방위 명사는 그 자체의 의미로 장소 의미역을 받을 수 있어서 전치사 없이 직접 장소 부사어로 쓰일 수 있다. 방위 명사 앞에 속격 한정어가 있을 때, 실제로는 그 속격 한정어가 점차 동사의 장소 의미역이 되고, 방위 명사의 역할은 이 의미역을 이끌어내는 개사와 같다. 예를 들어, '床上坐'(침대 위에 앉는다)나 '坐床上'(침대 위에 앉는다)은 다 고대 중국어의 '坐于床'에 해당한다. 이렇게 되어, 방위 명사가 개사로 '재분석' 되고, 방위구 내의 속격 관계가 개사-목적어 관계로 '재분석' 된다. 의미적 면에서 방위사 앞의 NP가 원래 관계 명사의 소유자와 보족어이었는데 주로 동사의 의미역으로 '재분석' 된다. 물론, 중국어에서 같이 쓰일 수 있는 동사기원 전치사와 명사기원 후치사가 동시에 존재하기 때문에 실제적인 문법화 과정은 여기서 말한 것보다 훨씬 더 복잡하다.

다른 면에서, 어떤 방위사들은 오늘까지도 뚜렷한 명사성을 가지고 있다. 그것들이 '的'을 가질 수 있기 때문이다. 예를 들어, '桌子的上面'(책상 위), '操場的東邊'(운동장 동쪽). 그리고 어떤 단음절 방위사는 더 이상 자유 명사가 아니지만 후치사가 되지 않았다. 그래서 중국어의 소위 방위사들은 통사적 면에서 서로 같지 않다. 표준어에 있어, 가장 추상화된 명사는 '的' 외에 '上, 里'이고, 다음으로 '前, 後, 外, 下, 內, 間, 旁' 등 단음절 방위사, 또한 '之, 以'를 가진 복합 방위사이다. 이것들도 주로 후치사로 쓰인다. '頭, 面, 邊' 등을 가진 복합 방위사는 여전히 비교적 강한 명사성을 가지고 단독으로 쓰일 수 있다. 또한 그것들 앞에 '的'이 나타날 수 있으므로 후치사 기능을 가진 관계 명사로 간주 될 수 있다.

8.3 부사기원(副源) 후치사의 문법화

부사는 개사의 기원 중 하나이다. 인구어의 개사는 종종 부사에서 생긴다. 중국어 표준어의 고정적이나 임시적인 어떤 분리사의 뒷부분도 부사에서 생긴다. 예를 들어, '(比…)更', '(比…)來得'(오어(吳語)에서 많이 쓰임, 뒤의 내용 참조), '(跟/像)…一樣/一般', '(跟…)一起/一道/一塊兒'. '(比…)要'는 엄밀히 말하면 조동사에 속하는데 문법화 면에서 이 유별에 속한다고 간주할 수 있다. '一樣, 一道' 등은 구조에서 명사성 수량구이지만 우선 부사가 되고 후치사 용법19)을 가지게 됨으로 부사기원 후치사로 간주할 수 있다.

부사는 구조적으로 뒤에 있는 동사에 붙는데 PP/NP와 V 사이에 있을 때 앞의 PP/NP와 관련되어 후치사로 변할 수 있다. C. Lehmann(1995: 98)은 V와 NP 사이에 있는 부사가 두 가지 문법화 방향으로 갈 수 있다고 지적하였다. 하나는 NP와 더욱 긴밀하게 관련되어 개사가 되고, 다른 하나는 V와 더욱 긴밀하게 관련되어 동사의 부가 성분이 된다. 위의 분리사의 뒷부분은 바로 전자에 속한다. 즉 부사가 PP/NP와 더욱 긴밀하게 관련되어 후치사 로 변한다. 이들 부사기원 개사 중에 '一樣/一般'은 순수한 후치사와 가장 가깝다. 사실은 사람들은 이미 '(跟/像)…一樣/一般'의 '一樣/一般'을 '似的'과 같은 것으로 간주한다. '似的'은 전형적인 후치사이다. '一樣/一般'의 추상화 정도는 다음과 같이 나타난다. 1. 전치사 없이 단독으로

---

19) '一樣'은 형용사 단계에서 생겨 부사로 쓰이는 과정을 거치기도 하였다. 구체적인 과정은 다음과 같다. 수량구(每一樣買一份(각각 하나씩 산다)) → 형용사(他倆穿的衣服一樣(그 둘이 입은 옷이 똑같다)) → 부사(老大老二一樣聰明(첫째와 둘째가 똑같이 똑똑하다) → 후치사(老二確實跟老大一樣聰明(둘째)가 확실히 첫째처럼 똑똑하다)

기준을 이끌어낼 수 있다. 예를 들어, '花一樣美麗'. 2. 접착식으로 축소되어 앞의 성분에 부착할 수 있다. 예를 들어, '鮮花般 | 美麗'는 절대로 '鮮花 | 般美麗'로 분리될 수 없다. 이 단계에 이르러, '般'은 이미 완전히 후치사가 되었는데 '鮮花般'과 같은 구조가 진정한 후치 개사구가 되었다.

부사가 후치사로 문법화 된 것은 일반적인 '재분석' 외에 '재분리'(re-segmentation)와 관련되기도 한다. '재분리'는 변화 정도가 더 큰 '재분석'이다. 어떤 '재분석'은 구조적 관계에만 영향을 미치고 구조적 계층에 영향을 미치지 않는다. 예를 들어, (1)'醉把茱萸子細看'(취한 눈으로 소유나무를 살폈다)은 '재분석' 전에 '把茱萸'와 '子細看'이 연속동사 관계이고, '재분석' 후에 부사어–핵어 관계가 된다. 계층 관계가 '재분석' 전과 후에 변하지 않았다. 이는 다음과 같이 표시할 수 있다.

(7) a. [VP[VP[V把][NP茱萸]] [VP[AdvP仔細]看]]
         소유나무를 살핀다.

→   b. [VP[PreP[Pre把][NP茱萸]][VP[AdvP仔細]看]]
         소유나무를 살핀다.

후치사의 추상화라도 꼭 '재분리'와 관련된 것이 아니다.

(8) a. [VP[NP[N江][N上]]看]
         강 위로/에서 본다.

→   b. [VP[PosP[N江][Pos上]]看]
         강 쪽으로 본다.

부사기원 후치사의 문법화는, 문법적 관계가 크게 변했을 뿐만 아니라 통사적 계층도 크게 변하였다. 예를 들어, '跟鮮花一樣美麗'(꽃처럼 예쁘다) 중의 '一樣'은 뒷성분에 부착하는 부사적 성분으로부터 앞성분에 부착하는 전치사로 '재분리'된다. 그러나 앞 성분에 부착하는 '一樣'이 앞의 'NP'에 첨가되고 전치사 '跟'은 후치사구를 관할하는지, 아니면, '一樣'이 전치사구 전체에 첨가되어 전치사구를 관할하는지를 확정하기 어렵다. 그래서 b, c 두 가지 '재분석' 결과를 보인다.

(9) a. [AP[PreP跟[NP鮮花]][AP[AdvP一樣]美麗]]
　　꽃처럼 예쁘다.

→ b. [AP[PreP跟[PosP[NP鮮花]一樣]]美麗]
　　꽃처럼 예쁘다.

→ c. [AP[Posp[Prep跟[NP鮮花]]一樣]美麗]
　　꽃처럼 예쁘다.

육검명(陸儉明)(1985a)에 인해, '跟…似的'은 통사적인 면에서 '跟'와 'NP似的'의 결합체로 간주해야 한다. 만약 '一樣'이 '似的'과 같은 통사적 지위를 취하였다면 (9c)의 분석은 보다 더 합리적인 것 같다. 다음 (10)은 부사 기원사(副源詞) '一起'의 '재분석' 과정이다.

(10) a. [VP[PreP跟[NP小王]][VP[AdvP一起]去]]
　　소왕(小王)과 같이 간다.

→ b. [VP[PosP[PreP跟[NP小王]]一起]去]
　　소왕(小王)과 같이 간다.

문법화의 정도로 의해, 모든 부사기원 후치사가 충분히 '재분리'될 수 있는 단계에 이르지 못한다. 분리사 중의 전치사와 후치사의 영역 문제에 관하여, 9.1.2에서 좀 더 분석할 것이다.

9. 중국어 후치사의 통사 기능과 의미 기능

9.1 전, 후치사의 통사 기능

9.1.1 전, 후치사의 통사 분포

이 책에서는 전치사와 후치사의 통사 분포와 둘 사이의 관계를 중점적으로 논의한다.

현대 중국어의 개사는 뚜렷한 통사적 특징을 가지고 있다. 즉 개사 중에서 핵심적 지위를 갖고 있는 장소(方所) 전치사 ‘在, 從, 到’와 일부 ‘往’은 모두 단독적으로 일반적인(장소가 아닌) NP를 이끌어낼 수 없다. 이는 대부분의 전치적 언어와 다르다. 고대 중국어와도 구별된다. 7.3.2에서 지적하였듯이 상고 중국어 장소 전치사 ‘于’와 함께 구성을 이루는 NP 뒤에 방위 명사가 첨가되는지 여부는 통사적 요구가 아닌 의미적 요구이다. 현대 중국어에서 장소 전치사가 방위사를 가지는 것은 이미 통사적 요구가 되었다. 고대 중국어의 ‘于道’, ‘于道路’는 현대 표준어에서 꼭 ‘在路上’, ‘在馬路上’이라 해야 하고, ‘在路’, ‘在馬路’로 말해서는 안 된다. 비록 ‘在路’의 의미가 이미 완비되었더라도 그렇다. 이러한 제한은 동사 앞, 뒤에서 다 적용된다. 다른 어떤 전치사도 이러하다.

(1) a. 在 : 在馬路*(上)閒逛
한가로이 이리저리 거리를 거닌다.

事情全記在他頭腦*(裏)
일은 다 그 사람의 머릿속에 남겨 있다.

b. 從 : 把東西從馬路*(上)搬過來
물건을 대로에서 이리로 옮긴다.

從書本*(上/裏)摘了很多名句
책에서 많은 명구를 발췌하였다.

c. 到 : 到報紙*(上)做廣告
신문에 광고를 싣는다.

現錢都藏到箱子*(裏)
현금을 다 상자 안에 숨긴다.

d. 往 : 把東西往桌子*(上)堆
물건을 테이블 위에 쌓아 둔다.

往電腦*(裏)輸入資料
컴퓨터 안에 자료를 입력한다.

이와 동시에 중고 이래 전치사 없이 'NP+L'구조만으로 장소 의미역을 나타내는 것도 흔히 볼 수 있다. 이것은 주요 동사 앞에서 나타나지만 동사 뒤에서 나타나기도 한다. 표준어의 예를 보자.

(2) 房間裏坐一會儿
방에 잠깐 앉아 있다.

操場上學生們在打球
운동장에서는 학생들이 공놀이를 하고 있다.

我電話裏跟你說不清楚
내가 전화로 너에게 설명하기 어렵다.

你坐床上吧
침대 위에 앉아라.

이것으로 보아, 장소 의미역을 나타낼 때 방위사가 전치사보다 더 강한 통사적 강제성을 가지고 있다. 그래서 그것들은 더 이상 방위 명사가 아니라 방위 후치사가 되었다.

그러나 장소 의미역을 나타낼 때 방위 후치사가 곳곳에서 사용되어야 하거나, 사용될 수 있는 것은 아니다. (3)과 같은 고유 지명 뒤에서 방위사가 쓰일 수가 없다. '路, 橋, 湖, 園, 樓'와 같은 통용된 명칭 단어로 끝나는 고유명사는 뒷부분의 통용 명칭의 의미가 여전히 있을 때 방위사를 가질 수 있고, 뒷부분의 통용 명칭의 의미가 없을 때 방위사를 가질 수 없다. 예를 들어, (4)의 앞의 예와 마지막 예가 대조적이다. 장소 명사로 간주될 수 있는 (5)와 같은 보통 명사의 경우에는 방위사가 쓰여도 되고 안 쓰여도 된다.

(3) 在北京(*裏) / 中國(*裏) / 亞洲(*裏) / 幾內亞(*裏) / 西單(*裏) / 三棵樹(*裏)
    북경　　　/　중국　/　아시아주　/　기니　/　서단　/　삼과수에

(4) 在三環路(上) / 盧溝橋(上) / 大明湖(裏) / 頤和園(裏) / 岳陽樓(上) / 王府井(*裏)
    삼환로　　/　노구교　/　대명호　/　이화원　/　악양루　/　왕부정에

(5) 在學校(裏) / 單位(裏) / 辦公室(裏) / 幼兒園(裏) / 郵局(裏) / 百貨店(裏)
    학교　　/　직장에　/　사무실　/　유치원　/　우체국　/　백화점에

실제 상황은 이보다 훨씬 복잡하다(저택상(儲澤祥) 참조). '在中華人民共和國裏(중화인민공화국에서) *在中國裏'를 비교하라.

사용상의 특이성은 현대 중국어 방위사가 순수한 의미 범주가 아니며 통사 범주(즉 개사)이기도 한 점이다. 국내 문법학계에서 사용하는 '방위사' 명칭과 그것들에 대한 설명은 그것의 의미 역할만 강조하고 허사로서의 기능과 통사 지위를 소홀히 하였다.

통사 범주는 다 일정한 의미 기초를 가지고 있다. 그럼에도 불구하고 통

사 범주의 특징은 어떤 것은 의미 면에서 나타나지 않아도 되지만, 통사 면에서는 반드시 나타나야 하는 강제성이 있다. 고대 중국어의 방위사에 비해, 현대 중국어의 방위사가 더 강한 강제성이 있는 것은 분명하다.

영어의 전치사에 비해, 중국어의 방위 후치사는 그다지 널리 쓰이지 않는다. 위의 (3)-(5)는 영어로 번역하면 다 장소 전치사를 사용해야 한다. 이와 대조적으로, 중국어의 어떤 것은 후치사를 가질 수 없다. 중국어 전치사가 그다지 널리 쓰이지 못하고 많은 장소 의미역이 전치사 없이 나타날 수 있음에도 불구하고 사람들은 전치사를 개사로 간주한다. 게다가 널리 쓰이는지 여부는 정도에 관한 문제이다. 영어에서도 이론적으로는 전치사에 의해 직접적으로 이끌려야 하는 어떤 의미역들이 개사를 가지지 않거나, 개사를 못 가진다. 예를 들어, today, this afternoon, last year 등 시간 표현, 명사 way를 가진 방식을 나타내는 의미역(예: I will treat it the same way(내가 같은 방법으로 이 일을 하겠다)) 등이 있다. 여기서 주의해야 할 것은, afternoon(오후)은 직접적으로 부사어로 쓰일 수 없으며 앞에 꼭 in이 첨가되어야 하는데 this afternoon(오늘 오후)은 in이 첨가되지 못한다. 이로 보아, 영어에서 통사 규칙에 의해 전치사를 사용해야 할 때 장소 전치사가 못 쓰이는 경우도 있다.

단어 내부의 의미 특징으로 인해 같은 범주를 나타내는 통사 표지가 사용되지 않는 현상은 언어에서 흔히 볼 수 있다. 이는 하나의 유형적 매개변수를 드러낸다. 즉 단어의 의미 자체가 어떤 문법 범주의 의미를 나타낼 수 있을 때 표지가 쓰이는지 여부는 언어에 세 가지 경우가 있다. 첫째, 표지가 첨가된다. 둘째, 표지가 첨가되지 않는다. 셋째, 표지가 쓰여도 되고 쓰이지 않아도 된다. 어떤 장소 NP에, 중국어 전치사는 쓰여도 되고 쓰이지 않아도 되고, 후치사는 쓰이면 안 된다. 정관사의 경우, 영어의 관사는 한정성(유정성, 有定性)을 나타내는 허사로 사용될 때 강한 강제성을 가지고 있다. 그러나 한정성 정도가 가장 큰 명사는 고유 인명과 고유 지명이다.

이들 명사 앞에서 정관사를 사용해서는 안 된다. 이는 이러한 명사 자체가 한정적이기 때문이다. 이 매개 변수 면에서 불어와 영어는 다르다. 불어에서 나라와 성(省)을 나타내는 대부분의 고유 명사는 다 정관사를 가져야 한다. 다음 영어와 불어의 예를 비교하자.

(6)
중국어: 中國(중국) 瑞士(스위스) 柬埔寨(캄보디아) 馬裏(말리) 諾曼底(노르망디) 雲南(운남)
영어 : China   Switzerland Cambochea Mali   Normandi   Yunnan
불어 : le Chine   la Suisse   le Cambodge le Mali la Normandie le Yunnan

위의 방위사와 관사에 대한 비교는 다음과 같이 뚜렷하게 설명된다. 즉 단어의 의미와 문법 범주의 의미가 중첩될 때 문법 표지가 첨가되는지 아닌지는 다 정상적인 현상이다. 이는 언어에 따라 다르게 나타날 수 있다. 어떤 종류의 NP가 방위사를 갖지 못한다는 이유로 현대 중국어 방위사의 허사성(虛詞性) 즉 개사성(介詞性)을 부정해서는 안 된다. 뒤의 몇 장에서는 오어(吳語)에서 결합 범위가 더 크고 심지어 고유 지명인 NP에 첨가되는 오어 후치사가 이미 나타났다는 것을 설명할 것이다.

실제로는 표준어 방위 후치사의 사용은 선택적 제한이 있다. 이에 관해 중국어 문법책에서 별로 언급하지 않았다. 이것은 방위 후치사가 일반적으로 사람과 동물을 뜻하는 NP(명사와 대명사를 포함) 뒤에서 쓰이지 못한다는 것이다. 예를 들어, '在樹上'(나무 위에)을 말할 수 있지만 '在老張上'(노장(老張) 위에)이나 '在小狗上'(강아지 위에)을 말할 수 없다. 장소 전치사도 같은 제한이 있다. 이와 달리, 영어의 전치사는 이러한 제한을 받지 않는다. 중국어에서 사람을 가리키는 NP가 장소 의미역을 나타낼 때 두 가지 수단이 사용된다. 하나는 방위사 앞에서 신체 부위 명사인 '身, 手, 頭' 등을 사용하는 것이다. 다른 하나는 장소 대명사인 '這儿, 那儿'를 사용하는 것이다.

(7) a. 雨點落在老虎*(身)上/小狗*(身)上/蝴蝶*(身)上
         빗방울이 호랑이/강아지/나비 몸에 떨어졌다.

     b. 石頭正好砸在小王*(身)上/*(頭)上/*(手)上 (비교 : The stone just hit **upon** Bill)
         돌이 마침 소왕(小王)을 찧었다.

     c. 公司在你*(身)上寄托了很大希望 (비교 : The company puts great hope **upon** you)
         회사에서 너한테 큰 희망을 걸고 있다.

(8) a. 你就在小張*(這兒)多呆一會兒吧 (비교 : Stay a bit longer **with** John)
         너는 소장(小張)이 있는 곳에 좀 더 있어.

     b. 到我*(這邊)來吧 (비교 : Come **over** tome)
         나한테 와라.

     c. 我從小王*(那兒)借了一些錢 (비교 : I borrowed some money **from** Willie)
         내가 소왕(小王)한테서 돈을 좀 빌렸다.

사람, 동물을 가리키는 명사는 직접적으로 장소 전치사나 후치사와 결합할 수 없고 방위 위치사와 같이 쓰일 수 없다. 동물성 명사 자체가 장소 의미를 가진다는 것이 분명 그 원인은 아니다. 영어와 비교를 통해, 중국어의 전, 후치사의 문법화 정도가 영어 전치사보다 약하며 결합 범위도 의미 범주의 제한을 많이 받는다는 것을 생각할 수밖에 없다. 중국어의 이에 대한 다른 처리 수단을 보자. (7)의 '身上' 전체가 문법화 되어 하나의 후치사와 같은 것으로 간주될 수 있다. '身上'은 특정한 부위를 나타내지 않으며, 장소 의미역을 이끌어내는 역할만을 한다. 그래서 (7c)와 같이 장소 의미역의 추상적 용법이 구체적인 신체 의미역과 관련되지 않아도 '身上'은 사용되어야 한다. '頭上'과 '手上' 등은 그것들의 문법화 정도가 약하기 때문에 구체적인 의미로 설명될 수 있다. 그러나 그것들은 때로는 추상화 된 용법으로 기능하기도 한다. 예를 들어, '不能怪罪到我的頭上'(나를 책망할 수 없다)과 '情報已經在我手上'(정보는 내가 가지고 있다). 하나의 관계 명사로 추상화된 개사를 강화시킴으로써 복합 개사를 구성하는 것은 언어에서 흔히 불 수 있는 현상이다. 예를 들어, inside NP는 바로 in side of NP에서 나왔다. 오늘의 in front of NP가 어느 날, 구조가 더 긴밀한 infront NP가 될지도 모른다. '身上, 頭上, 手上'이 복합 후치사로 발전되는 것은 정상적인 현상이다. (8)에서는 '這兒, 那兒' 전체가 이미 문법화 되었다. NP가 이미 있는 경우 '這, 那'와 같은 지시적 성분이 더 이상 불필요하다. '這兒, 那兒'의 기능은 단지 사람을 나타내는 NP를 장소 의미역이 되게 하는 것이다. 오어(吳語)에서 사람을 나타내는 NP 뒤에 인칭 대명사 없이 순수한 후치사가 첨가될 수 있다. 이는 후치사의 문법화 정도가 더 강함을 나타낸다(10.2.2 참조).

시간, 공간의 범위를 나타내는 전치사 '從, 到'와, 동등비교/비유를 나타내는 전치사 '跟, 像(동사성이 강함)'은 통사적인 면에서 종종 반드시 후치사인 '起, 來, 以來, 爲止, 似的, 一樣'을 가져야 관련된 의미역을 이끌어낼 수 있다. 이 후치사는 '爲止' 외에 다 단독으로 관련된 의미역을 이끌어내는 기능을 가지고 있다(7.3.3 참조). 그것들의 후치사로서의 지위는 확정할 수 있다. '~에 대해'를 나타내는 '對'와 '對…來說'은 때로 서로 대체될 수 있다. 이때 '來說'은 비강제적 후치사이다. 그러나 이것이 형용사와 같이 쓰일 때 '對'와 '對…來說'은 의미 면에서 대립적이다(유단청(劉丹靑), 1987 참조). 이때 '來說'은 강제성을 가진 후치사가 되었다.

(9) 這樣做對他(來說)沒好處。
　　이렇게 하는 것은 그 사람에게 좋지 않다.

(10) a. 他對秘書工作很熟悉。
　　　그는 비서 일에 대해 잘 알고 있다.

　　b. 秘書工作對他* (來說)很熟悉。
　　　비서 일은 그에게 잘 아는 것이다.

　　전치사구와 연결 성분인 '來, 而, 以' 등으로 구성된 임시적 분리사는 주로 전치사가 의미역을 이끌어내는 역할을 하고, 연결 성분이 비어 있는 매개 자리를 채움으로써 접착 역할을 한다. 이러한 임시적 후치사의 사용은 비강제적이어서 통계적 의미로 의의가 있다. 또 전치사구가 동사에 뒤따를 때 전치사는 마침 매개 위치에 있다. 이때 연결 성분이 비강제적이기 때문에 그것들이 나타나지 않는다. 이로 보아, 그것들은 연계자 어중 원칙을 가장 잘 나타내는 성분이다.

　　위에서 논의한 것은 다 PP가 부사어로 쓰이는 경우이다. 다음에는 PP의 한정어 기능을 보자. 이러한 기능은 영어에서 아주 발달하였지만 중국어 전치사구의 한정어 기능은 극히 약하다. 이는 전치사가 한정어와 핵심어 사이에 위치할 수 없는 것과 관련된 것 같다. 중국어 전치사구가 한정어로 쓰일 때는 주로 두 가지 경우가 있는데, 이때 모두 중성을 가진 '的'으로 의미역을 이끌어간다. 첫째, 동사로 쓰일 수 있는 전치사가 동시에 한정어로 쓰일 수 있다. 이러한 문장은 VP가 한정어로 쓰이는 것으로 간주하는 것이 더 합리적이다. 이들 전치사와 비슷한, 동사성이 약한 전치사가 그것처럼 쓰일 수 없기 때문이다. (11)과 (12)를 비교하자.

(11) 在學校的學生
　　　학교에 있는 학생

　　　到上海的火車
　　　상해(上海)로 가는 기차

　　　朝南的房子
　　　남쪽으로 향하는 집

　　　用電腦的作家
　　　컴퓨터를 쓰는 작가

(12) 於學校＊(學習)的學生
　　학교에서 공부하는 학생

　　從上海＊(來)的火車
　　상해(上海)에서 오는 기차

　　就這個問題＊(討論)的作者
　　이 문제를 토론하는 저자

　　爲學生＊(服務)的機構
　　학생을 위해 봉사하는 기구

　　以電腦＊(寫作)的作家
　　컴퓨터로 글을 짓는 작가

(12)에서 괄호 안에 있는 동사가 생략될 수 없는 것은 중국어 전치사구가 한정어로 쓰이는 기능이 무척 약하다는 것을 설명한다. 이때 동사 서술어가 나타나야 한다. 이로 보아, (11)의 '在學校'(학교에 있다) 등이 한정어로 쓰일 수 있는 원인은 '在'와 같은 것이 동사성 지위를 가지고 있어 이때의 한정어가 술목구조로 쓰이는 데 있다. PP가 한정어로 사용된 둘째 경우는, 명사화 된 동사나 '意見, 態度, 感情'과 같은 일부 추상 명사를 핵심으로 하는 NP가 '對(於)' 등 일부 전치사를 가진 PP의 수식을 받을 때이다. 예를 들어, '對他的批評'(그 사람에 대한 비판), '對這篇文章的駁斥'(이 글에 대한 반박), '對他的態度/感情/意見'(그 사람에 대한 태도/감정/의견) 등이 있다.

이에 비해, 중국어 후치사구는 한정어로 쓰일 때 자유롭다. 단독으로 의미역을 이끌어낼 수 있는 후치사들은 다 한정어로 쓰일 수 있다. 예를 들어, '桌子上的書'(책상 위에 있는 책), '日本以外的亞洲國家'(일본 이외의 아시아 국가)(비교: ?除了日本的亞洲國家(일본을 제외한 아시아 국가)), '毒蛇似的心腸'(독사와 같은 마음씨), '春節以來的生意'(설날 이래의 장사), '下周起的展覽會'(다음 주부터 시작할 전람회) 등이 있다. 여기서 주의해야 하는 것은 한정어 위치에 후치사구가 상응하는 분리사보다 더 많이 나타난다는 것이다.

예를 들어, '桌子上的書'가 '在桌子上的書'보다 더 흔히 나타나고, '春節以來的生意'가 '從春節以來的生意'보다 더 흔히 나타난다. 이때 전치사를 사용하는 것은 영역의 이중 의미를 일으키기 더 쉽다. 표준어의 후치사구가 한정어로 쓰일 때도 '的'의 이끌어냄이 필요하다. 그러나 오어(吳語)에서는 어떤 후치사가 이미 한정어 표지의 역할을 가지게 되어 '的'과 같은 것이 꼭 첨가되는 것은 아니다. 이는 영어 한정어 위치에 있는 전치사와 아주 같다(11.2.4 참조).

9.1.2 전, 후치사의 영역

중국어가 전, 후치사를 다 가진 언어이며 이 두 가지 개사가 같은 의미역에서 나타날 수 있기 때문에 중국어 PP의 내부 구조는 전치사나 후치사만을 사용하는 언어보다 복잡하다.

생성문법의 'X'이론에 의하면, 개사구 PP는 4 대 기본 구 유형 중의 하나이다. PP는 P를 핵심으로 하는데, P는 반드시 하나의 NP를 가지고 그것을 보족어로 하며 그 NP에 의미역을 부여한다. 이는 다음 도표로 표시할 수 있다.

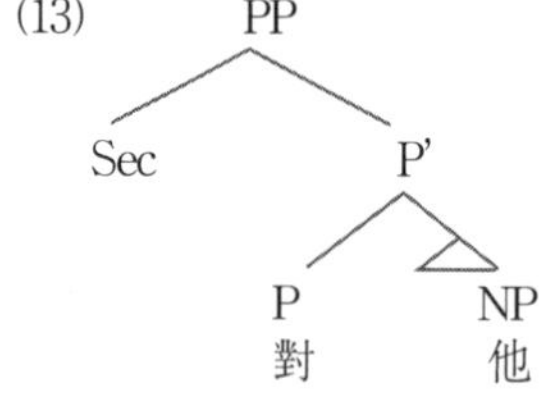

그러나 전, 후치사로 구성된 분리사의 경우에는 NP를 P의 보족어(補足語)로 간주하기 어려울 것이다. 생성문법 학자 Ernst(1988: 230–231)는 중국어 방위사의 후치사적 특성을 논증할 때 이미 개사가 지배하는 것이 NP가 아닌 다른 PP일 수도 있음을 지적하였다. 예를 들어, 'from inside the room' '방에서부터'에서 from은 전치사로 '從'에 해당한다. 그것이 지배하는 inside the room도 전치사구이다. 전치사 inside는 중국어 후치사 '裏'에 해당한다. 이렇게 되면 '이중개사구'가 형성된다. 이는 국내 중국어 문법학계에서는 없는 관념이다. 이러한 '이중개사구'의 구조는 X'이론으로 분석하면 (14a)이다. 더 간단하게 표시하면 (14b)이다.

(14) a.

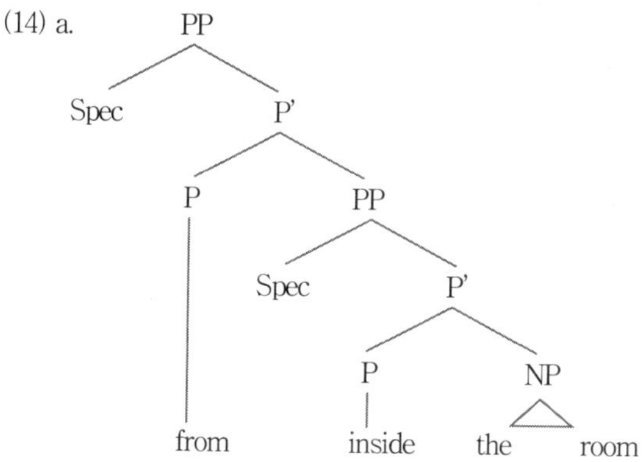

b. [PP[Pfrom][PP[Pinside[NPtheroom]]]]

(14)에서 from은 외부에 있어 그것의 영역이 크며 뒤의 PP를 지배한다. inside는 내부에 있어 그것의 영역이 작으며 뒤의 NP만을 지배하는데 앞의 PP의 지배를 받기도 한다. 영어에 이러한 이중 전치사는 많지 않다.

(15) a. from outside (the office)
    (사무실) 밖으로

b. in between (the two buildings)
    (두 건물) 사이에

독일어에는 이러한 현상이 더 다양하다. 어떤 전치사는 외부 전치사가 될 수도 내부 전치사가 될 수도 있다. 예를 들어, (16)의 von(영어의 from, of에 해당함).

> (16) a. bis in (die Knochen)
> (뼈) 속까지
>
> b. von zu (Hause) '從(家)裏'
> 집에서부터
>
> c. mit von (der Partie) '跟(聚會)一起, 參加(聚會)'
> 같이 (모임)에 참가하다

더 흥미로운 것은 독일어의 이중 개사구는 하나의 변체를 가지고 있다. 즉 그 전치사 중 하나가 NP에 뒤따라 분리사를 구성한다. 예를 들어,

> (17) a. von (Grund) aus
> (근본)에서부터
>
> b. um (der Gerechtigkeit) willen
> (정의)를 위하여

(17)에서 후치사로 쓰인 aus 자체가 단독으로 전치사로 쓰일 수 있다. 예를 들어, aus dem Wald '나무숲에서'. 이러한 분리사구의 구조는 이중 전치사구의 구조와 비슷하지만 다르기도 하다. 이것을 분석하면 (14)의 형식은 조정된다. Pre로 전치사를 표시하고 Pro로 후치사로 쓰인 개사를 표시함으로써 (17a)로 도표화 한다.

> (18) [PP[Prevon][PP[NPGrund][Posaus]]]

영어, 독일어의 예로 보아, 개사는 개사구를 지배할 수 있다. 지배 받는 개사구가 전치사구일 수도 있고 후치사일 수도 있다. 분리사는 독일어에만 있는 것이 아니다. Greenberg(1980, 1995), Heine(1991) 등은 이에 대해 아시아, 아프리카의 일부 언어를 고찰하였다(5.2.4 참조). 다음에는 이를 배경으

로 중국어 분리사의 내부 구조를 고찰한다. 논의의 목적은 통사 구조에서 전, 후치사 간의 관계를 밝히는 것이다.

6.2.3에서 유봉서(劉鳳樨)(F. Liu 1998)의 논문을 인용하여, 몇 학자들의 중국어 방위사에 대한 다른 분석을 검토하였다. 그들의 분석은 유봉서가 지적한 문제 외에, 그들의 일부 견해가 영역과 관련된다는 것을 발견하였다. Troike & Pan은 방위사가 PP의 명시어(specifier) 자리를 차지한다고 하였다. 이러한 분석으로 '在桌子上'은 우선 '在桌子/上'으로 분리하고, 다음으로 '上'을 앞으로 옮긴다. 우리의 다음 분석은 이렇게 처리하는 것이 불합리할 것을 설명할 수 있다. 이 문장의 영역이 '在/桌子上'이어야 하기 때문이다. Peyraube, Hagège 등 프랑스 학자는 방위사가 후치사이며 전치사와 같이 비연속적 성분인 '在…上'을 구성한다고 생각한다. 이는 본 책에서의 분리사의 관념에 해당한다(완전히 같지 않음). 중국어 대부분의 분리사는 전치사와 후치사의 임시적인 결합이다. 그 중에 전치사와 후치사가 각각 다른 영역(domain)을 가지고 있는데, 둘을 하나의 비연속적인 개사로 간주하는 것은 이 개사의 앞, 뒷부분이 같은 영역을 가진다고 생각하게 할 것이다. 그러나 많은 경우에 둘이 같은 영역을 갖지 않는다. 게다가 분리사들이 각기 다른 영역 분리 구조를 가지고 있기 때문에 한 가지 분리사(예 '在…上')에 적용하는 분석 방법으로 모든 분리사를 분석해서는 안 된다.

방위 후치사와 전치사가 같이 나타날 때 전치사의 영역이 후치사보다 큰 것은 분명하다. 이는 두 가지 방법으로 측정할 수 있다. 하나는 단독사용 검증인데 즉 어느 개사가 NP와 같이 단독으로 쓰일 수 있는 단위를 구성할 수 있는가이다. '在桌子上'에서, 후치사 '上'은 앞의 NP와 결합해 단독으로 쓰일 수 있는 단위를 구성할 수 있다. 즉 '桌子上'이다. 이와 달리, 전치사 '在'는 뒤의 NP와 꼭 결합할 수 있는 것은 아니다. '在桌子'로 말할 수 없다. 이로 보아, 이 개사구의 구조는 다음과 같다.

(19) [~PreP~在[~PosP~[~NP~桌子]上]]

　　다른 하나는 복합사용검증이다. 즉 두 병렬 전치사구가 하나의 후치사와 결합할 수 있는지, 아니면 두 병렬 후치사구가 하나의 전치사와 결합할 수 있는지이다. 이에 대한 검증의 결과, '在桌子上和書架上'(책상과 책장 위에)에서 하나의 전치사가 두 PosP를 지배할 수 있다. 이와 대조적으로 '在桌子和在書架上'으로 말할 수 없으므로 하나의 후치사가 두 PreP를 지배할 수 없다. 그래서 '在桌子上'에서 전치사 '在'가 PosP를 지배하고 후치사가 앞의 NP를 지배한다. 이때 단일한 개사 '在…上'이 NP를 지배한다고 생각하는 것은 다소 불합리하다.

　　유봉서(劉鳳樨)가 방위사를 후치사로 보는 것에 반대한 중요한 이유 중 하나도 병렬검증으로 제기한 것이다. 그녀는 (20)과 같은 문장이 있다고 지적하였다.

(20) 小明在家裏和學校都不聽話。
　　소명(小明)은 집에서든지 학교에서든지 다 말을 잘 안 듣는다.

　　(20)과 같은 예의 '在…裏'가 비연속적 개사로 간주되는 것은 더 불합리하다. 여기의 '在…裏'가 하나의 개사라면 '學校'는 '在'와 관련되지 않을 것이다. 사실은 전치사와 후치사의 영역이 다른데 전자가 후자보다 크다. 따라서 '在'는 '學校'까지 지배할 수 있다. 그럼에도 불구하고, (20)은 확실히 방위사의 후치사적 특성에 대해 어느 정도 도전한다. 즉 만약 '家裏'가 PosP이며 '學校'가 NP라면 이 문장에서 PosP와 NP가 병렬할 것이다. 그러나 병렬 성분이 같은 통사 범주여야 한다. '家裏'와 '學校'가 병렬한다고 하였으니 '家裏'가 NP로 간주되어야 할 것이다. 사실 이러한 현상은 형식 문법의 프레임에서도 쉽게 설명될 수 있다.

　　생성문법에 의해, 진정한 통사 단위로 문장에 있는 명사적 성분은 다 지시사구 DP이다. DP는 지시사(관사, 지시 대명사)를 핵심으로 하고 NP를 보족어로 한다. 예를 들어, the woman(그 여자)이 바로 하나의 DP인데 정관사 the는 핵심인 D이며, woman(여자)은 D의 보족어인 NP이다. 만약 DP가 직접 통사 성분을 담당한다면 그것은 영 성분인 D를 가진 DP로 간주된다. 예(21)을 보자.

(21) John and the woman are gone
　　　존과 그 여자가 갔다.

겉으로 보면, 이 문장에서 NP와 DP가 나란히 있다. 그러나 존은 영 형태인 D를 가진 DP로 분석된다. 영어의 독특한 통사 규칙에 따라, 고유 인명 앞에 있는 D(관사, 지시사 등)는 반드시 삭제되어야 한다. 이렇게 되면 영 형태인 D를 가진 DP가 남아 있다. 이러한 방식으로 유추하여, (20)의 '學校'도 영 형태인 후치사를 핵심으로 하는 PosP로 간주할 수 있다. 중국어의 독특한 규칙에 의해, 장소 단어의 특성을 가진 NP 뒤에서 후치사가 나타날 수도 있고(學校裏) 나타나지 않아도 된다(學校). 즉 영 형태인 후치사를 사용한다(고유 지명 뒤에서 후치사가 일반적으로 강제적으로 삭제되어야 함. 예: '上海裏'로 말할 수 없음). (20)의 '在'는 '家裏'와 '學校' 두 PosP를 지배하는데 그 중에 '學校'는 영 형식인 PosP이다. (20)의 더 자연스러운 표현은 두 후치사가 동시에 나타난다는 것이다. 즉 '小明在家裏和學校裏都不聽話'(소명(小明)이 집에서나 학교에서나 말을 안 듣는다).

　시간, 공간 범위를 나타내는 '以來, 來, 起, 爲止'도 방위 후치사에 대한 위의 분석으로 설명할 수 있다. 이것들이 언제나 앞의 NP와 구(즉 PosP)를 구성할 수 있기 때문이다. 그러나 이것들과 종종 같이 쓰이는 '從, 到'가 NP와 꼭 결합할 수 있는 것은 아니다. 다음의 두 예를 비교하자.

(22) 他(從)春節以來/起就一直沒上班。
　　　그는 설날부터 줄곧 출근하지 않았다.

他從春節*(以來/起)就一直沒上班。
그는 설날 때부터 줄곧 출근하지 않았다.

'爲止'의 경우는 약간 특별하다. 그것이 일반적으로 앞의 '到' 없이 나타나지 못하므로 단독사용검증으로 '到'가 'NP爲止'를 가지는 것을 인정할 수 없다. 그럼에도 불구하고, 단독사용검증은 '到'의 영역이 더 크다는 것을 보인다. (23a)와 같이 하나의 '到'가 두 'NP爲止'를 지배할 수 있지만 하나의 'NP爲止'가 두 '到NP'를 지배할 수 없기 때문이다.

(23) a. 我和老王在上海分別逗留到十五號爲止和三十號爲止。
나와 노왕은 각각 상해에서 15일, 30일까지 머물렀다.

b. 我和老王在上海分別逗留到十五號和(*到)三十號爲止。
나와 노왕은 각각 상해에서 15일, 30일까지 머물렀다.

육검명(陸儉明)(1985a)이 '跟/像…似的/一樣'의 구조를 분석하였는데 '跟/像'이 '似的/一樣'보다 더 위의 단계에 있다는 결론이다. 이 책의 방법으로 같은 결론을 내릴 수 있다. 그래서 이 구조는 전치사가 방위 후치사구를 가지는 구조와 같이 다 전치사가 후치사구 PosP를 지배하는 것이다.

위의 검증 방법으로는 '爲了…起見'이 어떤 구조인지를 알 수 없다. 이 분리사가 진정한 비연속적인 단일한 개사로 간주될지도 모른다.

'用…來'와 같은 분리사는 다른 경우이다. 이러한 구조에서는 '用NP'가 구를 구성할 수 있다. 예를 들어, '用汽車來接送客人'(자동차로 손님 운송을 한다)의 '用汽車'(자동차로). 이와 달리, 'NP來'(汽車來)는 하나의 구를 구성하기 어렵다. 게다가 (24a, b)와 같이 하나의 '來'가 몇 개의 '用NP'를 지배할 수 있지만 하나의 '用'이 몇 개의 'NP來'를 지배할 수 없다. 그래서 (24c)에 표시한 것처럼 후치사의 영역이 전치사보다 크다.

(24) a. 用汽車, 用摩托車, 用三輪車來接送客人
　　　　자동차, 모토바이, 삼륜 자전거로 손님 운송을 한다.

　　 b. *用汽車來, 摩托車來, 三輪車來接送客人

　　 c. [PosP[PreP用 [NP汽車]]來]

'來' 및 문어인 '而, 以'는 원래 의미역을 부여하는 역할이 없는 연결 표지로 앞의 PreP를 연결된 성분으로 하기 때문에 그것들의 영역은 PreP보다 크다. 그것들은 종종 전치사와 동시에 나타나고 시간이 갈수록 가까이 있으므로 그것과 전치사가 같이 임시적인 분리사를 구성한다고 할 수 있다.

'比…要'에 비해, '跟…一起'는 구조가 더 느슨하고 문법화가 충분히 이루어지지 못한 분리 표지이다. '一起, 要'가 원래 뒤의 VP에 첨가되며 '跟 小王 | 一起去', '比我 | 要高'로 분리되어야 하였다. 그러나 그것들은 매개 위치에 있는 연결 역할로 인해 앞의 PP와 더 긴밀하게 관련되어 있다. 의미와 어감에서 '跟…一起'는 더 긴밀해 보이는 '跟小王一起 | 去'로 분석될 것 같다. '比…要'는 별로 긴밀하지 않은데 '比我要 | 高' 쪽으로 발전할지도 모른다. 비록 '一起, 要' 등이 구조적인 면에서 앞 성분에 첨가된 것으로 보이지만 그것들의 영역은 여전히 '跟, 比' 등 전치사보다 크다. 그것들은 앞의 NP만 아니라 전치사구 전체와 결합하는 것이다. '跟…一起'에 대한 구조적 분석은 8.3의 (10b)로, 여기서 다시 제시한다.

(25) [VP[PosP[PreP跟 [NP小王]] 一起] 去]
　　　소왕(小王)과 같이 간다.

'比'와 같이 쓰이는 '要' 및 부사에서 나온 후치사는 재분리 된 후에 (25)식으로도 설명될 수 있다.

9.1.3 PP와 VP 간의 한계 갈등: 의존어 표시와 핵심어표시

PP가 동사를 앞설 때 전치사구와 동사 간의 한계는 뚜렷한데 후치사는 매개 위치에 있어 한계 문제가 생긴다. 예를 들어, '用筆來寫'(필로 쓴다) 중의 '來'가 도대체 '用筆'에 속하는지, 아니면 '寫'에 속하는지? PP가 동사를 뒤따를 때 전치사는 매개 위치에 있어 한계 문제가 생긴다. 예를 들어, '坐在地上' 중의 '在'가 도대체 '坐'와 결합하는지 아니면 '地上'과 결합하는지? 이 문제가 복잡한 것은 이러한 한계가 줄곧 변함없는 것이 아니라 역사적 변천, 특히 어음의 약화로 인해 변할 수 있는 데 있다. 8.3에서는 이미 부사기원(副源) 후치사가 재분리 된 예를 논의하였다. 여기서는 전치사의 경우를 보자. Lindstrom & Lynch(1994)에 의해, 호주 Kwamera어는 전치사 ia로 가까운(近指) 장소, 시간, 도구, 비교 등 의미를 나타낸다. 예(26)를 참조하라. 수직선은 동사와 개사구의 한계를 나타낸다. 여기서 주의할 것은, ia가 동시에 동사 뒤에 첨가되어 타동 의미를 나타내는 접사(transitive postclitic)이기도 한 점이다. 그것의 역할은 자동사를 타동사로 변하게 하는 것이다. 달리 말해, ia는 자동사의 사격을 이끌어낸다. 그러나 ia가 어음 면에서 앞의 동사에 붙기 때문에 앞의 동사의 접사로 간주될 가능성이 있다. 따라서 ia 뒤로 한계가 이동하였다. 예(26b)를 보자.

   (26) a. sa – ha – am – ara | ia rukwanu imwa-ni
             우리 – 들 – 진행체 – 살다 에 마을   의 그녀
             우리가 다 그녀의 마을에 살고 있다.

       b. sa – ha – öputa – ia | nei
             우리 – 들 – 오르다 – ia 나무
             우리가 나무에 오른다.

더 나아가 연구자들은 이 언어에 많은 타동사의 마지막 부분이 다 i이므로 이 i가 바로 ia의 축약식이라고 추측한다. i는 동사의 일부일 뿐이다. 달

리 말해, ia/i는 재분리의 과정을 거쳤다.

언어에서 이렇게 복잡한 동태 변화까지도 있음을 고려하면, 우리가 이와 비슷한 중국어 문제를 직면할 때 특별하게 생각하지 않을 것이다. 예를 들어, '於'가 가장 '오래된' 전치사로 고대 중국어에서 일반적으로 동사를 뒤 따름에도 불구하고, 오늘의 많은 사전이나 문법책에는 다 '勇於, 敢於, 善於'를 단어로 간주하고 있다. 이는 '於'를 앞의 동사의 일부, '於' 뒤에 있는 성분을 목적어로 간주하는 것이다. 그러나 '源於, 出於, 來自, 取自, 給以'가 하나의 단어인지 아닌지에 대해서는 사람에 따라 견해가 각기 다르다.

현대 중국어에서는 동사 뒤의 거의 모든 PreP가 어떻게 분리되는지의 문제에 직면하고 있다. 많은 학자들(임도(林燾)1962, 조원임(趙元任)1979: 177, 이연혜(李艷惠) A. Li 1990: 59-62, 조금명(趙金銘) 1995, 범효(范曉) 1998) 등은 다 '走在路上'(길에서 걸어간다)을 '走在 | 路上'으로 분석해야 한다고 주장하였다. 그 이유 중에 하나는 '在'를 경성(輕聲)으로 읽을 수 있는 것이다. 다른 하나는 상표지인 '了'가 '走'와 '在' 사이에 쓰일 수 없지만 '在'와 '路上' 사이에 쓰일 수 있는 것이고, 예를 들어, '坐在了椅子上'(의자 위에 앉았다), '開往了上海'(상해로 갔다). 범효(範曉)는 'V在'와 같은 결합체를 동사개사조합(動介組合)이라고 하는데 뒤의 성분이 목적어라고 지적하였다. 이연혜(李艷惠)(A. Li 1990: 59-62)는 생성문법의 시각에서 이와 비슷한 견해를 제기하였다. 즉, PP가 V를 뒤따르는 것은(공시적 의미의) 재분석 과정을 거쳤는데 전치사와 V는 복합 동사를 구성하고 개사의 목적어는 재분석을 통해 복합 동사의 목적어로 분석된다.

Kwamera의 예로 보아, 동사 뒤의 개사가 재분리를 거쳐 동사 내부의 요소가 되는 것은 가능하다. 지금 그 단계에 도착하였는지가 문제이다. 'V在' 구조는 '善於' 등과 달리 유한하게 열거할 수 있는 고정 단위가 아니라 자유 조합이다. 이것이 복합사로 간주된다는 것은 중국인의 대뇌에서 이렇게 큰 복합사 통합체가 존재한다는 것을 설명한다. 그러나 이는 생각만 해도 불가능한 것이다. 게다가 '坐在, 走向'과 같은 '복합사'의 의미도 해석하기 어려울 것이다. 그래서 일반적인 통사 규칙과 의미 해석에 부합하는 설명을 해야 한다. 'V在'가 하나의 단위처럼 쓰이는 주된 원인은 표준어의 운율 특징에 있다. 표준어의 경성이나 경성으로 읽히는 것이 일반적으로 뒤에 있는 음절에서 진행된다. 전치사는 허사로 동사를 앞설 때 경성으로 변할 수 없지만, 동사를 뒤따를 때 앞 절의 핵심이고, 강세로 읽히는 동사의 영향을 받아서 경성으로 읽히며 리듬 면에서 동사에 붙을 수 있다. 전치사가 직접적으로 지배하는 성분, 즉 뒤의 NP가 오히려 리듬 한계로 분리된다. 이는 통사와 운율의 '불일치'(mismatch)로 언어에서 흔히 볼 수 있다. 예를 들어, 독일어의 관사는 NP를 앞선다. 그것이 언제나 강세로 읽히지 않으므로 여격과 대격을 지배하는 어떤 전치사 뒤에 있을 때 그것은 그러한 전치사와 합음(合音)을 할 수 있다. 예를 들어, zu + dem = zum, an + das = ans, zu + der = zur. 그러나 통사 분석에 의해 사람들은 여전히 뒤의 NP가 우선 관사를 가진 후에 전치사의 지배를 받는다고 생각한다. 이와 유사한 합음은 불어의 전치사와 정관사 사이에서 나타난다. 예를 들어, à + le = au, à + les = aux, de + le = du, de + les = des. 이들 '불일치'는 중국어 'V在'와 같은 점이 있다. 즉 여기의 '在'가 경성으로 읽히는 허사로서 그것과 직접적으로 관련이 없는 실사에 붙는 것이다. 이러한 '불일치'는 통사적으로 이래도 좋고 저래도 좋은 구조를 초래하였다. 한 면에서는 이연혜(李艶惠)의 분석에서와 같이 문장 구조에 들어가기 전에 '在椅子上'은 한 가지 개사구였고, 문장에 들어간 후에는 외부적 구조의 제한(특히 중국어 절의 운율 규칙, 풍성리(馮勝利)1997: 149-155 참조)으로 그 중의 전치사가 동사가 있는 운율사에 들어가 재분석을 촉진하였다. 다른 한 면에서는 이를 통사, 운율적인 '불일치'로 간주할 수 있고 통사 분석을 왜곡함으로써 운율 리듬에 영합할 필요가 없다. 즉, '在…上' 등을 계속해서 개사구로 분석하며 개사를 경성으로 읽는 것을 접어화(cliticization)로 간주한다. 이는 영어 I've got a book 중의 접사인 ve가 여전히 완성상 조동사이며 그것이 뒤의 got와 결합한다고 분석하는 것과 같다. '坐在了凳子上'(걸상 위에 앉는다)과 같은 동사개사조합 (動介組合) 뒤에 상 표지를 첨가하는 현상은 이러한 '불일치'의 진일보한 결과(즉 통사 착위(錯位))로 간주할 수 있다. 표지가 경성으로 읽힌 것으로 인해 나타난 통사 착위가 중국어에 없는 것은 아니다. 예를 들어, 소주(蘇州) 어 '送傢到上海'(너를 상해(上海)까지 바래준다)는 종종 '送到傢上海'로 말한 다. 여기의 '傢(你)'는 '送'의 직접 목적어이지만 '到'에 의해 분리된다. '上 海'는 '到'에 의해 이끌려야 하고 '傢'와 통사나 의미로 관련되지 않지만, '傢'와 직접적으로 결합한다. 이것도 뚜렷한 착위이다.

만약 재분석의 관점으로 보아, 유형론적 면에서 '在, 往, 向, 自'와 같은 장소 의미역의 표지가 재분석을 거쳐 더 이상 의미역에 첨가된 표지가 아니라 핵심에 첨가된 성분이 되었다면 장소 의미역을 표시하는 유형 면에서 커다란 질적 변화가 나타나 원래의 의존어 표시형(dependent marking)은 핵어 표시형(head marking)이 된다. 즉 핵심과 의존어 간의 관계는 더 이상 의존어에 표지를 첨가하는 것으로 표시되지 않고, 핵심에 표지를 첨가하는 것으로 표시되기 시작한다. 유형 분포에서 핵심어 표시는 보기 드문 현상이 아니다.[20]

위에 열거한 예에서 동사 뒤의 '到'를 일부러 언급하지 않은 원인은 '到'가 위의 전치사에 없는 한 가지 통사적 용법을 가지기 때문이다. 즉 '到'는 '得/不'와 같이 가능식을 구성할 수 있다. 예를 들어, '他走得/不到家裏'(그가 집에 걸어갈 수 있다/없다), 가능 보어가 동사의 수식 성분이어서 이 문장

---

[20] 의존어 표시와 핵심어 표시에 관해서는 Siewierska(1988: 180-192), Van Valin과 LaPolla(1997: 23-25, 61-62)가 상세히 논의하였다. Siewierska가 인용한 Nichols의 통계에 따라, 세계에서 핵심어 표시 언어가 의존어 표시 언어보다 훨씬 더 많다. 인구어가 의존어 표시를 위주로 하기 때문에 서구 학자들은 종종 의존어 표시가 더 정상적이라고 생각한다. 가장 일치하는 의존어 표시 언어와 가장 일치하는 핵심어 표시 언어가 다 북 코카서스어군(語群)에 속하는데 각각 체첸어(Chechen)와 아브하즈(Abkhaz)이다.

은 '他走得 | 到家裏'로 분석될 수밖에 없다. 그러나 이 문장의 가능식이 아닌 것은 '走到 | 家裏'로 분석되어야 한다. 다른 개사가 가능식이 없다. 예를 들어, '坐得在凳子上', '開得往上海'라고 말할 수 없다. 이로 보아, '在, 向' 등 전치사보다 동사 뒤의 '到'가 더 전형적인 핵심어 표지이다. 그러나 동사 앞의 '到…'는 여전히 순수한 전치사로 쓰일 수 있다. 예를 들어, '他們到全國各大報紙做廣告'(그들은 전국 각 큰 신문에 광고한다), '你到三點鐘來找我'(세 시에 나를 찾아와) 중의 '到'는 다 핵심 동사가 아닌 장소나 시간 의미역에 첨가된 것이다.

개사와 관련된 한계 갈등은 광주(廣州)말의 비교문인 '你高過我'와 고대중국어인 '季氏富於周公'(계(季)씨가 주공(周公)보다 부유하다) 간의 차이와도 관계되어 있다. 이 두 구조는 다 '형용사+비교표지+기준'식으로 같은 어순 유형에 속한다. 둘은 다 이상적인 표지어가 가운데 있는 상황이며 표준어의 '你比我高'와 구별된다. Greenberg의 GU22는 '형용사+비교표지+기준'의 어순이 일반적으로 전치적 언어에서 나타난다고 지적하였다(표1-1 참조). 그러나 표시하는 방향으로 보면, 광주(廣州)말과 고대중국어의 비교문은 완전히 같지는 않다. '過'는 표준어인 '到'와 같이 다 가능식으로 쓰일 수 있다. 예를 들어, '你高得過我麼?(너 나보다 키가 커?) 你高唔過我(너 나보다 키가 크다)'. 그래서 Ansaldo(1999: 105)가 월어(粵語)의 '過'를 가진 비교문을 핵심어 표시로 간주한 것은 합리적이다. '過'는 진정한 개사가 아니며 이동동사 보어(추향보어(趨向補語))의 비교문 표지에서 생긴 것이다. 이와 달리, '於'는 의존어 표시로 우선 뒤의 NP와 같이 PP를 구성한다. '於'는 전형적인 전치사이다.

표준어에서 핵심어 표시 방식으로 장소 의미역을 이끌어내는 것은 '到'만이 아니다. 소위 이동동사 보어인 '上, 下, 進, 入, 出, 過'는 장소 의미역을 앞설 때(滑下山坡(산비탈 아래로 미끄러진다), 走進敎室(교실에 들어간다), 寫入名單(명단에 쓴다), 搬出倉庫(창고에서 옮긴다), (船)搖過大河(배를 저어 강

을 건넌다)) 이끌어내고 연결하는 역할을 한다. 이는 그것들이 보통 목적어
를 앞설 때의 통사 표현과 다르다. 다음의 예를 비교하자.

    (27) a. 撥下一筆錢去
           한 몫의 돈을 지급한다.

        b. 撥下去一筆錢
           한 몫의 돈을 지급한다.

        c. 撥一筆錢下去
           한 몫의 돈을 지급한다.

        d. 撥一筆錢
           한 몫의 돈을 지급한다.

    (28) a. 滑下山坡去
           산비탈 아래로 미끄러진다.

        b. *滑下去山坡

        c. *滑山坡下去

        d. *滑山坡

    보통, 목적어 앞에 있을 때 '下去'는 따로 쓰일 수도 있고 같이 쓰일 수도
있다. 그리고 안 쓰여도 상관없다. 그러나 장소 의미역 앞에 있을 때 하나의
형식만으로 쓰일 수 있고, 생략될 수도 없다. 원인은 '下'가 매개 위치에 있어
연계자로 사용되어야 하는 데 있다. 그러므로 어떤 저술에서는 이미 이동동
사(추향사(趨向詞))의 의미역을 이끌어내는 기능을 주목하였다. 예를 들어,
범계엄(範繼淹)(1963)은 동사 뒤의 추향 성분을 두 가지 변체로 나누었다.
하나는 보통 목적어와 존현(存現) 목적어 사이에 나타난 부사성 변체이다.
다른 하나는 장소 목적어 앞에 나타나고 '上, 下, 進, 出, 回, 過'와 같은
개사성 변체이다. 여숙상(呂叔湘)(1980: 34)의 현대한어팔백사(現代漢語八百
詞)(범계엄(範繼淹)이 편찬자 중의 한 명임)에서도 동추식동사(動趨式動詞) 뒤

에 장소를 나타내는 명사가 있을 때 동추식(動趨式) 중의 '趨r'의 역할은 개사와 같다. 예를 들어, '話說出口'(말을 해냈다), '走出門來'(문에서 나왔다)를 지적한다. 이들 분석은 이동동사가 연계자 역할을 가지고 있음을 설명한다. 표시 유형으로 보아, 이동동사가 연계자로 동사 뒤의 '到'와 같이 핵심어 표시이다. 그래서 그것도 가능식이 있다. 예를 들어, '滑得/不下山坡'(산비탈 아래로 미끄러질 수 있다/없다). '到'와 '在'의 구별이 둘이 있는 문법화 환경이 다를 가능성이 있다. '到'는 아마 추향보어식(趨向補語式)에서 문법화 되고 '在'는 연속동사식에서 추상화 된 것이다. 뒷부분 내용에서는 이동동사가 반드시 개사의 기능을 가진 것이 아니고 그것도 방언 간 유형적 차이를 나타내는 매개 변수이다. 오어(吳語)의 이동동사는 이러한 기능이 별로 없다.

9.2 중국어 전, 후치사의 의미 기능

9.2.1 전, 후치사의 의미 추상도와 의미역 부여

개사의미추상도 등급 이론(5.1.3 참조)에 의해, 중국어의 개사는 대체로 3등급으로 나눌 수 있다.

일급개사: **순수한 연계자 개사.** 이러한 개사는 명확한 의미 관계의 종류를 나타내지 못하고 매개 위치인 종속적 성분과 핵심 사이에 있어 연계자 역할을 한다. 가장 추상적인 개사이다. 이러한 개사는 다 후치사이며 종속적 성분이 핵심을 앞설 때 쓰이는데 한정어 표지 '之', 어떤 용법을 가진 '的'21), 부사어 표지 '而(爲生存而拼搏(생존을 위해 노력한다))', '來'를 포함한

---

21) 이것이 '之/的'과 영어 전치사 of 간의 중요한 차이 중의 하나이기도 하다. of는 주로 한정어를 이끌어내는 것 외에 어떤 동사와 형용사의 보족어나 수식어를 이끌어내기도 하여 어느 정도 의미역을 부여하는 역할을 한다. 예를 들어, to consist of villagers '촌민으로 구성되다', to be made of flour '밀가루로 만들어지다', to be full of happiness '기쁨으로 가득 차 있다', to be proud of him '그를 자랑스럽게 생각하다' 등이 있다. 이와 달리 중국

다. 표준어 구어에서 주로 '的'과 '來'를 사용한다.

  이급개사: **기본 관계 개사**. 이들은 대체로 각종 기본적 의미역을 나타낸다. 표준어의 전치사가 대부분 이 유형에 속한다. 그러나 전치사들의 내부 추상도가 다르다. 그 중의 비교적 추상적인 기본 의미역은 다음과 같이 있다. 在(정태 장소, 시간), 從(시공(時空)의 기점, 기원, 경로), 到(시공(時空)의 종점), 向/往/朝(방향), 對(대상, 객체), 以/用/通過(도구, 방식), 給(접수자, 수혜자), 爲(수혜자, 동인), 由於(원인), 把(대상), 被(행위주), 跟/和/同/與(동반), 比(差比 기준), 像/如(동등비교 기준). 전치사들 중에 어떤 것은 구체적인 의미를 나타낸다. 예를 들어, '沿著, 順著, 衝(衝我來的)(나를 대하는 것이다), 論(論斤賣)(한 근을 기준으로 판다), 管(管他叫大李)(그를 대리(大李)라고 한다) 등이 있다. 일부 후치사의 의미 추상도는 전치사와 엇비슷하다. 예를 들어, '似的'과 '像'이 거의 같은 의미를 갖는데 다 등비성(等比性) 기준의 표지이다.

  삼급개사: **구체 관계 개사**. 더 구체적인 의미역 관계, 특히 장소 의미역 내부의 구체적 방위를 나타낸다. 중국어 후치사의 대부분이 다 이 유형에 속한다. 예를 들어, 전치사 '在'는 '上, 裏, 外, 中, 前, 後' 등 후치사와 같이 쓰여 더 구체적인 위치를 나타낸다. 그리고 공간 관계의 중요한 의미 파생적 용법—시공(時空)과 실체의 범위도 주로 후치사에 의해 표시된다. 예를 들어, '(在)三點鐘以前'(세 시 전에), '(在)三千人裏'(삼 천 명의 사람 중에), '(在)五十歲以下'(오십 세 이하) 등이 있다. 시공(時空)의 기점을 나타내는 '從', 시공(時空)의 종점을 나타내는 '到', 방향을 나타내는 '往'도 위치를 확정할 때 후치사가 필요하다22). 순수한 전치적 언어에서 이러한 의미는 전

어의 '之/的'은 한정어 표지로 의미역을 부여할 수 없다. '之'와 '的'은 통사 면에서도 구별된다. '之'는 강한 개사성을 가지고 있고 한정어와 핵심어 사이에만 쓰인다. '的'은 많은 용법 때문에 개사로 보기 어렵고 조사, 어기조사, 접사 등으로 간주하는 것이 더 합리적이다. 예를 들어, '房子高高的'(집이 엄청나게 높다)(*屋高高之), 賣菜的(야채를 파는 사람)(*售菜之), 你曾經答應的(네가 승낙한 것)(*爾嘗答應之)'. 명사를 이끌어내는 '的'은 뒤에 명사가 올 때만 '之'처럼 후치사로 간주할 수 있다.

22) 공간 관계 개사의 의미 차이도 다른 시각에서 분석될 수 있다. Heine(1991: 140)은 명사기

치사만으로 표시될 수 있다. 예를 들어, 아이슬란드어에는 다음과 같은 전치사가 있다. megin'…변두리에', innan'…안에', milli'…사이에', utan'…밖에', austan'…동쪽에', sunnan'…남쪽에', vestan'…서쪽에', norDan'…북쪽에' 등이 있다. 어떤 사람은 중국어의 '邊上', '之內'가 의미의 구체성 때문에 개사로 간주되기 어렵다고 생각한다. 아이슬란드어의 이들 개사를 보면 그러한 생각이 바뀔 것이다. 그리고 이들 개사는 모두 속격 NP를 가져야 한다. 이는 개사의 목적어가 속격 한정어에서 생겼고 이들 개사가 원래 속격 한정어의 수식을 받아 중심 명사일 수가 있다는 것을 의미한다. 만약 그렇다면 이들 전치사의 기원이 중국어의 후치사와 극히 비슷한 것이다. 장소 외의 의미를 나타내는 후치사는 종종 진일보하여 전치사를 한정하는 의미를 갖게 된다. 예를 들어, '爲了…起見'은 '爲了'와 달리 '추구하는 대상의 성질'만을 나타내며 형용사와 추상명사와만 같이 쓰일 수 있다. 예를 들어, '爲了安全起見'(안전을 고려하여)은 '爲了'와 달리 각종의 원인, 목적과 서비스 대상을 나타낼 때 쓰일 수 없다. 또한 '從…起'와 '從', '到…爲止'와 '到', '跟…一樣'과 '跟', '跟…一起'와 '跟' 중에 전자가 다 더 구체적이다.

앞의 논술에서는 중국어 개사가 의미역을 부여하는 역할을 밝히기도 하였다. 일급개사는 기본적으로 의미역을 부여하는 역할이 없다. 의미역은 주로 이급개사에 의해 표시된다. 삼급개사는 의미역 내부에 대해 더 섬세한 의미를 구분해 준다.

9.2.2 의미 등급과 통사 영역 간의 대응

9.1.2에서 논의한 전, 후치사의 통사 영역 면에서의 차이는 실제로 위에

원 개사는 일반적으로 공간 관계를 기술하고 동사기원개사는 일반적으로 하나의 방향이나 하나의 점을 가리킨다고 지적하였다. 이는 중국어 장소류 후치사의 의미 분업에 아주 부합한다. '前, 後, 上, 下' 등 명사기원 후치사는 공간 관계를 나타내고, '在, 到, 朝, 向, 從, 沿著, 順著' 등 동사기원 전치사는 공간점이나 방향을 나타낸다. 이 책에서 추상도로 분류하는 것은 그것의 설명력이 더 강해 공간 외의 의미역을 개괄할 수 있는 데 이유가 있다.

서 논의한 의미 추상도에 의해 결정된다. 대체적으로 개사의 의미가 추상적일수록 그것이 지배하는 영역이 크다. 이와 반대로 의미가 구체적일수록 영역이 작다.

'的'은 가장 추상적인 일급개사이다. 그러므로 한정어로 쓰이는 PP가 언제나 '在'의 영역에 있다. 예를 들어,

(29) a. [NP[PosP[PreP對故鄕]的]感情] ~ b. *[NP[PreP對[PosP故鄕的]感情]
    대해 고향 정
    고향에 대한 정

분리사의 뒷부분이 '來'일 때 '來'의 영역은 언제나 앞의 전치사보다 크다. '來'가 일급개사이고 전치사가 거의 다 이급개사이기 때문이다. 분리사의 뒷부분이 '上, 下, 以來, 起, 爲止'일 때 그것의 영역은 언제나 전치사보다 작다. 이들 후치사가 다 삼급개사이고 전치사가 다 이급개사이기 때문이다. 중국어에서 전, 후치사가 나타내는 영역은 순수한 전치적 언어에서 전치사에 이어 쓰임으로써 표현될 수 있다. 이때도 의미가 추상적인 것이 더 큰 영역을 가진다. 다음의 예를 비교하자.

(30) a. [PreP從 [PosP房間外]]
    부터 방 밖
   방 밖으로부터

  b. [PrePfrom[PrePoutside the room] ~ *out side from the room
    부터 밖 방
    방 밖으로부터

위에서 삼급개사를 핵심으로 하는 PP가 한정어로 쓰일 때, 그것 뒤에서 후치사의 이어쓰임이 나타날 수 있다. 이때도 일급후치사가 보다 더 큰 영역을 가진다. 예를 들어,

(31) [NP[PosP[PosP操場上] 的]學生]~*操場的上學生。
　　　　　운동장　　의　학생
　　　　　운동장에 있는 학생

　　김창길(金昌吉)(1996)은 중국어와 영어가 다른 것 중에 하나는 중국어의 개사가 이어 쓰일 수 없는 것이라고 생각하였다. 이는 그가 논의한 개사가 이급전치사만 가리키기 때문이다. 사실 개사의 이어쓰임이나 전, 후 결합은 언어에서 흔히 볼 수 있는 현상이고 같은 영역 규칙에 따른다. 이는 개사들의 다른 추상도에 의해 결정된 것인데 중국어는 예외가 아니다.

　　의미 추상 등급이 다른 경우, 분리사나 개사의 이어쓰임은 의미상의 군더더기를 초래할 수가 있다. 어떤 때에는 구체적 의미역의 의미가 이미 더 추상적인 의미역의 의미를 포함하기 때문이다. 예를 들어, 방위 후치사가 장소 의미역을 함축하기 때문에 추상적 장소 의미역을 나타내는 '在'가 군더더기일 수 있다. '在桌子上'(책상 위에)이 '桌子上'과 같다. 다른 면에서는 장소 후치사의 위치적 의미가 구체적이지 않고 장소 의미역만을 표시할 때 후치사는 군더더기로 나타날 수 있다. 이때 전, 후치사 중의 하나만 쓰이면 된다. 그래서 '在學校裏'(학교에)가 '在學校'(학교에)나 '學校裏'(학교에)와 같다. 또한 방위사구가 한정어로 쓰일 때 방위사가 이미 종속어 표지의 역할을 가지고 있기 때문에 그것과 같이 쓰이는 일급후치사도 군더더기이다. 표준어의 일급후치사인 '的'은 통사 면에서 강제성을 가진다. 예를 들어, '房間裏*(的)客人'(방에 있는 손님). 그러나 방위사가 더 추상화된 오어(吳語)에서 '的'과 대응하는 단어가 생략될 수 있다. 그 중에 방위 후치사가 한정어 후치사의 역할도 가진다(11.2.4 참조). 허사인 개사가 사용될 때 의미 원인뿐만 아니라 통사 원인의 영향도 받기 때문에 군더더기인 개사가 언제나 생략될 수가 없다.

10. 오어(吳語)의 어순 유형과 개사 유형

10.1 오어의 어순 유형

10.1.1 오어 개사의 유형과 어순 유형론적 의의

7장부터 9장까지에서 중국어 개사 연구를 위하여 언어 유형과 문법화 이론을 기초로 이론 프레임을 구축하였다. 그리고 이 프레임으로 중국어 개사 체계, 그것의 발전, 변천 중에 중요시하지 않던 현상과 특성을 밝혔는데 이 과정에서 후치사와 분리사 등의 개념을 새로 세웠다. 표준어와 고대 중국어에 비해, 오(吳) 방언은 후치사의 역할이 더 중요하며 활발하고 전치사의 역할이 비교적으로 약하다. 유형론적 가치가 있는 어떤 오어 현상이 중국어 공통어에 없다. 달리 말해, 오어는 더 전형적인 전, 후치사가 공존하는 방언이다. 오어의 이들 현상과 밀접하게 관련된 것은 표준어에 비해 오어가 더 전형적이지 않은 SOV 유형인 점이다. 따라서 오어 개사 및 관련된 현상에 대한 깊이 있는 연구를 통해 우리가 새로운 개사 이론 프레임의 개괄성과 설명력을 더 잘 볼 수 있다. 그러므로 이번 장부터 이 이론 프레임 하에서 오어의 개사 문제를 집중적으로 연구한다. 이를 바탕으로 새 이론 프레임 하에서 중국어 개사 연구의 중국어 문법 이론과 유형론 이론에 대한 계시를 총괄할 것이다. 우리는 오어 중에 이론적 의의, 특히 유형론과 문법화 의의를 가진 개사 현상에 대한 분석, 논의, 설명에 중점을 둔다. 어떤 현상은 한 가지 방언에 대한 분석으로 밝힐 수 있고, 어떤 현상은 여러 방언에 대한 비교를 통해서 똑똑하게 표현할 수 있다. 그러므로 다음 장에서 오어에 대한 연구는 '통-분-합(總-分-合)' 3단계로 진행한다. 우선 오어 개사의 유형 및 관련된 어순 유형에 대해 배경적 소개를 한다. 다음으로 소주(蘇州), 상해(上海), 소흥(紹興)의 방언을 개별 안건으로 비교한다. 마지막으로 비교 결과를 바탕으로 종합한다. 본 장은 '총(總)'인 배경적인 소개이다.

일반적으로 오어 지역은 다섯 부분으로 나뉜다. 그 중에 가장 큰 지역이 태호구(太湖區)인데 소남(蘇南), 상해(上海), 절북(浙北)에 있으며 북부 오어라고 하기도 한다. 태호구(太湖區) 방언의 사용 인구와 면적은 각각 오어 총 사용 인구와 면적의 절반을 차지하고 있다. 이 지역의 소주어, 상해어는 오어의 오래된 대표, 새 대표로 간주된다. 이 책에서 어떤 때는 이 두 방언을 대표로 하는 소남(蘇南)과 상해(上海)의 오어만을 언급한다. 이를 소호오어(蘇滬吳語)로 약칭한다. 그것의 범위는 태호구(太湖區)보다 작다. 소위 '대표'는 주로 그것의 사회적 영향을 말하는데 그것을 언어학의 전형적인 오어로 말하기 어렵다. 그리고 이 방언 지역에는 무석(無錫), 상주(常州), 소흥(紹興), 영파(寧波), 가흥(嘉興), 호주(湖州) 등 중요한 도시의 방언, 및 역사적 원인으로 인해 관화(官話) 색채가 강한 항주(杭州)말도 있다. 다른 네 지역은 남부 오어라고 불리는데 그것들 간의 차이도 작지 않다. 그것들은 대주(臺州) 각 현구(縣區)에 분포되어 있는 대주(臺州) 방언 지역(북부 오어의 특성과 비슷함), 김화(金華)말을 대표로 하는 무주(婺州) 방언 지역, 구주(衢州), 여수(麗水) 각 현(縣), 시(市)에 분포되어 있는 처구(處衢) 방언 지역, 온주(溫州)말을 대표로 하는 구강(甌江) 방언 지역이다. 이 책의 연구 대상은 태호구(太湖區)를 위주로 하여, 남부 세 대 방언 지역도 언급할 것이다[23].

10.1.2 절의 기본 구조의 어순

오어는 개사에 있는 통사 표현이 어순 유형, 특히 절 구조의 어순 특성과 관련되어 있다. 오어는 표준어와 같이 전형적인 SVO 유형이 아니다. 표준어보다 더 전형적인 SVO 유형이 아니다. 그것의 절 구조의 어순 특성은 다음과 같다.

정태적인 술목 구조는 VO 어순이다. 소위 정태란 것은 동사가 상 표지를 갖지 않고, 명사가 지칭 성분을 가지지 않는 것이다. 예를 들어, 상해어 (호(滬))(1a). 이러한 구조가 미래나 조건을 나타내는 문장에서 많이 나타나며 일반적으로 VO 형이다. 예를 들어, (1b, c). 이들 VO 구조는 OV로 쓰이기 어렵다.

(1) <호(滬)>

  a. 伊天天看書, 天天寫文章。(~ ?伊天天書看, 天天文章寫)
     그가 날마다 책을 보고 글을 쓴다.

  b. 阿拉今朝要去看電影。(*阿拉今朝要去電影看)
     우리는 오늘 영화를 보러 갈 것이다.

  c. 啥人誰打儂你, 我就打伊。(*啥人儂打, 我就伊打)
     누가 널 때리면 내가 그 사람을 때릴 거야

그리고 술목절이 서술어가 아닌 성분, 즉 내포절로 쓰일 때도 VO 어순으로 나타난다. 예를 들어,

(2) a. 汏衣裳歸阿拉老婆管, 買小菜是我個任務。(*衣裳汏…, 小菜買…)
        빨래는 우리 와이프가 하고, 반찬 거리를 사는 것은 내가 한다.

  b. 老王頂歡喜吃紅燒肉。(*歡喜紅燒肉吃)
     노왕(老王)이 홍사오러우를 먹기를 많이 좋아한다.

---

23) 이 외에, '선주(宣州) 지역'의 오어가 안휘(安徽) 남쪽에 있는 황산(黃山) 산맥 이북의 여러 현(縣) 및 강소(江蘇) 서남쪽에 분포해 있다. 이 지역의 오어는 다른 5개 지역의 오어와 크게 달라 이 책에서 이것을 연구 대상으로 하지 않는다.

   c. 吃紅燒肉老王頂歡喜。(*紅燒肉吃…)
       홍사오러우를 먹기는 노왕(老王)이 많이 좋아한다.

   d. 掰個買電視機個人是我個親戚。(~*掰個電視機買個人…)
       TV를 산 이 사람이 내 친척이다.

　(2a) 중의 '汏衣裳, 買小菜'는 주어로 쓰이고, (2b, c) 중의 '吃紅燒肉'는 각각 목적어와 주제로 쓰이고, (2d)는 '買電視機'는 한정어로 쓰인다. 이들 내포문의 VO 어순은 다 바뀌기 어렵다. 비록 오어의 구의 VO 어순이 안정적이지 않지만 절로 쓰이는 VO 어순은 아주 안정적이다. 이는 오어가 총체적으로 VO 유형에 속한다는 것을 설명한다. 또는 그것의 하층 구조는 VO 형이다. VO 구조가 덜 안정적인 절강 오어(浙江 吳語)도 (1), (2)의 문장은 여전히 VO 식이다.

　다른 면에서, 오어의 주제화 현상은 표준어보다 더 흔히 볼 수 있다. 대상 성분이 자주 동사에 앞서 주제, 특히 주어 뒤의 부차적 주제로 쓰인다 (10.1.3 참조). 서(徐), 유(劉)(1998)가 이미 통계적으로 고찰하여 상해어중에서 대상 의미역의 주제화 현상이 표준어보다 더 자주 나타나며 보편적이라고 지적하였다. 절강(浙江)에 있는 일부 오어는 대상 성분이 부차적 주제로 쓰이는 현상이 상해어보다 더 많이 나타난다. 그 중에 동사를 앞서는 대상 성분은 이미 주제의 정보특성이나 지칭 특성이 없고 목적어화의 흔적이 나타났다. 예를 들어, 영파(寧波)말인 문장(3).

  (3) a. 其啦, 信用社一筆鈔票啦借來堆唻。
         그가 신용 조합에서 돈을 좀 빌렸다.

      b. 阿拉啦從倉庫裏頭啦一批備用品已經調來堆唻。
         우리가 창고에서 약간의 비품을 옮겨 왔다.

      c. 房間裏頭啦一盞燈點該。
         방에 등 하나 켜 있다.

이들 문장은 다 현지 원어민이 조사표에 있는 VO 식 표준어 예문을 보고 그것을 영파(寧波)말로 말한 것이다. 이 문장들의 목적어는 다 비한정(無定)적이고, 지칭과 정보 특성으로 보아 표준어의 주제가 아닌 목적어와 가깝다. 뿐만 아니라 다른 SOV 언어에서 일반적으로 후치하는 장소, 방향을 나타내는 성분이 이들 방언에서는 여전히 일반적으로 동사를 앞선다. 예를 들어, 영파어:

(4) a. 現在其已經上海市區逃出唻。
         지금 그 사람이 이미 상해(上海) 시내에서 도망해 버렸다.

     b. 老王大門剛剛走進。
         노왕(老王)이 금방 대문으로 들어갔다.

이러한 방언이 전형적인 SVO 언어와 많이 다른 것은 뚜렷하다. 이는 SOV 언어와 가까운 경향을 보인다. 총체적으로 보면, 이는 통계적인 추세이지만 어떤 조건 하에서 대상 의미역의 전치는 강제적이다. 예를 들어, 온주(溫州)말에서 결과보어나 결과보어에서 생긴 상 표지 뒤에 목적어가 쓰여서는 안 된다.

(5) a. 渠一隻脚壓斷爻。(~*渠壓斷爻一條腿)
         그 사람의 하지가 부러졌다.

     b. 渠一篇文章寫完罷。(~*渠寫完一篇文章罷)
         그가 하나의 글을 썼다.

바로 이러한 의미에서 오어는 표준어보다 전형적인 SVO 유형이 아니다. 그럼에도 불구하고, 그것이 진정한 SOV 유형이 되지는 않았다. 이들 방언에서는 흔히 볼 수 있는 다른 구문, 즉 분열식 주제구조가 있는데 그것의 비한정(無定) 대상인 명사의 일부가 동사를 앞서지만 수량사(적어도 '一'이 생략된 양사)가 여전히 동사 뒤의 목적어 위치에 있다. 예를 들어, 영파어:

(6) a. 爾啦, 身邊啦, 鈔票要帶眼堆。
          너는, 몸에 돈을 좀 지녀야 돼.

     b. 爾啦還是傘帶把去。
          우산이라도 가지고 가라.

     c. 昨麽子黃鼠狼雞偸去三隻啦。
          어제 족제비가 닭 세 마리를 훔쳐갔다.

     d. 阿姐毛線衫搭其結兩件。
          누나가 그한테 스웨터를 하나 만들어주었다.

유단청(劉丹靑)(2001a)은 이러한 구조에서 동사 앞의 명사 부분이 유형 지시(類指)의 의미이며, 중국어에서 쉽게 주제로 쓰이는 경향이 있다고 하였다. 이와 달리 동사 뒤에 있는 부분은 비한정(無定)적이다. 그리고 동사 앞, 뒷 성분이 서로 교체될 수 없다. 예를 들어, (6c)는 '昨麽子黃鼠狼三隻偸去雞啦'로 말할 수 없다. 이로 보아, 이 구문은 여전히 주제 구조로, 전치한 NP가 부차적 주제이며 목적어가 아니다. 수량사인 목적어가 여전히 동사 뒤에 있다. 이는 발달한 주제화와 VO 어순이 서로 경쟁하여 이룬 절묘한 균형이다. 이로 보아, 주제화가 많이 쓰이는 것은 오어에서 SOV의 싹일 뿐이다. 오어는 아직 진정한 SOV 단계에 이르지 못하였다.

통사 분석에서, 일부 오(吳) 방언에서 대상 주제로 인해 생긴 SOV의 싹과 선진(先秦) 중국어에서 남아 있는 SOV 구문은 성질 면에서 많이 다르고, 둘 사이에 계승적 관계가 없음을 보인다. 우선 오어의 부차적 주제가 부정사 앞에서만 쓰일 수 있고(伊香煙勿吃~*伊勿香煙吃) VP의 핵심과 멀리 있다. 이와 달리, 선진(先秦)의 전치 목적어는 부정사 뒤에 있고(莫我肯顧 ; 不己知) VP의 더 깊은 내부에 있다. 다음에, 의문 대명사는 선진(先秦) 시기의 강제적인 전치의 두 가지 목적어 중에 하나이다. 그러나 오어 가운데 의문 대명사인 목적어는 전치하면 절대로 안 된다(서(徐), 유(劉) 1998: 261 참조). 이는 의문 대명사가 자연스러운 초점 성분이어서 주제가 되기 어렵기 때문이다. 이로 보아, 현대 오어의 대상 전치 위치는 약간 일반화되었지만 진정한 목적어가 아니라 여전히 주제이다.

오어에서 '把'자문의 대등 구조(꼭 '把'자를 사용하는 것이 아님)가 보편적으로 있지만 '把'류 문장은 실제적로는 적게 쓰인다. 표준어에서 '把'자문이 쓰일 수 있는 경우, 오어에서는 종종 대상 의미역을 부차적 주제로 한다. 명령문에서는 '把'자문에서든지 대상 주제문에서든지 다 종종 목적어 위치에서 제3인칭 단수 대명사가 재생성분(복지성분(復指成分))(resumptive)으로 쓰인다. 예를 들어, 상해어(7a, b)중의 '伊':

(7) a. 儂拿老酒吃脫伊。
         술을 마셔라.

     b. 儂地板拖拖伊。
         바닥을 닦아라.

오어 대상류 의미역은 다양한 통사 투사(投射)가 있는데, 위의 경우는 목적어가 그 중의 하나인 경우이다. 다른 투사도 일반적인 선택이다. 다른 투사의 결과로는 대상 의미역이 통사 구조의 다른 계층에 존재하고, 심지어 이중 재지시(復指) 수단을 통해 같은 문장의 몇몇 위치에 여러 번 나타난다. 비교를 통해, 대상 의미역의 다른 통사 투사가 오어와 북경어에서 다음과 같은 우선 선택 계열을 보인다(대상이 피동문의 주어로 잠시 쓰이는 경우를 제외함).

(8) <표준어> 대상: 목적어화 > 부사어화('把'자문) > 주 주제화(TSV) > 부주제화(STV)

     <오어>   대상: 목적어화 > 부주제화(STV) > 주 주제화(TSV) > 부사어화('拿'자문)

따라서 우리는 VO 유형과 발달된 주제화(특히 부주제화)가 흔히 나타나

는 것으로 오어 구의 기본 어순 유형을 개괄할 수 있다. 이와 동시에 오어의 부주제가 SOV 어순으로 발전하는 가능성도 부인하지 않는다.

10.1.3 부차적 주제의 오어 어순 유형에서의 중요성

오어의 부차적 주제가 발달했다는 것은 다음과 같은 측면에서 나타난다.

첫째, 대상류 의미역 대부분이 전치하여 주제로 쓰이는 경향이 있다. 주제화 된 대상 논항이 가장 많이 담당하는 것은 주어 뒤의 부차적 주제(주어가 나타나지 않는 경우 제외)이다. 오어의 주제화는 북경어보다 흔하다. 오어의 대상 주제의 위치는 북경어와 구별되는 중요한 유형적 특성이다. 북경어에서 대상 주제의 위치는 주로 주어 앞이기 때문이다. 방매(方梅)(1997)는 북경어에서 'NP$_1$ + NP$_2$ + VP'로 구성된 주제문에서 NP$_1$의 동작성이 NP$_2$보다 작다고 하였다. 우리의 주장에 의하면, 동작성이 큰 NP2는 주어이고, 동작성이 작은 NP1은 대상 주제로 주어 앞에서 주 화제로 쓰인다. 오어에서 대상 논항을 주제로 쓰는 원인은, 쉽게 연상되는 NP가 한정(有定)적이며 이미 알고 있는 정보인 것 외에, 유형지시(類指) (generic) 성분의 주제화, 일부 의문문과 부정문 내부의 대상 주제화가 더 뚜렷한 점이다. 사실은 뒤의 두 가지 경우가 첫째 요소와 연관되어 있다. Givón(1978: 294)에 의하여, 부정 관할 영역(轄域) 내의 목적어가 한정(有定)적이거나 무지칭적(nonreferential, 그의 '무지칭' 개념은 실제로는 다른 사람이 말하는 유지(類指)를 포함)인데 비한정적이나 유지(有指)적이지 못할 것이다. 일반 의문문 관할 영역(轄域) 내의 목적어도 그러하다. 이러한 경향은 서(徐), 유(劉)(1998: 252-253)의 상해어 설창(說唱) 예술 극본에 대한 통계를 통해 잘 볼 수 있다. 다음 표10-1, 그 중의 T가 다 대상 주제를 가리킨다.

표 10-1 현대 상해어 대상 주제문과 술목문의 빈도와 문장 유형 면에서의 분포

문장 유형	TV	VO	구체적 분포 상황
'VP哦' 의문문	8	2	TV 3개, STV 5개 ; VO와 SVO 각 1개
V勿V 의문문	1	0	STV 1개
반의(反意) 의문문	0	4	VO와 SVO 각 2개
특지문(特指問)	0	11	VO 6개, SVO 5개
부정 진술문	17.5	2.5	TV 4개, STV 11개, TSV 2개, STVO 1개(ST0.5/VO0.5) ; SVO 2개
긍정 진술문	8	36	TV 2개, STV 5개, TSV 1개 ; VO 3개, SVO 33개
긍정 명령문	3	10	TV 3개, VO 9개, SVO 1개

이 통계로 다음과 같은 것을 알 수 있다. 판단(是非) 의문문(VP哦, V勿V)과 부정 진술문 모두 TV 구조가 VO 구조보다 훨씬 더 많다. 긍정 진술문에서 VO가 뚜렷이 우세하지만 TV도 일정한 비율은 차지한다. 따라서 긍정 진술문의 한정적, 유지(類指), 이미 알고 있는 정보 성분도 전치할 수가 있다. 정반 의문문 외의 의문문(특지(特指) 의문문을 포함)에는 TV 구조가 전혀 없다. 여기서 주의할 것은 TV 구조에서 STV 식은 22개, TV식 12개, 모두 34개가 있고, 표준어에서는 우세한 TSV 식이 3개만 있다. 상해어의 이러한 특성은 기본적으로 오어의 총체적 상황을 드러낼 수 있다. 영파어 예문(3)과 온주(溫州)말 예문(5)를 비교한 반오운(潘悟雲)(1997)의 온주어에 대한 설명을 참조하라.

둘째, 오어에서는 발달된 분열식 주제 구조가 보편적으로 존재한다. 예 (6)이 이와 관련된 영파어의 예이다. 몇몇 다른 방언을 보자.

(9)　a.　〈호(滬)〉
　　　　我辭個號頭獎金就拿著一百塊, 派啥用場呢?(bc0005av)[24]
　　　　이번 달에 내 상금이 백 원 밖에 없는데 어떻게 쓸까?

---

24) 상해어 자료 뒤의 자모와 일련번호는 '상해어 데이터베이스'의 편명 번호이다.

b. <호(滬)>

(要燈心小一眼, 革末,) 搿能樣子末油可以省一眼咾。(iw0009av)

등심을 좀 작게 해 주면 기름을 좀 절약할 수 있다.

c. <소흥(紹興)>

雞湯裏諾鹽再加些峒。

닭고기 수프에 소금 좀 더 넣어라.

d. <락청 대형(樂淸 大荊)>

爾還是雨傘帶把去, 省得雨淋爻感冒。

우산 하나라도 가지고 가라. 비를 맞고 감기에 걸리지 마.

e. <김화 탕계(金華 湯溪)>

爾碗借兩個我用用。(조지운(曹志耘)1997: 44)

밥그릇을 두 개 좀 빌려 줘.

f. <온주(溫州)>

我飯吃爻一碗。

내가 밥을 한 그릇 먹었다.

조사 자료나 문헌에서 찾은 분열식 주제 예문은 다 주제 부분이 주어 뒤에 있는 것이다(주어가 나타나지 않은 것을 제외). 비록 억지로 주어 앞에 쓰면 안 되는 것은 아니지만 '飯我吃了一碗'과 같은 문장이 데이터베이스에 거의 없다. 이것도 오어의 부차적 주제가 발달하였다는 중요한 예증이다.

셋째, 오어는 발달된 동일성 주제 구조가 있다. 동일성 주제는 주제로 쓰인 NP나 VP의 전부 또는 부분인 문장 뒷부분에서 다시 나타나는 것이다 (Liu 2004). 이러한 구조가 표준어에도 있지만 오어에서 더 흔하다. 그 중의 많은 하위 유형이 표준어와 대등한 형식이 없다. 대부분의 동일성 주제는 VP가 주제로 사용되며, 같은 것이 문장 뒷부분에서 주어나 내포문의 서술어로 쓰인다. 소주(蘇州)어의 문서 자료(예: 청(淸)나라 후기의 소설 '해상화열전'(海上花列傳), 예10 참조)과 상해어 데이터베이스(예: 예11)에서 나타난 동일성 주제 구조의 예문은 다 부차적 주제나 문장의 주어가 나타나지 않은 예이다. 동일성 주제가 주어 앞의 주 주제로 쓰이는 것은 받아들일 수 있지만 실제 데이터베이스에서 보이지 않는다. 예를 들어,

(10) a. 耐哚吃也吃完哉, 還請我吃啥酒。‘海花’ p24
너희들 다 먹었잖아. 왜 나한테 술 사 줄 거야?

b. 王蓮生忙道：“覅去惹俚哚哭哩。” 林素芬笑道：“俚哭倒勿哭個”。‘海花’ p48
왕연생(王蓮生)은 ‘그들을 집적거려 울리지 마’하고 급히 말하였다. 임소분(林素芬)은 ‘울지는 않았다’하고 웃으며 말하였다.

c. 耐氣末氣, 原快快活活轉去。‘海花’ p71
여전히 기쁘게 돌아간다.

(11) a. 搿學生子嚇也嚇殺勒!(iw0003av)
저 학생이 너무 놀라 혼쭐났다.

b. A : 伊烤勒老爛個。
그는 아주 흐물흐물하게 구웠다.

B : 爛末是老爛個。(iw0001av)
확실히 흐물흐물하다.

위의 사실에 의해, 우리는 오어가 통사적인 부주제 위치를 가지고 있다고 믿는다. 그 위치에서 일정한 주제성 단위가 나타나고 부주제 구조는 비교적 관례적인 구문이 된다. 강한 화용적 동인으로 나타난 특별한 구문이 아니다. 주 주제의 위치에 비해, 부차적 주제가 더 쉽게 구 내부의 일반적인 통사 위치가 된다. 그것이 좌전위(좌착위(左錯位)) (left-dislocated) 성분이 되지 않았고, 뚜렷한 꼭 휴지가 필요하지 않으며, 광범위한 관할 영역도 없고, 뒤의 구와 주제 연(鏈)을 구성할 필요가 없으며 특별한 언어 환경의 제약을 받지 않으므로 구 내분의 통사 구조가 되기 쉽다.

상해어의 부주제가 이미 상당히 통사화 되었지만 아직까지 부주제에 나

타난 대상이 이미 목적어가 되었다고 간주될 수 없다. STV 구문을 SOV로 보는 것이 마땅하지 않다. 이 자리에 나타나는 대상이 어느 정도 주제성을 가지고 있기 때문이다. 대상은 주제성을 갖지 말아야 한다. 예를 들어, (1), (2) 문장의 대상들이 부주제나 주 주제로 나타나기 어렵다. 다만 표준어에 비해, 오어가 전형적인 SVO에서 더 멀다.

10.1.4 다른 연관된 어순

표준어에서 동사 앞에 나타나는 부사어는 월어(粵語) 등 남방 방언에서 동사 뒤에 나타난다. 예를 들어, '我走先啦'(我先走啦)(내가 먼저 간다), '你食一碗添'(你再吃一碗)(한 그릇 더 먹어). 조화론에 따르면, 이러한 구조가 VO와 같이 다 '핵심-종속어' 어순에 속하고 VO 어순과 조화한다. 이와 달리, 부사어 전치는 조화하지 않는다. 그래서 이러한 구조는 남방 방언이 북방말보다 SVO와 더 가깝다는 증거가 된다. 이러한 구조가 오어에도 약간 있다. 예를 들어, 태호(太湖) 방언 지역의 오어에서 다 '到快哉'(快到了)(금방 도착할 것이다), '要過中秋快哉'(快要過中秋節了)(추석날이 다가온다)라 한다. 그리고 남부 오어에서 위의 월어(粵語) 구조와 비슷한 문장이 있다. 예를 들어, (온주)溫州 '儂去起, 我等記再去'(你走先, 我就來)(너 먼저 가, 나 금방 갈 것이다), '吃一碗添/吃一碗湊'(再吃一碗)(한 그릇 더 먹어) 등이 있다(조지운(曹志耘) 2002 참조)

후치 부사어는 표준어에 비해 오어가 더 강한 VO 형 언어의 특징을 가짐을 드러낸다. 이는 오어가 표준어보다 더 강한 동사 어말(居後)의 경향을 가진다는 것과 부합하지 않는다. 이에 대해, 우리는 다음과 같이 몇 가지 측면에서 분석한다. 우선, 부사어의 후치와, 대상이 주제화로 인해 전치한 것은 각각 다른 역사적인 차원에 속한다. 대상 주제화(부차적 주제화를 포함)로 인해 나타난 동사 어말 현상은 일종의 생산적이고 유추할 수 있는 통사 현상이며 발전하고 있는 현상이다. 이와 달리, 부사어 후치는 몇 개의 부사를 포함하는 극히 적은 폐쇄적 구별이다. 이러한 어순으로 다른 부사를 유추하지 못한다. 뿐만 아니라 오어에서 부사어 후치 구조는 자주 각종 구조적 제한이 있고, 전치 부사처럼 자유롭지 않다. 북부 오어의 '快'는 꼭 새 상황을 나타내는 문말 어조사 '哉' 등과 같이 쓰여야 한다. 남부 오어에서 동사 뒤의 '우선'을 나타내는 '起'는 동사에 꼭 붙어야 한다. 그리고 '起'가 쓰인 다음에는 목적어를 더 이상 가질 수 없다. 'VP添/湊' 구조는, 'V'와 '添/湊' 사이에 꼭 수량 성분이 첨가되어야 하고, '添'과 'V'는 직접 결합할 수 없다. 이러한 제한으로 보아, 이와 같은 구조는 자유로운 통사 결합이 고정적이 된 것으로, 자유 결합이 아니다. 유추성과 융통성으로 보아 부사어 후치는 일종의 화석화 현상이다. 이러한 현상이 백월(百越)－장동(壯侗) 언어(더 전형적 VO-전치적 언어)의 심층이나 표면층과 관련된다고 생각된다. 이들 구조가 남방 중국어와 장동(壯侗) 언어 간의 더 밀접한 역사적 관련성을 반영하는 듯하다. 오어구(區)부터 월어구(粵語區)까지의 지역은 한족 사람이 많이 남하하기 전에 다 장동계(壯侗系)의 선조 백월인(百越人)의 생활 지역이었다. 백월(百越)어 특징의 심층적 표현 중에 부사의 어순 외에 다른 것도 있다. 양사가 남방 방언에서의 활동적인 것이 바로 그것이다. 장동어(壯侗語) 지역과 가까울수록 그 언어의 부사어 후치가 발달한다(예: 월어). 중국어사의 다른 방언에 비하면, 다음과 같은 것을 알 수 있다. 오어 대상 주제화의 확대 및 관련된 변화(장소 성분의 전치 등)는 새로 나타난 현상으로 장동어(壯侗語)와 무관하다. 따라서 이러한 현상이 오어 및 민어(閩語) 지역에만 존재한다. 휘어(徽語), 감어(贛語), 객가(客家) 방언을 비롯한 남방 방언은 이 정도에 이르지 못한다. 월어는 심지어 표준어보다 VO 유형과 더 가깝다. 달리 말해, 대상 주제화의 발달은 오어의 '신흥', 자원(自源) 현상이고, 부사어 후치는 오어의 '사양', 타원(它源) 현상이다. 이는 오어 전체의 공시적 어순 유형에 큰 영향을 미치지 않을 것이다.

남방 중국어가 핵어 시작 특징을 갖는다는 것을 증명할 수 있는 다른 예는 '雞公(수탉), 雞婆(암탉), 魚生(생선), 豆腐生(생 두부), 菜乾(말린 채소), 鞋拖(스리퍼), 人客(손님), 布碎(조각보)' 등 핵심어-종속어(정편(正偏))식 단어이다. 이들 단어는 오어와 다르게 분포하는데 남부 오어에 약간 많다. 그래도 월어보다 많지 않다. 이들 구조는 역사상 남방 중국어와 장동어(壯侗語)가 긴밀하게 관련된다는 증명일 수 있다. 그럼에도 불구하고, 공시적인 면에서, 그것들이 어휘화한 흔적으로 통사상의 어순을 나타내지 못할 뿐만 아니라 단어 조성 형식으로서의 생산성도 없다. 그리고 그것들이 단어인지 여부에 이견이 있다. (오운희(伍云姬)1995와 정방신(丁邦新)2000이 여러 측면에서 '雞公, 雞婆'와 같은 단어 조성법이 핵심어-종속어(정편식)이 아님을 입증하였다). 표준어인 '餠乾(과자), 豆腐乾(말린 두부), 蛋白(단백질), 肉鬆(러우쑹)25)'이 핵심어-종속어인지 여부의 문제에도 이견이 있다. 아마 중국어 화자의 언어 심리에서 정편 단어 조성식이 이미 없어졌지만, 원래 핵심어-종속어 단어 조성법 흔적이 남은 단어를 핵심어-종속어로 재해석하였다. 이러한 단어 조성식이 오어 전체의 어순 유형에 미친 영향은 후치부사보다 적은 것 같다.

10.2 오어의 개사 유형

10.2.1 오어 전치사 개설

표준어는 남북 방언, 고대와 현대의 언어를 받아들여 이루어진 공통어이다. 오어는 다른 중국어 방언의 구어와 같이 전치사가 표준어보다 많지 않다. 오어의 전치사가 다양하지 않은 원인은 후치사가 더 중요하고 활발한 역할을 하는 데 있다. 그래서 통사 측면에서 보아, 후치사에서 오어 개사

---

25) 돼지, 소 등의 살코기를 가공하여 분말 또는 풀솜 모양으로 만든 식품.

체계의 특징이 더 많이 드러난다. 전치사의 특징의 대부분은 어휘적 차이
이다. 다음에 비교적 독특한 시공(時空) 의미를 가진 전치사 및 다른 전치
사에 대해 논의한다.

오어 중에 가장 중요한 시공(時空) 전치사도 표준어 '在'와 같이 '존재'를
나타내는 동사와 겸임한다. 북부 오어에서 이 전치사가 '來'[lE], '拉'[la],
'辣'[la/], '勒'[lə?] 등의 음을 가진다. 초기 문헌의 '來'나 '拉' 등이 당시에는
서성자(舒聲字)이어야 했는데 입성(入聲)인 독음은 허사에서 흔히 나타나
는 촉화(促化) 현상으로 인해 생긴 것이다. 어떤 때는 서성(舒聲)과 입성(入
聲)이 하나의 방언에서 공존하는데 자유 변독(變讀)이 된다. 무석(無錫)어
가 바로 이러한 예이다. 그러나 동사로 쓰일 때는 일반적으로 서성(舒聲)의
'來'이며, 전치사로 쓰일 때는 '來'로 읽혀도 되고 '勒'으로 읽혀도 된다. 이
것도 '來'가 더 본래의 음을 대표하는 것을 설명한다. 그러나 의미 면에서
이들 음이 이동 동사 '來'에서 생긴 것인가를 판단할 수 없다. 이 책에서는
'來/勒'류 단어의 어원에 대해 결정을 보류한다.

어떤 오(吳)방언에서 '在'와 대응하는 단어가 표준어인 '在'보다 더 구체
적인 어원을 가지고 있다. 예를 들어, 온주어의 '宿', 여수(麗水)의 '隑'[gE]
('戤, 敳'로 쓰이기도 함. 오어 대부분의 방언에서 '서다'의 의미를 나타내는 동사이
며 월어(粵語)의 동사 '企'와 같은 것에서 생겼음).

(12) a. <溫> 宿雞湯裏加倈兒點兒鹽。
          닭고기 수프 안에 소금을 조금 넣는다.

     b. <麗> 隑雞湯裏頭囥點點鹽。
          닭고기 수프 안에 소금을 조금 넣는다.

그러나 온주어, 여수(麗水)어에서 '在'의 의미를 가진 다른 동사가 전치
사로 쓰이기도 한다. 두 방언에서 다 '是'[z̩]가 '在'를 표시한다. 그것의 어
원은 지정사 '是'인 것 같다[26]. 여수(麗水)어에는 동사 뒤의 전치사인 '啾

[di?]'도 있다. '宿', '隑' 등이 실의동사(實義動詞)로 쓰일 때 '是', '啾' 등은
전치사로 사용되어 '宿是', '隑啾'를 구성한다.

(13) a. <溫> 渠宿是上海。
　　　　그는 상해에 살고 있다.

　b. <麗> 渠隑啾大門外。
　　　　그는 대문 밖에 서 있다.

오어의 존재 동사와 표준어인 '在' 사이에는 중요한 통사적 구별이 하나
있다. 즉 전자는 자동사 서술어로 쓰일 수 없지만 후자는 자동사 서술어로
쓰일 수 있다.

(14) <표준어> A. 小張在嗎?
　　　　　　소장(小張) 있어?

　　　　　　B. 小張在。
　　　　　　있어.

이러한 문장을 오어로 표시하려면 특별한 복합 존재 동사를 이용해야
한다. 즉 존재 동사와 추상화된 장소를 나타내는 어휘소 겸 후치사로 구성
된다. 그 구조는 근대 중국어의 '在裏'와 비슷하다. (14)의 대화를 상해어로
하면 다음과 같다.

(15) A. 小張辣*(海)哦?
　　　소장 있어?

---

26) 어떤 학자는 온주(溫州)말의 존재 동사 겸 전치사인 '是'를 '在'(유여걸(遊汝杰), 양건명
(楊乾明)1998)나 '着'으로 표시하는데 그것을 '在'나 '着'의 어음 변체로 본다. 이렇게 분석
하면 의미 면에서 이해하기 쉽지만 어음 면에서 '그 이유'의 설명이 필요하다. 이 책에서
'是'는 다른 단어의 변체가 아니라고 믿는다. 계사는 여러 언어와 방언에서 동사로 쓰이기
도 한다. 영어의 be가 바로 존재동사이기도 하다. 예를 들어, 셰익스피어의 명언: to be
or not to be. 일부 오어 외에 휘어(徽語)의 일부에서도 '是'로 '在'를 표시한다(平田昌司
1998: 278). 어떤 방언은 계사 변조(變調)의 식으로 '在'를 표시한다. 예를 들어, 월어(粤語)
와 객가(客家)말의 '喺'가 바로 계사인 '系'의 변조(變調)이다.

B. 小張辣*(海).
있어.

(15)에서 반드시 '辣'가 아닌 '辣海'를 사용해야 한다. '辣海'와 같은 구조가 남방 방언에서 보편적으로 존재한다. 예를 들어, 복주(福州)말의 '著㖞', 월어(粤語)의 '喺度' 등이 있다(이러한 복합사에 대한 세밀한 논의는 10.2.3과 11.3 참조).

오어의 존재 동사 겸 전치사는 일반적으로 '在'보다 더 광범위한 의미역 기능을 가진다. 주요 동사 앞에 있을 때 그것은 종종 원점(源點)을 나타내어 '從'('從'은 듣기에 문어(文語)같다)에 해당한다. 순수한 방언 표현에서는 '從'의 기능은 종종 '在'의 의미를 가진 단어로 표시된다. 예를 들어, '從學校裏回來'(학교에서 왔다)를 '辣學堂裏回來'(학교에서 왔다)로 말한다. '在'의 의미를 가진 단어가 동사 뒤에서 행동 이동의 종점을 나타내기도 한다. 비록 각 방언에 원래부터 '到'가 있지만 '在'의 의미를 가진 단어로 종점을 나타내는 것도 흔히 볼 수 있다. 즉 '扔到河裏'(강에 던진다), '跳到臺上'(무대에 뛰어간다) 등을 '甩辣河裏'(강에 던진다), '跳辣臺上'(무대에 뛰어간다) 등으로 말하는 것이다. 달리 말해, 오어의 존재 동사가 전치사로 쓰일 때 표준어인 '在'보다 더 광범위하다. 다른 면에서, 표준어에서 '在', '從', '到'를 써야 하는 위치에, 대부분의 오어에서는 전치사를 사용하지 않는다(14.1.1 참조).

대부분의 오(吳)방언의 동사 앞, 뒤에서 다 '在'의 의미를 가진 하나의 전치사가 쓰인다. 예를 들어, 소주(蘇州)어인 '勒床浪睏覺'(침대에서 잠을 잔다), '困勒床浪'(침대에서 잠을 잔다). 이와 동시에 일부 방언의 동사 앞, 뒤에 각각 '在'의 의미를 가진 다른 전치사가 쓰인다. 예를 들어, 김화(金華)말인 '來操場上打球'(운동장에 와서 농구를 한다)와 '放特俺[a42]㪚裏'(여기에 둔다), 여수(麗水)어인 '隑操場上打球'(운동장에 와서 농구를 한다)와 '囥啾我阿垯'(여기에 둔다). 전체적으로, 동사 뒤에 있는 전치사는 극히 적고 이동동사

의 개사적 기능이 발달되지 않는다. 동사 앞, 뒤에 있는 전치사 항목의 차이
와 통사 의미 차이에 대해서는 14.1.1 참조.

10.2.2 오어 후치사 개설

오어 후치사의 가장 중요한 특징은 장소 후치사의 문법화 정도가 심하다
는 것이다. 문법화 정도가 어음 형식, 의미, 통사적인 면에서 나타난다.

표준어에도 있는 방위사에서, '上'과 '裏'의 추상화 정도가 가장 심하다.
어음 면에서, 소남(蘇南), 상해(上海)의 오어구(吳語區)에서 '上'이 [lã]나 [ɲ
iã]로 약화되어 '上'의 규칙적 음인 [zã^{31}]와 구별된다. 예를 들어, 소주어
'上[zã^{31}]級, 上[zã^{31}]頭'과 '臺子上[lã], 帳面上[lã]'과 대조적이다. 후치사
'裏'가 상주(常州)말에서 '勒'[lə?]로 약화되고 대주(臺州)말에서 '勒'[lə?]과
'特'[də?]로 약화될 수 있어 규칙적 음인 [li]와 구별된다. 의미 면에서, '上'
과 '裏'는 표준어에서 이미 심한 추상성 정도를 갖지만(6.2.3, 8.2 참조) 어떤
오어에서 더 심한 의미 추상성을 드러내어 종종 '上'이 표시하는 의미를 포
함하기도 한다. 이때 그것들은 장소의 표면이나 안을 더 이상 구별하지 않
으며 다만 장소 의미역을 추상적으로 표시한다. 예를 들어,

> (16) a. <단양(丹陽)> 路裏
> 길에서
> 家裏
> 집에서
> 臺裏
> 상 위에
> 屋頂裏漏水
> 지붕에서 물이 샌다.
> 掉在地裏(채국로(蔡國璐)1995: 21)
> 땅에 떨어진다.

b. <동양(東陽)> 臺桌裏
　　　　　　　상 위에

c. <소흥(紹興)> 黑板裏
　　　　　　　칠판 위에
　　　　　　　路裏
　　　　　　　길에서

d. <대주 초강(台州 椒江)> 黑板特
　　　　　　　　　　칠판 위에
　　　　　　　　　　路特
　　　　　　　　　　길에서

e. <악청대형(樂清大荊)> 黑板裏
　　　　　　　　　　칠판 위에
　　　　　　　　　　路裏
　　　　　　　　　　길에서
　　　　　　　　　　戲臺裏
　　　　　　　　　　무대 위에
　　　　　　　　　　衣裳裏
　　　　　　　　　　옷 위에
　　　　　　　　　　山頂裏
　　　　　　　　　　산꼭대기에
　　　　　　　　　　(把事情推到) 會計頭裏
　　　　　　　　　　회계한테 (일을 미룬다)

f. <온주(溫州)> 黑板裏
　　　　　　　칠판 위에
　　　　　　　身裏
　　　　　　　몸 위에
　　　　　　　(把事情推到) 會計頭裏
　　　　　　　회계한테 (일을 미룬다)
　　　　　　　(帶錢在) 身裏
　　　　　　　몸에 (돈을 간직한다)

통사 면에서, 오어의 방위 후치사가 표준어의 방위사보다 더 큰 통사적 강제성을 가지고 있다. 장소 의미역이 후치사를 가지지 못할 때는 고유 장소 명사인 경우이다. 표준어에서 사용될 수도 있고 사용되지 않아도 되는 장소류 보통 명사, 즉 '在學校(裏) / 敎室(裏) / 圖書館(裏) / 劇場(裏) / 郵局(裏) / 單位(裏) / 公司(裏) / 公園(裏) / 廣場(上) / 陸地(上) / 海洋(上/裏) / 天空(中)' 등은 오어에서 다 뒤의 방위 명사를 생략할 수 없다. 이는 오어에서 종종 장소 전치사를 생략하는 것과 대조적이다. 이외에 어떤 오(吳)방언의 '裏'는 표준어 방위사가 없는 기능도 가지고 있다. 즉 '裏'가 인명이나 인칭 대명사에 첨가되어 그 사람이 있는 장소를 나타낸다. 표준어의 이러한 위치에서 반허화(半虛化) 처소 지시대명사(指代詞) '這兒, 那兒'만을 사용할 수 있다. 다음의 소흥(紹興)어를 보자.

(17) a. 挪望我裏走幾步。
　　　 나한테 몇 걸음 와.

　　 b. 我到老王裏坐一歇。
　　　 내가 노왕(老王)한테 가서 얘기 한다.

방위사가 사람을 나타내는 NP에 첨가되어 결합 제한을 하나 제거하여 명사로부터 후치사까지의 더 심한 문법화에 이른다.

다른 오(吳)방언의 방위사 모두가 다 소흥(紹興)어의 '裏'와 같은 기능을 갖지는 않는다. 이는 오어구(吳語區)에 방위사보다 문법화 정도가 더 심한 장소 후치사가 존재하기 때문이다. 표준어에는 이것과 대응하는 성분이 없다. 방언들에서는 이러한 후치사로 소흥(紹興)어의 '裏'의 기능을 하고 있다. 이들 후치사는 11.2.1에서 세밀하게 기술할 소주어 '搭'이 대표이다. 예를 들어, '老王搭'(노왕(老王)이 있는 곳).

영파어에서는 중국어 지명 뒤에 쓰이는 보기 드문 장소류 후치사 '垬'[kaʔ]도 발견된다. 예를 들어,

(18) a. 爾到上海好搭南京垃走, 也好搭杭州垃走。
　　　 네가 상해에 가려면 남경에서 가도 되고 항주에서 가도 된다.

　　 b. 火車搭北京方向垃開去噢。
　　　 기차가 북경 쪽으로 갔다.

영파어의 '垃'은 장소 명사 뒤에서 쓰이는 '垃堆'에서 생겼고, '…一帶, …附近'에 해당한다. 예를 들어, '南京垃堆'(남경(南京) 근처), '圖書館垃堆'(도서관 근처). 그러나 여기의 'NP垃堆'는 'NP垃'으로 말할 수 없다. 앞에서 '경유'나 '방향'을 나타내는 전치사가 나타날 때만 '垃'이 사용될 수 있다. 이때는 '垃'의 의미가 더 추상화되어 '일대', '근처'를 명확하게 가리키지 않고 전치사와 같이 방향과 관련된 장소적 의미를 나타낼 뿐이다(위의 분석은 영파(寧波)인 호방(胡方) 선생이 제공한 자료와 제기한 의견을 참조하였음). 달리 말해, 장소 명사 뒤의 단음절 '垃'는 분리사인 '搭…垃'의 일부만으로 쓰일 있는 완전히 추상화 된 후치사이다. 그것이 고유 지명 뒤에서 쓰이는 기능은 중국어 장소 후치사가 다른 성분과 결합할 때 소류(小類)의 제약을 받지 않을 정도로 추상화되었다.

장소를 나타내는 '垃'[kaʔ]는 영파어를 비롯한 오어에서 많이 존재하는 '방식', '정도'를 가리키는 어휘소 '介'[ka/ga]와 같은 것에서 생겼을 수도 있다. 후자는 오어구(吳語區)의 많은 방언에서 방식-정도 지시사로부터 후치사로 추상화되어 같은 동등 비교나 비유를 나타내는데 표준어의 '這麽/那麽'(이렇게/저렇게), '這樣/那樣'(이렇다/저렇다), '似的'(~와/과 같이)의 역할과 비슷하다. 예를 들어, 영파어 '像爾介聰明'(너와 같이 똑똑하다), '像鵓鴣鴿子介小'(비둘기와 같이 작다), 소흥어 '像手指頭介長'(길이는 손가락과 같다), 소흥(紹興)과 상해어 '有國際飯店介高'(높이는 국제호텔과 같다), 상해어 '告跟手節頭介長'(길이는 손가락과 같다). 다른 방언에서도 종종 방식-정도 지시사나 어휘소로 동등 비교나 비유를 나타내는 후치사를 구성한다. 그것들의 구체적 어휘 형태와 어원이 다를 수 있다. 후치사가 없이 전치사만으로 동등 비교의 기준이나 비유 대상을 나타내는 방언이 없다.

표준어의 어떤 후치사나 후치사 역할을 가진 성분이 오어에도 있다. 예를 들어, '…以來, …起, …開始, …爲止, (爲了)…起見'. 이외에 다른 후치적 성분이 오어에서 더 활발한 역할을 하거나 더 높은 정도로 문법화 되었다. 예를 들어, '(用)…來', '(比)…來得/要', '(跟)…一道' 등이 있다. 우리가 가진 문서 자료와 조사 자료가 다 이를 설명할 수 있다. 이에 대한 상세한 분석은 뒤의 몇 장을 참조하라.

오어의 후치사 유형이 발달했다는 것은 후치적 연결사 면에서도 뚜렷이 드러난다. 후치 연결사는 오어에서 극히 중요한 연결 수단으로 구 안에, 절들 간에 중요한 연결 역할을 한다. 그것의 역할은 심지어 전치 연결사보다 크기도 하다. 다음의 사례 연구에서 이 문제에 대해 상세히 논의한다. 특히 12.3은 상해어 후치 연결사를 중심으로 하는 분석이다.

10.2.3 전치사와 후치사가 구성하는 복합사(PPC)

10.2.1에서 다음과 같이 제기하였다. '在'에 해당하는 오어의 존재 동사 겸 장소 전치사 '辣, 勒' 등이 장소 목적어 없이 단독으로 서술어로 쓰일 수 없고, 표준어의 '他在'와 같은 것이 없다. 꼭 '辣海, 勒裏' 등 복합사의 식으로 나타난다. 이들 복합사는 각 지역의 오어뿐만 아니라 다른 남방 방언에서도 보편적으로 있다. 오어의 예는 다음과 같다. 소주(蘇州)의 '勒浪, 勒海', 상해(上海)의 '辣辣, 辣海', 무석(無錫)의 '來裏, 來哼', 상주(常州)의 '勒頭', 소흥(紹興)의 '來垌, 來埭', 영파(寧波)의 '來的, 來該', 김화(金華)의 '來裏', 대주 초강(台州 椒江)의 '在垯', 악청대경(樂淸大荊)의 '是擔', 온주(溫州)의 '是夠,是垯' 등이 있다. 다른 남방 방언의 예는 광주(廣州)말의 '喺度', 복주(福州)말의 '著哩', 천주(泉州)말의 '牫嘞' 등이 있다. 실질적 의미에서

보아, 그것은 술목 복합사로 간주될 수 있다. 그것의 앞부분이 바로 '在'와 대응하는 단어이며 존재 동사로 쓰일 수 있고, 그것의 뒷부분이 일반적으로 부착적 어휘소이며 명사성 장소 어휘소로 앞부분의 장소 목적어 역할을 하는 것으로 간주될 수 있다. 추상적 의미에서 그것의 앞부분은 어떤 방언에서 표준어 '在'와 같이 가장 중요한 장소 전치사이다. 그것의 뒷부분은 일반적으로 장소 후치사 역할을 하거나 장소 후치사와 어원과 관련되어 있다. 따라서 이 단어 전체는 '존재동사/전치사+명사구+후치사'의 명사구가 없는 생략형으로 분석될 수 있다. 그래서 이 책에서 이러한 복합사를 PPC(pre-postposition compounds, 전후치 복합사)로 약칭한다. 이러한 단어는 오어에 아주 많다. 문법화의 몇 단계를 가진 용법들이 종종 한 가지 방언에서 공존한다. 이는 연구할 만하고, 중국어사의 현상 이해에도 도움이 된다. 이것의 통사 역할은 동사적 용법이라기보다는 긴축된 동사구나 NP가 없는 분리사와 같다. 이는 그것의 내부적 구조의 기능과 부합한다. 비교적 특별한 것은, 이러한 복합사가 하나의 전치사로 쓰일 수도 있는 점이다. 즉 이미 장소 의미를 가진 뒷부분에 어휘적 장소 단위를 첨가하는 것이다. 더욱 특별한 것은 소흥어와 같은 어떤 방언에서 이러한 복합사 중 명사성 어휘소에서 생긴 후치 부분이 뜻밖에도 전치사 용법을 새로 가지게 되는 것이다. 더 나아가, 이러한 복합사는 종종 동사 앞, 뒤에서 상 표지로 쓰일 수도 있고, 어떤 것은 상 표지로에서 더 나아가 문말 어기조사로 추상화되기도 한다. PPC는 어떤 면에서 전, 후치사 공존형 언어의 일부 특징과 문법화 면에서의 일부 규칙에 뚜렷이 반응한다. 그러므로 다음 장에서 특히 소주어에 대한 사례 분석에서 PPC의 구조와 역할을 구체적으로 논의할 것이다.

이러한 구조는 일찍부터 학계의 관심을 불러일으켜 왔다. 여숙상(呂叔湘)(1984[1947])은 최초로 근대 중국어에서의 '在裏'가 어떤 때에는 '在'나 '裏'로 감축된다는 것에 주목하였고 그것을 소주말의 '勒裏, 勒浪, 勒海' 등과 대조 비교하였다. 그것들은 구조가 같고 기능이 서로 통한다. 즉 모두 장소 의미에서 시, 상, 어기 등 더 추상적인 용법이 발전된다는 것을 지적하였다. 또한 여숙상(呂叔湘)의 글에서 표준어에는 이러한 단어가 없는 것 같지만 사실은 이와 같은 단어의 흔적이 있다고 하였다. 여숙상(呂叔湘)은 문말 어기조사 '呢'가 바로 '哩'에서 나왔고 초기에 '在裏'의 약어 중의 하나인 '裏'로 쓰였다고 하고, 후에는 여러 문헌에서 소주(蘇州), 상해(上海)어에서의 이러한 단어에 대해 분석하였다. 그러나 그 분석은 모두 개사의 유형과 결합하여 고려하지 않았다.

10.2.4 오어와 표준어의 개사에서의 유형적 차이

오어와 표준어의 개사에서의 차이는, 어떤 것은 단어 항목의 차이나 개별 단어의 용법의 차이이고, 어떤 것은 유형적 면에서의 차이이다.

총체적으로 보아, 오어의 전치사는 통사 면에서 표준어의 전치사처럼 발달하지 않았고 활발하지도 않다. 전치사의 기능을 가진 성분이 적고 추상화 정도가 높지 않을 뿐만 아니라 PP가 동사를 앞설 때 전치사가 생략되거나 종종 사용되지 않는 경우가 흔하다. 특히 소흥(紹興)어 등 방언(13.1, 13.3 참조)에서 대상 성분과 PP가 동사를 앞서는 경우가 표준어보다 많다. 그리고 동사 앞의 장소류 의미역은 종종 후치사에 의해 표시된다. 이는 이들 방언이 유형적인 면에서 전형적인 VO 형 언어와 전치사 언어와 멀고, 표준어보다 OV 형 언어와 후치사 유형의 언어와 더 가까움을 보인다. 연계자 원칙으로 보아, 동사 앞의 PP에 전치사가 있어도 그 전치사가 매개 자리에 위치하지 않는다. 따라서 후치사가 있으므로 전치사가 더 이상 사용되지 않는 것은 자연스럽다. 흥미로운 것은 오어의 PP가 동사 뒤에 쓰이는 경우가 표준어보다 적고 전치사의 생략도 표준어보다 많지만 일단 종점, 방향 등 의미역을 나타내는 성분이 동사 뒤에 나타날 때는 오어의 전치사 생략이 표준어보다 더 어렵다. 그 이유는 분명히 전치사가 매개 위치에 있기 때문이다. 이는 오어가 표준어보다 더 연계자 어중 원칙에 부합하는 것을 드러내는 것 같다.

전치사가 표준어보다 발달하지 않았다는 것에 상응하는 것은 오어의 후치사가 통사적인 면에서 더 중요하고 문법화 정도가 높은 후치사가 더 많은 점이다. 사실 오어의 전치사 대부분이 뚜렷한 동사성을 가지고 있는 반면에, 많은 후치사가 순수한 허사이다. 예를 들어, 소주어 '搭'을 비롯한 장소 후치사, '上'의 변체인 '浪', '裏'의 변체인 '勒, 特' 등은 후치사의 용법만을 가진다. 오어의 후치사는 통사적인 면에서 표준어보다 더 생략되기 어렵다. 장소성 후치사의 역할이 활발하다는 것 외에 다른 것에서 온 후치사, 특히 PreP가 동사를 앞설 때 매개 위치를 채우는 연결 성분(예: '來')이 표준어보다 흔히 사용된다. 후치적 연결사의 역할은 표준어보다 훨씬 더 중요하다. 이들 특징은 오어를 총체적으로 표준어보다 후치적 언어와 더 가깝게 보이도록 한다.

앞에서 논의한 유형적 특징은 다음 4개 장에서의 사례 분석과 오어 간의 비교에서 더 구체적으로 드러날 것이다.

11. 소주(蘇州)어 개사의 유형적 분석

11.1 전치사 체계

상해어가 흥기하기 전에는 소주(蘇州) 방언이 줄곧 오어의 대표로 간주되었다. 좁은 의미의 오어는 바로 소주어(소주(蘇州)는 춘추(春秋) 시기에 오(吳)나라의 수도로 그것의 옛 명칭은 오(吳), 오현(吳縣)이다)를 뜻한다. 다른 오어들에 비해, 소주어의 문서 자료는 시기가 이르고 양도 많다. 소주(蘇州) 방언에 대한 연구 성과도 많고 다양하다. 이번 장에서는 필요할 때 옛 상해(舊上海)말을 비롯한 이웃 오어들의 자료를 적절하게 보충하여 오어 개사를 깊이 이해한다.

소주(蘇州) 방언의 어떤 주요 전치사는 표준어의 전치사와 같은 기원을 가지거나 용법상 대응하여 여기서 상세히 논의할 필요가 없다. 그러한 전치사는 '朝, 望往,用, 拿拿/用, 도구표지 ; 把/將, 대상표지, 對, 爲仔爲了, 從, 到' 등이 있다. 다음에 주로 두 가지 측면에서 소주어의 일부 상용 전치사를 고찰하고자 한다. 첫째, 소주어 전치사가 의미와 통사적 역할(특히 후치사 간의 분업과 상호 작용 면)에서 표준어와 다른 특징이 무엇인가? 이들 특징의 유형론적 의미는 무엇인가?, 둘째, 소주어 전치사가 문법화 수단과 과정에서 어떤 특징이 있는가, 문법화 이론에 어떤 계시를 주는가이다. 본 장의 후술 부분에서 후치사, 전·후치 복합사인 PPC를 고찰할 때도 이 두 가지 측면에서 출발할 것이다.

11.1.1 기본 장소 전치사 '勒'와 관련된 성분

'勒'[ləʔ]은 존재 동사 겸 기본 장소 전치사로 표준어 '在'와 대응하는 단어이다. 청나라 말기의 유명한 소백(蘇白)소설(관화(官話)[27]로 기술하고 소주어로 대화를 표시함)인 '해상화열전(海上花列傳)'(다음부터 '海花'라고 약칭함)에서 '勒'[ləʔ]이 아닌 '來'[lɛ]를 쓴다. 더 이른 시기의 소백(蘇白)화본[28]인 '三笑'(1802년)에서 이미 입성[29]의 '勒'과 '立'(현재의 독음은 [liəʔ]임)을 쓴다. 명나라 시기의 소주어 문헌에서 서성(舒聲)[30]의 '拉'(현재의 독음은 [lɑ]임)를 쓴다. 오늘의 무석(無錫)어에서 '來~勒'가 공존하는 것을 감안하여 소주어 '勒'도 서성(舒聲)과 입성이 공존한다는 것을 허락한 적이 있는 것 같다. 그래서 문헌에서 서성(舒聲)과 입성이 서로 교체되는 경우가 있다. '勒'은 소주어에서 동사 앞, 뒤에 다 쓰일 수 있는 개별전치사 중 하나이다(다른 것은 여격을 나타내는 '撥'임). '勒'이 표시할 수 있는 의미가 표준어 '在'보다 많다. 이는 더 높은 문법화 정도를 나타낸다고 간주된다. '勒'이 동사 앞에서 쓰일 때 행위나 존재의 장소(예, 1a, b) 외에 출발점(源點)이나 경유 장소를 나타내기도 하며 '從'의 역할을 한다. 예: (1c-e)

(1) a. 爹爹勒床浪眠覺。
          아버지가 침대 위에서 주무신다.

    b. 俚歡喜勒紙頭浪亂摁。
          그는 종이 위에 낙서하는 것을 좋아한다.

---

27) 원명청(元明淸)대 이래 북경 방언을 대표로 하는 북방어의 통칭. 관청에서 북방어를 공용어로 쓰기 때문에 명명됨.
28) 송원(宋元)대에 민간 설화인(說話人)이 설창(說唱)하던 저본.
29) 고대 중국어의 4개 성조 중 하나.
30) 고대 중국어 성조 중의 평성(1성)·상성(3성)·거성(4성).

c. 我剛剛勒上海轉來。
나는 방금 상해에서 돌아왔다.

d. 隻貓已經勒洞洞裏鑽出去嘖。
저 고양이가 이미 작은 구멍에서 빠져 나갔다.

e. 我勒爺娘搭搬仔點舊傢生來。
내가 부모님 집에서 늙은 가구를 좀 옮겨 왔다.

‘從’으로 출발점(源点), 경유 등을 나타내는 것은 새로 생긴 약간 문어적 용법이고, ‘勒’을 쓰는 것이 전형적인 구어체이다. 청(淸)나라 말의 해화(海花)’까지만 해도 ‘從’은 시간적 기점(예 ‘從小’ 등)만을 나타내고 공간적 기점을 나타내지 않는다. 동사 뒤에 쓰일 때, ‘勒’의 첫째 역할은 정태 동사 뒤에 쓰일 존재 위치를 나타낸다. 예: (2a, b). 둘째 역할은 이동동사나, 대상이 이동하게 하는 동사 뒤에 쓰일 주체나 대상이 도착하는 종점을 나타낸다. 예: (2c-e)

(2) a. 爹爹眠勒床浪。
아버지가 침대 위에서 주무신다.

b. 垃圾儕余勒水面浪。
쓰레기가 다 물 위에 떠 있다.

c. 田雞跳勒戲盤裏。(歇後語)
자기 자랑을 한다.

d. 俚拼命想軋勒前頭去。
그는 온 힘을 다 하여 앞쪽으로 밀고 당긴다.

e. 快點拿物事囥勒房間裏來。
빨리 물품을 방 안에 숨겨 놓아라.

소주어에서는 본래부터 ‘到’로 종점을 나타내지만 ‘到’보다 ‘勒’이 더 흔히 나타난다. 예를 들어, 순수한 구어에 반응하는 속어(2c)가 바로 이러한 예이다. 표준어에서 '擠在前面'(앞에서 밀고 당긴다), '藏在房間裏'(방에 숨긴다)가 쓰이기도 하지만 이것들은 다 정태적인 존재를 나타낸다. 여기서 주의해야 하는 것은 (2d, e)에 이동 동사 '去, 來'가 있지만 표준어에서 이때 '到'만을 사용할 수 있고 '在'를 사용하지 못한다.

이로 보아, '勒'이 장소, 출발점(源点), 종점, 경유 등 의미를 나타낼 수 있다. 옛 소주어와 소주(蘇州) 변두리 말에서의 '勒'은 접수자(接受者)와 관련된 기능도 가진다(11.1.3 참조). 그래서 '勒'의 기능은 표준어의 '在'보다 더 광범위하며 많은 기능을 가진 상고 중국어 '于'와 가깝다. 그러나 '勒'은 종종 방위 후치사와 같이 쓰여야 한다. 이는 '于'와 다르다. '勒'은 '在'처럼 시간을 나타내기도 한다. 그럼에도 불구하고 시간 의미역을 나타내는 전치사가 일반적으로 생략된다. 예를 들어, '我(勒)前年三月份去過一次'(내가 재작년 삼월에 한 번 가봤다).

언어에서 문법 형식의 '혁신'과 '강화'(renovation and reinforcement) 현상은 흔히 볼 수 있다(C. Lehmann 1995: 95-97). 즉 문법화로 인해 의미가 추상화된 성분 뒤에 종종 기능이 비슷하며 의미가 더 구체적인 새로운 성분이 첨가된다. '勒'도 이러한 경우에 속한다. '勒'을 강화시키는 새 성분은 '蹲'이다. '蹲'은 소주어에서 '~에 있다'의 뜻을 나타내며 표준어인 '待陰平'에 해당하는데 종종 '勒'과 같이 쓰인다. 예를 들어, '蹲勒屋裏'(집에 있다). '蹲勒'은 어떤 때 행동이 진행하는 작용을 나타내며 '勒'의 역할과 같고 '待在'가 아닌 '在'로 번역될 수 있다. 이러한 '蹲勒'은 전체가 하나의 강화된 복합 전치사가 된다. 더 나아가, '蹲'만 '在'를 나타내어 새 전치사가 된다. 다음의 (3)을 보자(이러한 용법은 '海花'에 없음).

(3) a. 小張蹲(勒)牆頭浪。
      소장(小張)이 담에 그림을 그린다.

   b. 小張蹲(勒)書浪。
      소장(小張)이 책에 낙서한다.

(3)에서 '勒'이 나타날 때는 새 것(蹲)과 오래된 것(勒)과 같이 쓰이는 것이고, '勒'이 나타나지 않을 때는 새 것이 오래된 것을 대체한 것이다.

11.1.2 동반과 수혜 표지인 '搭'과 '幫'

소주어의 다른 중요한 전치사는 '搭'[ta²⁵]이다. 전치사인 '搭'의 용법 중에 하나는 표준어 '和/跟'에 해당하며 병렬 겸 동반(concomitant)의 개사이다. (4)는 바로 '搭'이 '和/跟'과 같은 용법으로 쓰이는 예이다.

    (4) a. 老王搭(仔)老張儕是我個同事。
              노왕(老王)과 노장(老張)이 다 내 동료이다.

         b. 我明朝搭(?仔)小張一淘去。
              내가 내일 소장(小張)과 같이 갈 거야.

(4)로 보아, '搭'이 병렬 연결사로 쓰일 때 하나의 변체인 '搭仔'가 존재한다. '仔'는 '了'에 해당하는 상 표지이다. 그러나 전치사 '搭'은 일반적으로 '仔'를 안 가진다. 이로 보아, 연결사 '搭'은 형식적 면에서 동사와 더 가깝다. 특별한 어순 유형 때문에 중국어의 병렬 연결사와 동반개사가 같은 위치에 나타날 수 있고, 이로 인해 의미가 같지만 구조가 다른 두 가지 해석을 초래할 수도 있다. 예를 들어, '我和他吵架'(내가 그와 다투었다). 이는 두 가지 허사가 중국어에서 종종 서로 대체되는 유형론적 배경 하에 나타난 것이다(7.5.2 참조).

전치사 '搭'의 다른 기능은 수익자 표지로 쓰이는 것이다. 표준어의 '和/跟'이 '你跟我拿樣東西'(따라와, 물건을 하나 가져가)처럼 우연히 수혜자를 표시하지만 수혜자는 더 많은 경우에 '給, 幫, 替'에 의해 표시된다. 소주어에서 수혜자는 일반적으로 '搭'으로 표시된다. 이는 '海花'에서 흔히 볼 수 있다. 예를 들어,

(5)　a.　耐碰著仔陳小云, 搭我問聲看。 ‘海花’ 3回
　　　　진소운(陳小云)을 만나면 나한테 좀 알려 줘.

　　b.　耐還搭俚瞞啥? ‘海花’ 3回
　　　　너 아직도 그를 위해 뭘 속이느냐?

　　c.　耐明朝就搭我買得來最好。 ‘海花’ 4回
　　　　너 내일 당장 나한테 사 주는 게 가장 좋아.

‘搭’이 이렇게 쓰여도 일반적으로 이중 해석을 초래하지 않는 것은 후치
와 관련된다. ‘我昨日搭俚一淘寫仔篇文章’(내가 어제 그와 같이 글을 하나
썼다)(11.2.3 참조)처럼 동반자를 나타낼 때 ‘搭’은 종종 후치사와 같이 쓰여
야 하기 때문에 일반적으로 수혜를 나타낼 때의 ‘搭’과 섞이지 않을 것이다.
영어와 같은 순수한 전치적 언어에서 같은 것으로 동반 표지와 수혜 표지
를 나타내면 종종 이중 의미를 초래하고 문장 이해에 영향을 미친다. 예를
들어, I did it with him과 I did it for him의 의미가 완전히 다르다. 이러한
언어에서 with와 for의 합병이 진행되기 어렵다. ‘搭’으로 수혜자를 나타내
는 것은 소주어에서 ‘주다’ 뜻을 가진 동사로 수혜자를 이끌어내지 않는 것
과도 관련된다.

　최근 20년 이래, 새 소주어(및 새 상해어)에서 ‘搭’이 원래 가지던 세 가지
기능, 즉 병렬 연결, 동반자 표지, 수혜자 표지의 기능을 점차 ‘幫’이 나타낸다.

(6)　a.　小英幫兄弟結件絨線衫。
　　　　소영(小英)이 남동생한테 모사 옷을 만들었다.

　　b.　我明朝幫小張一淘去。
　　　　내가 내일 소장(小張)과 같이 갈 거야.

　　c.　老王幫老張儕是我個同事。
　　　　노왕(老王)과 노장(老張)이 다 내 동료이다.

흥미로운 것은 ‘幫’의 기능 확장 방향은 마침 ‘搭’과 반대된다. ‘幫’의 의

미는 그것의 목적어가 수혜자임을 결정한다. 그래서 '幫'은 수혜자의 의미 역을 부여하는 동사이다. 그리고 (6a)처럼 진일보하게 수혜자 표지로 추상화 된다. 의미의 보편화나 '搭'의 유추 역할(즉 의미 감염)로 인해 '幫'은 (6b) 처럼 점차 동반자 표지의 용법도 가지게 된다. 마지막으로 (6c)처럼 병렬 연결사의 용법을 가지게 된다.

(7)　搭 : 동사 → 병렬 연결사(搭/搭仔) → 동반자 개사(搭/*搭仔) → 수혜자 개사 (搭/*搭仔)

　　　幫 : 동사 → 수혜자 개사 → 동반자 개사 → 병렬 연결사

11.1.3 접수자(여사: 與事)와 피동문의 행위자 표지인 '撥'과 '撥勒'

전치사 '撥'[pə?]은 북부 오어에서 많이 쓰이는 '주다'의 뜻을 가진 동사 '撥'에서 생겼다. 그러나 청나라 중반의 탄사(彈詞)[31] 인 '三笑'에서는 '本' (오늘의 독음은 [pən⁵²])을 쓴다. 이로 보아, '撥'은 '本'이 촉음화(促化) 되어 생긴 것 같다. 다음 글에서 '三笑' 원문의 '本' 외에 다 '撥'을 쓴다. '撥'은 전치사로 쓰일 때 '撥勒'이라 하기도 한다. '勒'은 바로 11.1.1에서 논의한 '~에 있다'의 뜻을 가지는 전치사이다. '海花'에서 '來'로 쓰여 '撥勒'은 그 책에서 '撥來'로 쓰인다. 그래서 '撥勒'은 복합 전치사이다. 그것의 '내력'은 '勒'의 접수자 용법부터 말해야 한다.

옛 소주어에서 '주다'의 뜻을 나타내는 상용 구문 중의 하나는 '동사+직접 대상+勒+접수자'(도시 변두리에서 지금까지 여전히 이렇다)이다. '勒'은 장소 전치사로 '접수자'를 이끄는데 이는 고대 중국어 '于', 영어 to, 일본어 に(ni) 가 접수자를 이끄는 것과 비슷하다. 다 방향, 장소의 의미에서 접수자 의미 가 생긴다. 이는 언어의 '장소주의'를 드러낸다. 다음 두 문장을 비교하자.

---

31) 설창 문예의 일종 '三弦(삼현금)', '琵琶(비파)' 위주로 반주를 하며 중국 남방의 각 성에 서 유행했음.

(8) a. <고대 중국어> 昔者有饋生魚於鄭子産。‘孟子·萬章上’
         옛날에 어떤 사람이 생선을 정(鄭)나라의 (子産)에게 주
         었다.

     b. <소주 변두리> 從前有人送活魚勒鄭國子産。
         옛날에 어떤 사람이 생선을 정(鄭)나라의 (子産)에게 주
         었다.

이러한 접수자를 나타내는 'NP'는 직접 목적어 앞에 쓰일 수도 있다. 그
러나 그때 꼭 '撥' 뒤에 쓰여야 한다. 즉 '勒NP'나 'V撥勒NP'(V가 다른 동사
임)라 하고, 'V勒NP'라 해서는 안 된다. 이와 달리, 직접 목적어 뒤의 '勒'은
이러한 제한이 없다. 다음 문장들을 비교하자.

(9) a. 小張撥勒我一本書。
         소장(小張)이 나한테 책을 한 권 준다.

     b. 學堂獎*(撥)勒我一本書。
         학교에서 나한테 책을 한 권 수상한다.

     c. <소주 변두리> 學堂獎一本書勒我。
         학교에서 나한테 책을 한 권 수상한다.

이로 보아, 직접 목적어 뒤에 쓰이는 '勒'은 독립적인 접수자 표지이고,
직접 목적어 앞에서 쓰이는 '勒'은 사실은 이미 '撥'과 하나의 복합사를 구
성한다. 지금은 도시에서 (8b), (9c)와 같은 구문이 별로 쓰이지 않는다. 문
법화의 강화로 의미가 비교적 추상화된 '勒'은 보다 더 구체적인 '주다'의
뜻을 가진 '撥'과 같이 쓰인다. '撥'이 단독으로 쓰일 경우도 있다.

(10) a. 從前有人送活魚撥(勒)鄭國子産。
         옛날에 어떤 사람이 생선을 정(鄭)나라의 자산(子産)한테 주었다.

     b. 學堂獎一本書撥(勒)我。
         학교에서 나한테 책을 한 권 수상한다.

이렇게 되어 소주어의 접수자 표지가 강화된다. 즉 새로운 것과 오래된 것이 같이 쓰이는 '撥勒', 또한 새로운 것인 '撥'이 나타난다. 그것들은 장소를 내타내는 '蹲(勒)'과 동시에 발전한다. 주의해야 할 것은 '蹲(勒)'이 나타남이 장소 표지인 '勒'을 사라지게 하지 않는 것이다(11.1.2 참조). 이와 동시에 도시에서 '撥勒' 중에 '勒'의 접수자 표지 역할은 이미 사라진다.

'撥勒'의 다른 기능은 피동문의 행위자 표지로 쓰이는 것이다. 예를 들어,

(11) a. 魚撥(勒)貓吃脫嘖。
　　　　물고기는 고양이한테 먹였다.

　　 b. 俚撥(勒)騙子騙得去兩隻金戒指。
　　　　그는 사기꾼한테 금반지 두 개를 날치기 당했다.

여기의 '撥勒' 전체는 복합 전치사로 접수자 표지에서 피동문의 행위자 표지가 된다. 그 중의 '勒'은 더 이상 분석할 만한 의미가 없어진다.

'撥'의 두 기능은 어순에서 서로 보완하는데, '撥'은 동사를 앞설 때 피동문의 행위주(표준어의 '給'이 수혜자를 나타내는 것과 다름)를 나타내고, 동사 뒤에 있을 때 접수자를 나타낸다. 위치의 차이는 행위자 표지가 직접적으로 접수자 표지에서 발전되지 못한다는 것에 반영한다. 이러한 '撥'의 발전 과정은 '부여의 뜻-허락의 뜻-피동 행위주의 뜻'이다. 우선적으로 '부여'의 대상이 물품이 아닌 행동이라면 '허락'의 뜻은 저절로 생긴다. 다음 문장을 비교하자.

(12) a. 我撥俚飯吃。
　　　　내가 그한테 밥을 준다.

　　 b. 我撥俚喫飯。
　　　　내가 그한테 밥을 먹으라고 한다.

'허락'의 대상은 자연스럽게 뒤 행동의 행위자이다. 만약 그 행동의 대상

이 문장 전체의 주어라면 '허락'과 '피동'으로 이해될 수 있는 구조가 될 것이다. 이것은 재분석을 통해 피동문이 된다. 예를 들어,

(13) 倷就撥俚罵吧。
　　　그한테 욕하는 것을 허락해 줘.
　　　그의 욕을 받아라.

북경어에서도 종종 사동-허락 동사인 '讓, 叫'로 피동문의 주어 표지를 표시한다. 이는 소주어와 아주 비슷하다.

피동문과 대조적인 '把'자문은 소주어에서 도구를 나타내는 전치사 '拿'자문에 해당한다. '拿'는 표준어의 '把'와 대체로 대응하기 때문에 더 이상 논의하지 않는다. '拿'에 대한 논의는 유단청(1997: 2-4)을 참조하면 된다.

11.2 후치사 체계

11.2.1 시공(時空)류 후치사(1): 사람을 가리키는 NP나 시간, 장소 고유 명사를 가리키는 후치사

시공(時空)류 후치사는 서로 보완하는 두 가지로 나뉠 수 있다. 한 가지는 사람을 나타내는 NP 뒤에 쓰이는데, '搭, 篤' 등을 포함한다. 다른 한 가지는 방위 명사에서 온 '浪, 裏'가 대표적인데 일반적으로 사람을 나타내는 NP 뒤에 쓰이지 못한다.

'搭'[taʔ]은 완전히 추상화된 후치사[32]로 단위성 의존명사로 쓰이기도 한다. 예를 들어, '一搭地方'. 후치사 '搭'은 '지시사(指別詞)'에 뒤따라 장소 지시 대명사와 장소 의문사로 쓰일 수 있다. 예를 들어, "該搭[kɛ44-55

---

32) 오어 학계에서는 주로 후치사 '搭'의 본자가 '墶'이라고 주장한다. '集韻'에 의해, '墶'의 음은 '德'의 성모와 '盍'의 운모 운모切, 地之區處'이다.

ta?⁵⁻²]/埃搭[E44-55 ta?⁵⁻²](여기), 歸搭[kuE44-55 ta?⁵⁻²]/威搭[uE44-55 ta?⁵⁻²](저기), 䚟搭[gə?² ta?⁵⁻²](여기/저기, 어디). 이와 대응하는 영어의 here, there, where는 생성 문법에서 영 개사를 가지는 PP나, 목적어가 없으며 개사만 있는 PP로 분석된다(Napoli 1993: 138). 그것의 기능이 하나의 PP에 해당하기 때문이다. 소주말의 '搭'은 뚜렷이 나타남(현성: 顯性)인 후치사인데 대명사가 '搭'을 가지고 그 전체는 단어화 된 PosP로 간주될 수 있다. '搭'의 주요 통사적 역할은 (14)처럼 사람을 나타내는 NP와 인칭 대명사 뒤에 쓰여 그 NP에 장소 의미역을 부여한다. 중요한 것은 (15)처럼 'NP搭'이 종종 전치사 없이 직접장소 부사어로 쓰일 수 있는 점이다.

(14) a. 我剛剛勒小王搭。
　　　　내가 아까 소왕(小王)이 있는 곳에 있었다.

　　　　我剛剛一個老同學搭。
　　　　내가 아까 한 옛 동창이 있는 곳에 있었다.

　　　　我剛剛俚搭孛相。
　　　　내가 아까 그가 있는 곳에서 놀았다.

　　b. 俫從啥人搭/哪個老同學搭轉來?
　　　　너 누구/어느 옛 친구한테서 왔느냐?

　　c. 俫個物事就放勒我搭/伲搭吧。
　　　　네 물건은 이곳에 놓아 둬.

(15) a. 我外甥趙朴齋末, 陸秀寶搭吃過一臺酒 ; '海花' 12回
　　　　내 조카 조박재말(趙朴齋末)이 육수보(陸秀寶)의 집에서 술을 한 번 마셨다.

　　b. 莊荔甫請耐陸秀寶搭吃酒, 耐阿去? '海花' 12回
　　　　장려보(莊荔甫)가 너한테 육수보(陸秀寶) 집에서 술을 마시자고 초청했는데, 갈거야?

　　c. 善卿道 : "就雙珠搭去坐歇末哉。" '海花'12回
　　　　선경(善卿)은 '일단 쌍주(雙珠) 방에 가서 잠간 앉자'라고 말하였다.

  d. 我爲仔第一轉, 繃繃俚場面, 就羅個搭借仔十塊洋錢撥俚。
  '海花' 12回
  첫 번째 초대라서, 그녀의 체면을 세워 주려고 다른 사람한테 은화 열개를
  빌려 그녀한테 주었다.

(15) 중의 'NP搭'들은 각각 행동 진행 장소, 종점, 원점을 나타낸다. 모두
전치사를 쓰지 않는 이유는 후치사인 '搭'이 이미 개사의 기능을 가지기 때
문이다. 이들 문장은 표준어에서 일반적으로 전치사를 생략할 수 없고, 소
주어에서 종종 후치사만 사용한다. 그래서 거듭하여 곰곰이 생각되는 소설
언어에서 많이 나온다.

'哚'[toʔ]('朶, 篤' 등으로 쓰이기도 함)와 '搭'[taʔ]은 주요 모음만으로 구별
된다. 반(潘), 도(陶)(1999: 45), 전내영(錢乃榮)(1999: 7)은 '哚'가 '搭'의 변체
라고 주장한다. '哚'는 장소 성분과 대명사의 복수 접사인데, 다른 오어에서
'搭'과 관련된 성분도 종종 이 두 가지 용법을 동시에 가지기 때문이다. 그
러나 '哚'는 몇 백 년 전부터 '三笑'와 같은 문헌에서 존재하였다. 현대 소주
어의 '搭, 哚'도 공존하면서 각자 맡은 '업무'를 하고 있다. 그러므로 둘은
같은 기원인지 여부에 관계없이 공시적 면에서 이미 더 이상 같은 단어의
변체가 아닌 두 단어가 된다.

'哚'는 제2, 3인칭 대명사의 복수 접미사이다. 예를 들어, 倷[nᴇ]너('耐'로
쓰이기도 함)-唔哚[n²⁴toʔ]너희들, 俚[li]-俚哚[li toʔ]그들. 제1인칭 단수,
복수는 각각 我[ŋəu]나-伲[ɲi]우리('倪'로 쓰이기도 함)이다. 그 중의 '伲'는
이전의 '我裏'의 합음에서 나온다('三笑'에서 '吾裏'로 쓰임). 엄격히 말해, 오
어의 대명사 복수 접미사는 순수한 복수가 아니며 집단이나 집합이다(전내
영(錢乃榮) 1999에서 '군집(群集)'이라 한 것은 마땅함). 그래서 그것이 인명 뒤
에 쓰일 수도 있다. 예를 들어, '小强哚'는 소강(小强)을 포함하는 한 무리의
사람들(임시적이나 고정적임)을 가리킨다. 그것은 소강(小强)이라고 하는 사
람들이 아닌 소강(小强)의 가족을 가리키기도 한다. '한 가족'의 뜻은 '집

안'의 뜻과 통하기도 한다. 즉 실체 NP가 동시에 장소를 나타내는 것이다. 사람을 나타내는 NP는 '哚'를 가지고 다 이러한 용법으로 쓰일 수 있다. 예를 들어, (16) (17) (예(16)은 석여걸(石汝杰), 1999: 90에서 인용됨.) 복수 대명사는 (18)처럼 초기 소주어에서 장소 의미역을 나타낼 수도 있다.

   (16) 今朝頭還要到七老官朵去個哉。 '三笑'p15
       오늘 노칠(老七) 집에 가야 돼.

   (17) 姆媽勒隔壁王好婆篤講閑話。
       어머니가 이웃 왕 할머니 집에서 말한다.

   (18) 倪=伲明朝去吃酒, 請耐=倷六點鐘到俚篤。 '海天雪鴻記' 6回
       우리 내일 술 마시러 가요. 여섯 시까지 그 집에 도착하세요.

당대 소주어에서는 일반적으로 'NP 哚'가 아닌 'NP搭'이나 'NP屋裏'로 장소를 나타낸다. 그러나 복수 접미사와 '집 안'을 나타내는 형태소의 자형이 같은 것은 북부 오어에서 보편적으로 존재하는 현상이다. 다음 표11-1을 보자.

표11-1 북부 오어 복수 접미사와 장소 형태소 간의 일치성

표준어	他	他們	在他家裏	小明家裏	他那儿	小明那儿
소주(蘇州)	俚	俚哚	勒俚哚(旧)/勒俚哚屋裏	小明哚/小明搭	俚搭	小明搭
상해(上海)	伊	伊拉	辣伊拉	小明拉/小明搿搭	伊搿搭	小明搿搭
무석(無錫)	佗	佗裏	來佗裏	小明裏/小明搭	佗搭	小明搭

위의 표에서 나타나듯이 복수 접미사는 동시에 '집 안'의 뜻을 나타내는 장소 후치사이다. 그래서 '他們'과 '他家裏'는 같은 모습이다. 위의 세 방언에서 복수 접미사와 '搭'은 서로 다른 역할을 한다. 'NP搭'은 어떤 사람이 있는 곳(집 안, 각종의 장소)을 가리키고, 'NP篤 / 拉 / 裏'는 '집 안'만을 가리킨다.

소주(蘇州) 방언에서 '搭, 哚'의 의미보다 더 구체적인 명사 '場化'(곳)(지금은 종종 '地方'이 쓰임)와 '辰光'(때)도 어느 정도 문법화 되었다. 이는 오어 연구자들이 여태껏 중요시하지 않은 현상이다. '場化'의 특별한 용법은 그것이 지명에 붙어 그 지명을 장소 의미역이 되도록 하는 것이다. 예를 들어,

(19) 上海場化要尋點生意也難得勢哚。'海花' 12回
　　상해(上海)에서 어떤 사업을 찾는 것도 되게 어렵구나.

지명 뒤에는 '搭, 篤'도 첨가될 수 없고 방위사도 첨가될 수 없으므로 '場化'가 지명 뒤에 쓰이는 후치사가 된다.

(20) 我勒工廠裏 / 小張搭 / 山東場化蹲過。
　　내가 공장 / 소장(小張)집 / 산동(山東)에 묵은 적이 있다.

'場化'를 후치사라고 하는 구조적 근거는 여기서의 '場化' 앞에서는 한정 표지인 '個'가 쓰일 수 없지만, 핵심 명사로 쓰이는 '場化' 앞에서는 다 '個'가 쓰이기 때문이다. 다음 두 문장을 비교하자.

(21) a.　我個場化蠻遠個。
　　　　내가 사는 곳이 좀 멀다.

　　 b.　我勒桂林(*個)場化工作過。
　　　　내가 계림(桂林)에서 일한 적이 있다.

여기의 '場化'는 아무런 구체적인 의미를 첨가하지 않고, 단지 그 지명이 여기에 장소 의미역이라는 것을 명확히 표시해 줄 뿐이다. 그래서 여기의 '場化'는 표준어에서 '地方'으로 번역할 필요가 없다.

'辰光'은 표준어의 '時候'와 비슷하다. 표준어의 '時候'는 이미 시간 의미역이나 시간 마디(소구(小句))의 표지로 쓰인다. Gasde(1998)는 '的時候'를

시간 후치사로 간주할 수 있다고 지적한다. '辰光'도 마찬가지이다. 그리고 '辰光'은 '的'이 없이 VP나 절 뒤에 쓰일 수 있다. 이로 보아, 표준어의 '時候'에 비해, '辰光'은 더 '명사답지 않다'. 다음의 두 문장을 비교한다.

(22) a. <소주어> 俚哚嫁出去辰光, 揀中意點末拿仔去。 '海花' 6回
　　　　　 그녀들은 시집갈 때 마음에 든 것을 골라 가져갔어.

　　 b. <표준어> 她們嫁出去*(的)時候, 挑中意些的就拿了走。
　　　　　 그녀들은 시집갈 때 마음에 든 것을 골라 가져갔어.

이 외에 '辰光'은 후치사 '場化'와 같은 용법을 갖기도 한다. 종종 조대(朝代) 명칭이나 역사적 사건의 명칭 뒤에 쓰여 시간 의미역을 나타낸다. 이때도 일반적으로 '個'를 쓰지 않는다. 예를 들어,

(23) a. 唐朝辰光中國國力窮强。
　　　　 당나라 때 중국 국력이 극히 강하였다.

　　 b. 文化大革命辰光倷還小勒。
　　　　 문화대혁명(文化大革命) 때 너는 아주 어렸었다.

추상화된 '場化, 辰光' 등 명사는 방위 후치사, 장소 후치사('搭, 哚' 등)와 '각자 맡은 바 일을 한다'. 이렇게 되어, 오어에서 모든 유별의 NP 뒤에 적당한 시공(時空) 표지가 첨가될 수 있고, 보다 더 발달되며 엄밀한 허사(虛詞) 서브시스템이 형성된다. 이와 달리, 표준어에서 시공(時空) 후치사는 거의 다 방위사인데 사람을 가리키는 명사와 장소 명사 뒤에 쓰일 수 있는 적당한 후치사가 없다.

11.2.2 시공(時空)류 후치사(2): 방위 명사에서 나온 후치사

시공(時空)류 후치사의 또 다른 기원은 방위 명사이다. 방위 후치사는 일반적으로 사람을 가리키는 NP 뒤에 직접 첨가되지 못한다. 그것은 사람을

가리키는 NP 뒤에만 쓰이는 '搭, 哚'와 대조적이다. 그러나 특별한 것이 전혀 없는 것은 아니다. 예를 들어, 방위 명사에서 생긴 '裏'가 소흥(紹興)어(13장 참조), 무석(無錫)어에서 사람을 가리키는 NP 뒤에 첨가될 수가 있다. '浪, 裏'를 비롯한 방위 후치사의 문법화 정도가 가장 심하다. 그것들은 심지어 표준어의 '上, 裏'보다 더 철저히 추상화된다.

'浪'[la]은 방위 후치사로 쓰이는 '上'[za²³¹]의 변체이다. 그것은 후치 위치에만 쓰여 단자조(單字調)가 없다. 두 가지 독음은 분포 면에서 완전히 다르며 서로 교체될 수 없다(10.2.2 참조). 그래서 후치사 '上'은 청나라 중반 이래의 소백(蘇白) 문학에서 줄곧 '浪'으로 쓰였는데 어감 면에서 이미 '上'과 다른 단어가 된다. '浪'은 후치 역할만 있고 명사성은 전혀 없다. 따라서 '浪'은 표준어 문법책에서 하는 것처럼 명사의 하위분류인 소위 '방위사'로 간주될 수 없다. 당대 소주어의 '浪'은 교체 형식인 '浪向'[la ɕia]도 있다. 그것은 더 일찍부터 존재하는 '里向'에서 유추된 것이어야 한다(다음에서 '裏/裏向'에 대한 논의 참조). '臺子個浪向'(무대 위)에서 나타나듯이 '浪向'은 순수한 후치사이다. 소주어에서 '臺子上頭'를 말할 수 있지만 '臺子個浪向'을 말할 수 없다. 이로 보아, '浪向'은 전혀 명사성이 없으며 독립적인 성조 형식도 없다.

'浪'은 후치사로 사람을 가리키는 NP 뒤에 첨가될 수 없다. 사람을 나타내는 NP 뒤에 후치사가 필요할 때 위에서 분석된 '搭'을 사용한다. '搭'은 어떤 사람이 있는 장소를 나타낸다. 만약 사람을 장소 의미역으로 해야 하면 일반적으로 사람을 나타내는 NP 뒤에 '身浪', '面浪'이나 '頭浪'을 첨가한다. 예를 들어, '任務落勒小王身浪'(이 일은 소왕(小王)에게 맡겼다), '俉看勒我面浪'(제 체면을 보아서라도), '經理怪到我頭浪'(사장은 나를 나무란다). 신체 부위 관계 명사인 '身, 面, 頭'는 흔히 볼 수 있는 명사근원(名源) 개사의 기원으로 어느 정도 문법화 되어 뒤의 '浪'과 하나의 복합 후치사를 구성한다. 이는 C. Lehmann(1995)이 말한 '강화'에 속하기도 한다. 즉 추상화된 성분 뒤에 그것보다 의미가 구체적인 성분이 첨가되어 강화 역할을 함으로 써 다차원 허사의 중첩 사용이 형성된다.

통사적 기능으로 보아, 'NP浪, NP身浪, NP面浪' 등 단위는 'NP搭'과 같이 '勒' 등 전치사 뒤에 쓰일 수도 있고 PosP로 하나의 장소 의미역으로 쓰일 수도 있다. 그리고 이러한 용법은 표준어보다 더 흔히 쓰인다. 즉 표준어보다 더 전치사에 의존하지 않는다. 다음의 PosP가 단독으로 장소 부사어로 쓰이는 예는 다 문헌에서 인용된 것이다.

(24) a. 俚朵總要千人石浪坐轎個嚇。'三笑' p.44
   그들은 반드시 천인석(千人石)에서 가마를 탈거지.

   b. 還你大船浪去吃夜飯末是哉。'三笑' p.54
   꼭 네가 큰 배에서 저녁밥을 먹을 수 있도록 해 줄게.

   c. 昨日夜頭, 保合樓廳浪阿看見個胖子? '海花' 3回
   어제 저녁에 보합루(保合樓) 로비에서 한 뚱보를 본 적이 있어?

   d. 阿姐, 阿要榻床浪來坐? '海花' 35回
   누나, 침대 위에 잠깐 앉을래?

   e. 前日子爲子夥計淘裏邊財物浪勿均勻, 破子面。'三笑'
   며칠 전에 점원들은 재물 분배가 고르지 않아서 얼굴을 다쳤다.

   f. 故歇爲仔氣頭浪說說罷哉呀。'海花' 34回
   마침 아까 화가 나서 그랬어.

이들 예문은 표준어로 번역될 때 '在'나 '到'를 첨가하는 것이 바람직하다. 위의 a-d의 PosP는 구체적 방위, e-f는 추상적 방위(e는 '재물에 관한 것을 나타내고 f는 공간으로 시간을 은유함')를 나타낸다. f 중의 '頭浪'이 하나의 복합 후치사이므로 '氣頭上'은 '氣頭/上'이 아닌 '氣/頭上'으로 분석되어야 한다. '浪' 자체도 시간을 이끌어낼 수 있다. 예를 들어,

(25) 王老爺討仔娶了張蕙貞哉, 就是今朝日脚浪討得去。‘海花’ 34回
　　 왕 어른님은 바로 오늘 장혜정(張蕙貞)을 아내로 얻는다.

‘今朝日脚浪’(오늘날은)은 직접 번역하면 ‘今天日子上’(영어에서 날짜를
나타내는 on과 비교하라)이다. 이 예문에서 시간 의미역 전치사가 아닌 방위
후치사에 의해 이끌어지는 것은 오어에서 후치사의 중요성을 또 나타낸다.
　복합 후치사 ‘面浪, 頭浪’의 어떤 용법은 이미 장소 범주로부터 더 추상
된 비장소적 의미역으로 인식한다. 예를 들어, (24f)의 ‘頭浪’은 시간 범주
를 나타내는 동시에 ‘火頭浪, 熱頭浪’ 등으로 쓰일 수도 있다. ‘面浪’이 방
위 의미역과 더 멀리 위치할 수 있는데 많은 예는 표준어의 대상 전치사인
‘對’로 번역할 수 있다. 예를 들어,

(26) a.　講到小娘仵兒面浪做工夫介, 第一要做人眞道地… ‘三笑’ p.34
　　　　여자한테 구애하는 것에 있어서 첫째는 진실한 마음으로…

　　　b.　小幹仵小孩兒面浪刻薄勿得個。 ‘三笑’ p.35
　　　　　어린이한테 인색해서는 안 된다.

　　　c.　我勸你不要我輩面浪做工夫哉。 ‘三笑’ p.84
　　　　　더 이상 우리 같은 사람한테 마음 쓰지 마.

　　　d.　祗要倪先生面浪交代得過, …。 ‘海花’ 11回
　　　　　다만 우리 주인한테 해명할 수만 있으면 ….

　　　e.　我看耐要幾花洋錢來放來哚箱子裏做啥, 阿是我面浪來做人家哉?
　　　　　‘海花’ 15回
　　　　　이렇게 많은 돈을 상자 안에 넣었는데 어쩌려고? 나한테 검소한 모양 하는
　　　　　것이지?

　　　f.　無女毎面浪總算我有交代。 ‘海花’ 49回
　　　　　어머니(기생 어미)한테 해명이라도 할 수 있다.

이와 밀접하게 관련된 것은, 우리가 ‘海花’에서 ‘對他好’, ‘對他交代’와

같이 '對'의 대상 전치사 용법을 못 찾는 것이다. 그 책에서 '對'가 전치사로 쓰이는 개별 용례는 방향을 나타내는 '對…跪'와 같은 것이다. 이로 보아 표준어 전치사 '對'가 나타내는 대상관계는 옛 소주어에서 주로 복합 후치사 '面浪'에 의해 표시된다. 이들 용법은 오늘까지 줄곧 존재해 오는데 후에 표준어에서 차용한 '對'의 대상인 용법과 공존한다.

계속해서 '裏'를 보자. 소주어에 방위 명사인 '裏向'[li$^{31-22}$ɕia^{-55}]이 있는데 '안'을 나타내며 단독으로 쓰일 수 있다(단독으로 쓰일 수 없는 '浪向'과 다름). 그리고 '裏'는 후치사만으로 쓰일 수 있다. 예를 들어, '裏*(向)有人'과 '房間裏有人'[33]. 청나라 중반의 '三笑'에서는 '裏向'을 못 찾는다. 청나라 말기의 '海花'에서 대체로 방위 명사는 '裏向'을 사용하고 후치사는 '裏'를 사용한다. 그럼에도 불구하고 '屋裏向', '日裏向'과 같은 안정적인 결합에서는 '裏向'은 후치사로 쓰인다. 당대 소주어 후치사에서는 '裏'와 '裏向'이 자유롭게 쓰일 수 있지만 방위 명사는 '裏向'만 쓰일 수 있다. '三笑', '海花'에 없지만 오늘 있는 '浪向'은 '裏向'에서 유추된 것으로 본다. 둘은 다 시간 명사 뒤에 쓰일 수 있다. 예를 들어, '日裏(向), 夜裏(向)', '早浪(向), 中浪(向)'.

'NP浪'처럼 'NP裏(向)'구도 '勒' 등 전치사 뒤에 쓰일 수도 있고 단독으로 부사어로 쓰일 수도 있다. 여기서 부사어로 쓰이는 것을 가지고 예로 설명한다.

> (27) a. 等俚哚亭子間裏吃, 耐搭我坐來浪。'海花' 21回
> 　　　그들한테 정자에서 먹으라고 해. 우리 둘이 여기 앉자.

---

33) '裏向'은 상해(上海) 등 지역에서 종종 '裏廂'으로 잘못 쓰인다. 사실 '廂'은 옛 소주 말에서 [siã⁴⁴]로 읽히는데 '向'[ɕiã]과 첨음, 단음 성모로 구별된다. (첨음은 자음인 'z·c·s'가 'i·ü' 또는 'i·ü'로 시작되는 모음과 어울려 발음되는 것을 가리킴. 단음은 자음인 'j·q·x'가 'i·ü' 또는 'i·ü'로 시작되는 모음과 어울려 발음되는 것을 가리킴)

b. 同客人約好仔, 索性花園裏歇夏。 '海花' 48回
   손님하고 약속했어. 차라리 화원에서 피서한다.

c. 自家勿聲勿響, 就房間裏點仔對大蠟燭拜個堂。 '海花' 53回
   온 집이 쥐 죽은 듯 고요하다. 방 안에서 큰 촛불을 켜고 결혼식을 한다.

d. 價末喊俚進來哉呀, 天井裏去做啥? '海花'46回
   그럼, 그녀를 들어오라고 불러. 왜 뜰에 가?

주의해야 할 것은 (27b, c)에서 PosP가 부사이지만 여전히 전치사를 사용하지 않았다.

오어 PosP가 단독으로 동사에 앞서 부사어로 쓰이는 '힘'이 표준어보다 강한데 이때 후치사는 마침 부사어-동사 사이에 있다. 그러나 그것이 동사에 뒤따를 때 매개 위치에 있는 것은 전치사이다. 이때 오어에서 전치사 없이 PosP만을 쓰기는 어렵다. 소백(蘇白) 소설에서 자연스러운 표준어 구조인 '坐椅子上'(의자 위에 앉는다), '放房間裏'(방에 둔다)를 거의 찾을 수 없다.

'裏'의 문법화는 이것으로 끝나지 않는다. '面浪'과 같은 복합 후치사와 비슷하게 '裏'도 다른 성분과 같이 복합 후치사를 구성할 수 있다. 그 중에 가장 중요한 것은 '淘裏'[dæ li]이다. 이것도 강화된 결과물이다.

'淘裏'의 '淘'는 원래 '친구'를 가리켰는데 가끔 단독으로 쓰인다. 예를 들어, '有一個淘'. '淘'는 흔히 다른 성분과 같이 복합사를 구성한다. 예를 들어, '搭淘(함께 하다), 軋淘(친구를 사귀다), 淘伴(친구), 一淘(무리를 이룬다)'. '淘裏'는 표면상의 뜻이 '친구 간'이지만 추상화되어 '두 사람 간'을 나타내는 복합 후치사가 된다. 예를 들어, '朋友淘裏(친구 간), 親眷淘裏(친척, 식구 간), 兄弟淘裏(형제 간), 夫妻淘裏(부부 간), 同學淘裏(학교 친구 간), 對手淘裏(상대 간), 冤家淘裏(적수 간)'. 이때 '淘裏'는 영어 between이나 among과 비슷한데 주로 사람을 가리키는 명사 뒤에 쓰인다. 다른 방위 후치사와 같이 '⋯淘裏' 앞에 전치사 '勒'이 첨가될 수 있다. 그러나 일반적으로 전치사

없이 직접 부사어로 쓰인다. 예를 들어,

(28) a. (勒)朋友/同學/同事淘裏, 大家應當客客氣氣。
친구, 학교 친구, 동료 서로 간은 공손해야 한다.

b. 我搭小張淘裏一點矛盾口無撥。
나는 소장과 사이에 아무런 모순도 없다.

c. 方巾舊衣破烏靴, 介立善人淘裏叫大哥哥。 '三笑' p15
'…그래서 착한 사람끼리 다 그를 형님이라고 부른다.

d. 倪朋友淘裏, 間架辰光也作興通融通融。 '海花' 31回
우리는 친구니까 어려울 때 서로 도와줘야 한다.

e. 七姊妹淘裏阿有啥好人! '海花' 49回
그 일곱 자매 가운데 좋은 사람이 있을 수 있느냐?

11.2.3에서 '淘'의 후치사 기능에 대해 논의할 것이다.

'裏'는 방위 명사에서 발전되어 접사의 역할을 하게 된다. '관계 명사 → 개사 → 접사'는 흔히 볼 수 있는 '허사화 방향'이다. 접사의 역할 중에 하나는 중간 접사로 단음절 형용사를 포함하는 'A裏A'를 구성하는데 최고 한도에 이르는 것을 나타낸다. 예를 들어, '人好裏好'(되게 착하다), '塔造得高裏高'(탑은 높이 지어진다), '菜賣得貴裏貴'(야채 값이 매우 비싸다) 등이 있다. '裏'는 접미사로 초기 소주어에서 부사성을 가지는 'AA裏'에서 쓰이기도 하였다. 예를 들어, '好好裏寫'(잘 써), 慢慢裏走(천천히 가), 暗暗裏撥俚'(은밀히 그한테 준다). 이것들을 부사 '私下裏(개인적으로), 暗地裏'(몰래)와 비교하자. 이들 '裏'는 바로 '방위 의미 → 부사 접미사'의 중간 단계이다. 당대 소주어인 'AA裏'가 이미 'AA叫'로 대체되었지만 무석(無錫)어에서 오늘까지도 'AA裏'가 쓰인다.

11.2.3 다른 의미역 후치사

다음에는 방언 성질을 가지는 비시공(非時空) 의미 후치사를 논의한다. 우선 앞에서 논의한 '淘'부터 시작한다.

'淘'는 '친구'를 가리키는 명사에서 발전되어 단위성 의존명사의 용법을 가지게 된다. '一淘'는 '一夥'에 해당한다. 예를 들어,

(29) 倪一淘人就挨着俚運氣最好。'海花' 37回
　　　우리 한패 가운데 그가 가장 운이 좋다.

'한패'의 의미에서 부사적 의미인 '같이'가 인식된다[34]. 7.3.3에서는 표준어에서 동반자 의미역을 나타내는 '跟/和/同'이 종종 동사 앞의 '一起, 一道' 등과 같이 분리(框式) 구조를 구성하여 '공동 행동'을 나타낸다. 그리고 많은 경우에 '一起'는 생략하지 못한다. 소주어에서 특히 '搭……一淘' 중의 '一淘'는 생략하지 못한다. 단독으로 쓰이는 전치사 '搭'은 주로 수혜자 표지이다. 다음의 예문을 비교하자.

(30) a.　<표준어>　我昨天跟他(一起)寫了篇文章。
　　　　　　　　　　내가 어제 그와 같이 글을 하나 썼다.

　　 b.　<소주어>　我昨日搭俚寫仔篇文章。
　　　　　　　　　　내가 어제 그를 위해 글을 하나 썼다.

　　 c.　<소주어>　我昨日搭俚一淘寫仔篇文章。
　　　　　　　　　　내가 어제 그와 같이 글을 하나 썼다.

이러한 용법을 가지는 '搭……一淘'가 문헌에 많이 있다. 예를 들어,

(31) a.　今夜頭搭羅個一淘困局介? '三笑' p6
　　　　　오늘 누구와 같이 잘래?

---

34) '陶'[dæ^{23}]의 기원을 모르는 사람은 종종 '一陶'를 '一道'[dæ31]로 잘못 쓴다.

   b. 耐阿是搭鬆橋一淘來浪白相? '海花' 30回
      너 송교(松橋)와 같이 노는 거지?

'搭…一淘'는 임시적 분리사이지만 '一淘' 자체는 단독으로 동사를 수식하는 부사이다. 예를 들어, '一淘去'. 특별히 주목할 것은 '搭…一淘'는 당대 소주어에서 작지만 중요한 변화를 거친 점이다. 즉 '搭NP' 뒤의 '一淘'는 '淘'로 축소될 수 있다. 이렇게 되어 '淘'는 부사로 쓰이는 '一淘'와 구별된다. 다음 문장을 비교하자.

  (32) a. 伲今朝＊(一)淘走吧。
       우리 오늘 같이 가자.

     b. 我今朝搭俆你淘走。
       나 오늘 너와 같이 가.

'一淘'가 단음절인 '淘'가 된 후에 운율 층계 분리도 변화한다. '一淘'는 '搭NP' 뒤에서 앞 성분이나 뒷 성분과 다 같이 읽힐 수 있다. 그것이 부사와 후치사 사이인 과도 상태에 있기 때문이다. 이와 달리 단음절인 '淘'는 꼭 앞 성분과 같이 쓰여야 하며 순수한 후치사가 된다. 다음의 수직선은 휴지를 둘 수 있음을 뜻한다.

  (33) a. 我今朝搭俆 | 一淘去。
       나 오늘 너와 같이 가.

      我今朝搭俆一淘 | 去。
       나 오늘 너와 같이 가.

     b. ＊我今朝搭俆 | 淘去。
      我今朝搭俆淘 | 去。
       나 오늘 너와 같이 가.

완전히 문법화 된 후치사 '淘'는 소주(蘇州), 상해(上海) 오어에서 많이 나타나는데 표준어에 이것과 대응하는 성분이 없다. '淘'의 직접적인 기원이 부사 '一淘'이기에 전형적인 부사 기원(副源) 후치사이다.

동등비교와 비유를 나타내는 분리사 '搭…一樣/實梗'은 동반자 전치사 '搭'과 후치사로 구성되어 표준어의 '跟…一樣/那樣'에 해당한다. 비유를 나타낼 때 동사성이 더 강한 '像/賽過'가 전치사로 쓰일 수 있다. 지금 동등비교/비유 후치사는 '實梗'의 합음 형식인 '丈'이 많이 쓰이고, 방식 정도 지시사는 앞에 하나의 지시사가 첨가된 '埃丈'이 많이 쓰인다. '丈'은 순수한 후치사가 되는 추세를 가진다.[35) 예를 들어,

> (34) a. 個小乾兒個手臂搭甘蔗丈細。
>   이 애의 팔이 사탕수수처럼 가늘다.
>
> b. 俚個心賽過菩薩丈好。
>   그의 마음이 보살처럼 착하다.

등비(等比) 및 비유 면에서 옛 상해어의 분리사의 문법화 정도가 가장 심하다. 주로 '像…能'이 쓰인다. 다음은 초기 문헌에 있는 몇 개의 용례이다.

> (35) a. 幷且相陪太子出入迎接, 費時勿少, 所以勿能夠如同前頭能默想。
>   sm0003wr
>   그리고 황태자님을 모셔 영접하는 것은 시간이 많이 걸렸다. 그래서 이전처럼 심사숙고할 수 없다.

---

35) '實梗'[zə?$^{23-22}$gā^{55}]은 소백(蘇白) 소설에서 쓰인 것인데 그것의 어원은 '是介兒'(鼻음절, 鼻운미나 비음화가 오어에서 많이 쓰이는 兒化 접미사 '儿'이 독자적으로 음절을 이루지 않고, 앞 음절과 결합하면서 앞 음절의 운모를 권설 운모가 되게 함) 형식이어야 한다. '介'[kā]는 상해어와 같은 어떤 오(吳) 방언에서 '이러하다'를 나타내는 지시사이다. 무석(無錫)어에서 같은 의미가 '梗'[kā](바로 '介兒'임)으로 표시된다. '是'는 대명사에 첨가되는 강화 성분이다. 대명사에 '是'가 첨가되는 것도 오어에서 흔히 볼 수 있는 현상이다. 예를 들어, 옛 상해어의 삼인칭 대명사는 각각 '是我, 是儂, 是伊'이다. 현대 소주말에서 '實梗'이 어음 면에서 합쳐 '丈'[zā31]이 된다. 합음자인 '丈' 앞에 지시사(지별사(指別詞))가 첨가되어 '埃丈'(이렇다), '威丈'(그렇다)이 구성된다(석여걸(石汝杰) 1999: 94 참조). '介兒 → 梗 → 是梗 → 丈 → 埃丈'은 문법화의 '약화-강화'의 반복 교체 과정을 전형적으로 반영한다.

b. 聞得之父親個死信, 聲色勿變, 勿像別人能哭天哭地。 sm0003wr
   아버지 사망 소식을 듣고 너무 슬퍼하지 마. 다른 사람처럼 통곡하지 마.

c. 又像耶穌能, 喜歡卑賤窮苦遭着煩難, 爲救人個靈魂。 sm0015wr
   예수님처럼 사람의 영혼을 구하기 위해 간난 신고한다.

d. 伊看見上帝個聖靈, 像鴿子能降到伊身上。 sm0020wr
   그는 하나님을 성령으로 볼 수 있다. 그 성령은 비둘기처럼 그의 몸에 붙는다.

e. …貓勿像狗能大咾兇。 tx0038wr
   …고양이가 개처럼 크지도 않고 사납지도 않다.

'能'의 어원은 '恁'이다. '能'은 근대 중국어에서 '방식–정도' 지시사로 쓰여 '這麽, 這樣, 那樣'에 해당한다[36]. 상해어에서 '能'은 위의 용법 외에 방식–정도 지시의 접미사로 쓰이기도 한다. 예를 들어, '哪能, 嚡能'. 사실 후치사가 동시에 같은 의미역의 지시 접미사인 것은 정상적이다. 둘은 다 의미역을 부여하는 표지이다. 구별은 문법화 정도이다. '개사→접사'는 문법화 심화에서 흔히 볼 수 있는 과정으로, 문법화 된 접사가 바로 단어 안에 들어가 후치사가 된다. 다른 의미역도 이러한 경우가 있다. 예를 들어, 표준어의 방위 후치사 '裏'는 지시사 '這裏' 안에 쓰이고 상해어의 장소 후치사 '搭'은 지시사 '嚡搭' 안에 쓰인다. 상해(상해)말 '像…能'과 표준어 '像…這樣/一樣'의 기원이 비슷하다. '能(<恁)'의 본의도 '這樣'이기 때문이다. 그러나 상해어 '能'의 문법화 정도가 더 심하여 '能'은 더 이상 단독으로 쓰일 수 없고 순수한 후치사가 된다. '能'의 또 다른 용법은 접미사로 부사 'AA能'을 구성하는 것이다. 예를 들어,

---

36) 성모 'r'가 오어에서 종종 비(鼻) 성모로 잘못 읽힌다. 예를 들어, '瓤'은 [na²³]로 읽힌다. 따라서 '恁'이 '能'[nən]으로 읽히는 것은 합리적이다. '恁'이 '能'으로 쓰인 것은 관습이기 때문이다. 명청(明淸) 소주어에서 '能'(<恁)은 정도 지시사의 용법도 가져 '이렇게'를 나타낸다. 예를 들어, '能著肉'(馮夢龍編<山歌>卷二), '能勿會算計'(綴白裘) 등이 있다. 현대 소주어에서 '能'은 더 이상 단독으로 쓰일 수 없다. 그럼에도 불구하고 그것의 정도 지시 의미가 여전히 감탄문에 쓰이는 '能個'(이렇게)에 포함되어 있다. 예를 들어, '小明能個聰明!'. 상해어에는 지시사로 쓰이는 '能'과 '能個'가 없다.

(36) a. 我願意替儂送聖體, 儂好好能預備。 sm0003wr
　　　 내가 너 대신 성체를 배송할 수 있으니 잘 준비해.

　　 b. 因爲過份克苦, 力量慢慢能軟弱起來者。 sm0003wr
　　　 너무 열심히 해서 힘이 점점 약해진다.

　　 c. 就對神師細細能話實話出情由。 sm0004wr
　　　 교부한테 그 이유를 자세히 말하였다.

　다른 예는 '細細能, 大大能' 등이 있다. '能'이 방식, 정도류 후치사에서 방식 정도 부사 접미사로 발전하는 것은 규칙적인 추상화 체인(방식 정도 지시사→방식 정도 후치사→방식 정도 접사[37])에 속한다.

　당대 상해어에서 '像…能'은 별로 사용하지 않고, '像…介[kA]'나 '像…搿能介'를 더 많이 사용한다. 예를 들어, '儂要像小張(搿能)介用功'(너 소장(小張)처럼 노력해야 돼). '介'는 부사성 지시사로 '이렇게'를 나타낸다. 예를 들어, '介用功'. '搿能介'는 서술어성 겸 부사성 지시사로 '이렇게, 이러한'을 나타낸다. 예를 들어, '儂應當搿能介'. '介'가 '能'을 대체하는 것은 문법화에서 새로운 창조 현상이고 '搿能'은 '搿能介'로 대체되는 것은 강화 현상이다.

　비교를 나타낼 때, 소주어와 표준어는 다 같이 전치사 '比'를 사용한다. 그리고 조동사성이나 부사성을 가지는 '要, 來得' 등은 종종 '比'와 같이 '比…要, 比…來得'과 같은 임시적 분리사를 구성하기도 한다. 통계를 보면, '海花'에서 비교문의 문법화 정도가 아직 낮은 것을 알 수 있다. '比'

---

37) 이러한 추상화 연쇄는 중국어에서 종종 나타난다. 고대 중국어의 '然', '爾'는 '이렇게'인데 정도 지시사→후치사→부사어 접미사 과정을 거친다. 다시 'AA能'과 11.2.2에서 논의한 옛 소주(蘇州)어인 'AA裏'를 비교하자. 둘은 다 후치사로부터 진일보하여 방식 부사어 접미사로 문법화 된다. 'AA裏'가 언어의 장소주의를 나타내어 그것의 의미적 인식은 약간 복잡하다. 'AA能'의 인식이 보다 더 직접적인데 '能'은 후치사나 접미사로 쓰일 때 다 정도를 나타낸다. 현대 소주어와 상해어에서 'AA裏/AA能'은 'AA叫'에 의해 대체된다. 그러나 'AA裏'와 'AA能'은 여전히 각각 무석(無錫), 상숙(常熟)에서 쓰인다. '叫'의 기원은 추후 연구가 필요하다.

뒤에는 종종 완성체 표지인 '仔'가 나타난다. 예를 들어, '人家比仔耐要乖點哚!'(그 사람이 너보다 말을 잘 듣는다)(13회)는 표준어인 '比起你來'(너보다)에 해당한다. 여기서의 '比'는 전형적인 전치사가 아니다. 옛 상해어의 '比'자 비교문의 문법화 정도가 비교적 심하고 '仔'를 별로 갖지 않는다.

옛 상해어에서 '비교'를 나타내는 '比'는 일반적으로 매개 위치인 기준과 서술어 사이에 있어 연계자 역할을 하는데 '比…X'식 분리사를 구성한다. 다음의 도표는 상해어 데이터베이스(20세기 30년대 전의 모든 문헌(약 20만 자))에 대한 통계 결과이다.

표11-2 비교를 나타내는'比'자문과 '比…X'식 분리사

구조	"比"+기준+AP	"比"+기준+연계자+AP	총계
횟수 및 백분율	22(35%)	41(65%)	63(100%)

표11-3 옛 상해어 '比…X'식 분리사에서 X 성분의 출현 횟수

연계자	還(要)	更(加)	來得	又	要	还要來得	벌勿	총계
횟수	14	9	8	5	3	1	1	41

위의 표를 통해, 65% 즉 거의 2/3의 '比'자 비교문이 임시적 분리사인 '比…X'에 의해 이끌린다는 것을 알 수 있다. 그 중에 어떤 X가 확실히 구체적 의미를 가지고 있음에도 불구하고 X가 이렇게 많이 쓰이는 것으로 보아, X의 연계자 역할을 소홀히 해서는 안 된다. 예를 들어,

(37) a. 汽車夫…工錢比別樣個車夫來得大。tx0042wr
자동차 기사의 월급은 다른 기사보다 많다.

b. 夏季比冬季要熱幾倍, tx0042wr
여름철은 겨울철보다 몇 배나 덥다.

물론, 데이터베이스에서 '比'자문 1/3은 아무런 X도 쓰이지 않는다. 이러

한 예에서의 비교 기준은 대부분 인칭 대명사나 인명 등 짧은 단어이다. 때로는 X가 쓰이고 때로는 X가 안 쓰이는 문장들과 같이 쓰일 때의 X는 반드시 길며 복잡한 기준에 뒤따른다. 예를 들어, (38)에서의 '內地'는 하나의 명사이므로 뒤에 X가 안 쓰이고 '內地棄脫'은 하나의 절이므로 뒤에 '來得'이 쓰인다.

(38) 上海是中外通商個一個中心點哤, 通商比內地[ ]早, 蓋末迷信個事體也應該比內地棄脫來得快, 那裏曉得更加利害. tx0042wr
상해는 중국과 다른 나라 간의 중심 무역항으로 내륙보다 더 일찍 통상하였다. 이것으로 보아, 상해(上海)가 내륙보다 더 일찍 미신을 타파해야 한다. 미신이 내륙보다 더 심하다는 것은 도저히 상상도 못한다.

다시 소주어를 보자. '來' 및 일부의 '去'는 분리사의 후치사 부분으로 소주어의 도구 의미역에서 중요한 역할을 하며 사격 대상문('把'자문과 대응하는 문장)에서도 일정한 역할을 한다. 당대 소주어에서 '拿'와 '用'이 동사에 앞서 도구 의미역을 이끌어낸다. 그러나 해화(海花)에서는 '拿'만으로 도구 의미역을 이끌어내고 '用'은 동사(문장에서의 유일한 동사나 주요 동사)로 쓰인다. 소주어는 오늘까지도 '拿'만 표준어의 '把'와 대응하고 '把, 將'이 전치사로 쓰이는 것이 없다. 표 11-4는 소백(蘇白)의 '拿'이 전치사로 쓰일 때 '來/去'가 첨가하는 경우에 대한 통계이다.

표11-4 : 소주어 전치사 '拿' 뒤에 '來/去'가 첨가되는 것에 대한 통계

의미역	Pre+NP+VP	Pre+NP+来+VP	Pre+NP+去+VP	총계
도구	7 (28%)	13 (52%)	5 (20%)	25 (100%)
대상	27 (73%)	7 (19%)	3 (8%)	37 (100%)

위의 표로 보아, '拿'가 도구 의미역을 이끌 때 '來/去'가 첨가되는 것이 72%(52%+20%)로 표준어 31%(7.3.3 참조)보다 훨씬 더 많다. 전치사 '拿'만

이 쓰이는 것은 28%이다. 이로 보아, 소주어는 전치사가 아닌 '拿…來(去)'와 같은 분리사로 도구 부사어를 이끌어내는 것을 선호한다. 이에 대해 다음의 예문을 보자.

(39) a. '來'가 참가된 것: 轉去末拿啥來交代哩? 十六回
　　　　　　돌아가서 무엇으로 설명할거니?

　　b. '去'가 첨가된 것 : 勿好看末, 人家爲啥拿幾十塊洋錢去做俚嗄?
　　　　　　만약 그녀가 못 생겼으면 남이 왜 몇 십 원으로 그녀를 데리고 놀았느냐?

　　c. 아무 것도 첨가되지 않은 것 : 拿洋肥皂淨脫俚。二十回
　　　　　　비누로 (때)를 빼다.

　　대상을 나타내는 '拿'자문에서 '來/去'가 첨가되어 분리사를 구성하는 것은 10개(약 27%) 있고, '來/去'가 첨가되지 않은 것은 27개(73%)가 있다. 표준어에서는 '把'자문에서 '來/去'가 첨가된 것이 27%보다 훨씬 더 낮은 비율을 차지할 것 같다. 대상은 동사의 논항이고 도구는 부가어(adjunct)이다. 전자는 동사와 더 긴밀하게 관련되어 있다. 따라서 '來/去'와 같이 쓰이는 경우가 도구문보다 적다는 것은 바로 통사적 긴밀도의 도상성을 나타낸다. 예를 들어,

(40) a. 加"來" :　耐拿鬢脚來刷刷哩。十回
　　　　　　귀밑머리를 좀 빗어봐.

　　b. 加"去" :　故歇綢緞店個帳一點也勿曾還, 倒先拿衣裳去當光仔。六十四回
　　　　　　……오히려 옷을 전당하였다.

　　c. 不加 :　耐你倒硬仔了心腸, 拿自家稱心個人冤枉殺仔, 三十四回
　　　　　　……자신이 좋아하는 사람이 자신 때문에 억울해 죽었다.

표준어의 피동문에서 '來'는 별로 안 쓰인다. (41a, b)처럼 소주어에서 종

종 '撥'이 이끌어내는 행위자 뒤에 '來'가 첨가된다. 흥미로운 것은 (42)처럼 같은 내용이라도 행위자 뒤에 후치사 특성을 가지는 '裏'가 나타나면 '來'가 더 이상 쓰이지 못한다.

(41) a. 賽過撥一隻邪狗來咬仔一口, 也無啥要緊。'海花' 九回
　　　마침 이상한 개한테 물린 것처럼 괜찮다.

　　b. 前年還尋著一頭生意, 剛剛做仔兩個月, 撥新衙門來捉得去。
　　　'海花' 二十一回
　　　재작년에 사업 하나를 두 달만 하다가 관아에 잡혔다.

(42) 就是蘇冠香哉哩, 說撥新衙門裏捉得去哉。'海花' 二十六回
　　바로 소관향(蘇冠香)이다. 새 관아에 잡혔다고.

　도구 의미역, 사격 대상과 관련된 분리사는 옛 상해어에도 비슷한 표현이 있다. 20세기 초의 상해어 대상 표지는 '擔, 拿(초기에 '拏'로 표시되기도 했음), 用'이 있다. '擔, 拿'는 표준어의 대상 표지인 '把'에 해당한다. 다음의 표는 이들 전치사가 옛 상해어(약 20만자의 데이터베이스)에서 나타날 때 '來/去'를 가지는 빈도를 나타낸다.

표11-5 옛 상해어의 도구와 수여자 전치사와 관련된 '來/去'의 통계

전치사 Pre	의미역	Pre+NP+VP	Pre+NP+来+VP	Pre+NP+去+VP	총계
"担"	도구	1(14%)	6(86%)	0	7(100%)
	대상	17(89%)	2(11%)	0	19(100%)
"拿/拏"	도구	8(47%)	8(47%)	1(6%)	17(100%)
	대상	126(88%)	11(8%)	6(4%)	143(100%)
"用"	도구	55(42%)	68(52%)	8(6%)	131(100%)
총계	도구	64(41%)	82(53%)	9(6%)	155(100%)
	대상	143(88%)	13(8%)	6(4%)	162(100%)

11.2.4 한정어 후치사: 개사 겸 한정어 표지

이 책에서는 마건충(馬建忠), 왕력(王力) 등의 관점을 따라 명사성 한정어를 이끌어내는 '之, 的'을 후치 개사로 간주하고 일급 추상도인 순수한 연계자 개사로 본다(9.2.1 참조). 표준어의 '的'은 각종 한정어의 표지이다. 소주어에서 '的'과 대응하는 것은 '個'[kə?](또는 '格, 葛'로 쓰임)이다. 예를 들어, '小張個書'(소장(小張)의 책). 그러나 소주어에서 한정어를 이끌어내는 수단은 표준어보다 다양하다. 다음에 방위 후치사가 동시에 한정어 표지로 쓰이는 현상을 논의한다. 다른 수단에 관해서는 유단청(劉丹青)(1986) 참조.

표준어에서 방위 후치사구가 한정어로 쓰일 때 '的'이 첨가되어야 하는데 삼급 추상도 후치사와 일급 추상도 후치사가 같이 쓰인다. 예를 들어, '桌子上*(的)茶杯'(책상 위에 있는 컵). 단어화 된 숙어는 '的'이 없이 사용될 수 있다. 예를 들어, '水中月(물에 있는 달), 鏡中花(거울에 있는 꽃), 房中術(부부 생활의 기술), 性情中人(다정하고 솔직한 사람), 心上人(사랑하는 사람), 人上人(지위가 높은 사람), 心裏話(마음속의 말), 樓外樓'(큰 건물이 빽빽하게 많다) 등이 있다. 소주어에서 방위 후치사구가 한정어로 쓰일 때 '個'가 첨가될 수 있고, 방위 후치사 특히 문법화 정도가 가장 높은 '浪'과 '裏'만을 한정어 표지로 하기도 한다. 해화(海花)에서 인용된 (43), (44)에서 각각 '浪, 裏'로 임시적인 한정어-명사구를 연결한다.

(43) a. 耐看我馬褂浪爛泥, 要俚賠個口宛! 一回
　　　내 마고자에 있는 진흙을 좀 봐. 그한테 변상하라고 할 거야.

　　 b. 啥人勿曉得上海灘浪瀋小紅先生? 二十四回
　　　누가 상해(上海)의 심소홍(沈小紅) 선생님을 알아?

　　 c. 一隻嘴張開仔, 面孔浪皮才牽仔攏去。 十五回
　　　입은 벌어지고 얼굴의 피부까지 비틀렸다.

(44) a. 有個米行裏朋友, 叫張小村。一回
　　　 쌀가게에 있는 어떤 친구는 장소촌(張小村)이라고 한다.

　　 b. 聽俚閑話末好像蠻會說, 肚皮裏意思倒不過實槪。四十八回
　　　 그는 험담은 잘하는데 학식은 별로야.

　　 c. 俚哚說同皇帝屋裏觀象臺一個樣式, 就不過小點。五十二回
　　　 그들의 말에 따르면 황제 댁에 있는 기상대가 이것과 같은 식이다. 다만
　　　 크기가 약간 작다.

　　강남생(江藍生)(1999a)에 따르면, 표준어의 '的'은 방위 후치사 '底'에서
나온다. 만약 이것이 맞다면 문법화에서 흔히 볼 수 있는 처소주의 현상이
다. 소주어 '浪, 裏' 등 방위 후치사가 한정어 표지인 용법을 가지게 된 것은
자연스러운 문법화 과정이며 표준어의 '上, 裏'보다 더욱 발전한다. 유형론
적 시각에서 보아, 개사의 우선 기능은 VP에 NP를 이끌어내 주는 것이다.
PP가 한정어로 쓰일 때 매개 위치에 있는 개사가 동시에 한정어 연계자를
담당할 수 있는지 여부는 언어에 따라 다르다. 영어의 전치사가 동시에 한
정어 연계자를 담당하고, 일본어는 그렇지 않은데 한정어로 쓰이는 후치사
구 뒤에 한정어 표지 no가 첨가되어야 한다(4.2.3 참조). 이 점에서 보아, 소
주어 '馬褂浪爛泥'(마고자에 있는 진흙)는 영어와 같은다. 후치사 '浪'(上)은
in에 해당하고 동시에 한정어 표지(어순은 영어와 거울 영상, 즉 반대임)이다.
'馬褂浪個爛泥'(마고자의 진흙)는 일본어와 같은데 '浪'은 de에 해당하고
'個'는 no에 해당한다.

11.3 다기능적 전, 후치 복합어(PPC)

11.3.1 PPC의 내부 구조

존재 동사/전치사 '勒'이 장소 후치사와 같이 구성하는 PPC(pre-postpo

sition compounds) 복합어는 소주어 및 여러 남방 중국어의 통사적 면에서 활발한 역할을 한다. 여숙상(呂叔湘)(1984[1941])은 최초로 근대 중국어의 '在裏'와 소주어의 그 유형의 복합어 간의 공통점을 제기한다. 20세기 80년대 이래 우근원(於根元)(1981), 소종기(巢宗祺)(1986), 평열령(平悅鈴)(1997), 서열형(徐烈炯), 소경민(邵敬敏)(1998) 등 많은 문헌에서 전문적으로 소주어, 상해어의 이러한 구조를 논의한다. 또한 장쌍경(張雙慶)(1996)편에서 석여걸(石汝傑)(蘇州話), 여여걸(游汝傑)(杭州話), 조지운(曹志耘)(金華湯溪), 반오운(潘悟云)(溫州話), 도환(陶寰)(紹興話), 유단청(劉丹青)(東南方言比較) 등의 논문은 상 범주를 논의할 때 이러한 성분의 역할을 언급한다. 위의 논저는 이미 이러한 성분의 내부 구조와 통사적 표현에 대해 세밀하게 기술 분석하였다. 다음은 본 책의 어순 유형론과 문법화에 근거하여 소주어에 관련된 현상에 대해 더 분석하고자 한다.

PPC는 다 이음절 단어이다. 앞부분이 '~에 있다'의 의미를 가지는 '勒'이며 뒷부분은 '裏, 浪, 哚, 海, 搭'을 포함한다. '海花' 및 그전의 소백(蘇白) 문학에서는 '裏, 浪, 哚, 海'만 나타난다. 오늘의 소주어에서 주요 '勒浪, 勒海'를 사용하고, 중파(中派) 이하에서 '勒裏, 勒哚'를 별로 사용하지 않지만 가끔 '勒搭'을 사용한다. 뒷부분은 다 방위 장소 후치사나 접미사이다. '裏, 浪'은 가장 흔히 사용되는 방위 후치사이다. '哚'은 사람을 가리키는 복수 접미사 겸 '집 안'을 나타내는 장소 후치사이다. '搭'은 사람인 NP를 나타내는 기본 장소 후치사이다(11.1.2 참조). 설명해야 할 유일한 것은 '海'[hE]이다. '海'의 본래 글자는 장소를 나타내는 '許'이며 '鋸'의 오독인 [kE44]과 대조적이다(매조린(梅祖麟)1995와 반(潘), 도(陶)1999 참조). '海'는 소주어에서 후치사 용법이 없지만 옛 소주어 및 근처 방언에서 '東海', '南海'와 같은 것을 사용한다. 옛 상해어에서 '海'와 '頭'는 같이 후치사로 쓰이고 역할은 소주어의 '搭'에 해당한다. 예를 들어, '小明海頭'(소명(小明)이 있는 곳). 따라서 PPC의 뒷부분은 모두 후치사나 이웃 방언에서 후치사의 성분으로 �

일 수 있다.

‘勒’은 통사적 면에서 PPC의 뒷부분과 직접 결합하지 못한다. 이들 후치사가 다 단독으로 쓰이지 못하기 때문이다. 예를 들어, ‘浪’은 후치사만으로 쓰이고 다른 위치에서는 다 ‘上’으로 읽혀야 된다. ‘裏, 海, 哚, 搭’ 등도 후치사, 접미사 외의 용법이 없다. 소종기(巢宗祺)(1986)에 의하면 이들 복합어는 ‘축약’의 방법으로 형성된 것이다. 예를 들어, ‘學堂裏 → 勒裏’, ‘勒XX海頭 → 勒海’ 등이 있다. 이 책의 견해로 말하면, 즉 PPC가 ‘勒’과 후치사구의 결합에서 기원하며 그 중의 NP나 명사 형태소의 생략으로 인해 형성된다.

> (45) a. “勒浪”의 기원 : 坐勒凳子浪 → 坐勒浪 (유단청(劉丹靑)1996 참조)
>   의자 위에 앉아 있다. 저기에 앉아 있다/앉아 있다.
>   b. PPC가 나타난 과정 : 전치사 + NP + 후치사/장소 접미사 → 전치사 + 후치사/장소 접미사

이로 보아, PPC는 본질 면에서 축약된(허사화한) VP나 PP이다. 그러나 단어가 된 후에 그것들의 구조와 의미는 다 그것들의 기원과 달라진다. 구조적 변화는 PPC 뒤에 온전한 PosP가 나타날 수 있는 것을 가리킨다. 예를 들어, (45a)는 ‘坐勒浪凳子浪’으로 말을 이룰 수 있다. 의미적 변화는 재미있는 거리 지시 의미가 나타남으로써 존재 동사와 전치사의 거리 형태를 구성하는 것을 가리킨다.

4개의 PPC를 사용하는 삼소(三笑)와 해화(海花)에서 4개의 PPC가 각각 다른 의미를 가진다. ‘勒裏’는 가까운 ‘여기에’, ‘勒哚’는 먼 거리, ‘在那兒’, ‘勒浪’는 거리와 관계없이 ‘에’를 나타낸다. ‘勒海’는 범위를 나타내며 ‘在內’에 해당한다. 우선 가까운 것과 먼 것과의 대립을 보자.

(46) 相公, 你立裏嘆氣, 隻怕你朵個家小, 個歇辰光立朵罵哉口虐。
  '三笑' p73
  상공, 더 이상 여기서 한탄하지 마세요. 부인께서 지금 당신을 욕하시는지도
  몰라요.

(46)의 PPC는 동시에 진행을 나타내며 표준어의 '在'에 해당하는데 먼
것과 가까운 것 간의 대립을 뚜렷이 나타낸다. 청자인 '相公'을 기술할 때
'立裏嘆氣'를 사용하고, 현장에 없는 '부인'을 기술할 때 '立朵罵'을 사용한
다. '海花'까지 이러한 의미적 차별은 여전히 존재한다.

(47) a. 聽見說杭州黎篆鴻來裏. 一回
      듣건대 항주(杭州) 려전홍(黎篆鴻)이 여기 있다.

   b. 說請洪老爺帶局過去, 等來哚。三回
      홍 나리님한테 같이 술을 마시는 기생을 데리고 가서 기다리라고 하였다.

(47a)가 항주(杭州) 사람이 지금 화자와 청자가 있는 상해에 있는 것(먼
곳으로부터 가까운 곳까지)을 가리키기 때문에 '來裏'를 사용한다. (47b)가
목적지에 가서 기다리라고 하는 것(먼 곳)을 가리키기 때문에 '來哚'를 사
용한다.
  '勒浪'은 '먼 것'과 '가까운 것' 간의 대립을 강조할 필요가 없는 경우에
쓰인다. 예를 들어,

(48) 醒轉來聽聽, 客堂裏眞個有轎子, …有好幾個人來浪。'海花' 十八回
    자다가 들어보니, 이웃집에 진짜 가마가 있다. … 몇 사람이 왔다.

화자가 이웃집에서 나온 소리를 들었는데 그 소리와 상대적인 것이 없으
므로 먼 것과 가까운 것이 없다. 따라서 여기서 '來浪'을 사용한다.
  '勒海'는 오늘의 소주(蘇州), 상해(上海) 오어에서 가장 많이 쓰이는 PPC
이지만 '海花'에서 적게 나타난다. '海花'에 모두 3개의 '來海'가 있는데 다

'안에 포함하는 것'의 의미를 가지고 장소보다 범위의 뜻을 더 나타낸다. 예를 들어,

> (49) a. 先到東興裏李漱芳搭, 催客搭局一淘來海。七回
> 우선 동홍리(東興裏) 이수방(李漱芳)이 있는 곳에 가서 손님과, 동반하여 술을 마시는 기생한테 재촉한다.
>
> b. 勿多幾個人, 倪兩家頭也來海。十八回
> 몇 사람이 안 된다. 우리 둘도 포함한다.

PPC의 '거리 지칭' 의미가 어디서 나왔는가? 적어도 '勒裏~勒哚'의 '먼 것과 가까운 것' 간의 대립은 설명이 된다. 소주어의 복수 접미사 '裏'는 2인칭('我裏'는 후에 '倪'가 축약됨) 뒤에 쓰이고, '哚'는 2, 3인칭 뒤에 쓰인다 (11.2.1 참조). 이것으로 '멀고 가까운 지시'의 기원을 알 수 있다. 즉 1인칭은 가까운 지시, 2, 3인칭은 먼 지시와 같이 쓰인다. 달리 말해, PPC의 '원근 대립'은 '裏, 哚' 자체의 의미와 상관이 없고, 그것들이 복수 접미사 겸 장소 후치사로 쓰일 때의 불규칙적인 분포와 관련된다. 이는 더 나아가 PPC의 앞부분인 '勒'이 직접적으로 뒷부분을 지배하지 않고, 후치사구 전체나, 접미사를 가지는 장소 지시사를 지배하는 것을 증명하기도 한다. 비록 그 중의 NP나 대명사 형태소가 이미 생략되더라도 말이다.

11.3.2 PPC가 존재 동사로 쓰인다

PPC는 우선 한 가지 축소된 존재 동사구이며 서술어로 쓰일 수 있는데 표준어의 '在(這兒/那兒)'에 해당한다. 그 중의 '勒'은 단독으로 서술어로 쓰일 수 없으며 반드시 PPC의 뒷부분을 가져야 한다. 예를 들어, 표준어에서 '小張在嗎?' 질문에 대해 답은 '在'이다. 소주어에서 '小張阿勒裏/勒浪/勒海'로 물으면 답은 '勒裏' 등이다. 그러나 '小張阿勒?'라고 물을 수도, '勒'라고 답할 수도 없다. 만약 뒤에 장소 목적어가 나타나면 존재 동사의 일부

인 ‘勒’만을 사용하는 것이 된다. 예를 들어, ‘小張勒埃搭’(소장(小張)이 여기 있다), ‘俚現在勿勒上海’(그가 이제 상해에 없다). 이로 보아, 존재 동사가 단독으로 쓰일 때는 PPC의 뒷부분에 붙어야 한다. 이는 의미적이나 구조적 요구가 아니라, 통사적 요구이다.

그러나 ‘勒’이 후치적 형태소를 가지는 것은 확실히 형태적 요구이다. 몇 백 년 동안, 이것은 ‘단독으로 쓰일 수 있음→반드시 PPC의 뒷부분을 가져야 함→단독으로 쓰일 수 있음’의 재미있고 복잡한 과정을 거쳤다. 지금 찾을 수 있는 최초의 소주어 문헌에서, 예를 들어, 명나라 때의 소백(蘇白) 극본에서 ‘勒’(그 당시에 ‘拉’로 쓰임)은 단독으로 장소 의미역을 가질 수 있다. 다음 예는 ‘발중연(鉢中蓮)’의 제8회에서 인용된 것이다(석여걸(石汝杰) 1996a: 105 재인용).

(50) a. 裏去=俚哚, 他們住屋就拉隔壁。
　　　그들의 집은 바로 옆집이다.

　　 b. 拉玉皇大帝面前, 千討萬討……
　　　옥황상제 앞에서 간청하며……

청나라 중반의 삼소(三笑)부터 청나라 말기의 ‘海花’까지, ‘勒’은 단독으로 장소 의미역을 가지는 기능을 잃었다. 동사로 쓰이든 전치사로 쓰이든 ‘勒’은 다 부착 형태소가 되며 반드시 PPC의 뒷부분과 같이 쓰여야 한다. 우선 서술어로 쓰이는 PPC를 보자.

(51) a. 你一向勒朶啥場化? ‘三笑’ p22
　　　너 줄곧 어디 있었냐?

　　 b. 八位娘娘才勒朶內廳浪哉, 介勒請大爺進去。‘三笑’ p2
　　　여덟 분의 마마가 안에 있는 거실에 계시니 어르신님, 들어가세요.

　　 c. …問: “煙盤來哚陸裏?”郭孝婆道: “原來裏床浪口宛。”‘海花’五回
　　　담뱃갑이 어디 있어? 곽효파(郭孝婆)는 ‘여전히 침대에 있지 않아?’하고 대답하였다.

   d. 浣芳道: "阿姐困來哚陸裏嘎?"玉甫道: "哪, 來裏該搭。" '海花' 二十回
      완방은 '우리 언니 어디서 자?'라고 하였다. 옥보는 '저기에 있다'하고 대답
      하였다.

   e. 來浪陸裏嘎? '海花' 二十九回
      어디 있어?

   f. 來浪兆富裏, 叫文君玉。 '海花' 三十一回
      조부리(兆富裏)에 있어 문군옥(文君玉)이라고 한다.

문법화의 시각에서 보아, 존재 동사 겸 전치사인 '勒'이 반드시 후치사를
가지는 것은 PPC의 뒷부분을 분리될 수 없는 단어 내의 요소가 되게 한다.
그 뒷부분은 이로 인해 독립성이 없는 더 추상화된 단계에 들어간다. PPC
전체가 하나의 후치사구를 지배할 때 후치사는 두 번 나타난다. 예를 들어,
(51c)의 '來裏床浪'은 '在裏床上'로 직역해야 한다. 통사적 면에서 앞의
'裏'는 더 이상 '살아있는' 후치사가 아니라 화석화 된 후치사가 된다. 이
외에 후치사를 두 번 사용할 때 어색한 것을 방지하기 위해 같은 후치사를
쓰지 않는다. 예를 (51)에'來哚…浪', '來裏…浪', '來浪…裏' 등이 있지만
'來裏…裏', '來浪…浪' 등이 없다.

현대 소주어의 '勒'은 다시 단독으로 장소 의미역을 이끌어내는 기능을
가지게 된다. 예를 들어, '勒床浪'. 만약 어색한 경우를 제외하면 PPC의 발
전 단계는 '勒浪'을 예로 설명하면 다음과 같다.

勒NP浪 >勒NP浪 / 勒浪 >勒浪NP浪 /勒浪>勒NP浪 / 勒浪

PPC가 장소 의미역을 가질 때 '거리의 대립'이 어렴풋이 보인다. 예를
들어, 장소를 묻는 의문문에서, 가까운 것을 가리키는 '勒裏'가 아니라 먼
것을 가리키는 '勒哚'나 中性인 '勒浪'만을 사용할 수 있다. 화자가 모르는
위치가 당연히 심리적으로 멀리 있는 것이기 때문이다. 거리 표지가 NP가
아닌 V에 첨가되기 때문에 PPC의 뒷부분은 존재 동사의 거리 형태가 된

다. 이는 거리 의미의 핵심 표시 현상이 된다. 이러한 형태가 표준어에 없으므로 그것의 거리 의미는 표준어로 번역되기 어렵다. 예를 들어, '勒哚哪搭'은 '在哪兒'만으로 번역될 수 있다. 그 중에 먼 것을 가리키는 의미가 번역될 수가 없다.

11.3.3 PPC가 긴축된 개사구로 쓰임

PPC는 긴축된 VP일뿐만 아니라 긴축된 PreP이기도 하며, 이른 시기의 소주어에서도 먼 지시와 가까운 지시의 구별이 있다. 이때 표준어의 전치사구인 '在這兒/那兒'와 비슷하다. 예를 들어,

(52) a.　去喊小吳來, 說有人來裏尋。'海花' 十三回
　　　소오(小吳)를 불러와. 찾아온 사람이 있다고 해.

　　 b.　俚搭黎大人來哚說閑話。'海花' 十五回
　　　그는 저기서 여(黎) 어르신님이랑 이야기한다.

(52) 중의 '來裏'와 '來哚'는 먼 것, 가까운 것의 구별이 있으면서도 표준어의 '在這兒/那兒'와 다르다. PPC의 거리 의미는 전치사에 첨가된 형태로 표시된 것이다. 따라서 뒤에서 거리 의미를 가지는 장소 어휘가 나타날 때 거리 의미가 동사와 NP를 이중 표시하는 것으로 이루어진다. 이때 거리의 일치를 유지해야 한다. 즉 먼-먼(遠-遠), 가까운-가까운(近-近). 예를 들어, '勒裏該搭', '勒哚歸搭'라고 말할 수 있지만 '勒裏歸搭', '勒哚該搭'라고 할 수는 없다. 이와 달리, 표준어의 '在這兒/那兒'는 일반적인 전치사구인데 원근은 뒤의 장소 성분만으로 표시된다. 또 다시 장소 성분이 뒤에 첨가되지 않는다. PPC의 거리 의미는 전치사의 형태 범주로, 어휘적 의미가 아니다. 그래서 PPC가 장소를 나타내는 기능은 비교적 약한데 종종 단독으로 장소를 나타내지 않으며 회지(回指)로 쓰인다. 그래서 간혹 상 표지

만으로 대역되면 된다. 예를 들어,

> (53) a. 箱子忒重哉, 俫就擺勒埃搭。
>   상자가 너무 무겁다. 그냥 여기에 놓아 둬.
>
> b. 埃搭蠻安全, 俫就擺勒裏/勒浪/勒搭吧。
>   여기 아주 안전하니 그냥 여기에 놓아 둬.

(53a)에서 단독으로 장소를 나타낼 때 일반적으로 '擺勒裏'가 아닌 '擺勒埃搭'을 사용한다. 통사적 면에서 (54)와 같이 PPC는 같은 문장에서 장소성분이 이미 표시되었을 때 사용될 수 있다. 이때 PPC의 기능은 상과 더 가깝다. 표준어의 '在這兒/那兒'는 (55)처럼 이러한 경우에 절대로 쓰일 수 없다.

> (54) a. 俫就勒老王搭住勒海吧。
>   너 그냥 노왕(老王)의 집에 살아.
>
> b. 箱子就勒房間裏擺勒浪吧。
>   상자는 그냥 방 안에 놓아 둬.

> (55) *妳就在老王那兒住在那兒。

11.3.4 PPC가 전치사로 쓰임

PPC 전체는 전치사로 쓰일 수 있다. 청대(淸代) 소주(蘇州) 말의 '勒'은 일반적으로 단독이 아닌 반드시 PPC식으로 장소 전치사로 쓰였다. 즉 '勒'은 전치사로 쓰일 때 반드시 PPC의 뒷부분을 가져야 한다. 현대 소주어에서 '勒'이 종종 단독으로 전치사로 쓰이지만 PPC 전체도 전치사로 쓰일 수 있다.

PPC가 이끌어내는 PP는 동사에 앞서 행동의 장소뿐만 아니라 원점, 경유나 방향을 나타낼 수도 있다. 예를 들어,

(56) [醜]一向立朵啥場化在哪兒發財?
요사이 어디에서 근무하십니까?

[付]立朵杭州居來從杭州回來。'三笑' p36
항주(杭州)에서 돌아왔어.

(57) 太太介歸心如箭, 下船之後, 勒裏紗窗裏邊張得出來從紗窗裏望外看。
'三笑' p45
부인은 집으로 돌아가고 싶은 마음이 굴뚝같다. 배에서 내리고 사창(紗窓)에
서 밖을 본다.

(58) 耐要聽仔張先生閑話, 就來裏倪搭走走, 勿到別場花去末, 倒也勿去上俚哚
當水哉。'海花' 十四回
장 선생의 말을 믿으면 우리한테 한 번 와. 다른 곳에 가지 마. 그들한테 사기
를 당하지 마.

(56)[醜]에서 '立朵'는 행동이 진행되는 장소를 나타내는데 '在'에 해당
한다. 그러나 [付]에서 '立朵'는 원점을 이끌어내어 '在杭州回來'가 아닌
'從杭州回來'를 나타낸다. (57)의 '勒裏'는 눈빛이 통과하는 장소를 나타내
는데 경유를 나타내는 '從'에 해당한다. (58)의 '來裏'는 방향의 종점을 나
타내어 '到'에 해당한다. 위의 PPC의 뒷부분은 더 이상 후치사로 분석될
수 없고, PPC 전체도 더 이상 긴축된 PP로 분석될 수 없다.

PPC가 이끌어내는 PP는 동사에 뒤따라 종종 행동 장소의 종점이나 방
향(행동이 끝난 후에 행위자나 대상이 존재하는 위치를 포함)을 나타낸다. 청대
(淸代) 소주어에서 PPC도 거리 지시 의미를 가진다. 예를 들어,

(59) a. 可惜個種好關子, 留勒朵別場化發賣子罷。'三笑' p68
여기서 뜸들이지 말고 다른 곳에 가서 말해.

   b. 但見四乘小轎停立朵千人石浪。'三笑' p38
사인교가 천인석(千人石) 위에 멈춘다.

(60) a. 我去仔, 耐壹幹子住來裏棧房裏, 終究勿是道理。'海花' 十四回
내가 가고 너 혼자 창고에서 사는 것은 좋지 않다.

b. 台子浪壹只自鳴鍾, 跌篤跌篤, 我覅去聽俚, 俚定歸鑽來裏耳朵管裏。
'海花' 十八回
책상 위에 있는 알람시계가 쩩쩩 울기 시작했어. 그 소리가 듣기 싫어도
내 귀에 들린다.

(61) 我朋友約末約定哉, 約來浪初九。'海花' 二十八回
내 친구가 초아흐레에 온다고 약속했어.

PPC가 동사로 장소 의미역을 가질 때 PPC의 뒷부분은 사실은 존재 동
사의 거리 범주 표지가 된다. PPC가 전치사로 장소 의미역을 가질 때 그것
의 뒷부분은 전치사에 첨가하는 거리 범주 표지가 된다. 이는 극히 특별한
핵심 표지 현상이다.

11.3.5 PPC가 상표지, 어조사와 구조 조사로 쓰임

앞의 몇 절에서 논의한 PPC의 몇 가지 용법은 다 개사와 직접적으로
관련되어 있는 기능이다. 이 외에 PPC는 보다 더 추상화 된 용법도 가지고
있다. 첫째, 상 표지, 둘째, 어조사, 셋째, 구조 조사이다. 앞의 둘은 다 비관
계적(non-relational) 허사에 속한다. 즉 문법적 의미가 있으나 통사적 관계
를 표시해 주지 않는다. 이것들은 이 책에서 주목하는 어순 유형론과 개사
문제와 직접 관련되어 있지 않으므로 이에 대해 자세히 서술하지 않는다.
PPC가 동사 앞, 뒤에서 상 표지로 진행, 지속을 나타내는 용법에 관해서는
석여걸(石汝傑)(1996b), 유단청(劉丹靑)(1996a, b), 이소범(李小凡)(1998)에 자
세히 논의한 바가 있다. 구조 조사로 쓰이는 PPC는 관계절 한정어의 표지
이다. PPC를 연구하는 논문에서 여태껏 이에 대해 언급하지 않았는데 다
음은 이것의 분석이다.

11.2.4에서 방위 후치사 '裏', '浪'의 소주어에서 한정어 표지 역할에 대해 논의하였다. PPC가 이끌어내는 것은 동사를 핵심으로 하는 관계절이다. 그리고 핵심 명사가 이끌어내는 것은 일반적으로 관계절 중의 목적어이다. PPC가 구를 이끌어낼 때 여전히 장소와 관련된 문말 지속 상 표지의 의미를 가진다. 예를 들어,

> (62) a. 手裏拿仔一本書勒海。
>   손에 책이 한 권 들려 있다.
>
> b. 手裏拿勒海[ ]一本書窮厚。
>   손에 잡히는 한 권의 책이 아주 두껍다.

(62a)가 소위 존현(存現)문인데 '一本書'는 '拿'의 목적어이고 '勒海'는 지속체를 나타내며 PPC의 장소 의미도 약간 가진다. (62b)의 중심이 '一本書厚'이고 '一本書'는 (62a)의 목적어의 관계화를 거쳐 이끌어진 것으로 주어의 핵심이 된다. (62b)의 다른 부분은 주어의 핵심을 수식하는 관계절 한정어가 된다. 표준어에서 이러한 관계절 뒤에 반드시 한정어 표지인 '的'이 첨가되어야 한다. 소주어에서 관계절 PPC 뒤(b의 꺾쇠괄호 위치)에도 한정어 표지인 '個'가 첨가될 수 있다. 소주어의 특징은 여기의 '個'가 종종 생략되는 데 있다. 그래서 '勒海' 등 PPC가 관계절 한정어 표지가 되거나 동시에 구조 조사의 역할을 한다. (63)과 같이 문헌에는 이러한 용례가 많다. 필자가 표시한 꺾쇠괄호 위치가 바로 '個'가 생략된 자리이다.

> (63) a. 陽台浪晾來哚[ ]一塊手帕子搭我拿得來! '海花' 三回
>   베란다에 널어놓은 손수건을 가져와!
>
> b. 耐看我養來哚[ ]倪子阿好? '海花' 五回
>   내가 낳은 아들이 어때?
>
> c. 耐妳吃倪自家燒來哚[ ]菜水阿好? '海花' 八回
>   우리가 만든 요리가 어때?

PPC가 이들 예에서 동시에 구조 조사로 쓰이는 증거는 두 가지가 있다. 첫째, 진정한 구조 조사 '個'가 첨가된 경우 외에, 여기서의 PPC는 구조적인 면에서 생략될 수 없다. (62b)와 (64)를 비교하자.

> (64) a. 手裏拿個壹本書窮厚。
>   손에 잡히는 한 권의 책이 아주 두껍다.
>
> b. *手裏拿[ ]壹本書窮厚。

둘째, '仔'와 같은 다른 상 표지는 이러한 역할을 갖지 않는다. (62)와 (65)를 비교하자.

> (65) a. 手裏拿仔一本書。
>   손에 책이 한 권 집혀 있다.
>
> b. *手裏拿仔一本書窮厚。

해화(海花)에는 PPC가 네 개 있는데 '來哚'만 이러한 기능을 가진다. 그래서 (63b, c)의 관계절에서는 의미에서 가까운 것을 나타내지만 가까운 뜻인 '來裏'를 사용하지 않는다. 이로 보아, '來哚'가 관계절로 쓰이는 새로운 용법은 원근의 선택에서 탈피한 진일보한 문법화이다. 현대 소주어에서 주로 '勒海'가 이러한 관계절 표지로 쓰인다.

11.4 소주어 개사 체계의 유형론적 특징

첫째, 소주어의 전치사는 대부분 동사 앞에 쓰인다. 동사 뒤에 쓰일 수 있는 것은 '勒'과 '撥'만 있다.

둘째, '勒'이 동사 앞에 종종 생략된다. 'NP + Pos'가 구성하는 후치사구는 종종 직접 장소 부사어로 쓰인다. 이는 '勒'이 아닌 후치사가 NP와 V 사이(매개 위치)에 있는 것과 관련된다. 이와 대조적으로, '勒'은 동사 뒤에서 생략될 수 없는데 이때 전치사 '勒'이 중간 위치에 있다. 일반적으로 표준어와 같은 '擱桌子上'(책상 위에 둔다)과 같은 것이 없다.

셋째, '勒'의 의미적 역할은 표준어보다 광범위하다. 따라서 후에 나타난 허사에 의해 강화되거나 대체되는 현상이 생긴다. '勒'이 동사 앞에 있을 때 장소, 기원, 경유 등 의미역을 이끌어낼 수 있고, 동사 뒤에 있을 때 종점, 방향, 접수자 등 의미역을 이끌어낼 수 있다. 동사 앞에 있는 장소의 '勒'이 동사 '蹲'에 의해 강화되거나 대체됨으로써 복합 개사 '蹲勒'이나 새 전치사 '蹲'이 구성된다. 동사 뒤에서 접수자를 이끌어내는 '勒'이 수여 동사 '撥'에 의해 강화되거나 대체됨으로써 복합 개사 '撥勒'이나 단독으로 쓰이는 '撥'이 구성된다.

넷째, 접수자(與事) 표지가 동사 뒤에 있을 때 동사 앞의 '給'처럼 수혜자를 나타내지 않는다. 따라서 주로 병렬 연결사 겸 동반자 개사인 '搭'이 동사 앞에 쓰여 수혜자를 나타낸다. 새 소주(蘇州) 말에서 '幫'으로 '搭'의 세 가지 역할을 한다. 둘은 동사 뒤에서 이루어지는 문법화 과정은 반대이다. '搭'은 '동사→병렬 연결사→동반자 개사→수혜자 개사'이고, '幫'은 '동사→수혜자 개사→동반자 개사→병렬 연결사'이다.

다섯째, 소주(蘇州) 방언은 발달된 후치사 체계를 가지고 있다. 장소 의미역 후치사는 결합 범위에 따라 세 가지로 나뉠 수 있다. 1. 완전히 추상화된 '搭, 哚'는 사람을 가리키는 NP 뒤에 쓰인다. 2. 방위 후치사, 특히 후치사만으로 쓰이는 '浪, 裏'는 사람이 아닌 것을 가리키는 NP 뒤에 쓰인다. 3. '場化/地方'은 고유 지명 뒤에 쓰인다(시대 명칭 뒤에 쓰이는 '辰光'의 성질과 비슷함). 이 세 가지 후치사가 다 각종 후치사를 첨가한 NP를 장소 의미역이 되도록 함으로써 완비된 후치사 체계를 구성한다. 장소 후치사와 관련되는 복합 후치사에는 '淘裏之間'과 '面浪'도 있다.

여섯째, 전치사가 소주어에서 비교적 자유롭게 생략되는 것과 달리, 소주어의 장소 후치사는 표준어 동류의 허사보다 더 강한 강제성을 가진다.

일곱째, 장소 후치사는 한정어 표지 후치사의 역할을 가지게 된다.

여덟째, 장소 외의 전치사도 종종 기원과 추상화 정도가 다른 후치사와 분리사를 구성한다. 예를 들어, '搭…淘', '比…來得', '像/搭…丈' 등이 있다. 도구 의미역은 대부분 '拿' 가 아닌 '拿…來/去'에 의해 이끌어진다. '來'는 '把'자문, '被'자문과 대응하는 "拿"자문과 '撥'자문에서도 쓰인다. 이는 후치사나 분리사가 소주어의 통사적 면에서 보다 더 중요하고 활발한 역할을 하는 것을 설명한다.

아홉째, 존재 동사 겸 장소 전치사 '勒'과 장소 후치사가 긴축되는 복합사(PPC) '勒裏, 勒浪, 勒哚, 勒海, 勒搭'을 구성할 수 있다. PPC가 소주어에서 가지는 문법 기능은 극히 다양하다. 1. PPC가 긴축된 존재 동사구나 개사구로 장소 NP를 함축하여 원근 거리 지시 역할을 한다. 2. PPC 전체가 하나의 존재 동사나 전치사를 구성하는데 뒤에 후치사구가 올 수 있다. 그리고 PPC의 뒷부분을 존재동사나 전치사의 거리 표지가 되게 한다. 이 외에 PPC는 상 표지, 어조사, 관계절 표지 등 역할을 하기도 한다. 이러한 단어의 존재는 소주어에 전치사 유형과 후치사 유형이 공존하는 결과이다.

12. 상해(上海)어의 전치 연결사와 후치 연결사

12.1 상해어 연결사의 전치와 후치

도시 인구로 보아, 상해는 세계에서 사용 인구가 가장 많은 중국어의 가장 큰 방언 지역이다. 상해어는 종종 현대 오어의 대표로 간주된다. 상해가 소주와 가까우니 두 지역 언어의 개사 체계는 대부분 비슷하다. 이에 대해 11장에서 언급한 바가 있다. 연결사 면에서 옛 상해어는 전치 연결사와 후치 연결사가 공존하는 뚜렷한 유형적 특징을 가진다. 이는 전, 후치사가 공존하는 특징과 고도로 조화를 이루어 중시될 만하다. 이 장에서는 주로 상해어, 특히 유형적 면에서 보다 더 순수한 옛 상해어의 연결사의 유형적 표현에 대해 분석한다.

이미 4.4와 7.5에서 제시한 바와 같이, 이론과 기본 자료 면에서 연결사는 어순 유형에서 개사와 가장 조화되는 매개 변수이다. 학계에서는 여태껏 연결사와 개사 간의 유형적 관련성을 충분히 중시하지도 언급하지도 않았다. 전치, 후치 연결사의 구분은 여러 사람에게 참신한 관념이다. 상해어의 자료는 마침 찾기 어려운 증거를 제공한다.

12.2 병렬 연결사의 전치와 후치

12.2.1 '搭(仔)'과 '哴'의 공존

병렬 연결사는 개사보다 연계자 어중 원칙에 더 부합하는 허사이다. 영어의 경우를 보자. 전치사는 일반적으로 핵심과 이끌리는 사격 의미역 사이에 있다. 예를 들어, sit *in* the chair. 그러나 전치사가 매개 자리에 위치하지 않는 경우도 있다. 예를 들어, In the school, I did a lot of things today. 병렬 연결사 and는 언제나 연결되는 병렬 성분 사이에 있다. 이와 마찬가지로 중국어에서 전치사가 일반적으로 매개 자리에 위치하지 않지만 병렬 연결사는 반드시 매개 위치에 있어야 한다. 상해어도 그렇다. 따라서 병렬 연결사의 전, 후치는 어순의 차이가 아닌 휴지가 나타내는 직접 성분과의 관계로 나타난다. 4.4에서와 같이, 병렬 연결사는 일반적으로 두 성분의 바로 중간 자리에 위치하지 않는데 종종 두 성분 중의 하나와 더 긴밀하게 된다. 연결사의 전치와 후치는 개사 유형과 일치한다. 즉 전치사 언어는 전치 연결사를 가진다. 예를 들어, 영어의 and. 후치사 언어는 후치 연결사를 가진다. 예를 들어, 일본어의 to. 4.3에서 휴지의 방법으로 표준어의 병렬 연결사 '和'(그것의 동의어인 '同, 跟, 與'를 포함)가 전치 연결사인 것을 증명하였다. 휴지의 방법으로 서술어를 연결하는 '而, 並'도 전치 연결사에 속한다는 것을 증명할 수 있다. 예를 들어, '討論, 並通過', '古老, 而神秘'로 말할 수 있고 '討論並, 通過', '古老而, 神秘'로 말할 수 없다. 이는 중국어의 전치 개사와 조화된다. 표준어에 순수한 후치 병렬 연결사가 없음에도 불구하고 덜 추상화된 후치사 연결어가 있다. 예를 들어, '老張也好, 老王也好, 都不同意'(노장(老張)이든 노왕(老王)이든 다 동의하지 않는다) 중의 '也好'는 부분적으로 후치 개사와의 조화를 나타낸다. 상해어에는 비교적 발달된 후치 연결사 체계가 있는데 후치 병렬 연결사도 있고 전치 병렬 연결사도 있다. 이는 전, 후치 개사가 공존하는 것과 완전히 조화된다.

옛 상해어의 병렬 전치 연결사는 소주어와 같이 '搭'이나 상 표지가 첨가된 '搭仔'(옛 상해어의 문헌에서 종종 '搭之'로 씀)이다. 현대 상해어에서는 일반적으로 '搭仔'의 변체인 '脫(仔)' 및 '得(仔)'(보다 더 새로운 용법으로 '幫'이 연결사로 쓰임)가 쓰인다. 예를 들어, 상해어에서 '老張, 脫仔小王'(노장(老張)과 소왕(小王))을 말할 수 있는데 이것은 표준어의 '老張, 和小王'과 대응한다. 그러나 상해어에서 '老張脫仔, 小王'으로 말할 수 없다. 그러나 '搭仔'는 옛 상해어에서 병렬 연결의 우세한 방법이 아니다.

옛 상해어의 데이터베이스에서 병렬구 대부분에 쓰이는 병렬 연결사는 후치 연결사 '哰'[lɔ]이다. '老張哰, 老王'을 말할 수 있지만 '老張, 哰老王'으로 말할 수 없다. 최초로 '哰'가 연결사임을 언급한 저서는 허(許), 탕(湯)(1988)이 편찬한 문법장(文法章)(유여걸(遊汝傑) 집필)이다. 그러나 그 책에서는 '哰'와 '搭' 간의 유형적 차이, 즉 전치와 후치의 차이에 대해 명확히 지적하지 않는다. 뿐만 아니라 그 책의 문법 부분은 비교적 간단하고, 주로 '哰'의 기능이 약간 쇠미해진 상해어를 바탕으로 하여, '哰'에 대한 통사적 기술이 부족하다. 특히 '哰'의 가장 중요한 연결 기능을 소홀히 한다. 후치 연결사가 새로 제기된 개념이므로 다음에서 '哰'의 통사적 역할과 특성을 중점으로 분석한다.

12.2.2 후치 연결사 '哰'의 통사적 표현

'哰'는 우선 열거 휴지 표지의 역할을 가지는데 오어에서 활동적인 제시사(제돈사(提頓詞))와 비슷한 성질을 가지며, 표준어의 '啊'와도 비슷한데 각 병렬 성분 뒤에 다 쓰일 수 있다. 이렇게 이루어진 'A哰, B哰'는 표준어의 'A啊, B啊'나 'A啊B的'과 대응한다. 다음 문장을 비교하자.

(1) a. 親眷哰, 朋友哰, 儕來幫忙。

　　　 <표준어> 親戚啊, 朋友啊, 都來幫忙。

친척이든 친구든 다 와서 도와준다.

b. 伊就歡喜吃魚咾, 蝦咾。~

<표준어> 他就愛吃魚啊蝦的。
그는 물고기, 새우 같은 것만을 잘 먹는다.

전치적 병렬 연계자도 위와 같이 나타난다. 예를 들어, 표준어의 연결 부사 '又'는 '聰明(,)又勤奮'(똑똑하고 부지런하다)과 '又聰明(,)又勤奮' 두 가지 용법을 가진다. 둘이나 둘 이상 성분을 병렬 연결하는 '咾'는 아직 아주 통사적 연결사가 아니다. 그것은 종종 휴지와 같이 사용되는데 휴지 표지와 같다.

언어 데이터베이스와 상해어 구어에서 대부분의 '咾' 용례는 (1)과 달리 전형적 연결사 용법에 더 부합한다. '咾'는 하나만 나타나 휴지 없이 병렬 성분 사이에 있다. 만약 휴지의 방법으로 검증하지 않는 경우, 상해어 어감을 가지고 있지 않은 학자가 통사적 면에서만 연구한다면 '咾'와 표준어의 '和' 및 상해어 전치 연결사 '搭'은 똑같이 보일 것이다. 예를 들어,

(2) a. 論勿要困拉床上看書咾報(課文名)tw0038wr
침대 위에서 누워서 책, 신문을 보는 것에 대하여

b. 伊拉勿收啥種費咾號金。tw0040wr
그들은 백신비랑 등록비를 받지 않는다.

c. 中飯咾夜飯個後首也要吃點水果。tw0041wr
점심밥, 저녁밥 후에도 과일을 좀 먹어야 한다.

d. 天主咾聖母收伊個願。sm0003wr
하느님이랑 성모는 그의 소원을 받아들였다.

e. 碰着生毒瘡個人, 聖人有常時用嘴來呼伊拉個血咾膿。sm0012wr
성인은 어떤 때 입으로 창병에 걸린 사람의 피와 농액을 빨아들인다.

f. 到明朝, 擔前頭用個刀咾劍, 獻拉聖母。sm0015wr
내일 그 전에 쓰던 칼과 검을 성모께 바친다.

g. 天主賞賜我個恩典, 加拉强盜咾壞人個身上。sm0017wr
   하느님께서 나한테 베풀어주신 은혜를 강도와 나쁜 사람한테 준다.

h. 路咾周圍環境比老早好多勒。(田野調査)
   길이랑 주위 환경은 옛날보다 많이 좋아진다.

예 (2)a에서 부드럽고 우아한 '論…'으로 글의 제목을 표현하는 것은 참다운 방법이어야 하는데 '…啊…啊'와 다르다. 표준어 교과서에서 '論不要睡在床上讀書啊報啊'와 같은 제목이 나올 리가 없다. '咾'로 연결하는 병렬구는 주어(d, h), 목적어(a, b), '把'와 해당하는 전치사 '担'의 목적어(f), 한정어 표지인 '個'를 앞서 한정어(c, g), '個'에 뒤따라 수식받는 핵심(b, f)로 쓰이기도 한다. '啊'와 같은 열거 휴지 표지의 통사적 분포는 이렇게 광범위하지 않은데 특히 한정어로 쓰일 수 없다. 예를 들어, g를 '…加在强盜啊壞人啊的身上'으로 번역할 수 없다. h는 '咾'가 현대 상해어에서 여전히 활동적임을 나타낸다.

'咾'는 병렬 연결사로 그것의 후치적 특성을 상실하지 않는다. 그래서 '咾'는 (3a)와 같이 때로는 전치사 '搭(仔)'와 같이 나타나 함께 하나의 병렬구를 연결한다. 이러한 이중 연결사 현상이 (3b)와 같은 글 제목에서도 나타난다. 두 연결사 사이에 휴지할 수 있는 것은 그것의 전, 후치 특성을 나타낸다. 예를 들어, (3c).

(3) a. 伊所用個傢生必過是一個小網咾搭之一盞手提個電光燈。tx0037wr
        그가 쓰던 것은 작은 그물과 손전등에 불과하다.

    b. 論一個剃頭匠咾搭之一隻凳子。(課文名) tx0040wr
        한 이발사와 한 걸상에 대하여

    c. 第個兩條誡命, 是包括全律法咾, 搭先知個總意。sm0039wr
        이 두 계명은 율법과 선지자의 뜻을 포함한다.

'A咾搭仔B'와 같은 연결사가 같이 쓰이는 것은 분리사(예: '跟…似的')와 겉으로 보면 다르지만 공통점이 있다. 즉 통사적 전, 후치사가 같이 나타나는 것은 의미적 번잡성과 화용적 강화 효과이다.

‘咾’와 ‘搭’이 하나의 다차원 병렬구에서 같이 쓰여 차원을 구분하는 데 도움을 준다. 이때 전치 연결사 ‘搭’은 큰 등급, 후치 연결사 ‘咾’는 작은 등급에 쓰인다. 이는 ‘在…上’, ‘跟…似的’(4.2.3 참조) 등 대부분 분리사와 같은데 즉 전치사는 큰 등급에 쓰이고 후치사는 작은 등급에 쓰인다. 다음 (4)를 보자.

(4) 後來聖人個父親寫信到屋裏, 叫聖人搭之先生咾兄弟, 一淘來碰頭。
  sm0003wr
  후에 성인의 아버지는 편지를 보내왔다. 성인과 선생, 형제를 같이 오라고 했다.

‘叫’의 목적어(이중어(兼語))는 더 분석하면 [[聖人]搭[[先生]咾[兄弟]]] 이다. ‘先生’과 ‘兄弟’ 앞의 속격 한정어 ‘聖人’은 생략된다. 그것들은 다 ‘搭’의 다른 병렬 성분 ‘聖人’의 지배를 받는다. 그래서 속격어가 생략될 수 있다. 이는 ‘我和弟弟(나와 남동생)’가 ‘我和我的弟弟(나와 내 남동생)’를 나타낼 수 있는 것과 같다. 만약 우선 ‘咾’를 사용하고 다음에 ‘搭’을 사용하면 그 결과 ‘搭’은 여전히 큰 등급에 쓰인다. 예를 들어, ‘小王咾小張搭小李’는 [[小王咾小張]搭[小李]]로 분석되어야 한다. 만약 두 병렬구가 더 큰 병렬 관계를 이루지 않고 단순히 수식어와 핵심 관계라면 ‘搭’과 ‘咾’는 의미 변화 없이 서로 교체될 수 있다.

(5) a. 還有多化圖畫, 顯明衛生搭之勿衛生個傷害咾益處。(tx0039wr)
  더 많은 그림이 있는데 위생을 중시하는 것과 위생을 소홀히 하는 것의 이로운 점, 해로운 점을 표현한다.

  b. …顯明衛生咾勿衛生個傷害搭之益處。
  …위생을 중시하는 것과 위생을 소홀히 하는 것의 이로운 점, 해로운 점을 표현한다.

상해어의 '咾'는 '和'보다 더 널리 쓰이는 병렬 연결사이다. '和'와 상해어인 '搭'은 일반적으로 NP에만 첨가될 수 있다. 이와 달리 '咾'는 영어의 and와 같이 각종 위치의 VP에 첨가될 수도 있다. 예를 들어,

(6) a. 認得萬王之王萬主之主, 一總人個大父母, 恭敬咾奉事伊, 是最尊貴個事體, 有啥卑賤咾鄙陋耶。sm0011wr
   하느님을 안다. 모든 사람의 부모가 그를 공손하게 모시는 것은 좋은 일이니 어찌 비열한 짓이냐?

   b. 百姓拉個個驚惶咾怨恨官府。sm0011wr
   백성들은 다 관리를 두려워하고 증오한다.

   c. 拉夏天個辰光, 應該認耐咾靜坐。tx0037wr
   여름에 참으며 정좌해야 한다.

   d. 伊拉一頭喊咾一頭跑。tx0037wr
   그는 외치며 뛰어간다.

   e. 後來伊個爺到屋裏, 小姑娘跳咾跖跑出來話。sm0012wr
   그 다음에 그의 할아버지가 방에 들어간 후에 처녀가 뛰어나오며 말하였다.

   f. 貌祿… 看見一條鑠亮咾美麗得極個大路, 從地上到天上。sm0013wr
   밝게 빛나고 아름다운 큰 길은 땅으로부터 하늘로 쭉 뻗어 있다.

   g. 第個是叫測字攤, 專門替別人家占卜好咾怵個事體個。tx0038wr
   이것은 글자로 점을 치는 노점인데 남한테 길흉(吉兇)이나 화복(禍福)을 점친다.

(6)a에서 첫째 '咾'는 하나의 목적어를 갖는 두 동사를 연결하고, 둘째 '咾'는 두 형용사를 연결한다. 두 '咾'가 각각 주어, 목적어 위치에 있어 서술어를 연결하는 전형적인 용법은 아니다. b-d에서 '咾'가 연결하는 성분은 서술어이다. e에서 '咾'는 방식을 나타내는 두 동사를 연결한다. 즉 '跳啊蹦的走出來說'(뛰어 나오며 말한다), '跳, 跖'이 부사어로 쓰이는 기능도 '咾'에 의해 부여된 것인데 '咾'가 없이 이들 동사는 부사어로 쓰일 수 없다.

f–g에서 '咾'가 연결하는 것은 다 한정어 AP인데 f에서 '咾'가 진정한 병렬로 쓰인다. 즉 '鋥亮而極其美麗的大路'(깨끗하고 아름다운 큰 길). g에서 '咾'가 선택 연결로 쓰인다. 즉 '好或壞的事情'(좋은 일이나 나쁜 일).

'咾'는 VP 외에 절을 연결시킬 수도 있다. 예를 들어,

(7) a. 有兩個女小囡拉客堂裏, 一個大咾一個小。tx0037wr
두 소녀가 거실에 있는데 한 사람은 크고 한 사람은 작다.

  b. 王家向來是作生意人家咾張家末歷代做官人家。蒲課p63
왕씨 가족은 본래부터 장사를 해 왔고, 장씨 가족은 대대로 관료이다.

12.2.3 후치 병렬 연결사 '咾'의 다른 용법

'咾'가 후치 연결사로 많이 쓰이기 때문에 다른 용법도 약간 파생된다. 그 중의 하나는 병렬과 관련되어 있는 관용어 '咾啥'이다. 그것은 부정지시(不定指)를 나타내는 '啥'가 뒤의 병렬 성분을 대체함으로써 이루어진 것인데 의미적 면에서 표준어의 '…什麼的', '等等'에 해당한다. 예를 들어, '蘋果咾啥'는 '蘋果等等'(사과 등), '蘋果之類東西'(사과 같은 것)를 나타낸다. 여기의 '咾啥'는 이미 하나의 단어로 이루어져 '咾' 뒤에 휴지를 줄 수 없다. 예를 들어,

(8) a. 方濟各聽得之朝南千把多裏路有貌羅格海島, 出丁香咾啥。sm0012wr
방제각(方濟各)은 남쪽 천리에 있는 모나격해도(貌羅格海島)에 정향나무가 있다는 것을 들었다.

  b. 有一個外國人領之了伊個娘娘, 小囝咾啥到新世界去勃相玩。
tx0038wr
어떤 외국인이 자신의 부인과 아이를 데리고 '新世界'에 가서 논다.

  c. 伊個裏向放滿之帶孝着穿個白布衣裳, 白布褲子, 白布裙咾啥。
tx0040wr
이것 안에는 상장용 흰 베옷, 흰 베바지, 흰 저고리 등이 들어 있다.

    d. 儂要造堂傳敎哖嗒, 我無得一樣勿許。sm0008wr
       당신이 교회를 만들어서 선교하는 것에 나는 동의하지 않는다.

(8)a-c에서 '哖嗒'는 1-3개의 NP 뒤에 쓰인다. 허(許), 탕(湯) 편(1988: 474)은 '哖嗒' 앞에서 일반적으로 한두 개의 성분이 열거된다고 생각한다. 언어 데이터베이스에 이러한 제한이 없다. 심지어 네 개 이상의 병렬 성분이 나타나는 예도 있다. d는 '哖嗒'가 VP 뒤에 쓰이기도 함을 보여준다.

병렬 연결사 '哖'는 형태화의 용법도 있다. 단음절 동사가 있는 'V哖V'에 쓰여 행동이 느리게 반복 지속하는 상태를 나타낸다. 이때의 동사는 일반적으로 가시적인(visible) 구체적인 단음절 동사이다. 예를 들어, '一面旗飄哖飄'(깃발이 휘날린다), '頭搖哖搖'(머리가 흔들리다).

연결사로 쓰이는 '哖'의 여러 용법은 이미 병렬 관계의 범주를 넘어섰다. 12.3.2에서 이에 대해 논의할 것이다.

상해어의 후치 연결사 '哖'는 온 북부 오어 지역에서 대표성을 지닌다. 그것은 소주(蘇州), 무석(無錫), 상주(常州), 소흥(紹興) 등 지역의 방언에 널리 쓰여 일반적으로 '勒'[lə?]으로 읽힌다. 그러나 역할과 빈도 면에서, 옛 상해어의 '哖'가 최고이다. 이러한 이유로 11장에서 소주어 후치 연결사 '勒'을 논의하지 않았고 상세한 논의는 상해어의 '哖'를 갖고 진행했다.

12.3 복문 연결어의 전치와 후치

12.3.1 전치 복문 연결어

새 상해어와 옛 상해어 복문 중에 연결어 및 다른 연결 방법에 대해 전내영(錢乃榮)(1997: 184-197)은 세밀하게 기술한다. 여기서 어순 유형의 시각에서 전내영(1997)의 기술을 참조하여 언어 데이터베이스를 고찰하여 보충

분석한다.

절 사이에 쓰이는 '因爲, 所以, 雖然, 但是'와 같은 전치 연결사는 표준어 복문의 주요 연결 성분이다. 그러나 19세기의 옛 상해어 구어에는 이러한 연결사가 극히 적었다. 전내영(1997)에 의해 '一頭…一頭', '要末…要末', '外加', '葛咾'는 전치 연결사라고 할 수 있다('要末'과 '葛咾'는 각 후치 연결사 '末'과 '咾'를 포함). 이들 연결사는 지금까지 사용된다. 전내영(1997)에서의 예를 보자.

(9) a. 一頭看電影, 一頭談朋友。
영화를 보며 친구 이야기를 한다.

b. 路介遠, 要末乘汽車, 要末乘地鐵, 走路就忒慢了。
길이 이렇게 머니 자동차나 지하철을 타자. 걸어가는 것은 너무 느려.

c. 我勿吃伊搿一套還勿算, 外加警告伊以後勿許搿能做。
나는 그의 수법에 당하지 않는다. 그리고 그한테 더 이상 이런 수작 부리지 말라고 한다.

d. 伊拉賣得口强, 葛咾買客去得多。
그들이 싸게 파니까 손님이 많이 간다.

이 외에 글말에 '因爲, 若使, 所以' 등의 연결사도 있다. 현대 상해어에서 쓰이는 전치 연결사가 많이 있다. 후에 나타난 전치 연결사의 일부는 옛 표준어 글말에서 생겼다(전내영, 1997: 194). 예를 들어, '故所以, 故而, 因得之, 倘使, 因此緣故, 若使, 旣然, 並非, 尚且, 隻消, 任憑, 不過, 一則…二則' 등이 있는데 그 중의 많은 것은 우아한 뜻을 가진다. 새 상해어는 직접 표준어에서 인용하기도 한다(위와 같음).

구어가 우세한 옛 상해어에서, 다량의 복문은 다른 방법에 의해 표시된다. 그 중에는 후치 연결사, 연결성 부사(표준어의 '就, 才'와 같은 것) 및 어떤 특별한 통사적 구조나 형태적 방법이 있다. 다음에는 복문 안의 관련 성분과 관련되어 있는 후치 연결사에 대해 논의한다.

12.3.2 복문 연결사로 쓰이는 '嗒'

전내영(錢乃榮)에 따르면, 옛 상해어의 순수한 구어 연결사로서 복문 안의 절을 연결하고 논리적 관계를 나타내는 연결사는 구 안의 연결 접사와 같다(전내영, 1997: 184). 후치 연결사에서, 이것은 주로 '嗒'에 의해 표현된다. '嗒'는 12.3.1에서 논의한 바와 같이 구 안의 가장 중요한 병렬 연결사일 뿐만 아니라 중요한 복문 연결사이기도 하다.

단문 안에서 '嗒'의 역할은 이미 위에서 논의한 병렬이나 선택 연결 범주를 넘어 종종 연속동사구성에서 쓰이기도 한다. 연속동사구성 안의 VP들 간에는 의미면에서 방식, 목적, 점진적, 전환 등의 관계가 있을 수 있다.

(10) a. …然後拿筆拔出來嗒到硯臺上去蘸墨。 tx0041wr
　　　　…그리고 붓을 뽑아내어 붓에 먹을 찍었다.

　　 b. 限定三日天要做好嗒送去個。 tx0041wr
　　　　삼일 안에 다 해서 보내라고 한정한다.

　　 c. 偶然聽得之邪淫個說話, 立時三刻面孔紅嗒昏倒。 sm0004wr
　　　　우연히 외설적인 이야기를 듣고 얼굴이 즉시 온통 새빨개지며 쓰러진다.

　　 d. 自家想發奮嗒讀成功。 sm0004wr
　　　　자신이 노력하여 성공하려고 한다.

　　 e. 不過倘使剃和尚頭末, 光禿禿嗒忒啥難看哉。 蒲課p238
　　　　중머리처럼 이발한다면 번들번들하는 모습이 너무 흉하게 보일 거야.

　　 f. 倘使儂買二等票嗒垃拉車子裏無沒位子, 儂好到頭等裏去個的。 蒲課38
　　　　이등 표를 사더라도 트렁크 안에 자리가 없다면 일등 트렁크에 갈 수 있다.

(10)의 각 문장에서 '嗒'가 연결하는 VP는 다 시간 순서대로 배열되는데 의미 관계가 다르다. a, b는 단순한 시간 겸 논리적 순서(앞에 있는 VP가

뒤에 있는 VP의 전제임)이다. 표준어에서도 일반적으로 아무런 연결 성분도
사용하지 않는데 '把筆拔出來到硯臺上去蘸墨'이나 '要做好了送去的'으
로 말한다. c는 시간 순서와 점차적인 것(얼굴이 빨개지고 쓰러진다)이다. d는
시간 순서와 방식—목적(노력을 통해 성공한다)이다. e는 두 AP가 구성하는
기술인데 진정한 시간 순서가 없지만 인지적 순서(중머리→흉하게 보이다)
와 인과 관계(번들번들→흉하게 보이다)이다. '嘮' 자체는 두 VP 간에 연계
관계만을 나타내고, 구체적 관계 유형은 특정한 언어와 언어 환경에서 실
현된 것이라고 생각된다.

　연속동사구성(serial verbs)의 본래 의미는 연결 성분 없이 여러 VP가 같
이 쓰이는 구조이다. 후치 연결사 '嘮'를 사용하는 구조는 엄격하게 말하면
더 이상 연속동사에 속하지 않으며 몇 개의 절의 결합, 즉 긴축된 복문이다.
(10)의 문장은 다 긴축된 복문으로 간주될 수 있는데, 다만 '嘮' 뒤에 휴지
하면 진정한 복문이 된다. 옛 상해어의 많은 복문이 바로 후치 연결사 '嘮'
로 연결되는데 앞, 뒤에 있는 절은 일반적으로 다 시간 순서대로 배열된다.
예를 들어,

(11) a. 實蓋看起來人所歡喜個音樂勿同個嘮, 別個動物也有實蓋個性情。
　　　 tx0037wr
　　　 이로 보아, 사람에 따라 좋아하는 음악이 다르다. 다른 동물도 그렇다.

　　 b. 耶穌就催門徒下船嘮, 先到對岸去, 等伊散開衆人。tx0037wr
　　　 예수는 제자한테 배에서 내려 맞은편에 가서 그가 사람들을 분산시키는
　　　 것을 기다리라고 했다.

　　 c. 伊個娘求聖母發願太平之後來, 抱之小囝嘮, 去拜聖母個聖室。
　　　 sm0003wr
　　　 그의 어머니는 성모에게 태평을 발원한 후에 여자애를 안고 성실(聖室)에
　　　 가서 제사를 지낸다고 소원을 빈다.

　　 d. 第個是後嗣, 勿如殺之伊嘮, 奪伊個他的産業。sm0038wr
　　　 이 사람이 후계자이니 그를 죽여 그의 산업을 빼앗자.

그러나 '嘮'는 아무 조건도 없는 복문 연결사가 아니다. 우선, '嘮'는 다른 후치 연결사와 뚜렷이 다른 역할을 한다(상세한 내용은 뒤에 있음). 그리고 '嘮'가 있는 복문에서 인과적 관계가 부각된다. 이는 '嘮'의 전문적이고 문법화된 의미가 된다. 언어 데이터베이스로 보아, 전문적으로 또는 다른 관계와 같이 인과 관계를 나타내는 복문은 뚜렷한 비중을 차지한다. 그 중에는 단독으로 '嘮'를 사용하는 것도 있고, 동시에 전치 연결사와 같이 쓰이는 '因爲…嘮' 등 분리사도 있다. 예를 들어,

(12) a. 第個傭人一直是登拉鄉下個嘮, 第轉是初次到上海來。tx0037wr
      이 하인은 줄곧 시골에서 살았는데 상해(上海)에 온 것은 이번이 처음이다.

   b. 耶穌出去, 看見人多嘮, 哀憐伊拉, 醫好伊拉個病人。sm0031wr
      예수는 나가서 많은 사람을 보았는데 그들을 불쌍하게 여겨 그들 환자를 치료했다.

   c. 別人看見伊小嘮, 勸伊小心點服侍病人, 勿要多親近。sm0003wr
      다른 사람은 그가 어리게 보이니 그한테 조심하여 환자를 보살피고 환자와 가까이 하지 말라고 권했다.

   d. 尋之半日, 幸虧天主默啓嘮, 能夠到洞口。sm0013wr
      한나절 찾다가 다행히 하느님의 도움을 받아 동굴의 입구를 찾았다.

   e. 但是因爲過份做補贖嘮, 生起病來者, 勿得勿然回到孤病院裏。
      sm0015wr
      참회를 지나치게 해서 아프게 되어 어쩔 수 없이 병원에 갔다.

위의 a-c에서는 '嘮'로 원인을 나타내고 d, e에서는 '幸虧'와 '因爲'로 보다 더 명확히 원인을 나타낸다. '嘮'가 전문적으로 원인을 나타내는 것은 출현 빈도뿐만 아니라 통사적 면에서도 볼 수 있다. '嘮'가 원래부터 휴지 표지의 특성을 갖고 있어 연결사로 쓰이는 '嘮'는 언제나 두 개의 구나 절 사이에 사용되고 문말에 사용되지 않는다. 그러나 인과를 나타내는 '嘮'는 예외이다. 중국어의 인과 문장은 두 가지 어순 유형을 가진다. '嘮'는 '원인+

결과'식 결과구(기효구(紀効句)) 뒤뿐만 아니라 '결과+원인'식 원인구(소인구(溯因句)) 뒤에서도 쓰일 수 있다. 그리고 '嗻'가 문말에 쓰이는 것은 인과구(因果句)에서만이다. 이로 보아, '嗻'는 인과 관계에서 쓰일 때 제시사(제돈사(提頓詞))의 통사적 분포의 제한을 넘어 전문적인 후치 연결사가 된다. 다음 예를 보자.

(13) (有一個散種個的人,…)有個落拉石頭地上, 泥勿多嗻, 發芽來得快, 爲之泥勿深嗻, 日頭一齣末, 就枯憔哉, 因爲無沒根嗻。sm0030wr
   (씨앗을 뿌리는 사람이 있는데…) 어떤 씨앗이 석전에 떨어진다. 진흙이 많지 않아 싹이 트기 쉽다. 진흙이 깊지 않으니까 해가 나타나자마자 시든다. 말라 시드는 것은 뿌리가 없기 때문이다.

위의 예에서 세 층급이 있다. 제 1급은 '因爲泥不多, 所以發芽較快'인데 '원인 결과 관계(기효구: 紀効句)'에 속하며 '嗻'에 의해 표시된다. 제 2급은 '因爲泥不深, 所以太陽一齣就枯憔了'인데, '기효구(紀効句)'에 속하고, 분리사 '爲之…嗻'에 의해 표시된다. 제 3급은 '之所以枯憔, 是因爲沒有根'인데 원인구에 속하며 '因爲…嗻'에 의해 표시된다. '嗻'는 제 3급의 문말에 나타난다. 데이터베이스로 보아, (12a-c)와 같이 '기효구(紀効句)'에서 쓰이는 '嗻'는 종종 전치 연결사가 없이 나타난다. 이때 '嗻'가 마침 원인구와 결과구 사이인 매개 위치에 있기 때문이다. (14a-c)와 같이 '결과 원인 관계(소인구: 溯因句)'에서 쓰이는 '嗻'는 대부분 '因爲'와 같은 전치사와 같이 나타난다. 이때 '嗻'가 절들 사이인 매개 자리에 위치하지 않으므로 전치 연결사로 매개 위치를 채워야 한다. (14d)와 같은 극히 적은 원인구에서는 '嗻'만 쓰인다.

(14) a. 我看儂無啥毛病; 但是儂近來身體勿强個原因, 實在因得儂勿運動嗻。 蒲課p163
      내가 보기에 너는 별다른 질병이 없어. 요즘 몸이 좋지 않은 것은 운동을 안 했기 때문이다.

  b. 船末拉海當中撥被浪打來打去, 因爲逆風哛。 sm0031wr
     배가 파도에 혼들리는 것은 바람을 안고 가기 때문이다.

  c. 看個的人大家全笑殺者, 爲之伊做來發噱。 tx0038wr
     다들 너무 웃어 죽을 뻔했다. 그가 너무 재미있게 했으니까.

  d. 聖人一一忍受, 心裏快活得極, 能夠趁此機會效法耶穌哛。 sm0015wr
     성인은 일일이 참고 아주 기뻐했다. 이 기회에 예수를 모방할 수 있으니까.

12.3.3 원인구 연결사 '哛'가 구성하는 복합사

'哛'는 복문 후치 연결사로 복합사를 구성할 수도 있다. '哛'의 복합사 중
에서의 역할도 원인을 나타내는 것이다. 이는 진일보하여 '哛'의 원인을 나
타내는 역할이 이미 고정화된 것을 드러낸다. '哛'가 구성하는 복합사는 연
결어와 의미 대명사를 포함한다. '介哛'(지금의 '葛哛')는 '因此'에 해당하는
데 결과를 나타내는 전치 연결사이다. '哪能哛', '爲啥哛'는 '爲什麼'를 나
타내는 원인 의문 대명사이다. 예를 들어,

  (15) a. 阿哥搭之管伊拉個先生, 貪適意哛尋鬧熱, 介哛搭之聖人勿對。
       sm0004wr
       형이랑 그들을 관리하는 선생은 편하고 떠들썩한 것을 탐내기 때문에 성
       인이랑 사이가 좋지 않다.

     b. 我勿贊成, 葛哛勿參加。(見錢乃榮1997: 186)
       나는 찬성하지 않으니까 참가하지 마.

     c. 儂今朝哪能哛勿開心。
       너 오늘 왜 계속 부루퉁했니?

     d. 儂是富貴人家出身, 爲啥哛信從第這個卑賤哛鄙陋個敎。 sm0011wr
       너 양반 출신인데 왜 이런 비열한 교를 믿어?

'介'가 '이렇게'를 나타내고 '介哛'는 '因爲這樣'(이러하기 때문에)에 해당
한다. 그것의 추상화 기제는 '因此'와 같다. 즉 원래는 원인 연결사가 서술

어성 지시 대명사와 같이 구성한 원인절은 종종 뒤의 결과절 앞에 쓰여 전치 결과구 연결사가 된다. 둘의 구별은 전치사인 '因'이 구성하는 '因此'가 여전히 전치 연결사이고, 후치 연결사인 '嘮'가 구성하는 '介嘮'가 전치 연결사가 된다는 것이다. 이어서 원인 대명사를 보자. 표준어의 '爲什麽'는 전치사구에서 생기고, 상해어의 '哪能嘮'는 후치사구('哪能'은 '어찌'를 나타냄)에서 생기고, '爲啥嘮'는 분리사구에서 생겼다. '爲'와 '嘮'는 각각 원인을 나타내는 전치사, 후치사이다. '嘮'를 가진 이들 연결어는 '嘮'의 각종 연결 역할 중에 원인 관계를 나타내는 것으로 이미 전문화됨을 드러낸다.

12.3.4 '嘮'로 구성된 분리사

'嘮'가 종종 연속동사식과 비슷한 긴축된 복문에서 쓰여 그것 앞의 술목 구조가 전치사구조로 추상화될 때 '嘮'는 추상화된 전치사와 같이 분리사를 구성할 수 있다.

(16) a. 准許伊照聖母個命嘮做。 sm0004wr
그가 성모의 명령대로 하는 것을 허락한다.

b. 儂…必要拉主面前照儂所立個誓嘮做。 sm0021wr
너…꼭 신주 앞에서 네가 맹세한 대로 해야 돼.

c. 伊是靠鬼王嘮趕脫鬼個。 sm0026wr
그는 염라(대왕)의 힘을 받아 귀신을 쫓아 낸 것이다.

d. 話完畢之, 眼睛向之天嘮死者。 sm0013wr
말을 다 하고 나서 눈을 하늘로 향해 죽었다.

e. 自然而然望大船嘮來。 sm0012wr
자연히 큰 배가 오기를 바란다.

'嘮'는 분리사 '用…來' 중의 '來'와 같이 일급 추상도에 속하고 그것의 영역은 분리사 중의 전치사보다 크다. 예를 들어, (16e)의 '望大船嘮'의 구조는 [PosP[PreP望 + 大船] + 咾]이다.

12.3.5 주제 표지로 쓰이는 후치 연결사 '末' 등

'末'은 상해어에서 전형적인 주제 표지이다(서(徐), 유(劉) 1998: 102-119, 219-237 참조). '末'은 복문 후치 연결사로 주제성을 가진 절 뒤에 쓰여 동시에 화제 표지의 특성을 가진다. 조건절이 주제의 특성을 갖고 있어(Haiman 1978, Schiffrin 1988 참조) '末'은 종종 조건 절에서 쓰인다. 시간절도 주제 특성을 갖고 있어(Gasde 1998 참조) '末'은 종종 시간절에서 나타나기도 한다. 이러한 절은 일반적으로 복문 중의 절로 간주된다. '末'은 상해어에서 이들 절을 나타내는 주요 방법이기 때문에 복문 연결사이기도 하다. '末'은 단독으로 주제성 절들을 연결시킬 뿐만 아니라 종종 전치 연결사 등과 같이 쓰이기도 한다.

우선 '末'이 조건문에서 쓰이는 예를 보자.

(17) a.　一心一意恭敬末, 無沒一個勿得着伊個保佑。sm0012wr
　　　　모두들 진심으로 공손하니 다 그의 보우를 받았어.

　　 b.　吃個的人少末, 生意就退班者差了。tx0041wr
　　　　와서 먹는 손님이 적어지니 장사가 나빠졌어.

　　 c.　倘然第個人個脾氣是容易發火末, 拉夏天個辰光, 應該認耐咾靜坐。
　　　　tx0037wr
　　　　이 사람이 걸핏하면 성질을 내니 여름에 참으며 정좌해야 한다.

　　 d.　天氣越熱末, 伊頭個百姓愈加要出, 伊拉想衣裳着得少末, 終會風涼點,
　　　　那曉得愈着得薄末, 日頭愈加曬得進也。tx0037wr
　　　　날씨가 더울 때 저기 백성들이 더위를 피하려고 옷을 벗었다. 뜻밖에도
　　　　옷을 적게 벗을수록 햇볕이 내리쬐어 들어간다.

e. 進去辰光, 超過份量末, 喊儂去托運。相反物事老小末, 就隨身帶辣海。 iw0021av
들어갈 때 여행짐이 너무 무거우면 탁송해야 한다. 짐이 작으면 휴대할 수 있다.

f. 混凝土一造末, 肯定笨重個。 iw0007av
콘크리트로 만들면 꼭 육중할 거야.

위의 a, b에서 '末'만으로 가정적 조건을 나타내어 '假如, 祇要'에 해당한다. c에서 '末'은 전치 연결사와 같이 분리 연결사 '倘然…末'을 구성한다. d에 세 개의 조건 관계가 있다. 첫째는 점차적 변화 조건 관계인데 '越…末, …愈加'로 표시된다. 둘째가 일반적인 가설 조건인데 '末'만으로 표시된다. 셋째는 또 다른 점차적 변화 조건 관계인데 '愈…末, …愈加'로 표시된다. e, f는 새 상해어 구어이다. e는 짐을 가지고 세관을 통과할 때의 상규에 관한 것인데 '末'이 두 번 나타나 다 가정 조건을 나타낸다. f는 건축 풍격에 관한 내용인데 '一…末'로 강조 조건을 나타낸다. '末'이 조건구 후치 연결사로 지금까지 여전히 활발하게 쓰인다. 대체로 일반적인 가정 관계는 종종 '末'로만 표시되는데 어떤 때는 '倘然'과 같은 전치 연결사도 첨가된다. 특별한 의미를 가진 조건구는 '一…就', '越', '愈加' 등 관련어로 쓰인다. 그럼에도 불구하고 '末'이 더 기본적인 조건구로 여전히 자주 나타난다.

'末' 외에 다른 주제 표지도 조건류 절에서 쓰일 수 있지만(서(徐), 유(劉) 1998: 243 참조) '末'만 조건절을 나타내는 기본적 수단이며 옛 상해(上海) 말에서 절대적인 우세를 차지하는 수단이다. 시간구, 조건구는 밀접하게 관련되어 있다. 영어 when, 현대 중국어 '…時'와 마찬가지로 '末'을 가진 문장이 관습적인 행동을 나타낼 때 조건과 시간은 사실 동일하다. 다음의 예를 보자.

(18) 我有空個工夫末, 我終要到伊個店裏去坐坐哶勃相相。 tx0039wr
나는 여유 있을 때마다 늘 그의 가게에 놀러 간다.

위의 '末'을 가진 절은 '我有空余時間時'뿐만 아니라 '假如/祇要我有空余時間'도 나타낸다. '末'이 진정한 사건구에서 쓰일 때 명확한 시간 절이 나타나 '…後'를 나타낸다. 예를 들어,

(19) a. …老闆接受之蘇州來定扎個三拾四個熖火, 限定三日天要做好咾送去個。答應之末, 第個老闆日夜趕緊個做。tx0041wr
사장은 소주(蘇州)측에서 34개의 불꽃을 구매하는 계약을 받았다. 계약에 의해 3일 안에 다 보내야 했다. 승낙한 후에 사장은 밤낮으로 가동했다.

b. 王小毛啊, 儂買仔藥回來末, 儂一定要到財務科去報銷個噢！bc0003av
왕소모(王小毛), 약을 사 오고, 꼭 재무과에 가서 청구해야 돼!

(19a)는 옛 상해어인데 과거의 행동을 나타낸다. '答應仔末'(응답한 후에)은 바로 '答應了以後'이다. (19b)는 현대 상해어인데 미래의 행동을 나타낸다.

시간구 중에 '末'과 행위 연속(순승구: 順承句) 중의 '咾'는 겉으로는 다 연속되는 몇 개의 행동을 연결할 수 있는데, 그것들의 역할은 현저한 차이가 있다. '末'을 가진 절이 다 주제성을 갖고 문장 정보의 중점은 뒷절에 있다. '末'을 가진 시간구는 종종 이미 아는 정보에 속하는데 다만 그것의 주제 기능으로 인해 다시 한 번 나타난다. 예를 들어, (19a)에서는 앞에서 사장이 구매 계약을 받았다는 것을 이미 기술했으면서도 '答應'과 '末'이 시간절을 담당한다. 이렇게 되어, 내용 면에서 중복되지만 뒤의 내용을 위해 시간적 주제를 제공한다. (19b)의 '買藥'도 앞에서 막 결정된 일이다. 이와 달리, '咾'를 가진 문장은 종종 중요한 정보를 가지며 원인을 설명하는 역할을 한다. '末'과 '咾'의 구별은 어떤 때는 진리값 조건적 대립을 초래할 수 있다. 다음 두 문장을 비교하자.

(20) a. 老王走出去末, 嘸沒看到。
노왕(老王)이 나갔지만 보지 못했다.

   b. 老王走出去哋, 嘸沒看到。
     노왕(老王)이 나갔기 때문에 보지 못했다.

‘走出去’와 ‘沒看到’은 노왕(老王)에 의해 이어서 진행되는 행동이다. (20a)는 ‘末’에 의해 연결되어 ‘走出去’가 ‘沒看到’의 시간적 배경을 나타내는데 즉 ‘나갔지만 보지 못했다’의 뜻이며 볼 대상이 밖에 있다. (20b)는 ‘哋’에 의해 연결되어 행동의 시간적 순서 외에 원인도 나타내는데 즉 ‘나갔으니 보지 못했다’의 뜻이며 볼 대상이 안에 있다.

홍미로운 것은 ‘末’이 ‘哋’와 같이 전치 연결사의 일부로 쓰이기도 하는 것이다. 가장 많이 쓰이는 것은 ‘乃末’과 ‘搿末’이다. ‘乃’는 시간 지시사인데 ‘지금, 이번’을 나타낸다. ‘搿’은 ‘이/저’를 나타낸다. ‘乃末’과 ‘搿末’은 다 앞의 내용을 잇거나 조건구를 이끌어내는 결과구에서 쓰인다. 이때 ‘末’의 주제성은 보존되는데 즉 앞의 내용을 다시 가리킴으로써 뒤의 절에 시간이나 조건의 주제를 제공한다. ‘乃末’의 의미는 ‘於是, 然後’와 비슷하고, ‘搿末’은 ‘那麼’와 비슷하다. 예를 들어,

   (21) a. 生薑買來了, 乃末我好燒魚了。
       생강을 사 왔으니 나는 물고기를 요리하겠다.

     b. 先要看說明書, 乃末再好拆開來。
       설명서부터 보고나서 떼어낼 수 있다.

     c. 小張要去個, 搿末儂去哦?
       소장(小張)이 갈 거야. 너는 가?

이와 대조적으로 (15a)에서도 ‘介哋/葛哋’가 원인구와 결과구 사이에 쓰여 ‘哋’는 화제성을 갖지 않는다. ‘末’과 ‘哋’의 의미에서의 대립은 그것들이 구성하는 연결어에서 드러나기도 한다.

‘末’ 외에 상해어에는 ‘절’식 주제에서 쓰이는 제시사가 몇 개 있는데 일반적으로 조건 가설의 관계를 나타낸다. 예를 들어, ‘是, 倒, 也’ 등이 있다.

그러나 그것들의 의미적 역할은 '末'과 다르다. 이에 대한 세밀한 논의는 서(徐), 유(劉)(1998: 234-237, 243-247)를 참조하면 된다.

중국어 복문을 논의하는 저서는 종종 전치 연결사와 연결 부사의 역할을 중요시하며 제돈사(提頓詞)와 같은 후치 연결사의 역할을 소홀히 한다. 제시사를 휴지 표지로만 간주하거나 어조사라고 하는데, 기껏해야 주관적 어기가 다를 뿐인 것 같다. 위에서 대비한 것은 제시사가 후치 연결사로 여러 역할을 해도 여전히 그 자체의 특정한 관계 의미를 갖는다. 후치 연결사의 대립은 어기 문제일 뿐만 아니라 문장의 논리적 관계와 진리값 조건에 영향을 미치기도 한다.

상해어에는 표준어의 후치 연결어와 대응하는 후치 연결사나 연결어도 있다. 예를 들어, '…個閑話'는 조건을 나타내는 '的話(…면)'와 해당하고, '…(個)辰光(…ㄹ/을 때)'은 '…的時候'를 나타낸다. 이에 대해 세밀하게 논의할 필요가 없다.

12.4 상해어 연결사 유형 소결

상해어의 연결사 체계는 상해어의 후치사 유형의 특징을 뚜렷하게 드러낸다. '嘮'는 가장 중요한 병렬 후치 연결사가 되어 전치사인 '搭/得/脫'과 명확하게 '분담하여 협조한다. '嘮'가 NP나 VP(AP를 포함)를 연결시킬 수 있는 것은 보다 더 충분한 연결사 기능을 드러낸다. 전, 후치 연결사의 공존은 어순 조화성의 역할을 드러낸다. 즉 전, 후치 개사가 공존하는 언어에서는 전, 후치연결사도 공존한다. 그리고 '嘮'는 중요한 복문 연결사이기도 한데 일부 전치사구 뒤에 쓰여 분리사를 구성할 수 있다. 예를 들어, '照…嘮' 등이 있다. '嘮'의 광범위한 용법은 그것이 일급 추상도 연계자(연결사 겸 개사)임을 보여준다. 그러나 '嘮'은 인과구를 연결하는 용법이 전문화되는

데 원인구에서 구 가운데 있는 휴지의 제한을 넘어 문말에 쓰일 수 있다. '唠'는 두 절 사이에 있을 때 전치 연결사 없이 쓰일 수 있지만 문말에 나타날 때 해당 절 앞에 '因爲'와 같은 전치사가 첨가되어야 한다. 이는 또 다시 연계자 원칙의 힘을 보여준다. 주제 표지 '末'은 또 다른 후치 복문 연결사가 되는데 주제성 절(주로 조건절과 시간절)만에서 쓰인다. 비슷한 역할을 갖는 후치 연결사로 '是, 倒, 也' 등이 있다. 후치 연결사는 그것들의 용법이 광범위하지만 기능 면에서 뚜렷한 차이가 있다. 이러한 차이가 심지어 문장의 진리값에 영향을 미친다. 이로 보아, 그것은 확실히 통사적 복문 연결사이다. 가장 흥미로운 것은 상해어에 원래부터 있는 극히 적은 전치 복문 연결사 중에 후치 연결사로 구성된 것도 몇 개 있다. 예를 들어, '介唠', '革末' 등이 있다. 이것들은 긴축된 후치 연결사 절이 고정 단어화 되어 뒤에 있는 절과 같이 쓰이다가 뒷 절의 전치 연결사가 된다. 이는 상해어의 전, 후치사가 공존하는 유형적 특징을 뚜렷이 드러낸다.

13. 소흥(紹興)어 개사의 유형론적 분석

13.1 소흥어의 절 구조 어순

소흥(紹興)어는 오어 태호(太湖)지역과 이웃하는 소흥(紹興)지역의 말이다. 소흥어는 통사적으로 표준어와 많이 다른데, 단순한 VO와 전치사 유형으로 기술하기 어렵다. 필자의 소흥어에 대한 어감이 소호(蘇滬) 오어보다 좋지 않은데다가 소흥어는 담화체 자료가 거의 없다. 따라서 현지 조사를 통해 얻은 자료와 기존 논저를 바탕으로 개괄적으로 분석하고자 한다.

소호(蘇滬) 오어에 비해 소흥어는 주제화로 인해 나타난 어순 변화가 더 뚜렷하다. 한정적, 이미 앎(기지: 旣知) 정보인 대상, 부정문과 중성(中性) 의문의 대상은 일반적으로 다 주제(주 주제, 부주제(次主題))로 쓰인다. 이들 대상을 동사 뒤의 목적어로 쓰이게 하는 것은 흔하지 않고 받아들이기 어렵다.

(1) a. 我搿隻電影看過哉了。
　　　　내가 이 영화는 보았다.

　　　～ 搿隻電影我看過哉。
　　　　이 영화는 내가 보았다.

　　　～ *??我看過搿隻電影哉。

   b. 伊執照口吾有。
      그한테 면허증이 없다.

   c. 儂亨那扇尋勿尋著垌來
      그 부채를 찾았어?

      ~ *儂尋勿尋著亨那把扇垌來?

그리고 인명이나 인칭 대명사와 같이 유정성이 높은 NP 대상은 표준어에서 거의 주제화 되지 않는다. 행위자와 뒤섞이기 쉽기 때문이다. 그러나 소흥(紹興)어에서는 이것들이 주제화 될 수 있다. 예를 들어,

   (2) a. 老王我已經碰過哉。
           노왕(老王)은 내가 이미 만났다.

        b. 老王我勿碰垌。 ~ 我老王勿碰垌。
           내가 노왕(老王)을 만나지 않았다.

        c. 諾你伊個人他這個人要上班前後才至碰得著。
           네 출근 시간쯤에야 이 사람을 만날 수 있다.

구어로 보아, 사람을 가리키지 않는 대상은 주제화 될 때 일반적으로 부주제가 된다. 이는 오어의 공통점이다. (2b, c)와 같이 사람을 가리키는 대상이 주 주제와 부 부제로 쓰이는 것은 비교적 자유롭다. 이때 어느 것이 주어, 어느 것이 주제인가는 주로 생명도(生命度) 순서 중에 있는 위치에 달려 있는데 앞에 있는 것이 우선적으로 주어가 된다. 유정성 면에서, (2a, b) 중의 '老王'은 제1인칭 대명사 '我'보다 뒤에 있다. 따라서 '我'와 '老王'은 문장에서 어느 것이 앞에 있는 것을 막론하고 '我'가 우선적으로 주어로 이해된다. (2c)중의 제2인칭 '諾'의 생명도는 제3인칭인 '伊'보다 높기 때문에 주어로 쓰인다. (2a, b)와 같이 사람을 가리키는 대상이 주제로 쓰이는 것이 소주(蘇州) 상해(上海) 방언에서 흔하다. 이와 대조적으로 (2c)와 같이 인칭 대명사가 부주제로 쓰이는 것은 소주 상해 방언에서 흔하지 않다.

분열식 주제 구조도 다른 오(吳)방언과 같이 소홍어에서 흔히 볼 수 있는 구문이다. 그리고 (3)과 같이 분열식 주제가 언제나 부주제 위치에 있다. 우리가 사용하는 표준어의 범례는 VO 문장이다. 그러나 소홍어 모어 화자는 그 범례를 소홍어로 하면 자연스럽게 분열식 주제문이라고 생각한다.

(3) a. 伊信已經寄出特三封哉了。
        그는 이미 세 통의 편지를 보냈다.

     b. 雞湯裏諾鹽再加些垌。
        닭고기 수프에 소금 좀 더 넣어라.

어떤 비한정(無定) 성분도 자연스럽게 주제, 주로 부주제로 쓰일 수 있다. 이로 보아, 주제화 되는 것은 이미 보편화된다. 예를 들어,

(4) a. 我鈔票有埭, 儂勿用撥我哉。
        나 돈 있어. 나한테 주지 마.

     b. 伊帽戴特尋帽。
        그는 모자를 쓴 채 모자를 찾는다.

대상 주제화의 발달은 '則'자문('把'자문과 해당함)이 별로 쓰이지 않는 것으로 나타나기도 한다. 즉 '則'이 없이 대상이 직접 부주제로 쓰이는 것이다. 표준어의 '把'자문을 소홍어 모어 화자에게 번역하라고 하였더니, 그 대부분 부주제 구조로 썼다. 예 (5) 중의 소홍어와 표준어를 비교하자.

(5) a. 諾介紹信身邊帶垌。
        추천장을 휴대해라.

     b. 我窗門揩清爽哉。
        내가 창문을 깨끗하게 닦았다.

     c. 伊酒呷特了一半。
        그는 술 절반을 마셨다.

사람을 가리키는 NP가 동사를 앞설 때 '則'이 많이 쓰인다.

(6) a. 則伊房間裏關牢。
     그를 방 안에 가둬라.

   b. 掰些事体則我忙煞哉。
     이 일들 때문에 나 바빠 죽겠다.

위 보기로 보아, 소흥어의 대상 주제는 아주 광범위하다. 그리고 주제 성분이 더 통사적인 자리인 부주제 위치에 있다. 이것이 더 발전하면 소흥어의 어순 유형은 SVO로부터 STV를 거쳐 진정한 SOV로 변할 수도 있다. 소주(蘇州), 상해어 등 오어에 비해 소흥어는 이러한 어순 변화에서 더 뚜렷하다. 물론 소흥어는 진정한 SOV 단계에 이르지 않는다. SVO 어순이 많은 것은 이 어순이 여전히 소흥어의 기본 어순이기 때문이다. 예를 들어, '明朝我去看電影'(내일은 나 영화를 보러 간다)을 '明朝我去電影看'이라 말할 수 없다. 이는 대상이 전치함에 어떤 제한이 있음을 설명한다. 동사 앞에 있는 대상이 여전히 주제로 간주되어야 한다.

소흥어에서 SOV의 싹이 나타나는 것은 고립적인 현상이 아니다. 소흥어에서 후치사가 우세한 위치를 차지하며 목적어와 비슷한 어떤 장소 성분도 종종 동사를 앞선다. 예를 들어,

(7) a. 老王剛剛大門裏走進牢。
     노왕(老王)은 금방 대문 안으로 들어갔다.

   b. 賊骨頭衛生間裏躲進牢。
     도둑놈이 화장실에 숨어 있다.

   c. 掰陣頭伊已經上海市區逃出哉。
     그가 이제 상해 시내에서 도망갔다.

(7)에서 장소 성분(짙은 부분)은 표준어, 소호(蘇滬) 오어에서 이동 동사

뒤에 쓰여야 되는데 문장의 정보 초점이고 (7a, b)에서 종점/방향 의미역이며 주제화의 동인이 없다. 그러나 소흥어에서 이것들은 일반적으로 동사를 앞선다. '走進大門'도 사용되지만 '大門走進'이 더 흔히 나타난다. 이는 소흥어에서 절 구조가 동사 어말 유형으로 변천하는 싹이 나타남을 보인다. 가까이 있는 영파어도 이와 같은 경향이 있다.

13.2 PPC가 소흥어에 있는 특별한 표현

13.2.1 소흥어 PPC의 구성 성분

구조적인 면에서, 소주어의 '勒裏' 등 PPC와 대응하는 성분이 소흥어에도 많이 있다. 즉 '來垯'[lɛ dɑ](가까운 지시), '來垌'[lɛ doŋ](원근 지시가가 없음), '來亨'[lɛ hā)](먼 지시)이다. 그러나 이것들의 통사적 표현은 다른 오어의 PPC와 많이 다르다. 쉽게 말하면, 소흥어 PPC의 앞부분인 '來'가 기본적으로 추상화되지 않으며 통사적 기능도 제한이 많아 부차적 동사성 형태소인데, 단독으로 장소 전치사로 쓰일 수 없다. 이와 달리 명사에서 나온 후치사인 뒷부분인 '垯, 垌, 亨'은 전치사와 같은 기능, 보다 더 추상화된 기능을 갖게 된다. 이렇게 되어 전, 후치사의 발생적 관련성이 나타나 특별한 유형론적 현상이 조성된다. 이에 대해 더 깊이 논의해야 한다.

우선 PPC의 구성 성분을 논의하자. '來'는 소주어인 '勒/來'와 같은 것에서 나왔는데 대체로 표준어의 '在'에 해당한다. 그러나 소흥어의 '來'가 단독으로 서술어로 쓰일 수 없을 뿐만 아니라 단독으로 장소 의미역을 가질 수도 없다. '來'는 반드시 '垯'와 함께 서술어로 쓰여야 한다. 예를 들어,

(8) a. - 小張來勿來垌?- 小張來垯。
　　　소장(小張) 있어? 응, 있어.

   b. 伊來亭圖書館裏。

     그가 도서관에 있어.

다른 말로 하면, 동사 '在'가 소흥어에서 반드시 '埭' 등 거리 범주 표지를 가져야 한다. '來埭'는 '가까운 지시'를 나타내는데 옛 소주어의 '勒裏'에 해당한다. '來亨'은 '먼 지시'를 나타내는데 옛 소주말의 '勒哚'와 해당한다. '來垌'은 거리의 원근의 뜻이 없는데 옛 소주말의 '勒浪'에 해당한다. '來垌'은 종종 원근을 모르는 경우에 쓰이기 때문에 의문문에서 가장 많이 사용된다. 예를 들어, (8a)에서 질문할 때 '來垌'을 사용하고 대답할 때 '來埭'를 사용한다[38].

소주(蘇州) 방언 PPC의 뒷부분은 다 명사에서 생겼고, 방향, 장소 후치사의 성분으로 쓰일 수 있다(11.3.1 참조). PPC는 'Pre+NP+Pos' 구조 중의 NP가 생략된 것이다. 소흥어 PPC 중에 세 가지 뒷 성분의 어원은 다 명사성 방향, 장소류 형태소에 거슬러 올라갈 수 있다. 그러나 그것들이 후치사로 쓰였는지 여부에 대해 아직까지 명확한 결론이 없다.

우선 '來埭[da]' 중의 '埭'를 보자. 판(潘), 도(陶)(1999: 45)는 오어에서 '埭'와 '蕩' 간의 어원 관계가 뚜렷하다고 지적한다. '蕩'은 장소 명소 어휘소로 송강(松江), 여요(余姚), 영파(寧波) 등 지역의 '戶蕩'과 온주(溫州) 등 지역의 '屋蕩'에서 쓰여 장소의 뜻을 나타낸다. 소흥어에서 장소의 뜻을 나타내는 명사는 '埭戶'이다. 예를 들어, '勿少埭戶'는 많은 곳을 가리킨다. 이로 보아, '埭'는 대체로 장소 어휘소 '蕩'의 어음 변체('湯'이 '埭'의 '兒' 음 추가일 가능성도 있음)이다. '蕩'은 옛 상해어에서 후치사로 쓰였다. 예를 들어, '張老師蕩'(장 선생님이 계시는 곳)은 소주말의 '張老師搭'에 해당한다. 이렇게

---

38) 왕복당(王福堂)(1995: 96)은 소흥어와 소주어의 이러한 단어를 비교할 때 소주말의 '勒浪'은 먼 지시로 쓰여 '來亨'과 대응하고, '勒哚'는 원근의 구별 없는 것으로 쓰여 '來垌'과 대응한다고 지적한다. 이는 소주말의 실태에 맞지 않는다. 소주말의 '거리' 의미에 대해 11.3.1을 참조하라.

옛 상해어의 PPC인 '拉蕩'이 형성되어 소주말의 '搭'과 대응한다. '來垡' 중의 '垡'도 그것과 같은 기원인 '蕩'과 같이 후치사로 쓰인 적이 있다. 즉 '來張老師垡'(장 선생님이 계시는 곳에 온다)와 같은 것이 있었는데 후에는 긴축되어 '來垡'가 된다.

다음으로 '來亨' 중의 '亨'을 보자. '亨'과 같은 기원인 것은 소흥어 중의 먼 지시 대명사인 '亨[hā]'이다. '來亨'은 마침 먼 지시를 나타낸다. 다음 문장을 비교하자.

(9) a. 大門口有個陌生人來亨。
         대문 앞에 어떤 낯선 사람이 있다.

     b. 亨個犯人昨伢[ŋa]日子逃得去哉。
         그 범인이 어제 도망갔다.

그래서 왕복당(王福堂)(1995: 96)은 소흥어 '來亨' 중에 '亨'이 지시 대명사에서 생겼다고 믿는다. 이 두 '亨'이 같은 기원인 것은 틀리지 않지만 '來亨'이 직접 '來+亨'에서 생겼다는 증거가 있다. 이보다 더 가능한 것은 두 '亨'이 같은 기원이지만 발전되는 과정이 다르다는 것이다. PPC의 뒷부분인 '亨'은 지시사 단계를 거치지 않고 직접 지시사에서 생기지 않는다.

가장 중요한 증거는 지시사(지별사(指別詞))의 통사적 특성이다. 지시 어휘소는 오어 중의 부차적 어휘소이다. 이것은 표준어 '這是什麼?(이것이 무엇인가?) 買這幹嗎?(이것을 왜 사?)'처럼 논항으로 쓰일 수 없고, 표준어의 '這房子(이 집), 這人(이 사람), 這三件衣服(이 세 벌의 옷)'처럼 직접 NP를 한정할 수 없다. 이것은 양사나 장소 접미사/후치사 앞에만 쓰여 그것들과 구를 구성하는데 통사적 성분으로 쓰인다. 예를 들어, '搿個是啥物事(이것은 뭔데?)', '搿間房子(이 집)', '搿搭(여기)'. 심지어 '這三件衣服(이 세 벌의 옷)'도 두 개의 양사, 즉 '搿個三件衣裳(이 세 벌의 옷)'이라 말해야 하고 '搿三件衣裳'이라 말할 수 없다. 그래서 통사적 면에서 '來'와 지시사 '亨'과

같이 쓰이는 구조가 존재할 수 없다. 전내영(錢乃榮)(1999)은 소흥어의 지시
어휘소 '亨'이 상해어 후치사 '海頭' 중의 '海'(옛 상해어의 '壒'[hɛ], '亨'의 음과
비슷함), 소주 상해어인 '勒海' 중의 '海', 가흥(嘉興)어 '勒化' 중의 '化' 등과
같은 것에서 생겼으며 '亨'이 '壒'처럼 '海'의 兒화일 가능성이 있다고 지적
한다. 그것들은 다 장소 명사 '場許'('場化'로 읽힘) 중의 '許'에서 생겼다. 이
것은 소흥어 PPC 뒷부분인 '亨'의 기원이다. 장소 어휘소 '亨'(←許)의 또
다른 발전하는 방향은 지시 어휘소이다. 사실은 '許'와 같은 것도 있다. 반
(潘), 도(陶)(1999)는 '蕩'이 장소 어휘소로부터 지시 어휘소로 발전된 경우
를 주목하였다. '蕩, 亨'의 변천 과정을 도시하면 다음과 같다. 괄호 안의
내용은 실제 예문이다.

(10) a. 蕩 : 처소 → 지시 (영파(寧波) '蕩頭', 鬆江 '蕩堆', 宜興 '蕩家', 다 '여기'
를 나타냄)
(寧波, 鬆江 '戶蕩')
↓
후치사/접미사 (상해어 '張老師蕩')
↓
PPC의 뒷부분 (상해어 '拉蕩', 상주(常州) '勒蕩')

b. 許 (化/海/壒/亨/哼): 처소 → 지시 (남휘(南匯)주보(周浦)말 '海頭這
兒', 소흥말 '亨裏這兒')
(소주어 '場化')
↓
후치사/접미사 (상해어 '張老師海頭', 오강(吳江)동리(同裏) '該海這
兒', 무석(無錫)
'過亨[ha)]')
↓
PPC의 뒷부분
상해어 '辣海', 가흥(嘉興) '勒化', 무석(無錫) '來哼[həŋ]', 곤산(崑山)
'勒亨[ha)]', 소흥(紹興) '來亨[ha)]')

한편 오어에서 동사/전치사와 지시사가 직접 결합할 수 없고, PPC의 뒷부분의 장소 어휘소가 오어나 이웃 방언에서 언제나 장소 후치사/접미사의 역할을 한다. 따라서 소홍어의 '來亭'도 NP가 생략된 'V/Pre+NP+Pos'에서 나온다고 믿을 수 있다. '來亭' 중의 '亭'과 지시사인 '亭'은 같은 것에서 생겼지만 장소 어휘소 '亭'이 두 방향으로 추상화된 것이다. 둘은 다른 추상화 과정에 있다. 다만 '亭'이 오늘의 소홍어에서 지시사와 PPC의 뒷 부분 역할을 하는데 중간 것이 없어진다. 이는 '來亭'에서 '來'와 지시사가 결합하는 것으로 착각하게 한다.

마지막으로 '來垌' 중의 '垌'[doŋ]을 보자. '來垌'은 왕복당(王福堂)(1995)에 의해 '來東'으로 쓰인다. '垌'이 원래 무성 성모[toŋ]로 읽히기 때문이다. 소홍어에서 많은 추상적 어휘소가 약화되어 무성에서 유성이 되는데, '來東'도 이로 인해 '來垌'이 된다. 항주(杭州)말에서 이것과 대응하는 단어가 여전히 '來東'으로 읽힌다(유여걸(遊汝傑), 1996). '來東'이 소주말의 '勒哚'와 대응한다고 생각된다. 비운모(鼻韻母)나 비화(鼻化)가 오어 지역의 '兒' 음 추가 형식인데 '亭'이 '許/海'의 '兒' 음 추가 형식인 것처럼 '東'이 '哚'의 '兒' 음 추가 형식이어야 한다.39) 따라서 '垌/東'도 '哚'처럼 장소 후치사/접미사로부터 PPC의 뒷부분이 된다.

요컨대, 소홍어의 세 PPC '來垰, 來亭, 來垌'의 뒷부분이 오늘의 소홍어에서 후치사인 용법이 없지만 범-방언적 비교를 통해 그것들도 소주말 등 오(吳)방언 PPC의 뒷부분과 같이 명사성 장소 어휘소에서 생겼고 후치사/접미사인 용법을 거쳐 PPC의 뒷부분이 된다.

---

39) 같은 허사가 때로는 비음으로 나타나고 때로는 비음으로 나타나지 않는 것은 종종 다른 오어들 간에, 심지어 같은 오어 안에서도 나타난다. '海花'에서는 '實槪[gɛ]'이나 '實梗'으로 '이렇게'의 뜻을 나타낸다. 오늘의 소주어에서 후자만을 사용하고 상주(常州)말에서 여전히 비음이 없는 '實槪'를 사용한다. 오강(吳江)말에서도 비음이 없는 '實茄[gɔ]'를 사용한다. 또한 소홍어의 '一些 [ɕie]'는 소주어로 말하면 '一星[sin]'이다. '星'은 '些'의 '兒' 음 추가 형식이다.

13.2.2 소흥어 PPC의 기능적 제한

13.2.1에서 소흥어 PPC의 앞부분인 '來'는 통사적인 면에서 제한을 받아 꼭 뒷부분과 같이 쓰여야 한다. 사실은 PPC 전체의 기능도 제한을 받는데 소주, 상해 방언의 PPC처럼 활동적이지 않다.

첫째, PPC는 동사로 진정한 전치사가 아니다. 상해어의 같은 기원사(同源詞)인 '辣海'와 소흥어의 '來亨'을 비교하자.

(11) a. <호(滬)> 小張辣海單位裏喫飯。
　　　~b. <소(紹)> 小張來亨單位裏喫飯。
　　　　　　　소장(小張)은 직장에 가서 밥을 먹는다.

(12) a. <호(滬)> 小張辣海黑板高頭寫字。
　　　~b. <소(紹)> *小張來亨黑板高頭寫字。
　　　　　　　소장(小張)은 칠판 위에 글자를 쓴다.

(13) <소(紹)> 小張黑板高頭寫字。
　　　　　　소장(小張)은 칠판 위에 글자를 쓴다.

(11)의 a는 연속동사구로 이해될 수 있다. 뒤의 VP가 없어져도 문장이 여전히 성립된다. 즉 '小張辣海在單位裏.' 이것과 대응하는 소흥어인 b도 성립된다. (12)는 PreP가 수식하는 VP인 '寫字'만으로 이해되는데 연속동사구성으로 분석될 수 없다. '小張辣海黑板高頭'만을 말할 수 없기 때문이다. 이것과 대응하는 소흥어인 (12b)가 성립되지 않는다. 같은 의미는 (13)과 같이 후치사인 '高頭'로 표현되어야 한다. 바꾸어 말하면, 소흥어에서 'PPC+NP'는 서술어(연속동사구를 포함)만으로 쓰일 수 있다. 주어가 존재하는 위치를 나타내고 진정한 부사어로 행동이 진행하는 장소를 나타낼 수 없다. 'PPC+NP'가 표준어인 '在+NP'와 대응하는 성분으로 그것이 받는 제한은 중국어 방언에서 보기 드물다.

둘째, '來'와 PPC는 다 동사에 뒤따르지 못한다. 다음의 상해어와 소흥어를 비교하자.

(14) a. <호(滬)> 小張坐辣床高頭。 ~ b. <소(紹)> *小張坐來床高頭。
　　　소장(小張)이 침대에 앉는다.

(15) a. <호(滬)> 小張坐辣海床高頭。 ~ b. <紹> *小張坐來亭床高頭。
　　　소장(小張)이 침대에 앉는다.

(16) a. <호(滬)> 小張坐辣海坐在那兒/坐著。 ~ b. <紹> *小張坐來亭。
　　　소장(小張)이 저기에 앉아 있다/앉아 있다.

소흥어의 PPC는 다른 오어 PPC의 구조와 대응만 하여 확실히 PPC, 즉 전, 후치 복합사라고 불릴 수 없다. 그 중의 앞부분인 '來'가 완전히 동사성을 갖고 있으므로 전치사가 아니다.

그러나 동사 앞에 있어 진행상을 나타내는 오어 PPC의 허사적 기능은 소흥어의 PPC도 가진다. 예를 들어,

(17) a. 舞臺高頭學生來亭表演話劇。
　　　무대에서 학생이 연극을 하였다.

　　b. 妹妹心裏剛剛來埭難過。
　　　여동생의 마음이 금방 슬펐다.

　　c. 我來埭喫飯, 伊來亭屌手。
　　　나는 (여기서) 밥을 먹고 그는 (거기서) 손을 씻는다.

소흥어에서 PPC의 진행상 역할은 VP가 PP의 단계를 거치지 않고 연속 동사구성에서 추상화되어 형성된 것이다. 다른 편으로 (16b)에서 나타난 것처럼 오어 PPC가 동사 뒤에서 보편적으로 갖은 지속상 표지 기능은 소흥어에 없다. 설령 PPC 전체일지라도 동사 뒤에서 별로 쓰이지 않는다.

13.3 후치사가 소흥어에서 차지하는 우세한 위치

소흥어에서 '在'의 뜻을 가진 동사의 추상화 정도가 작은 것은 소흥어의 어순 유형과 관련이 있다. 어순 조화성으로 보아, 소흥어는 보다 더 강한 동사어말 경향을 가진다. 전치사가 핵심어 앞 유형에 속해 소흥어에서 별로 발달되지 않는 것이 정상이다. 연계자 중간 원칙으로 보아, 소흥어의 장소 의미역이 별로 동사에 뒤따르지 않기 때문에 전치사가 매개 위치에 있는 기회가 더 적다. 후치사가 종종 매개 위치에 있는 것은 소흥어로 하여끔 후치사에 의해 방향/장소 의미역을 이끌어내게 한다. 문법화의 측면에서 보아, 소흥어에서 '在'에 해당하는 존재 동사가 가진 방향/장소 의미역도 종종 동사 앞에 나타난다. 이는 존재 동사로 하여금 목적어를 가질 수 없게 하여 전치사가 되기 어렵게 한다.

중국어 문법 논저에서 '他在圖書館(그가 도서관에 있다)' 중의 '圖書館'을 장소 목적어로 분석한다. 13.2.1의 (8b)처럼 소흥어에서 '在'에 해당하는 '來'는 단독으로 쓰일 수 없고 꼭 PPC의 구조로 쓰여야 한다. 그리고 설령 존재 동사와 구성하는 결합일지라도 방향/장소 의미역도 꼭 동사에 뒤따를 필요가 없다. 뿐만 아니라 방향/장소 의미역이 동사 앞에 쓰이는 것이 소흥어에서 더 자연스럽다. 그래서 (8b)의 더 자연스럽고 흔한 표현은 (18)이다.

(18) 伊圖書館裏來亭。
　　 그가 도서관에 있다.

(18)과 같은 구조는 세 가지 통사적 결과를 이끌어낸다. 1. 방향/장소 의미역은 기본 존재 동사에 있어 더 이상 직접 의미역이 아니며 동사 앞의 부사어 위치를 차지한다. 2. 장소 의미의 전치로 인해 매개 위치에 있는 '裏'와 같은 후치사가 보다 더 중요한 의미역 표지가 된다. 3. 존재 동사 '來亭'이 이러한 통사적 환경에서 전치사로 추상화되기 어렵다. 그것 뒤에 장소

목적어가 없기 때문이다. 이에 관해 일련의 표현이 있다.

표준어에서 '進, 出, 上, 下'에 의해 이끌리는 방향/장소 의미역은 소흥어에서도 주로 동사를 앞선다. 13.1에서 쓰인 예를 보자.

(19) a. 老王剛剛大門裏走進垌。
  노왕(老王)은 금방 대문 안으로 들어갔다.

  b. 賊骨頭衛生間裏躲進垌。
  도둑놈이 화장실에 숨어 있다.

  c. 搿陣頭伊已經上海市區逃出哉。
  그가 이제 상해 시내에서 도망갔다.

여기서 주의해야 할 것은 방향/장소 의미가 전치하는 문장에서 동사 뒤에 종종 PPC의 뒷부분이 나타난다. 예를 들어, (19a, b) 중의 '垌'은 바로 '來垌'의 뒷부분이다. 그것의 역할에 대해 13.4에서 상세하게 논의할 것이다.

표준어와 소호(蘇滬) 오어에서 방향, 종점이나 존재의 위치를 나타내는 의미역은 일반적으로 동사 뒤의 '在, 到' 등 전치사에 의한다. 소흥어에서 이러한 방향/장소 의미역은 일반적으로 동사 앞에만 쓰인다. 다음 예를 보자.

(20) a. 伊個首飾都我裏放垛。
  그녀의 장신구가 나한테 있어.

  b. 伊兩本書桌子高頭擺亨。
  그가 책 두 권을 책상 위에 놓았다.

  c. 則伊房裏關亨。
  그를 방안에 가둔다.

  d. 小張個兒子啦, 丈母[zɛ n]裏放亨。
  소장(小張)은 자신의 아들을 장모 집에 놓아 두었다.

  e. 搿裏條件蠻好, 諾就搿裏住垛好哉。
  여기의 시설이 나무랄 데 없으니 그냥 여기서 살아라.

(20)에는 정태적인 존재문도 있고 행동 서술문과 명령문도 있다. 그것들은 구조적 면에서 세 가지 특징을 가지고 있다. 1. 다 전치사를 사용하지 않는다(사실은 사용될 만한 방향/장소 전치사가 없음). 2. 방향/장소 성분이 다 후치사를 갖는데 그것들은 방향/장소 의미역과 그것이 수식하는 동사 사이에 있다. 주로 '裏'와 '高頭'가 있다. '裏'는 추상화 정도가 가장 크며 가장 널리 분포된다. '裏'는 c와 같이 보통 명사를 뒤따를 수 있고, a와 같이 인칭 대명사 뒤에 쓰일 수도 있고, d와 같이 사람을 가리키는 명사 뒤에 쓰이기도 하고, e와 같이 장소 지시사 접미사로 나타나 사실은 여전히 후치사 특성을 가진다. 그것의 통사적 분포는 표준어의 모든 방위 후치사보다 광범위한데 소주(蘇州), 상해(上海) 방언의 방위 후치사, 사람을 가리키는 NP 뒤에 쓰이는 '搭'과 '哚'의 분포 전부에 해당한다. 3. 동사 뒤에 모두 PPC의 뒷부분이 있는데 가까운 지시를 나타내는 '埭'와 먼 지시를 나타내는 '亨'이다. 그것들은 여기서 주로 '상'의 역할을 한다. 이에 대해 이 책에서 세밀하게 논의하지 않는다.

표준어에서 동사 뒤에 쓰여 행동이 이동하는 장소를 나타내는 방향/장소 의미역도 있다. 예를 들어, '走在路上'(길에서 걸어간다) 등이 있다. 이것들은 소흥어에서 동사 앞에서만 쓰일 수 있다. 예를 들어,

(21) 伊大路高頭走特著還來亨唱歌
　　　그는 길에서 걸어갈 때도 노래를 한다.

동사를 앞서는 표준어의 방향/장소 의미역일지라도 소흥어에서 특별히 나타난다. 즉 전치사가 없이 후치사만 쓰인다. 예를 들어,

(22) a. 諾再囉唆個說話麽, 我河港裏跳落垌咗[dzo]=哉+哦。
　　　　 더 이상 잔소리를 하면 내가 강으로 뛰어들 거야.

　　 b. 伢倉庫裏調來一批備用品。
　　　　 우리가 창고에서 비품을 좀 전용하였다.

    c. 我諾裏學特勿少東西。
       나는 너한테 많은 것을 배웠다.

    d. 諾老闆裏要話些好話。
       사장 앞에서 날 위해 몇 마디 좋은 말을 해 주실 것을 부탁드립니다.

(22a)중의 방향/장소 의미역은 정태적 장소가 아닌 방향을 나타낸다. 이것은 소흥어에서 전치사가 첨가된 '望河港裏'(강에서)로 표현될 수도 있다. 다만 소흥어의 방향/장소 의미역에서 후치사가 우세한 위치를 차지하게 되었기 때문에 '望'이 생략되는 것이 더 흔하다. (22b, c) '倉庫裏', '諾裏'는 다 원점(源点)을 나타낸다. 순수한 소흥어는 이때 전치사가 쓰이지 않고 새 소흥어는 표준어의 영향을 받아 '從倉庫裏'(창고에서)라 말할 수 있다.

도환(陶寰)(1996: 313-314)은 한 가지 재미있는 현상을 제기한다. 즉 동사 앞에 있는 장소 성분은 'NP+PPC'와 'PPC+NP'인 두 가지 형식이 있는데 앞의 것이 많이 쓰인다. 예를 들어,

  (23) a. 姆媽門口頭來亨補衣裳, 姊姊竈頭來亨煮飯。
        어머님은 현관에 가서 옷을 수선하시고 여동생은 부뚜막 쪽에 가서 밥을 한다.

      b. 姆媽來亨門口頭補衣裳, 姊姊來亨竈頭燒飯。
        어머님은 현관에 가서 옷을 수선하시고 여동생은 부뚜막 쪽에 가서 밥을 한다.

겉으로 보아, (23a)의 '來亨'은 후치사의 역할을 한다. 그러나 현지 조사에서, 도환(陶寰)과 논의한 결과로는 (23a, b)의 '來亨'이 같은 성분이 아니다. a에 있는 것은 상 표지이고 b에 있는 것은 동사이다. 둘은 다 개사로 간주될 수 없다. (23a) 중의 '來亨'은 진행상을 나타내는데 진행상이 아닌 경우에는 이렇게 쓰일 수가 없다. 다음 문장을 비교하자.

(24) a. 老張單位裏來亨喫飯。
　　　노장(老張)이 회사에서 밥을 먹고 있다.

　　 b. 老張單位裏 (＊來亨) 喫飯。
　　　노장(老張)이 (＊종종) 회사에서 밥을 먹는다.

(24a)는 사건 단계(stage level)에 속하는데 '來亨'은 해당 행동이 진행하고 있는 것을 나타낸다. (24b)는 속성 단계(individual level)에 속하여 관습적인 행동을 나타내는데 '來亨'을 사용하지 않는다. 더구나 진행상을 나타내는 '來亨'이 반드시 장소 성분 뒤에 쓰여야 하는 것이 아니다. 연속동사구에서 장소 부사어와 상 표지인 '來亨'은 같이 쓰이지 않아도 된다. 예를 들어,

(25) 掰歇冒伊來亨做啥?
　　 지금 그는 뭘 하고 있어?

　　 ─ 伊眠床裏床上眲特睡著來亨在看書。
　　 그는 침대에 누워서 책을 보고 있다.

(23b) 중의 '來亨'은 존재 동사로 주어가 있는 위치를 나타내는데 뒤에 있는 VP가 제거될 수 있다. 방향/장소 의미역이 '주어가 있는 위치'가 아닌 '행동이 진행하는 장소'만을 나타낼 때, 즉 뒤에 있는 VP가 제거될 수 없을 경우 소흥어에서 '來亨'이 쓰일 수 없다. 예를 들어,

(26) 張老師 (＊來亨) 黑板高頭寫字。
　　 장 선생이 칠판 위에 글자를 쓴다.

방향/장소 의미역이 아닌 경우, 소흥어의 의미역 전치사와 후치 개사 간의 관계는 상해어와 비슷하다. 그 중의 일부 의미역(예: 동기, 대상을 나타내는 것 등)이 여전히 '爲, 對'와 같은 전치사에 의해 표시된다.

13.4 PPC의 뒷부분이 소흥어에서 특별하게 발전하는 것

소흥어에서 방향/장소 의미역이 동사 뒤에 나타나는 것은 별로 없지만, 전혀 없는 것은 아니다. 소흥어에서 '在'는 전치사로 나타나지 않고, 동사 뒤에서 쓰일 수도 없다. 이와 동시에 이동 동사도 개사의 기능을 별로 갖고 있지 않는다. 그렇다면 무엇으로 동사 뒤에 있는 방향/장소 의미역을 이끌어내는가? 놀랍게도 소흥어에서 PPC의 뒷부분, 즉 '來埭, 來亨, 來峒' 중의 '埭, 亨, 峒'이 전치사로 쓰인다. 그러나 우리가 아는 대로 PPC의 뒷부분은 원래 명사 기원 후치사이다.

왕복당(王福堂)(1995)은 이러한 현상에 대해 초보적인 분석을 하였다.[40] 왕(王)의 논문에서 이들 PPC의 뒷부분을 '장소 개사'(전치사를 가리킴)라고 하는데 기원 면에서 보아 이들 '장소 개사'가 오어의 복합사 '勒裏' 중의 '裏'와 같은 종류에 속한다고 정확하게 지적하였다. 비록 다른 오어 중에 이러한 성분이 전치사 역할을 갖지 않더라도 그렇다. 다음은 왕(王)이 열거한 일부 예이다.

(27) a.　尋特半日, 鋼筆安埭。近指書包裏。
　　　　한참을 찾았는데 만년필이 책가방에 있다.

　　 b.　鋼筆安亨。遠指書包裏, 忘記馱來哉。
　　　　만년필은 책가방에 넣어 두어서 갖고 오는 것을 까먹었어.

　　 c.　諾住峒, 無遠近義鞋裏?
　　　　너 어디서 살아?

왕(王)의 논문에서는 다음과 같은 것에 주목하였다. '來/勒'은 다른 오어에서 존재 동사 겸 개사이지만 '來'는 소흥어에 개사가 아니라 동사이다.

---

40) 왕(王)의 논문에서 나타나는 이 세 글자는 사실은 각각 '帶*, 亨*, 東*'에서 나온다(별표는 동음자를 차용하는 것을 나타냄). 본 책에서 왕(王)의 예를 인용할 때 달리 표시하는 것은 읽기 편하기 위해서이다.

그래서 왕(王)은 소흥어 동사 앞에 나타나는 'PPC+장소 성분', 즉 (28a)의 '來亨屋裏'(방에 들어온다)와 (27)의 '安亨書包裏'(책 가방에 넣어둔다)를 같은 구조, 즉 '동사+개사구'로 분석한다. (28b)는 필자가 이에 따라 만든 도해식이다.

(28) a. 伊來亨屋裏頭看書, 隔以嘸有來。
     그가 방 안에서 책을 보니 오지 않았어.

   b. [VP來 [PreP亨屋裏頭]] / [VP安 [PreP亨書包裏]]

다음으로 소주어와의 비교를 통해 소흥어의 특징을 설명하겠다.

(29) a. <소(蘇)> 小明勒(海)屋裏看書。
     소명(小明)이 방 안에서 책을 본다.

   b. <소(紹)> 小明來*(亨)屋裏頭看書。
     소명(小明)이 방에 들어와서 책을 본다.

   c. <소(蘇)> 小明蹲勒屋裏看書。
     소명(小明)이 방 안에서 웅크리고 앉아서 책을 본다.

(30) a. <소(蘇)> 小明住勒(海)南門。
     소명(小明)이 남쪽에 산다.

   b. <소(紹)> 小明住亨南門。
     소명(小明)이 남쪽에 산다.

(29a, b)의 형식이 똑같다. '勒-來', '海-亨'은 같은 것에서 생겼다. 그러나 소주말에서 '海'가 생략될 수 있고 소흥어에서 '亨'이 생략될 수 없다. 11.1.1에서 (29c)와 같이 소주말의 '勒' 앞에 존재 동사인 '蹲'이 첨가될 수 있다. '蹲勒屋裏'(집에 있다)는 '呆在家裏'나 '在家裏'에 해당한다. 이와 달리 소흥어에서는 '來'가 동사 뒤에 쓰여서는 안 된다. (30a, b)의 차이가 더 크다. 소주말에서 '勒'만을 사용할 수 있고 '海'만을 사용할 수 없다. 소흥어

에서는 '來'를 사용할 수 없고 '亨'만을 사용할 수 있다. 바꿔 말하며, 소주어 PPC의 앞부분인 '勒'이 추상화 과정을 거쳐 전치사가 된다. 나아가 PPC 전체도 전치사로 쓰일 수 있다. 소홍어의 '來'와 PPC 전체는 다 추상화 과정을 거쳐 전치사가 되지 못하는데 PPC의 뒷부분이 동사 뒤에서 추상화 과정을 거쳐 전치사가 된다.

다른 면에서, 왕(王)의 논문은 다음과 같은 점을 지적한다. 소홍어에서 '束', '帶', '亨'이 구성하는 개사 구조는 동사 없이 단독으로 사용될 수 없고 반드시 동사 뒤에 쓰여야 한다. 이렇게 되어 이것들이 가진 개사의 기능은 더 이상 온전하지 못하다. 왕(王)의 관찰은 또 다른 문제를 이끌어낸다. 즉 소홍어 PPC의 뒷부분이 동사 뒤에 쓰일 때 진정한 개사(전치사)인가?

관련자의 기능 면에서 보아, 소홍어 PPC의 뒷부분이 동사 뒤에서 확실히 방향/장소 의미역을 이끌어내는 전치사의 역할을 하고 마침 매개 위치에 있다. 그러나 진일보한 통사적인 실험을 통해 이것들은 진정한 전치사가 아니라 이것들의 통사적 지위가 표준어인 '走進大門(대문 안으로 들어간다), 運到北京'(북경으로 운송한다), 월어(粵語)인 '高過你'(너보다 키가 크다) 중의 '進, 到, 過'와 약간 비슷한데 핵심 표시인 관련자에 속한다. 달리 말해, 이것들이 핵심인 동사에 첨가되고 진정한 개사와 달리 방향/장소 의미역에 첨가되지 않는다. 물론 표준어 '放在桌子上'(책상 위에 놓는다)도 '放在/桌子上'으로 분리될 수 있지만 이것은 문장에 들어간 후의 재분석이다. '在' 자체는 여전히 뒤의 '桌子上'과 같이 하나의 PP를 구성할 수 있다(9.1.3 참조). 이와 달리, 소홍어 PPC의 뒷부분은 뒤에 오는 성분과 하나의 단위를 구성할 수 없다. 이에 대한 증거가 두 가지 있다.

첫째, 소홍어의 뒷부분은 동사 없이 존재할 수 없다. 동사 뒤에서 쓰이는 진정한 장소 전치사가 동사와 긴밀하게 결합하고 있지만 일정한 분리성을 가진다. 앞에 있는 핵심동사와 어느 정도 분리될 수 있다. 예를 들어,

(31) a. 他放了一本書在桌子上。
그는 책 한 권을 책상 위에 놓아 두었다.

b. 馬上發一輛車往上海。
얼른 상해에 차를 한 대 보내라.

c. 他置自己的生命於危險之中。(글말)
그는 자신을 위험한 처지에 있게 하였다.

소흥어 PPC의 뒷부분이 동사와 방향/장소 의미역 사이에 쓰일 수 있다. 이때 둘 사이에 목적어가 더 이상 쓰일 수 없다. 예를 들어, (31a)는 (32b)로 표시될 수 있지만 구조적인 면에서 더 잘 대응하는 (32b)로 표시될 수 없다.

(32) a. 伊一本書安亨桌子高頭。
그는 책 한 권을 책상 위에 놓아 두었다.

b. *伊安特放了一本書亨桌子高頭。

둘째, PPC 뒤에 있는 방향/장소 의미역이 다 동사 앞에서 쓰일 수 있다. 그리고 일반적으로 동사 앞에서 쓰인다. 주의할 것은 방향/장소 의미역이 전치할 때 PPC의 뒷부분이 여전히 동사 뒤에 쓰이는 점이다. 이로 보아, 그것이 구조적인 면에서 핵심인 동사와 분리될 수 없지만 뒤에 있는 장소 의미역과 분리될 수 있다. 그러나 중국어에서 좌초(介詞懸空: stranding)를 해서는 안 된다. 예를 들어, '我房間裏住在'로 말할 수 없다. 다음 문장을 비교하자.

(33) a. 伊來亨圖書館裏。~b. 伊圖書館裏來亨。
그가 도서관에 있어.

(34) a. 伊個首飾擺垜我裏。~b. 伊個首飾我裏擺垜。
그녀의 장식이 나에게 있다.

　　사실 13.3(19, 20) 중에 장소 의미역이 동사 앞에 놓이는 예문에서는 대부분 동사 뒤에 PPC의 뒷부분이 나타난다. 그 중의 어떤 문장은 구어에서 방향/장소 의미역이 동사나 PPC의 뒷부분 뒤에서 쓰이는 것이 적당하지 않다. 이는 다음과 같은 것을 설명한다. 즉 방향/장소 의미역이 동사를 전치하고 PPC의 뒷부분이 동사를 후치하는 것은 방향/장소 의미역을 나타내는 기본적인 형식이다. 이때 PPC의 뒷부분은 진정한 개사가 아니다.

　　이렇게 되어 PPC의 뒷부분이 방향/장소 의미역이 있는 문장에서 갖는 확실한 통사적 역할은 보다 객관적인 확정이 필요하다.

　　첫째, '壏, 峒, 亭' 등 PPC의 뒷부분은 방향/장소 의미역이 전치하거나 후치하는 문장에서 다 나타난다. 그리고 이때 두 유형의 문장 의미 구조가 똑같다. 이로 보아, 두 유형 문장 중에 PPC의 뒷부분이 같은 성분인데 동사에 첨가되는 것이지 방향/장소 의미역에 첨가되는 개사가 아니다.

　　둘째, PPC의 뒷부분이 동사 뒤에서 주로 지속상나 상태 지속(성속상: 成績相)을 나타낸다. 방향/장소 의미역과 PPC를 가진 문장은 다 주체나 객체가 존재하는 장소나 행동이 시작하고 존재하는 장소를 나타낸다. 다른 오어는 동사 뒤에 있는 PPC도 존재, 장소의 의미에서 발전되어 지속상이나 성속상을 갖게 된다. 예를 들어, 소주어의 'V勒海'나 상해어의 'V辣辣'. 소흥어의 특징은 바로 PPC의 뒷부분이 다른 오어의 PPC 전체로 표시하는 상 의미를 나타낸다는 것에 있다.

　　마지막으로, PPC 뒷부분의 상 표지를 인정하는 것은 그것이 다른 구문에서 다른 통사적 역할을 할 수 있는 것을 부인하지 않는 것이다. 방향/장소 의미역이 동사를 전치할 때 '裏, 高頭' 등과 같은 후치사가 방향/장소 의미역과 동사 사이인 매개 위치에 있어 접착 역할을 한다. 방향/장소 의미역이 동사를 후치할 때 PPC의 뒷부분이 매개 위치에 있는 유일한 허사가 된다. 이는 그것을 연계자 역할 갖게 되도록 한다. 이는 '到, 近' 등 이동동사의 경우와 아주 비슷하다. '汽車開到了'(자동차가 도착하였다), '他走近

了'(그는 가까이 걸어갔다) 중의 '到, 近'이 이동(趨向) 성분일 뿐이다. '汽車開到廣場'(자동차가 광장에 도착하였다)과 '他走近車站'(그는 기차역 근처에 도착하였다) 중의 '到, 近'은 연계자의 역할을 하는 동시에 원래의 이동(趨向) 의미를 갖기도 한다. 이는 소흥어 PPC의 뒷부분이 연계자로 쓰이는 동시에 상 역할을 여전히 하는 것과 비슷하다. 바로 이러한 연계자 역할은 사람으로 하여금 표준어의 '到', 소흥어의 PPC의 뒷부분을 전치사로 분석하게 한다. 비록 그것들이 통사적 면에서 아직 진정한 개사가 아니라 동사의 부가적인 성분일 뿐이라도 그렇다.

문법화의 시각으로 보아, 동사의 부가적인 성분이 최종으로 재분석을 통해 진정한 개사가 될 수 있다. Bisang(1998)은 다음과 같은 것을 지적한다. 어떤 한 통사적인 구조의 관계 의미가 구조 안의 특정한 위치를 문법화의 지점(흡인점(吸引点))이 되도록 한다. 종종 그 위치에 나타나는 단어가 그 구조 전체의 관계 의미를 가질 수 있고 문법화를 통해 그 구조의 관계 의미를 나타내는 표지가 된다. Dik의 연계자 중간 원칙으로 분석하면 PP와 동사 사이인 위치가 개사 문법화의 지점(흡인점(吸引点))이다. PP가 동사를 앞설 때 매개 위치에 있는 방위 명사, 연계사 '而, 來' 등이 쉽게 문법화를 통해 후치사가 된다. PP가 동사에 뒤따를 때 매개 위치에 있는 이동동사, 부사성 상표지 등은 쉽게 문법화를 통해 전치사가 된다. 인구어의 전치사가 주로 자동사 뒤에 쓰이는 부사(부사가 종종 관계 명사에서 생겼음)에서 생긴 것은 부사가 종종 동사 뒤, 의미역 부사어 앞인 매개 위치에 나타나는 것과 관련이 있다(C. Lehmann 1995: 89-93 참조).[41] 소흥어의 동사 뒤에 나

---

41) C. Lehmann의 영어 예를 살펴보면, 처음에는 동사 뒤에 쓰이는 in, on, by와 같은 부사는 통사적인 면에서 모두 앞의 동사와 더 긴밀하게 결합하는데 뒤에 NP가 있는가와 상관없다. NP가 있을 때 NP와 이들 부사가 동위(同位) 관계이며 의미역 표지는 명사의 격이다. 재분석을 통해, 이들 부사는 뒤에 있는 NP와 보다 더 긴밀하게 관련되어 NP를 지배하는 전치사가 된다. 격의 쇠락은 전치사의 중요성을 강화시킨다. 전치사로 변천한 부사는 종종 동시에 순수한 부사의 용법을 가진다. 예를 들어, come in, put on, pass by 등이다.

타나는 PPC의 뒷부분인 '埭, 垌, 亭'의 경우는 인구어 전치사의 경우와 비슷한데 다만 통사적 면에서 재분석 과정이 아직 끝나지 않았을 뿐이다.

요컨대, 소흥어 PPC의 뒷부분은 대체로 다른 오어 PPC 전체의 각종 통사적 역할을 가진다. PPC의 뒷부분이 어떻게 이러한 기능을 갖게 되었는가? 가장 쉽게 생각할 수 있는 답안은 PPC의 뒷부분이 앞부분이 탈락된 PPC에서 나와 다른 오어 PPC 전체의 기능을 갖게 된 것이다. 왕복당(王福堂)(1995)은 이렇게 설명하였다. 14.3.2에서는 범-오어 비교를 통해 이 문제에 대해 더 깊이 논의할 것이다.

13.5 소결론

소흥어에서 주제화는 일반적인 통사적 현상이 된다. 많은 대상 의미역이 종종 주제 위치, 특히 주어 뒤와 동사 앞인 부주제 위치에 나타난다. 표준어 '把'와 해당하는 전치사도 별로 쓰이지 않는다. 이는 소흥어 부주제화로 인해 SOV 언어로 변하는 싹이 나게 한다. 소흥어의 방향/장소 의미역도 일반적으로 동사를 앞선다. 다른 방언에서 존재동사, 이동동사 뒤에서 쓰이는 방향/장소 의미역도 소흥어에서 일반적으로 동사를 앞선다. 소흥어의 개사 유형은 이러한 절의 어순과 조화 관계를 이뤄야 한다.

표준어의 '在'와 대응하며 소주(蘇州), 상해어의 '勒/辣'과 같은 기원인 소흥어의 '來'는 순수한 동사성 어휘소로 단독으로 방향/장소 성분을 가질 수 없고 반드시 PPC의 복합사와 같은 '來埭, 來垌, 來亭' 식으로 나타나야 방향/장소 의미역을 가질 수 있다. PPC가 방향/장소 의미역을 가진 구조는 서술어(연속동사구성 중의 서술어를 포함)만으로 쓰일 수 있는데 동사 앞의 부사어로 쓰일 수 없고 동사 뒤에서 쓰일 수도 없다. 그래서 방향/장소 의미역은 일반적으로 후치사에 의해 이끌려 동사 앞에 쓰인다. 후치사에서 용법이 가장 광범위하고 문법화 정도가 가장 높은 것이 '裏'이다. '裏'는 다른 방언의 방위 후치사 자리뿐만 아니라 사람을 가리키는 NP(인칭 대명사를 표함) 뒤에서도 쓰일 수 있다. 이는 문법화 정도가 낮은 '來'와 대조적이다.

동사 뒤에서 쓰이는 일부 방향/장소 의미역은 PPC의 뒷부분에 의해 이끌린다. PPC의 뒷부분이 소흥어에서 뚜렷한 후치사의 용법을 갖지 않지만 방언 간의 비교를 통해 그것들이 다른 오어 PPC의 뒷부분과 같이 장소 어휘소에서 생겨 후치사나 접미사의 용법을 가지다가 PPC의 뒷부분이 된다는 것을 알 수 있다. 소흥어에서 특별한 점은 이들 명사 기원 후치사가 의외로 전치사와 같은 용법을 갖게 된 것이다. 그러나 동사 뒤에서 쓰이는 그것들은 아직 진정한 전치사가 아니고, 통사적 면에서 동사에 첨가되어 상표지의 역할을 한다. 그것들이 장소 단위에 첨가된 것이 아니다. 그래서 방향/장소 의미역이 동사를 앞설 때도 이들 PPC의 뒷부분이 여전히 동사 뒤에 있다. 그럼에도 불구하고 방향/장소 의미역이 동사를 뒤따를 때 이들 PPC의 뒷부분은 확실히 연계자 역할을 한다. 통시적 면에서 보아, 그것들이 재분석을 통해 진일보하여 진정한 전치사가 될 가능성이 있다.

14. 개사에 대한 범-오어(吳語)적 비교

14.1 전치사에 대한 범-오어적 비교

14.1.1 방향/장소 전치사의 통사적인 분포: 동사 앞과 동사 뒤

이 장에서는 12지역의 오어를 비교하고 개사 유형과 관련된 중요한 문제를 분석하여 개별적 사례 연구를 통해 밝히기 어려운 현상을 찾아내고 오어 개사 유형의 특징에 대해 총체적인 인식을 얻고자 한다. 더 나아가 이 책의 이론적 총괄을 위해 보다 더 튼튼한 자료의 기초를 다진다. 전치사 중에서 두 가지를 중점적으로 논의한다. 하나는 방향/장소류 전치사, 다른 하나는 문장에 의미역을 증가시키지 않는 '비서술어성' 전치사, 즉 표준어의 '把, 被, 給'과 대응하는 단어이다. 우선 방향/장소류 전치사부터 논의한다.

중국어의 방향/장소 전치사가 갖는 PP는 주로 두 가지의 통사적 분포로 나타난다. 즉 동사 앞과 동사 뒤이다. 범-오어적 비교를 통해 두 위치에 쓰이는 전치사, 전치사의 추상화 정도는 뚜렷이 다르다. 심지어 '동사 앞 전치사'와 '동사 뒤 전치사'로 나뉠 수 있다. 이는 영어 in, on, at 등 방향/장소 전치사가 이끌어내는 PP가 앞, 뒤에서 다 쓰이는 것과 극히 다르다. 이렇게 다른 이유는 탐구할 만하다.

우선 표준어의 '在'에 해당하는 전치사를 보자. 태호(太湖) 지역에서 '在'

의 뜻을 갖은 전치사는 모두 소주(蘇州) 상해(上海) 말의 '勒/辣'과 같은 것
에서 생겼다. '勒/辣'과 같은 것은 '來, 拉' 등도 있다. 이것들은 대부분 표준
어의 '在'와 소주, 상해어의 '勒/辣'과 같이 존재 동사와 장소 전치사의 특징
을 동시에 갖는다. '來'는 소흥어에서 존재 동사로만 쓰이고 진정한 전치사
로 사용되지 않으며 동사 뒤에서도 쓰이지 않는다(8.2.2 참조). 태호(太湖)
지역 대부분의 오어에서 '來'는 동사 앞, 뒤에 다 쓰일 수 있다. 그러나 다른
위치에서 쓰일 때의 차이는 여전히 있다.

영파어의 지리와 어순의 특징은 소흥어와 아주 비슷하다. 동일 기원사인
'來'는 동사성이 비교적 강하여 동사로 쓰일 때 일반적으로 장소적 성분이
'來'를 앞선다. 예를 들어, 소흥어와 같이 '在圖書館'(도서관에 있다)을 '圖書
館裏來該'로 말한다('來該'는 PPC임). 또한 장소 의미역이 동사 앞에 있어
부사어로 쓰일 때 일반적으로 '在'의 뜻을 가진 전치사가 사용되지 않고 후
치사만 방향/장소 의미역을 표시한다. 그러나 소흥어 '來'가 전치사로 쓰이
지 못하는 것과 달리 영파어에서 '來'와 PPC가 동사 앞에서 전치사로 쓰일
수 있다. 비록 이것은 우세한 구문이 아니라도 그렇다. 예를 들어,

(1) a. 賊骨頭(來)厠坑間裏幽該。
         도둑놈이 화장실에 숨어 있다.

     b. 老師(來該)黑板上寫字。
         선생님이 칠판 위에 글자를 쓴다.

위의 전치사가 동사 뒤에서 쓰일 수 있다. 이때 약화된 '勒'[lɐʔ]로 사용
될 수도 있다. 예를 들어,

(2) a. 其個首飾放來/勒我地方。
         그의 장신구가 나한테 있어.

     b. 房子和總造勒蘇州河北面。
         건물은 다 소주하(蘇州河) 북쪽에 세워졌다.

이와 비슷한 것이 무석(無錫)어에서도 나타난다. 무석말에서 이것과 같이 존재동사, 동사 앞의 전치사로 쓰이는 것은 '來, 來勒, 勒勒, 勒' 등이 있다. 동사 뒤의 전치사로 쓰이는 것은 약화된 '勒'[lə?]만 있다. 예를 들어,

(3) a. 我來/來勒/勒勒/勒圖書館裏。
         내가 도서관에 있다.

     b. 老師來/來勒/勒勒/勒黑板釀寫字。
         선생님이 칠판 위에 글자를 쓴다.

     c. 賊骨頭叛勒衛生間裏。
         도둑놈이 화장실에 숨어 있다.

태호(太湖) 지역 외에 '勒/辣'과 같은 기원사(同源詞)가 금화(金華) 방언에서 '來'의 형식으로 나타나기도 한다. 그러나 금화(金華) 방언에서 동사 앞과 뒤에 쓰이는 성분은 뚜렷한 차이가 있다. 동사 앞에서 존재 동사 '來'가 쓰일 수 있는데 최근에 '서다'의 뜻을 나타내는 행위 동사 '隑'[kɛ^{535}]가 사용된다. 동사 뒤에서 기원이 명확하지 않은 '特'[də?]이 쓰인다. 예를 들어,

(4) a. 老師來/隑黑板上寫字。
         선생님이 칠판 위에 글자를 쓰신다.

     b. 渠個首飾都放特俺[a^{42}]革裏。(義=2a)
         그의 장신구가 나한테 있다.

'特'이 동사 뒤에서 장소 표기 외에 접수자 표지로도 쓰인다. 예를 들어, '送兩朵花特渠'(그한테 꽃 두 송이를 준다). 이는 장소를 나타내는 고대 중국어의 '於'와 비슷하다. '特'이 동사 앞에서 쓰이는 '來'와 발음 면에서 크게 달라 같은 것에서 생겼는지는 명확하지 않다. 금화(金華) 방언의 세 가지 장소 전치사의 추상화 정도는 다음과 같다(같은 것에서 생겼는지 확인하지 못함).

特>來>隑

'隑'가 전치사로 쓰이는 것은 생긴 용법이다. '隑'는 우선 '서다'의 뜻을 나타내는 행위 동사이고, 다음은 존재 동사이고, 마지막으로 전치사이다. 동사적인 용법은 다음과 같다.

(5) a. 大門外隑勒一個生疏人。
         대문 앞에 어떤 낯선 사람이 서 있다.

     b. 有個生疏人陌生人隑在房間裏。
         어떤 낯선 사람이 방 안에 서 있다.

동사 뒤의 전치사가 동사 앞의 전치사보다 더 추상적인 것은 온주(溫州) 말에서 더 뚜렷한데 어음과 의미적 면뿐만 아니라 통사적 면에서도 드러난다. '在'의 뜻을 나타내는 온주어의 전치사는 '隑, 宿, 是, 拉'이 있다. '隑, 宿, 是'는 동사이기도 하고 '拉'은 완전히 추상화된 전치사이다. 이것들의 통사적 기능은 다음 (6)과 같다.

(6) a. 老師宿/隑/是黑板裏寫字眼。
         선생님이 칠판 위에 글자를 쓰신다.

     b. 小偸躲拉/是衛生間裏。
         도둑놈이 화장실에 숨어 있다.

     c. 我是圖書館裏。
         내가 도서관에 있다.

     d. 有個打生儂宿(是)/隑(是)房間底轉[tɕy]。
         어떤 낯선 사람이 방 안에 있다.

(6a)와 같이 '隑, 宿'은 전치사로 동사 앞에서만 쓰일 수 있다. (6a, b)에서처럼 '是'는 동사 앞, 뒤에서 다 쓰일 수 있다. '是'는 (6c)와 같이 존재 동사로 단독으로 방향/장소 의미역을 가질 수 있는데 이때 뒤에 전치사를

가질 수 없다. '隑, 宿'은 존재 동사로 그것 뒤에 '是'가 나타나 (6d)와 같이 방향/장소 의미역을 이끌어낼 수 있다. '宿是'나 '隑是'가 고대 중국어의 '在 於'와 같다. '隑, 宿'은 '在'와 같이 동사로 쓰이고 '是'는 '於'와 같이 전치로 쓰인다. 동사 뒤에서 쓰이는 '是'가 동사 앞에서 쓰이는 '隑, 宿'보다 더 추상적이다. 전치사 '拉'은 '到'의 의미를 가진다. 위의 세 단어보다 더 추상적이며 동사로 쓰일 수 없는데 동사 뒤에서만 사용된다. 위의 (6b)에서 '是'는 '拉'으로 바뀔 수 있다. 또 다른 예를 들면, '倒拉櫃格裏'='倒到抽屜裏'(서랍 안에 쏟아 낸다).

여수(麗水) 방언은 온주어와 비슷하다. 동사 앞에서 '隑, 是'를 사용하고 동사 뒤에서 '啾'[die?]를 사용한다(금화(金華)말의 동사 뒤에 쓰이는 전치사인 '特'의 발음과 같으므로 같은 기원이어야 함). 이로 보아, '啾'가 '隑, 是'보다 추상적인 것은 분명하다. '隑'가 동사로 쓰일 때 '啾'가 첨가되어 전치사로 쓰일 수 있다. 예를 들어, 10.2.1의 (13b) '隑啾大門外'(대문 밖에서 서 있다).

태호(太湖) 지역 외의 오어 중에는 대주(臺州) 지역 방언의 존재 동사 겸 전치사만 동사 앞, 뒤에서 쓰일 때 아무 구별이 없다. 다 '在'[zə³³](초강(椒 江)말)42)나 '是'[zɿ]를 사용한다. 이와 동시에 '宿'도 존재 동사로 쓰이는데 뒤에 전치사가 첨가될 수 있다. '宿'은 온주어에 있는 전치적 용법을 갖지 않는다. 예를 들어,

(7) a. <초(椒)> 我在圖書館。
         내가 도서관에 있다.

     b. <형(荊)> 我是圖書館裏。
         내가 도서관에 있다.

---

42) 초강(椒江)말 '在'[zə³³]의 어원은 인정하기 어렵다. 그 어원이 된 것은 '在, 是, 着'의 규칙적인 독음과 비슷하지만 완전히 같지 않은데 그 중의 하나가 약화되어 이루어진 것으로 간주될 수 있다. 본 책에서 일단 '在'를 인정한다.

(8)　a.　<초(椒)> 老師在黑板特寫字。

　　　　　선생님이 칠판 위에 글자를 쓰신다.

　　b.　<형(荊)> 老師是黑板裏寫字。

　　　　　선생님이 칠판 위에 글자를 쓰신다.

(9)　a.　<초(椒)> 渠個首飾放在我垯[dɒʔ]。

　　　　　그의 장신구가 나한테 있다.

　　b.　<형(荊)> 渠個首飾囡是我堆[tɛ]。

　　　　　그의 장신구가 나한테 있다.

'在(있다)'의 뜻과 방향을 나타내는 전치사를 제외하고, 다른 방향/장소류 전치사는 일반적으로 다 동사 앞에서만 쓰일 수 있다. 표준어의 '開往長沙'(장사(長沙)로 간다), '走向前方'(앞으로 간다), '來自北京'(북경(北京)에서 왔다) 등 구조는 오어에서 'V+PreP'로 표시될 수 없다. 대신에 PP를 동사 앞에 놓거나 '到'로 그 중의 방향류 전치사 대체하기를 통해 이러한 뜻을 나타낸다.

동사와 방향/장소 성분 사이에 있는 '進, 出, 上, 下, 過, 近, 回' 등과 같은 이동동사가 표준어에서 전치사와 같은 역할을 한다. 이와 대조적으로 오어 전체는 다 소호(蘇滬) 오어와 같이 일반적으로 이동동사로 방향/장소 의미역을 이끌어내지 않는다. 다만 '進, 出'은 어떤 경우에 이렇게 쓰일 수 있다. 예를 들어, 이동동사로 방향/장소 의미역을 이끌어내는 다음 표준어의 예는 오어로 말하면 다 '在/到'와 같은 전치사를 사용하며 NP 뒤에 방위 후치사를 첨가한다. 소흥(紹興) 영파어의 경우는 방향/장소 의미역이 동사를 앞서야 하고 이동동사에 의해 이끌릴 필요가 없다.

(10)　a.　<표준어> 小偸躲進了衛生間。

　　　　　도둑놈이 화장실에 숨어 있다.

　　태호(太湖) 지역 : b.<상해(上海)> 小偸呀躲辣衛生間裏。

        c. <소주(蘇州)> 賊骨頭叛躱勒衛生間裏向。

        d. <무석(無錫)> 賊骨頭叛勒衛生間裏。

        e. <상주(常州)> 小偸區躱勒衛生間勒。

        f. <소흥(紹興)> 賊骨頭衛生間裏躱進垌。

        g. <영파(寧波)> 賊骨頭屙坑間裏幽該躱在那兒。

태주(台州) 지역 : h. <초강(椒江)> 小偸鑽在衛生間裏。

        i. <대형(大荊)> 賊骨頭石長[zā]鑽衛生間去爻。

무주(婺州) 지역 : j. <금화(金華)> 做賊躱到茅坑裏。

        k. <동양(東陽)> 小偸幽躱登衛生間。

처구(處衢) 지역 : l. <여수(麗水)> 小偸躱呦衛生間裏頭去罷了。

구강(甌江) 지역 : m. <온주(溫州)> 小偸躱拉/是衛生間裏。

(11) a. <표준어> 有幾個觀衆跳上了舞臺。

    어떤 시청자가 무대 위로 뛰었다.

태호(太湖) 지역 : b. <상해(上海)> 有幾個觀衆跳到舞臺高頭。

        c. <소주(蘇州)> 有幾個觀衆跳到(仔)戲臺浪。

        d. <무석(無錫)> 有幾個觀衆跳到舞臺釀去唎。

        e. <상주(常州)> 有幾個觀衆跳到舞臺釀去。

        f. <소흥(紹興)> 有幾個觀衆跳到舞臺高頭。

        g. <영파(寧波)> 有幾個觀衆臺上跳上去該咪。

대주(台州) 지역 : h. <초강(椒江)> 有幾個觀衆從舞臺上跳上去。

        i. <대형(大荊)> 有幾個觀衆跳到戲臺裏去爻。

무주(婺州) 지역 : j. <금화(金華)> 有幾個望[moN24]個人跳到臺上勒。

        k. <동양(東陽)> 有幾個望儂跳咾臺上。

처구(處衢) 지역 : l. <여수(麗水)> 有幾個觀衆跳到戲臺上頭去罷。

구강(甌江) 지역 : m. <온주(溫州)> 有幾個觀衆跳拉臺上。

위의 오어와 표준어에 대한 대비는 '躱進衛生間'(화장실에 숨어 있다)과 같은 구조가 자연스러운 술목 구조가 아닌 것을 설명한다. 이동동사가 문법화 과정을 거쳐 개사의 연계자 기능을 갖게 될 때 뒤의 방향/장소 성분을 가질 수 있다. 오어의 이동동사는 의미역을 부여하는 동사로 방향/장소 의미역을 가질 수 있다. 예를 들어, '走進來(들어온다), 逃出去(도망간다), 跳出來(뛰어나온다), 冲下去(아래쪽으로 뛰어간다)' 등이 있다. 그리고 그것들은 '走進來, 逃出去, 跳出來, 衝下去' 등과 같이 이동동사 보어로 쓰일 수도 있다. 그러나 그것들은 다 개사와 같은 용법을 갖지 못하기 때문에 이동동사 보어로 쓰이는 동시에 방향/의미역을 이끌어낼 수 없다.

이로 보아, 오어의 동사 뒤에서 쓰이는 방향/장소의 의미를 나타내는 후치사들은 극히 폐쇄적이다. '在'의 뜻을 갖은 전치사가 거의 유일하게 동사 뒤에서 쓰이는 전치사이다. 동사 뒤에서 쓰이는 전치사의 문법화 정도는 어음, 의미, 통사적 면에서 같은 의미를 가진 동사 앞에서 쓰이는 전치사(같은 기원인가에 관계없이)보다 더 높다. 동사성이 없는 것, 어원이 명확하지 않은 것, 어음이 약화하는 것 등 뚜렷한 허사의 특징 외에 고도로 문법화된 표현 중의 하나는 바로 사용 면에서의 강제성이다. 오어에는 동사 뒤에 쓰이는 전치사가 적지만 방향/장소 의미역을 이끌어낼 때 표준어처럼 생략될 수 없다. 오어 중에서 여수(麗水)어와 온주(溫州)말만 어떤 때는 전치사가 쓰여도 되고 쓰이지 않아도 된다. 이때 전치사는 표준어의 '放(在)抽屜裏'(서랍에 넣어둔다)와 같이 몇 개의 '두다'류 동사 뒤에서만 쓰일 수 있다. 예를 들어,

(12) a. <여수(麗水)> 渠個首飾都园(啾)我阿垯。
그의 장신구가 나한테 있다.

b. <온주(溫州)> 渠個首飾沃园(拉)我拉。
그의 장신구가 나한테 있다.

대부분의 오어에서 동사 뒤에서 쓰이는 위와 같은 전치사는 생략되기 어렵다. 여수어, 온주어에서도 이때 전치사가 일반적으로 나타난다.

동사 뒤에 쓰이는 전치사와 대조적으로, 동사 앞에 쓰이는 방향/장소류 전치사는 대부분 실사(동사)에서 생겼기 때문에 종종 생략된다. 방향/장소 전치사는 주로 존재하는 장소나 행동이 진행되는 장소, 방향이나 종점, 출발점, 경유 등 구별이 있다. 종점을 나타내는 것은 주로 '到'이고, 어떤 방언은 '走, 搭'을 사용하기도 한다. 방향을 나타내는 것은 '朝, 望' 등이 있다. 원점을 나타내는 것은 '從'이다. 경유를 나타내는 전치사는 가장 다양한데 종점, 방향 전치사로도 쓰이는 '到, 望' 등, 원점 전치사로도 쓰이는 '從', '走'와 같은 동사기원 전치사 등이 있다. 다음은 이들 전치사의 통사적 표현의 비교이다.

동사 앞에서 쓰여 종점을 나타내는 '到'는 동사성이 비교적 강한데 뒤의 VP 없이 단독으로 사용될 수 있다. '到'는 많은 오(吳)방언에서 생략될 수 있어 전치사로 보기 어렵다. 오어가 모어인 많은 사람들이 '到…' 부사어를 가진 표준어의 문장을 '到'를 가진 방언 문장으로 말하지만 일부 사람들은 구어에서 '到'를 종종 생략한다고 한다. 즉 '今天我到廣州去'(나는 오늘 광주로 간다)를 '今日兒我廣州去'로 말한다(대주 초강(臺州 椒江)).

영파어의 '搭'과 온주어의 '走'도 '종점'의 뜻을 나타낸다. '走'는 본래는 행동이 움직이는 의미를 나타냈는데 추상화 과정을 거쳐 자연스럽게 '到'의 뜻을 갖게 된다. '搭'은 오어에서 동반자 개사 겸 병렬 연결사인데 추상화 과정을 거쳐 '의외로' 종점 표지가 된다. 예를 들어,

(13) a. <온주(溫州)> 居日你走狔宕去啊?
　　　　오늘 너 어디 갈 거야?

　　 b. <영파(寧波)> 今末爾搭阿以去啦?
　　　　오늘 너 어디 갈 거야?

'到'에 비해 종종 나타나지 않는 것은 '기원'의 뜻을 나타내는 '從'이다. 각 지역의 오어에서 다 '從'을 유일한 출발점 전치사로 간주하지만 모어 화

자들은 종종 '從'을 가진 문장이 비교적 새롭고 무난하다고 여긴다. 진정한 구어, 특히 더 이른 시기의 구어에서 '從'을 사용하는 사람은 별로 없다. 오어의 원점 의미역은 사실 방위 후치사와 동사의 의미, 또한 '勒'과 같은 위치 전치사에 의해 표시된다. 다음 (14)에서 괄호를 하지 않은 '從'은 생략되지 못한다는 뜻이 아니다. 생략될 수 있는지를 조사하여 일일이 검증하기는 어렵다. 꺾쇠괄호는 화자가 전치사를 사용하지 않는다는 것을 나타낸다.

(14) a. <표준어> 冬冬剛剛從學校回來。

　　　　　　동동(冬冬)이 금방 학교에서 돌아왔다.

　　b. <상해(上海)> 冬冬剛剛(從)學堂裏向回來。

　　c. <소주(蘇州)> 冬冬剛剛[ ]學堂裏向轉來。

　　d. <무석(無錫)> 冬冬剛剛勒勒學堂裏轉來。

　　e. <상주(常州)> 冬冬剛剛勒學堂裏邊家來口宛。

　　f. <소흥(紹興)> 冬冬剛剛[ ]學堂裏轉來。

　　g. <녕파(寧波)> 冬冬剛剛從學校裏回來。

　　h. <초강(椒江)> 冬冬扣扣(從)學堂勒轉來。

　　i. <대형(大荊)> 冬冬扣(從)學堂裏走轉。

　　j. <금화(金華)> 冬冬矮今革揭從學堂裏回來。

　　k. <동양(東陽)> 冬冬剛剛從學堂裏轉來。

　　l. <여수(麗水)> 冬冬才從學堂歸來。 / 冬冬學堂[ ]才歸得來。

　　m. <온주(溫州)> 冬冬新居下兒 (從) 學堂裏走來。

　예 (14)에서 주의해야 할 것이 더 있다. 이 예문에서 고의로 후치사가 없는 '學校'를 사용한다. 이는 표준어에서 허용되는데 각 지역의 오어 화자들은 모두 '學校' 뒤에 '裏'나 '裏'의 변체를 첨가한다. 다만 여수어 화자는 그렇지 않다. '從'의 생략, 동사 뒤에 나타나는 전치사의 사용 강제성으로 보아, 방향/장소 의미역을 표시할 때 매개 자리에 위치하지 않는 동사 앞의 전치사에 비해 매개 위치에 있는 후치사, 동사 뒤의 전치사가 더 중요하다.

마지막으로 '경유'를 나타내는 방향/장소 전치사를 보자. 여기서 보다 더 많은 다양성이 드러난다.

(15) a. <표준어> 你到上海可以從南京走, 也可以從杭州走。
　　　　　　　상해(上海)에 가려면 남경(南京)에서 출발해도 되고 항주(杭州)에서 출발해도 된다.

　　b. <상해(上海)> 儂到上海可以從南京走, 也可以從杭州走。

　　c. <소주(蘇州)> 倷到上海可以從南京走, 也可以從杭州走。

　　d. <무석(無錫)> 你到上海末可以勒勒南京走, 也可以勒勒杭州走。

　　e. <상주(常州)> 你到上海可以走/從南京走, 也可以走/從杭州走。

　　f. <소흥(紹興)> 諾到上海好望南京走, 也好望杭州走。/ 諾到上海南京走也好走, 杭州走也好走。(보다 더 자연스럽다)

　　g. <녕파(寧波)> 爾到上海好搭南京垰[ka/]走, 也好搭杭州垰走。

　　h. <초강(椒江)> 爾到上海可以從南京走, 也可以從杭州走。

　　i. <대형(大荊)> 爾到上海去可以經過南京, 也可以經過杭州。

　　j. <금화(金華)> 儂到上海可以從南京走, 也可以從杭州走。

　　k. <동양(東陽)> 爾到上海呢, 可以從南京走呃, 也可以從杭州走呃。

　　l. <여수(麗水)> 你到上海去可以望南京走, 也可以望杭州走。

　　m. <온주(溫州)> 你走上海可以走南京過, 也可以走杭州過。

소주(蘇州), 상해(上海), 초강(椒江), 금화(金華), 동양(東陽) 등 대부분 오(吳)방언에서 '경유'를 나타내는 전치사는 다 표준어와 같이 출발점 표지인 '從'에 의해 표시된다. 소흥, 여수어와 같은 일부 방언에서 방향 전치사인 '望'은 '경유'를 동시에 나타낸다. 서로 반의어 전치사인 '從'과 '望'은 의외로 범–방언적 동의 전치사가 된다. 무석(無錫)어에서 경유 전치사는 '在'의 의미를 갖은 전치사 '勒(勒)'에 의해 표시된다. 이렇게 되어 장소, 원점, 경유 표지가 동일하다. 어떤 방언에서는 의미가 더 구체적인 '走'가 동시에 경유 방향/장소 전치사이다. 이는 두 가지로 나뉠 수 있다. 온주(溫州) 방언에서 '走'는 방향 표지로만 쓰이는데 다른 오어의 '望'과 같은 양식이다. 상주(常州) 방언의 '走'는 경유 표지로 쓰이는데 형식적인 면에서 출발점 의미역, 방향 표지와 구별된다. 영파어에서는 분리사 '搭…垓'으로 경유를 나타낸다. '搭…垓'은 동시에 방향 표지이기도 하다. '搭'만 방향 표지로 쓰이기도 한다. 예를 들어,

> (16) a. 爾現在好搭單位去勒哦。
>   너 이제 직장에 갈 수 있지.
>
> b. 爾搭我地方來走兩步。
>   너 나한테 몇 걸음 옮겨라.

'경유'를 나타낼 때 반드시 분리사를 사용해야 한다. 오어에서 경유 표지는 네 가지 표지로 나타난다. 장소 표지(勒), 출발점 표지(從), 방향 표지(望, 搭…垓, <溫州>走), 독립 표지(<常州>走) 등이 있다.

경유 의미역을 나타내는 다양성에 의해, 방향/장소 전치사의 의미역 종류에 따라 배열된 기본 계층(basicness hierarchy)을 밝힐 수 있다. 등급이 높은 의미역 자체를 원형으로 하는 전용 개사가 있다. 이러한 의미역은 추상화 정도가 종종 높은데, 확장되어 등급이 낮은 의미가 될 수 있다. 등급이 낮은 의미역은 종종 자체를 나타내는 전용 개사가 없는데 등급이 높은 의미역의 표지, 추상화 정도가 낮은 성분, 심지어 실사에 의해 표시된다. 이 계열은 다음과 같이 표시될 수 있다.

> (17) I 장소 > II 종점/방향 > III 원점 > IV 경유

Ⅰ 장소(location)가 방향/장소류(spatial) 의미역 중에 가장 기본적인 의미역인데 그것을 나타내는 전용 전치사는 '在, 勒/辣/拉/來, 是, 隑' 등이 있다. 이들 전치사의 본래의 의미는 존재 위치나 행동이 진행하는 장소이다. 이와 동시에 이들 전치사는 다른 방향/장소 의미역을 나타낼 수도 있다. 예를 들어, '勒'은 동시에 종점, 출발점, 경유를 나타낼 수 있다. 등급 Ⅱ는 종점/방향을 나타내는데 모든 오(吳)방언은 모두 이것을 나타내는 전치사, 즉 '到, 朝, 望, 走, 搭⋯埭' 등이 있다. 동사 뒤에 쓰여 '종점'을 나타내는 '到'는 어떤 때에는 등급 Ⅰ의 장소 전치사로 대체될 수 있다. 예를 들어, 소주어에서 '跳勒河裏'(강으로 뛰어갔다)로 '跳到河裏'를 표시한다. 그러나 '장소'를 나타내는 '勒'은 '到'로 대체될 수 없다. 예를 들어, 소주말의 '住勒在上海'(상해에 산다)는 '住到上海'와 같지 않다. 또한 등급 Ⅱ 중에 '望', '搭⋯埭' 등이 소흥(紹興), 영파(寧波), 여수(麗水) 등의 방언에서 등급 Ⅳ 경유를 나타낼 수도 있다. 오(吳)방언에서 일반적으로 '從'으로 등급 Ⅲ 원점을 나타낸다. 그러나 '從'이 비교적 새롭기 때문에 많은 오(吳) 방언에는 원래 기원을 나타내는 전치사가 없었고, 장소 표지 '勒'과 같은 것이나 방향/장소 후치사(장소 표지로 귀속시킬 수도 있음)에 의해 가끔 표시된다. 예를 들어, 소주말인 '我(勒)老王搭來'(나 노왕(老王) 집에 있다). 그러나 '從'이 쓰이면 등급 Ⅳ의 경유 의미역을 나타낼 수 있다. 경유 의미역이 마지막 자리에 있는데 많은 방언에는 경유 의미역을 나타내는 전용 전치사가 없다. 더 높은 등급인 의미역 표지가 동시에 경유 의미역을 나타낸다. 일부 방언은 등급 Ⅱ 중의 '望'이나 '走', 어떤 방언은 등급 Ⅲ 중의 '從', 심지어 등급 Ⅰ 중의 '勒'을 차용한다. 상주(常州)말과 같은 어떤 방언은 전용 표지 '走'를 사용하는데 '走'의 추상화 정도가 높지 않다. 일부 방언에서는 경유 의미역이 주로 동사에 의해 표시된다. 대형(大荊)말에서 경유 의미역은 주로 동사 '경과'에 의해 표시된다. 소흥어에서 '從'을 사용할 수 있지만 VP인 '南京走(남경(南京)을 경유한다), 上海走(상해(上海)를 경유한다)'로 경유를 표시하는 것은 더

자연스럽다.43)

14.1.2 '비서술어적 전치사'(把, 被, 給)와 관련 구문의 범-오어의 비교

14.1.2.1 피동문 중의 행위주 표지

Van Vanlin & LaPolla(1997: 52-53)가 말한 비서술어적 전치사는 절을 위해 의미역을 증가시킬 수 없는 개사를 가리킨다. 그것들이 이끌어내는 대상은 본래부터 핵심인 동사의 필수적 논항이다. 예를 들어, '把他打了'(그를 때렸다)는 논항 구조에서 전치사가 없는 '打了他'와 등가이다. 어순의 관점에서는 비서술어적 개사가 가장 중요시할 만한 개사일지도 모른다. 이러한 개사들은 절 안의 보다 더 핵심적인 의미역(thematic roles), 즉 서술어의 논항(arguments)과 관련되어 있는데 그것이 나타나거나 안 나타나는 것은 문장 어순의 특징에 직접 영향을 미친다. 예를 들어, 영어의 접수자 표지 to가 쓰이는가 쓰이지 않는가에 따라, 대상과 접수자의 위치는 서로 교환될 수 있다. John gave Susan a flower ~ John gave a flower to Susan.

표준어에서 가장 중요한 비서술어적 전치사 셋은 행위자 표지 '被', 대상 표지 '把', 사격 표지 '給'이다. 다음에는 이 세 개의 전치사와 대응하는 오어의 단어를 비교하는데, 주로 그것들의 절 어순 간의 관계, 문법화의 기원을 고찰하여 단일한 언어에서 찾아내기 어려운 것을 밝히려고 한다. 우선 행위자 표지를 논의한다.

오어에서 피동문 행위자 표지의 통사적 표현은 아주 잘 일치하는데, 표준어의 '被'와 다음과 같이 다르다.

첫째, 무주(婺州) 지역의 금화(金華)말과 동양(東陽)말에서만 북경어에서 쓰는 '讓'을 사용하기도 한다. 다른 방언에서는 다 수여 동사 겸 접수자 표

---

43) 방위/장소 전치사의 기본 특성 등급은 인간이 방위/장소 범주를 인지하는 등급 계열을 드러내기도 한다. 따라서 이러한 등급은 중국어나 오어에서 작용할 뿐만 아니라 범-언어적, 즉 언어 보편적 가치를 가질 수도 있다.

지로 행위자 표지를 표시한다. 어휘적 기원도 두 가지만 있다. 태호(太湖) 지역의 방언과 대주(臺州)말의 대표인 초강(椒江)말에서 다 '拔'(초강(椒江) 말 화자가 때로는 '被'를 사용한다. 이것이 표준어의 영향을 받았기 때문인지는 검증되지 않았음)을 사용한다. 다른 지역에서 다 설근(舌根) 성모자(聲母字)를 사용하는데 대주(臺州) 대형(大荊)말의 '搭'[kʰaʔ], 여수어의 '克'[kʰəʔ], 온주어의 '貝甘'[ha]을 포함한다. 이 세 단어는 형식에서 보아 같은 기원사(同源詞)이다. 이것들은 동사로 쓰일 때 표준어의 '給'에 해당한다. 다음의 예문은 '魚被貓吃了'(물고기가 고양이한테 먹혔다)의 일부 지역의 방언에서의 대응 문장이다.

(18) a. <常州> 魚撥貓吃落個咧。
　　　　　　물고기가 고양이한테 먹혔다.

　　 b. <紹興> 魚撥貓吃過哉。

　　 c. <大荊> 魚搭貓吃爻。

　　 d. <金華> 魚讓貓吃掉勒。

　　 e. <麗水> 魚克貓吃特罷。

　　 f. <溫州> 魚貝甘貓兒吃爻。

둘째, 이러한 기원은 피동문의 다른 통사적 표현에 직접 영향을 미친다. 중국어 전치사 중에 '被'의 문법화 과정은 독특하다. '被'의 본의는 '披'인데 연속동사구성이 아닌 단순한 술목구조를 거쳐 동사의 피동적 표지가 되고 더 나아가 전치사가 된다. 즉 술목 구조인 '被殺'이 먼저 나타나고 다음으로 '被人殺'이 나타나고 또 '殺'의 한정어 '人'은 재분석을 통해 '被'의 목적어가 된다. 이렇게 되어 '被'가 개사가 된다.44) 이와 동시에 행동 주체가 없는

---

44) 그것의 '재분석 과정'은 다음과 같이 표시될 수 있다. [VP[V被][NP[NP人][NP殺]] → [VP[PP[Pre被][NP人]][VP殺]]. '被殺'도 재분석 과정을 거쳤다. 즉, [VP[V被][NP殺]] →

'被殺' 구조도 지금까지 계속 사용된다. 표준어에서 구어성을 가진 '讓, 叫, 給'이 아닌 '被'가 최종적으로 기본적 피동 표지인 것은 '被' 뒤에 있는 행위주가 나타나도 되고 나타나지 않아도 되기 때문이다. 이렇게 되어 피동의 뜻을 표현할 때 더 융통성이 있고 피동문은 외국어의 피동문을 번역하기도 편하다. 오어에서 '수여'의 뜻에서 나온 피동 표지는 여전히 뒤의 동사가 아닌 행위주와 더 긴밀하게 관련되어 있는 전치사이다. 따라서 '他被殺了' (그가 살해되었다)인 형식이 존재하지 않는데 행위주는 피동문에서의 필수적인 성분이다. 행위주가 명확하지 않을 때도 통사적인 면에서 어떤 비한정적(無定) 대상을 전치사의 목적어로 하거나 피동 표지를 생략해야 한다. 예를 들어,

(19) a. <표준어> 小張被開除了。
　　　　　　　소장(小張)이 해고되었다.

　　b. <상해(上海)> 小張 (撥單位裏) 開除脫勒。

　　c. <소주(蘇州)> 小張 (撥俚篤他們) 開除脫哉。

　　d. <무석(無錫)> 小張撥佗裏他們開除落咧。

　　e. <상주(常州)> 小張撥他他開除落個咧。

　　f. <소흥(紹興)> 小張撥伊他開除哉。

　　g. <녕파(寧波)> 小張開除唻。

　　h. <초강(椒江)> 小張被開除爻。

　　i. <대형(大荊)> 小張被開除爻。/ 小張挌渠郎開除爻。

　　j. <금화(金華)> 小張(讓渠郎他們)開除掉勒。

　　k. <동양(東陽)> 小張開除勒唻。

　　l. <온주(溫州)> 小張貝甘開除爻罷。

[VP[AdvP被][V殺]].

상해(上海), 무석(無錫), 영파(寧波), 금화(金華) 등 많은 방언에서 피동 표지가 직접 동사 앞에 있을 수 있다. 대신에 피동 표지를 생략하거나 허지시(虛指)의 행위주를 첨가한다. 대주(臺州)의 초강(椒江)말과 대형(大荊)말은 표준어와 같이 행위주를 생략할 수 있지만 이때 이 방언에서 별로 안 쓰는 '被'를 사용한다. 그 방언의 순수한 피동 표지인 '撥'이나 '搿'을 사용할 때 반드시 행위주를 첨가해야 한다. 남쪽에 있는 여수(麗水), 온주(溫州)를 제외하고, 다른 지역의 오어에서 피동 표지가 다 동사 앞에 직접 나타날 수 없다. 행위주가 생략되는 피동문을 받아들이기 어렵다고 하는 온주어 화자도 있다.

마지막으로 피동 표지가 '수여'의 뜻을 가진 동사에서 나온 것도 여격 표지의 통사적 역할에 영향을 미친다(14.1.2.3 참조).

14.1.2.2 대상 사격 표지 ('把'와 대응하는 성분)

각 지역의 오어는 '把'와 대응하는 성분이 다 있으나 '把'자문(다음부터 처치식(處置式)이라 함)과 대응하는 구문이 별로 쓰이지 않으며 그 구분의 용법이 극히 제한된다. 오어에서는 부주제 구조가 많이 쓰여 대상이 직접 동사를 앞선다.

소호(蘇滬) 오어에서, '把'와 대응하는 성분은 일반적으로 '拿'이다. 절강(浙江) 오어에서 '把'와 대응하는 성분은 지역에 따라 다르다.

소흥(紹興) - 則(어원이 명확하지 않음), 撥('수여'류 동사 겸 접수자, 행위자 표지)

영파(寧波) - 撥, 搭(병렬 연결사, 동반자, 방향 표지)

대주 초강(台州 椒江) - 撥

대형(大荊) - '搿'('수여'류 동사, 접수자, 수혜자, 행위자 표지)

금화(金華)와 여수(麗水) - 幫

동양(東陽) - 把

온주(溫州) - 逮

이것들의 기원으로 보아, 널리 쓰이는 것은 두 가지 있다. 즉 '把, 拿, 逮'屬'拿/抓'류와 수여류에 속하는 '撥, 搭'이다. 영파어의 '搭'과 금화(金華)말, 여수어의 '幫'은 다 여러 의미역을 동시에 나타내는 전치사인데 오어에서 널리 쓰인다. 다만 대상 표지로 쓰이는 경우는 드물다.

위의 기원에서 가장 주의할 만한 것은 '수여'류이다. 이들 대상 표지는 여격 표지, 수혜자 표지뿐만 아니라 심지어 행위자 표지와 같은 형태인데 의미 부하가 아주 높은 허사가 된다. 대형(大荊)말을 보자.

(20) a. 渠搭我一支鋼筆。(=給, 부여 動詞)
　　　그가 나한테 만년필을 한 자루 주었다.

　　b. 姐緝勒兩件毛線衫搭渠。(=給, 接受者 標記)
　　　누나가 그한테 스웨터를 두 벌 떠주었다.

　　c. 央儂搭我辦件事幹。(=爲/給, 수혜자 標記)
　　　너한테 부탁할 일 하나 있다.

　　d. 魚搭貓吃爻。(=被, 행위주 標記)
　　　물고기가 고양이한테 먹혔다.

　　e. 爾搭大門關來。(=把, 대상 標記)
　　　대문을 닫아라.

위에서 a부터 e까지의 순서는 대체로 '搭'의 파생 순서를 반영한다. 다만 d, e는 평행적 관계이다. '搭'이 행위자, 대상 표지가 동시에 된 후에 그것의 통사적 역할은 의미적 역할보다 크다. 그것의 의미역 유별은 언어 환경과 지식을 통해 확정된다. '貓吃魚'(고양이가 물고기를 먹는다)는 일반적으로 다른 어순이 없고, '人關門'(사람이 문을 닫는다)은 더욱 그렇다. 표준어의 '把'는 대체로 단일한 의미를 가진 전치사이다. 이와 대조적으로 오어의 대상 표지는 종종 다양한 의미역을 나타낸다. 이로 보아, '把'자문은 진정한 OV 구문이 아니며 '把'와 그것이 관할하는 성분은 하나의 사격일 뿐이다.45)

처치식(處置式)이 오어에서 표준어의 '把'자구보다 중요하지 않은 이유는 양, 질의 면에서 찾아볼 수 있다.

양적으로 보아, 오어에서 종종 대상이 부주제로 쓰이는 STV 구문으로 표준어 처치식(處置式)의 의미를 표시한다. '海花'와 표준어 데이터베이스에 대한 초보적인 통계로 보아, 소주어에서 '拿'를 가진 처치식(處置式)의 출현 빈도는 표준어의 '把'자문의 절반도 안 된다. SVO 경향이 가장 약한 영파(寧波), 소흥(紹興) 지역의 방언에는 처치식(處置式)이 더욱 적게 쓰인다. 우리는 영파어 화자에게 15개의 표준어 '把'자문을 영파어로 하라고 하였다. 결과로는 15개의 번역문 중에는 처치식(處置式)은 3개만 있고 다른 문장은 다 TV문장이다. 그 설문 조사 중의 표준어 '把'자문의 영향을 고려하면, 처치식(處置式)이 영파어에서 평상시 보다 더 적게 쓰일 것이다.

질적으로 보아, '把'자문은 표준어에서 쓰일 때 제한이 적고 오어에서 쓰일 때 제한이 비교적 많다. 이러한 이유로 표준어의 어떤 '把'자문은 오어의 처치식(處置式)으로 번역하기 어렵다. 예를 들어,

   (21) a. 先把橘子剝了皮。
           먼저 귤의 껍질을 벗겼다.

---

45) 이눌(李訥) 등(Li & Thompson 1978: 231)은 표준어의 '把'를 목적어 표지(object marker)라고 하였다. 이러한 주장에 의하면, '把'가 특별한 지위를 갖게 되는데 뒤에 있는 NP는 동사의 직접 목적어인 것 같다. 이는 다른 전치사에 의해 이끌리는 것이 사격 부사어로 쓰이는 것과 다른 것이다. 그러나 오어에서 대상 표지(목적어 표지가 아님!)의 개사 성질은 뚜렷하다. 대형(大荊)말의 '搭'과 같은 이러한 표지는 대상 외에 피동문의 행위주 의미역 등 다양한 의미역을 이끌어내기도 하기 때문이다. 이때 그것이 가진 대상이 목적어이고, 그것이 가진 다른 의미역이 부사어라고 할 수 없다. 만약 대상이 특별한 의미를 갖고 있기에 목적어로 간주될 수 있다면 그것이 가진 행위주는 주어로 간주되어야 한다. 그러면 (21b)는 OSV 어순이 될 것이다. 이렇게 설명하면 안 되는 것이 분명하다.

b. 你出去這麼多天, 把你媽想死了。

네가 이렇게 오랫동안 나가 있으니, 네 엄마가 널 많이 그리워 하셨다.

오어 중의 소주어, 무석(無석)말, 상주(常州)말, 금화(金華)말에서만 (21a)를 표준어와 같은 처치식(處置式)으로 표시하고 소흥어, 영파어에서 STV 구조로 표시한다. 상해어, 초강(椒江)말, 대형(大荊)말, 동양(東陽)말, 여수어, 온주어에서 처치식(處置式)을 사용하지만 '橘子皮'를 개사 뒤, 동사 앞에 놓는다. 예를 들어, 여수어인 '先幫橘個皮剝嘮'(먼저 귤의 껍질을 벗겼다). (21b)은 표준어에서 우선적으로 사동 용법으로 이해된다. 즉 '你使你媽想死(你)了'(네 엄마를 널 많이 그리워하시게 했다). 이와 마찬가지로 상해어, 소흥어, 영파어, 초강(椒江)말, 여수어 화자들은 모두 처치식(處置式)으로 (21b)를 표시하기 어렵고 다른 구문으로 표시해야 한다고 생각한다. 예를 들어, '(害得)你媽都想死你了'(네 엄마를 널 많이 그리워하시게 했다) 등이 있다.

14.1.2.3 여격(접수자) 표지('給')와 대응하는 성분

표준어의 '給'은 접수자(여격) 표지로 주로 두 가지 위치에 쓰인다. 하나는 동사 뒤이다. 예를 들어, '送給他筆'(그에게 붓을 준다), '買給他書'(그에게 책을 사준다). 다른 하나는 객체를 나타내는 직접 목적어 뒤이다. 예를 들어, '送筆給他'(그에게 필을 준다), '買書給他'(그에게 책을 사준다). '送'은 3가 논항의 동사이다. '送'과 같이 쓰이는 '給'은 문장의 논항을 증가시키지 않으며 진정한 비서술어성 개사이다. '買'는 보통 타동사로 '給' 없이 '여격'을 가질 수 없다. 이때의 '給'은 서술어성 개사이다. 동사 뒤에 있는 '給'은 개사성이 강하지 않아 'V給'은 복합 동사로 분석될 수 있다. 직접 목적어 뒤에 있는 '給'은 개사성이 강한데 특히 '送書給他' 중에서 비서술어 개사로 쓰일 때 전치사로만 분석된다. '送書'와 '給他'는 두 개의 VP가 구성한 연속동사로 분석될 수 없고 '買書給他'는 연속동사로 분석될 수 있기 때문이다(Her: 1997 참조). 위의 통사적 프레임으로 오어의 여격 표지들을 비교하여 '送書給他' 중의 '給'을 여격 전치사의 가장 전형적인 위치라고 간주할 수 있다.

오어의 여격 표지의 대부분은 표준어의 '給'과 같이 '수여'류 동사에서 나온 것이다. 그러나 다 그렇지는 않다. 11.1.3에서 제기하였듯이 옛 소주어와 도시 변두리의 소주어에서 '在'의 뜻을 가진 전치사 '勒'이 동시에 여격 표지로 쓰인다. 예를 들어, '送一條魚勒老張'(물고기 한 마리를 노장(老張)한테 준다). 조사 결과에 의해 금화(金華)말, 동양(東洋)말, 여수어의 여격 표지도 '수여' 동사와 다르다. 다음 문장들을 비교하자.

(22) a. <표준어> 他給我一支鋼筆。
   　　　그가 나한테 만년필을 한 자루 주었다.

   　　　送兩朵花給他。
   　　　그한테 꽃을 두 송이 준다.

   b. <금화(金華)> 渠給俺一支鋼筆。~送兩朵花特渠。

   c. <동양(東陽)> 渠分我一支鋼筆。~送兩朵花咧渠。

   d. <여수(麗水)> 渠克我一支鋼筆。~送兩朵花忒渠。

이 세 방언의 '수여' 동사는 각각 '給, 分, 克'이고 여격 전치사는 각각 '特, 咧, 忒'이다. 이 세 개의 표지는 다 어원이 명확하지 않고, 동시에 동사로 쓰일 수 없는 순수한 허사이다. '特'은 (23a)와 같이 금화(金華)에서도 동사 뒤에 쓰여 '在'를 나타내는 전치사인데 고대 중국어의 '于'와 소주어의 '勒'과 같이 방향/장소 표지로부터 발전되어 접수자 표지가 된다. '咧'은 동양(東陽)말에서 전문적인 여격으로 객체 목적어 뒤, (23b)와 같이 동사 뒤에서 다 쓰일 수 있으나 동사로 쓰일 수 없다. '忒'은 (23c)와 같이 여수어에서 동반자 표지로 쓰이기도 한다.

(23) a.　<금화(金華)> 渠個首飾都放特俺搿裏。
　　　　　 그의 장신구가 다 나한테 있다.

　　 b.　<동양(東陽)> 我送咧老張兩瓶酒。
　　　　　 내가 노장(老張)한테 술 두 병을 준다.

　　 c.　<여수(麗水)> 渠一直忒鄰捨鬧矛盾。
　　　　　 그가 줄곧 이웃 사람과 다투어 왔다.

가장 재미있는 것은, 이 동사가 3 가 동사일 때 동양(東陽), 여수(麗水) 방언의 대상 뒤에서 전치사인 '咧, 忒'을 사용하지 않고 '수여' 동사인 '分'과 '克'을 사용한다. 다음 문장을 비교하자.

(24) a.　<동양(東陽)> 阿姐兒緝勒兩件毛線衣分渠。
　　　　　 누나가 그한테 스웨터를 두 벌 떠주었다.

　　 b.　<여수(麗水)> 陀陀結兩件毛線衣克渠。
　　　　　 누나가 그한테 스웨터를 두 벌 떠주었다.

이로 보아, Her(1997)가 표준어 '送花給她'(그녀한테 꽃을 준다) 중의 '給她'를 전치사구로, '買花給她'(그녀한테 꽃을 사준다)를 연속동사구성으로 분석하는 것은 일리가 있다. 이 두 구조는 동양(東陽)말, 여수어에서 각 전치사와 동사로 표시된다.

'買給他花'와 같이 여격 표지가 동사와 두 목적어 사이에 쓰이는 구조는 일부 오어에서 극히 적게 쓰이고 받아들이기 어려운 것이다. 이와 달리, '買花給他'(그한테 꽃을 사준다)와 같은 구조가 오어에서 널리 쓰인다. 우선 표준어의 예문을 보자.

(25) a.　姐姐打給他兩件毛衣。
　　　　 누나가 그한테 스웨터를 두 벌 떠주었다.

　　 b.　姐姐打了兩件毛衣給他。
　　　　 누나가 스웨터를 두 벌 떠 그한테 주었다.

소주(蘇州), 무석(無錫), 대형(大荊), 금화(金華), 동양(東陽), 여수(麗水) 등 방언 화자는 다(25a)를 그대로 말하고 상주(常州), 소흥(紹興), 영파(寧波), 초강(椒江), 온주(溫州) 방언 화자는 다 (25a)를 (25b)나 '姐姐給他打了兩件毛衣'(누나가 스웨터를 두 벌 떠 그한테 주었다) 와 같은 구조로 말한다. 두 상해어 화자는 한 사람이 여전히 (25a)로 말하고 한 사람이 다른 구조로 말한다. 모든 지역의 오어 화자는 다 (25b)를 그대로 말한다. 이로 보아, (25b)가 우세한 구조이다. 설문지가 화자에게 미치는 영향을 고려하여, (25a)를 다른 구조로 말하는 방언이 더 많이 있을지도 모른다.

유형론의 시각으로 보아, 이러한 비대칭은 설명하기 쉽다. '買花給她'에서 직접 목적어가 핵심과 가까이 있으며 간접 목적어가 핵심과 멀리 있는 것은 관계 거리의 도상성 원칙에 맞는다(Bybee, Croft1990: 174 참조). '買給他花'에서 '給他'가 '買'와 직접 목적어 '花' 사이에 첨가된다는 것은 관계가 긴밀한 성분들을 멀리 있도록 함으로 도상성원칙에 어긋나기 때문에 우세한 구문이 아니다. (25a)는 그것이 허용되는 방언에서도 사용 면에서 제한이 있다. 예를 들어, 첨가되는 여격 성분이 매우 길면, 특히 대상보다 길면 안 된다. 표준어에서도 마찬가지로 '姐姐打給這個很要好的朋友毛衣'(누나가 스웨터를 떠 이 아주 좋은 친구한테 주었다)와 같은 문장을 별로 안 쓴다. 이와 달리 (25b)는 이러한 제한이 없는데 그 중의 대상과 여격 의미역이 길어도 상관없다. 예를 들어, '姐姐打了毛衣給這個很要好的朋友'(누나가 스웨터를 떠 이 아주 좋은 친구한테 주었다)나 '姐姐打了式樣非常新潮的毛衣給朋友'(누나가 최신 디자인 스웨터를 떠 친구한테 주었다). 그래서 (25b)가 오어에서 우세한 지위를 차지하는 것은 유형론적 필연성이 있다.46)

---

46) 사실은 영어와 같은 언어보다 중국어에서 '打給他毛衣'와 같은 구조가 더욱 허용되기 어렵다. 영어에서 V-PP-O는 우세한 구조가 아니지만 통사적 면에서 허용된다. 예를 들어, I put on the table a book I just borrowed from the library. 중국어에서는 '給X' 외에 PP가 동사와 목적어 사이에 쓰이지 못한다. 'V給 O_1O_2'가 존재할 수 있는 것은 '給'이 앞의 동사와 결합하여 복합적 이중타동사를 구성하였고 더 이상 일반적인 전치사와 같지

　　표준어에서 접수자를 나타내는 '給'은 동시에 동사 앞의 수혜자(benefactive) 표지이기도 하다. 예를 들어, '給我開門'(문을 열어라). 여격은 수혜자의 하나로 간주될 수 있기 때문에 수혜자 위치에 나타날 수 있다. '給她送花'(그녀한테 꽃을 준다)는 '送花給她'를 나타낼 수도 있고 '爲她送花'(그를 위해 다른 사람한테 꽃을 줌)를 나타낼 수도 있다. 오어의 경우는 이와 다르다. 오어 중의 많은 방언에서 여격 표지가 동시에 수혜자 표지가 아니다. 11.1.3에서 제시하였듯이 소주어의 '수여' 동사 겸 접수자 표지인 '撥'은 동사 앞에 있을 때 피동문의 행위자 표지만으로 쓰일 수 있고 수혜자를 나타낼 수 없다. 수혜자 표지는 병렬 연결사 겸 동반의 표지인 '搭'(=표준어의 '跟')에 의해 표시된다. 예를 들어, '送花撥小張'(소장(小張)한테 꽃을 준다), '搭我開門'(문을 열어라)을 말할 수 있고 '撥我開門'을 말할 수 없다. 다음 문장을 비교하자.

(26) a. <표준어> 姐姐打了兩件毛衣給他。
　　　　　　누나가 스웨터를 두 벌 떠 그한테 주었다.

　　　　　　姐姐給他打了兩件毛線衣。
　　　　　　누나가 그한테 스웨터를 두 벌 떴다.

　　b. <상해(上海)> 阿姐打勒兩件絨線衫撥伊。
　　　　　　～阿姐搭/幫伊結勒兩件絨線。

　　c. <무석(無錫)> 阿姐結著兩件絨線衫撥勒佗。
　　　　　　～阿姐搭佗結著兩件絨線衫。

　　d. <상주(常州)> 阿姐織著兩件頭繩衫撥他。　～阿姐搭他織著兩件頭繩衫。

　　e. <금화(金華)> 阿姐打勒兩件毛線特渠。　～姐姐幫俺打勒兩件毛衣。

　　f. <여수(麗水)> 陀陀[do do]結兩件毛線衣克渠。～陀陀幫渠結特兩件毛線衣。

　　g. <온주(溫州)> 阿姐緝兩件絨衫貝甘渠。～姐姐代渠緝爻兩件絨衫。

앟기 때문이다.

(26)으로 보아, 표준어의 두 문장에서 다 '給'을 표지로 하고, 오어 지역
의 대부분 방언에서는 서로 다른 두 표지로 접수자와 수혜자를 나타낸다
(접수자 표지의 대부분은 '수여' 동사에서 생겼음). 일부 오어 방언에서만 같은
표지로 동사 뒤의 여격과 동사 앞의 수혜자를 나타낸다. 예를 들어, 소흥어
와 초강(椒江)말의 '撥', 대형(大荊)말의 '搭', 동양(東陽)말의 '分'.

14.2 후치사와 분리사에 대한 범-오어적 비교

14.2.1 방향/장소 후치사에 대한 비교

오어 중에 방향/장소 후치사는 주로 두 가지 있다. 한 가지는 방위 후치
사인데 비동물성 명사 뒤에서 쓰일 수 있다. 예를 들어, '臺上(무대 위에),
樹上(나무 위에), *狗上, *小張上'. 다른 한 가지는 사람을 가리키는 명사
뒤에서 쓰이는 후치사이다. 예를 들어, 소주어의 '搭', 상해어의 '拉', '海頭'
등이 있는데 이것을 여기서 잠시 장소 후치사라고 한다. 복합 후치사인 '身
浪, 面浪' 등은 동물성 명사 뒤에서 쓰여 장소 후치사에 귀속시킬 수 있다.
그리고 소주말 '山東地方'(산동 지역에)의 '地方'과 같은 지명 뒤에서만 쓰
이는 후치사도 장소 후치사에 소속시킬 수 있다.

추상화 정도가 가장 높은 방위 후치사는 '上'과 '裏'이다. 북부 오어에서
방위 후치사 '上'은 어음 약화로 어음 변화가 생겼는데 '上'의 규칙적인 독
음 [zā]와 구별된다. 변화한 독음은 소주어, 상해어의 '浪'[la]과 무석(無錫),
상주(常州)의 '釀'[ŋ]이다.

방위 후치사 '裏'의 독음도 약화되어 어음 변화가 생겼는데 규칙적인 독
음 [li]와 다르다. 변화한 독음은 상주(常州)말의 '勒'[lə?]과 초강(椒江)말의
'勒'이나 '特'[də?]이다. 그러나 초강(椒江)말에서 이 독음은 안정적이지 않
고 어떤 때 [li]로 발음되기도 한다.

   (27) a. 我在屋勒喫飯, 渠在單位特喫飯。

        나는 집에서 밥을 먹고 그는 직장에서 밥을 먹는다.

     b. 渠在雞湯裏撥鹽放進去。

        그가 닭고기 수프 안에 소금을 넣었다.

  여수어의 후치사 '裏'는 (28a, b)와 같이 이미 '特'[dəʔ]가 된다. 그러나 '裏[li]頭'와 같은 이음절 방위사에서 '裏'는 여전히 원래의 독음이다. 이로 보아, 이 음절 방위사의 추상화 정도가 낮다. 예 (28)을 보자.

   (28) a. 你再囉唆, 我便要望河特跳罷。

        더 이상 지껄이면 나 강물에 뛰어들거야.

     b. 明朝公司特要運一批貨到杭州去。

        내일 회사에서 항주로 화물을 운송할 것이다.

     c. 老王才走到大門裏頭去。

        노왕(老王)은 이제야 대문에 들어갔다.

  문법화 과정에서 어음이 약화되어 변화하는 현상은 매우 중요하다. 이는 어음 면에서 후치사와 실사 어원 간의 관계를 단절한다. 이렇게 되어 방위사는 허사로 나타난다. '浪/釀', '勒/特'은 더 이상 명사에 귀속되지 못한다.

  결합 범위로 보아, '裏'는 일부 오어에서 추상화 정도가 '上'보다 더 높은데 심지어 '上'의 의미 영역에 들어간다. 예를 들어, '黑板裏(칠판 위에), 臺桌裏(식탁 안에), 山頂裏(산꼭대기 위에), 路裏(길에서)'(10.2.2 참조). '裏'의 의미가 점차 중성화되는데 어떤 방언에서 창조적 문법화를 거쳐 그것의 필수적인 방위 의미가 더 명확하다. 온주어의 '裏'는 이미 '上'의 영역에 들어갔다. 예를 들어, '黑板裏(칠판 위에), 身裏(몸 안에)'. 원래의 '裏面'의 의미는 온주어에서 종종 더 명확한 '底轉'에 의해 표시된다. 예를 들어, '房間裏(방 안 안에)~房間底轉'. '底轉'은 표준어의 이음절 단어 '裏面'에 해당하는데 후치사 용법이 있지만 명사성을 여전히 갖고 있어 단독으로 장소 의미역으

로 쓰일 수 있다. 예를 들어,

(29) 門開是搭, 底轉冇[nau^{35}]儂。
    문이 열려 있다. 안에 사람이 없다.

다른 면에서 '裏'의 추상화 용법인 '黑板裏'(칠판 위에)를 '黑板底轉'이라 말할 수 없다.

'裏'는 일부 방언에서 발전되어 장소 후치사의 용법을 갖게 된다. '上'이 이러한 용법을 가진 것을 아직 볼 수 없다. '裏'의 이러한 발전은 일부 방언에서는 인칭대명사 접미사 단계를 거치고 일부 방언에서는 이 단계를 거치지 않았기 때문이다. 무석(無錫)어와 소흥어를 예로 설명한다.

무석(無錫)어 '裏'가 사람을 가리키는 명사 뒤에서 후치사로 쓰일 수 있는 것은 그것이 인칭 대명사, 사람을 가리키는 명사의 복수 접미사로 쓰이는 것과 관련이 있다. 무석(無錫)어 인칭 대명사의 복수 형식은 바로 '裏'이다. 예를 들어, 我(나)−我裏(우리), 你(너)−你裏(너희들), 佗(그)[dəu^{35}]−佗裏(그들). 그리고 사람을 가리키는 명사 뒤에는 다 '裏'가 첨가되어 '단체'나 '한 집안'을 나타낸다. 예를 들어, '小張裏(소장(小張)을 포함하는 사람들), 老師裏(선생님을 포함하는 사람들)'. 복수 인칭 대명사, 사람을 가리키는 NP가 다 '裏'를 갖고 방향/장소 의미역으로 쓰여 어떤 사람의 집안을 나타낸다. 이때의 '裏'는 이미 방위 후치사로부터 발전되어 복수 접미사를 거쳐 장소 후치사가 된다. 예를 들어,

(30) a. 老張來我裏孛相。
        노장(老張)은 우리 집에 와서 논다.

    b. 物事擺勒王老師裏。
        물건은 왕 선생님 댁에 놓는다.

소흥어의 '裏'는 대명사 접미사 단계를 거치지 않았다. 소흥어의 삼인칭

대명사의 복수를 나타내는 것은 ‘裏’와 상관없는 모음 굴절로, 원래의 모음을 [a]로 대체한 것이다. 我[o]~伢[Na], 諾[no/]~那[na], 伊[i]~呀[ia]. 이 [a]는 어떤 [a]를 운모로 하는 복수 접미사(=상해(上海)의 ‘拉’?)가 앞의 음절에 합병되어 이루어진 것이다. 즉 후첨가법(후가법(後加法))이 발전되어 모음 굴절법이 된다. 그러나 소흥어의 ‘裏’도 사람을 가리키는 NP 뒤에 첨가되어 어떤 사람이 존재하는 장소(반드시 집 안을 가리키는 것이 아님)를 나타낸다. 소흥어의 ‘裏’는 무석(無錫)어의 ‘裏’보다 더 널리 쓰이는 방향/장소 후치사인데 소주어, 상해어의 ‘搭’에 해당한다. 예를 들어,

(31) a. 伊個首飾都我裏放垃。
　　　그의 장신구가 나한테 있다.

　　b. 小明裏有一臺電腦。
　　　소명(小明)한테 컴퓨터가 한 대 있다.

‘裏’는 무석(無錫)어, 소흥어에서 방위, 장소 후치사의 기능을 동시에 갖는데 결합 범위가 가장 광범위하고 통사적 면에서 가장 추상화된 방향/장소 후치사이다. 예를 들어, 무석(無錫)어에서는 ‘羅裏(어디), 房間裏(방 안에), 我裏(우리 집 안에), 小張裏(소장(小張) 집 안에)’를 말할 수 있고 소흥어에서 ‘辯裏(여기/저기), 房間裏(방 안에), 我裏(내가 있는 곳/내 집), 小張裏(소장(小張)이 있는 곳/소장(小張)의 집)’을 말할 수 있다. 표준어에서 결합 범위가 이렇게 큰 방향/장소 후치사는 없다.

후치사인 ‘裏, 上’의 추상화 정도가 아주 높다는 것은 ‘裏, 上’이 거의 유일한 두 단음절 방위 후치사인 것으로도 나타난다. 오어에서는 ‘下, 中, 外, 間’과 같은 단음절 후치사가 없는데 다 이음절 형식인 단어를 사용한다. 예를 들어, ‘紙片飄在半空中’(종이 조각이 공중에서 흩날린다)의 ‘半空中’(공중에)은 오어로 표시되면 이음절 단어인 ‘半空當中’(上海, 蘇州, 無錫, 常州, 寧波)이거나 더 추상화된 ‘裏, 上’을 사용한 ‘天上’(초강(椒江)), ‘天空裏’(대

형(大荊)), '半天裏'(소흥(紹興))이다.47) 이는 중국어 명사의 이음절화 과정에서 나온 것이다. 방위사는 명사에서 생겼으므로 명사의 특성을 어느 정도 가진다. 이것들은 추상화 되어 후치사가 되기 전에 이음절화 변화 시기에 들어갔기 때문에 이음절화의 영향을 받기도 한다. 이와 달리 '裏, 上'은 그것들의 문법화가 이음절화보다 더 일찍 나타나 진정한 허사에 접근하기 때문에 이음절화의 영향을 더 이상 받지 않고 진일보한 어음 약화 현상이 나타났다.

주로 사람을 가리키는 NP 뒤에 첨가되는 장소 후치사는 의미와 형성 기제 면에서 두 가지로 나눌 수 있다. 한 가지는 어떤 사람이 있는 장소(물론 '집 안'도 포함)를 나타낸다. 이것들은 일반적으로 장소를 나타내는 명사 어휘소에서 생겼다. 이 유별에 속하는 것은 소주어의 '搭', 상해어의 '搭, 海頭(土盡頭), 蕩', 소흥어의 '裏' 등이 있다. 다른 한 가지는 어떤 사람의 '집 안'이나 '거처'를 가리키는데 일반적으로 '복수/군집(群集)'을 나타내는 접미사와 같은 형식이다. 이 유별에 속하는 것은 소주어의 '哚', 상해어의 '拉', 무석(無錫)어의 '裏' 등이 있다. 그러나 일부 방언의 장소 후치사는 사람을 가리키는 NP 뒤에서 쓰인다. 일부 방언에서는 장소 후치사가 주로 삼인칭 대명사 뒤에서 쓰이는데 사람을 가리키는 명사 뒤에서 완전한 지시사가 쓰인다.

우선 일반적으로 장소를 가리키는 것을 보자.

   (32) a. <표준어> 我那兒~小明那兒
               내 거처 소명(小明)의 거처

---

47) 표준어의 '下, 中, 外, 間' 등도 흔히 쓰이는 단음절 후치사이다. 여기서 소홀히 하면 안 되는 것은, 이들 후치사가 글말의 색채를 가지고 있는데 구어에서 종종 후에 나타난 이음절 단어에 의해 대체된다. 예를 들어, '桌子下'보다 '桌子底下'가 더 많이 쓰이고, '心中'보다 '心裏頭'가 더 통속적이다. '大門外'와 '大門外頭', '兩人間'과 '兩個人當中/之間'은 다 이러한 관계를 가진다. 따라서 표준어 구어의 진정한 단음절 방위 후치사는 주로 '上, 裏'만 있다. 다만 이는 '上, 裏'의 비동질성 때문에 오어보다 명확하지 않을 뿐이다.

b. <상해(上海)> 我搭/我海頭～小明搿搭/小明海頭

c. <소주(蘇州)> 我搭～小明搭

d. <영파(寧波)> 我地方～小明地方

e. <소흥(紹興)> 我裏～小明裏

f. <초강(椒江)> 我垯～小明介地[ka di] (‘介地’는 ‘那兒’의 뜻임)

g. <대형(大荊)> 我擔～小明芒擔[mɔ tɛ](‘芒擔’은 ‘那兒’의 뜻임)

h. <여수(麗水)> 我垯[da]～小明垯

i. <온주(溫州)> 我搭, 我拉～小明搭/小明拉

상해(上海)(후치사 海頭), 소주(蘇州), 영파(寧波), 여수(麗水), 온주(溫州) 방언에서 장소 후치사는 인칭 대명사뿐만 아니라 사람을 가리키는 NP 뒤에도 첨가될 수 있다. 상해어(‘搭’), 초강(椒江)말, 대형(大荊)말에서 장소 후치사는 인칭 대명사 뒤에서만 쓰일 수 있다. 사람을 가리키는 NP 뒤에서 표준어와 같이 완전한 장소 지시사가 사용되어야 한다. 사람을 가리키는 ‘NP’ 뒤에서만 사용될 수 있고 인칭 대명사 뒤에서 쓰일 수 없는 장소 후치사는 하나도 없다. 일부 방언의 장소 후치사는 ‘물체’를 나타내는 NP 뒤에서 쓰일 수도 있다. 예를 들어,

(33) a. <상해(上海)> 所以儂拏=禮物到祭壇土盡頭。sm0022wr
　　　　　그래서 네가 선물을 가지고 제단 끝으로 갔다.

b. <여수(麗水)> 妹妹心嗒難過死唻。
　　　　　여동생이 마음속으로 슬퍼 죽겠다.

위의 방언에서 영파어의 ‘地方’은 겉으로 실사와 같지만 NP 뒤에서 장소 표지를 표시할 때 통사적 면에서 이미 추상화된다. ‘地方’ 앞에서 한정어 표지 ‘個’가 첨가될 수 있다. 표준어에서 이러한 구조로 ‘放在我地方’을 말할 수 없다.

‘집안’을 가리키는 장소 후치사는 일반적으로 복수/군집 접미사에 의해 표시된다. 예를 들어, 상해어 ‘老王拉’는 ‘老王편 사람들, 老王 가족, 老王 집안’을 가리킨다. 만약 보다 더 명확한 어휘적 형식으로 표시되면 ‘屋裏’가 첨가된 ‘老王拉屋裏’(노왕(老王)이 방에 있다)이다. ‘집안’을 나타내는 장소 후치사 ‘拉’이 오어에서 구체적으로 어떻게 분포되는지 아직까지 확실히 알지 못한다. 표준어에 상응하는 허사가 없어 ‘老王家裏’(노왕(老王) 집에)를 설문 예문으로 하였다. 이렇게 되어, ‘拉’과 같은 후치사가 있어도 방언 화자는 쉽게 설문 예문을 ‘老王屋裏’(노왕(老王) 집 안에)식으로 말할 것이다. 초보적인 조사에 의해, 소호(蘇滬) 오어 외에 영파어, 소흥어에도 이러한 후치사가 있다. (34)를 보자.

(34) a. ＜영파(寧波)＞ 我已搭老王拉去坐過唻。
　　　　　　내가 노왕(老王) 집에 잠시 앉아 있었다.

　　 b. ＜소흥(紹興)＞ 我到老王拉裏坐一歇。
　　　　　　내가 노왕(老王) 집에 잠시 앉아 있었다.

영파어의 ‘拉’은 상해어의 ‘拉’과 똑 같다. 소흥어의 ‘裏’가 장소를 가리키는 후치사이기 때문에 ‘老王拉裏’(노왕(老王)이 있는 곳/노왕(老王) 집) ‘老王裏’로 표시될 수도 있는데 ‘老王那兒’에 해당하고, ‘老王家裏’를 가리킨다. ‘拉’이 첨가된 ‘拉裏’는 ‘집안’을 나타내는 복합 후치사가 된다. 그러나 ‘拉’은 상해어, 영파어의 ‘拉’의 후치사 용법을 갖지 않기 때문에 ‘到老王拉去坐’(노왕(老王)이 있는 곳/노왕(老王) 집에 잠시 앉아 있다)를 말할 수 없다.

방위 후치사가 오어에서 중요한 위치를 차지하는 것은 추상화 정도가 높은 방위/장소 후치사가 있고 그 후치사들이 높은 통사적 강제성을 갖기 때문이다. 우리는 고의로 후치사가 사용되어도 되고 사용되지 않아도 되는 문장을 설문 예문으로 하였다. 이는 설문 조사의 대상자에게 설문 예문의 영향을 덜어 주기 때문이다. 조사 결과에 따르면, 방언 화자들은 모두 적당

한 후치사를 가진 문장으로 설문 예문을 번역하였다. 이로 보아, 이때의 후
치사는 대체로 강제성을 가진다. 다음의 예를 보자.

(35) a. <표준어> 小紅在健身房鍛煉。
　　　　　　　소홍(小紅)이 헬스장에서 운동한다.

　　b. <상해(上海)> 小紅辣健身房裏鍛煉。

　　c. <소주(蘇州)> 小紅勒健身房裏鍛煉。

　　d. <무석(無錫)> 小紅來勒健身房裏鍛煉。

　　e. <상주(常州)> 小紅勒健身房勒鍛煉。

　　f. <소흥(紹興)> 小紅健身房裏來亨鍛煉。

　　g. <영파(寧波)> 小紅健身房裏來該鍛煉。

　　h. <초강(椒江)> 小紅在健身房勒煉功。

　　i. <대형(大荊)> 小紅是健身房裏鍛煉。

　　j. <금화(金華)> 小紅來健身房裏鍛煉。

　　k. <동양(東陽)> 小紅是登健身房裏鍛煉。

　　l. <여수(麗水)> 小紅隑健身房鍛煉。

　　m. <온주(溫州)> 小紅宿健身房裏鍛煉。

12 지역의 방언 번역문 중에 여수어 번역문만 '裏'를 사용하지 않는다(다
른 번역문에서 다 '裏'를 사용하였음). 대체적으로, 오어에서 장소 성분이 부사
어로 쓰일 때 후치사가 통사적인 면에서 강제로 나타나는 허사이다. 전치
사는 이와 달리 나타나지 않아도 된다. 위의 영파어, 소흥어의 예문이 바로
이러한 경우이다.

14.2.2 분리사에 대한 비교

윗글의 논의로 보아, 오어는 두 가지 측면에서 표준어보다 분리사를 더

많이 사용한다. 14.2.1의 (35)는 오어에서 방향/장소 의미역을 나타낼 때 통사적 면에서 '전치사+후치사'로 구성된 분리사가 필요하다. 14.1.1의 예문 (11-12)로 보아, 오어 이동동사는 추상화 정도가 낮다. 전치사와 비슷한 표준어의 이동동사는 오어에서 일반적으로 보다 더 추상적인 방향/장소 의미역 표지인 '勒', '到'와 방위 후치사와 구성한 분리사에 의해 표시된다. 이는 표준어에서 이동동사만 전치사의 역할을 하는 것과 대조적이다. 다음에는 오어 중에 다른 분리사를 비교할 것이다.

도구 의미역은 '전치사+"來"'로 구성된 분리사에 의해 이끌리는 경우가 보편적이다. 설문 예문의 일부에서는 '來'를 사용하고 대부분은 '來'를 사용하지 않았다. 조사 결과에 따르면, (36)과 같이 '來'를 가진 설문 예문은 모두 다 '來'를 가진 오어 문장과 대응한다. '來'를 사용하지 않은 설문 문장을 번역할 때 많은 조사 대상자가 '來/去'를 첨가하였다. 이러한 현상은 특히 도구어가 비교적 길 때 우세하다. 다음은 각 방언에서 '來/去'를 사용하는지 여부에 대한 조사 결과이다. 이것은 소주(蘇州) 상해어에 대한 통계(표 11-4, 11-5)와 함께 검증될 수 있다.

(36) 他們用造假賬的辦法來矇騙上級。[12방언에서 다 '來'를 첨가한다]
     그들은 가짜 장부를 만드는 방법으로 상사를 속인다.

(37) 强强能用筷子[ ]喫飯了。[全部不加"來/去"]
     강강(强强)이 젓가락으로 밥을 먹을 수 있다.

(38) 你用/拿這個盆[ ]洗臉。[상해어, 소주어, 상주(常州)말, 여수어에서 '來'를 첨가하고 초강(椒江)말, 대형(大荊)말에서 '去'를 첨가한다]
     너 이 대야로 세수해.

(39) 他們用錢引誘[ ]他。[상해어, 소주어, 상주(常州)말, 금화(金華)말, 동양(東陽)말, 여수어에서 '來'를 첨가한다]
     그들은 돈으로 그 사람을 유혹한다.

동등비교/비유 식의 기준 표지는 '像' 외에 종종 동반자 표지와 같이 하나의 전치사를 사용한다. 둘의 차이는 후치사에 달려 있다. 즉 '跟⋯一起'는 '동반자'를 나타내고 '跟⋯一樣'은 '동등비교/비유'를 나타낸다. 기준 의미역이 동사를 앞설 때 표준어나 오어 각 방언에서 대체로 다 강제적으로 후치사를 사용한다. 이렇게 되어 '跟/像⋯似的'과 같은 분리사가 형성된다. 기준 의미역이 동사에 뒤따를 때 후치사는 선택적이다. 어떤 오(吳) 방언에서 사용된 후치사는 '似的'보다 추상적이지 않고 '一樣, 這樣/那樣'과 비슷한데 형용사성을 가진다. 그러나 여수어에서 명사에서 나온 '樣子'를 사용할 수 있다.

(40) a. 渠好像寶拾唎樣子快活得勿得了。
     그는 어떤 보물을 주운 듯이 기뻐하였다.

   b. 張主任好像罵兒樣子大罵特渠一通。
     장주임은 자기 아들을 욕하는 듯이 그한테 욕설을 한 바탕 퍼부었다.

이 통사적 위치에서 명사와 형용사 간의 구별은 이미 중화되어 후치사의 역할만 한다. 이 외에 여수어에서 더 추상적인 동등비교/비유 후치사 '則'을 사용하기도 한다. '則'은 방식/정도 지시사 '伊則/阿則' 중에 접미사이다. '伊則/阿則'과 '則'이 다 후치사로 쓰일 수 있는데 '則'은 가장 추상화된 후치사가 된다. 다음 예를 비교하자.

(41) a. 我便喜歡脫你伊則聰明個儂。
     내가 너와 같은 똑똑한 사람을 좋아한다.

   b. 渠個心好像菩薩阿則善良。
     그의 마음이 마치 보살과 같이 착하다.

   c. 阿墥[doŋ]樓屋大概有國際飯店則高。
     저 건물이 국제 호텔과 같이 높다.

완전히 추상화된 다른 동등비교/비유 후치사는 옛 상해어의 '能', 여수어의 '則' 외에 금화(金華)말의 '生[saŋ]/亨[haŋ]', 동양(東陽)말의 '海'[hɛ] 등도 있다. 이것들은 모두 동시에 방식-정도 지시 대명사 접미사이다. 예를 들어,

(42) a. <금화(金華)> 麽那幢樓大概有國際飯店亨高。
　　　　　　　　저 건물이 국제 호텔과 같이 높다.

　　 b. <금화(金華)> 儂弗用像老爺生坐得末裏, 一点兒都弗做。(초지운(曹志耘)1996: 179例)
　　　　　　　　너는 나리처럼 여기에 앉기만 하고 아무 일도 하지 마.

　　 c. <동양(東陽)> 革個傢夥像條蛇海狠。
　　　　　　　　저 놈이 뱀처럼 독하다.

　　 d. <동양(東陽)> 渠像泥鰍海一記便溜勒。
　　　　　　　　그는 미꾸라지처럼 몰래 도망쳤다.

오어에서 차등비교문의 기준 의미역은 대체로 전치사 '比'에 의해 이끌리는데 어떤 때는 '比' 뒤에 부사를 첨가해 '比…要/來得' 등 분리사를 구성한다. 이는 소주어, 상해어와 비슷하다.48)

14.3 PPC에 대한 비교

14.3.1 PPC 구조에 대한 비교

오어에는 소주어의 '勒裏'와 대응하는 전, 후치사로 구성된 복합사가 보

---

48) 조사된 방언에서 차등비교 기준 의미역이 다 형용사를 앞선다. 월어(粤語)에서는 '我高過你'와 같이 기준이 뒤에 있고, VO 유형이 조화하는 구조를 찾을 수 없다. 반오운(潘悟云)의 설명에 의하여, 구강(甌江) 지역의 옛 서안(瑞安)말에 '我高過你'와 같은 구조가 있다. 이는 온주어의 옛날 상황을 드러낼 수 있는 것 같다. 지금은 다 '比'자식이 사용된다. 그리고 상해어를 포함하는 일부 오어에는 '一日高一日'과 같은 말이 있다. 이것은 관용적인 구문인데 그 중의 '一日'은 무지시적(無指的)이다. 이 구문은 사실은 차등비교 관계가 아닌 체증하는 관계를 나타내는데 일반적인 NP가 이 구문에서 쓰일 수 없다.

편적으로 있다. 이러한 복합사는 동시에 장소와 상 범주를 나타내는 기능
을 가진다. 다음의 표는 각 방언 PPC의 구조에 대한 통계이다.

표14-1 오어 각 방언의 PPC 항목표

지점/거리	가까운 곳을 가리킴	먼 곳을 가리킴	그 외
상해(上海)			辣海, 辣辣, 辣該, 辣浪
소주(蘇州)	勒裏	勒咮	勒海, 勒浪, 勒搭
무석(無錫)	勒裏		勒哼, 勒釀
상주(常州)	勒蕩	勒頭	勒海
소흥(紹興)	來埭	來亨	來垌
영파(寧波)	來的, 來垱, 來東	來該	
초강(椒江)			在垯
대형(大荊)	是堆	是芒[mō]	
금화(金華)	來裏		
동양(東陽)			是登, 來登
여수(麗水)			是垯, 隑嗤
온주(溫州)			是够[kau], 是搭, 是拉, 宿拉

다음에 위의 표에서 나타나는 PPC 구조에 대해 설명, 분석한다.

첫째, PPC 앞부분의 기원은 비교적 단순한데 다 표준어 '在'와 대응한다.
'在'와 대응하는 오(吳)방언 단어는 대체로 북쪽의 '來'와 남쪽의 '是'인데
태호(太湖) 각 지역(상해(上海)부터 영파(寧波)까지)의 방언, 무주(婺州) 지역
의 금화(金華)말에서는 '來'와 '來'의 어음 변체인 '辣, 勒'이다. 금화(金華)와
같은 방언 지역에 속하는 동양(東陽)말에서 '在'와 대응하는 것은 '是, 來'이
다. 이는 '남북 합류'를 드러낸다. 처구(處衢) 지역의 여수어, 구강(甌江) 지
역의 온주어에서 다 '是'를 위주로 하고 추상화 정도가 약간 낮은 '隑'[gɛ]
(본의는 '서다')나 '宿'[ɕyu]이다. 대주 지역의 대형(大荊)말에서는 '是'이고,
초강(椒江)말에서는 '在'[zə]이다. 여기의 '在'가 '是'의 어음이 약화되어 형

성된 것일 가능성도 있다.

둘째, PPC 뒷부분의 기원은 비교적 복잡하다. 소주어, 소흥어의 경우는 위에서 분석하였듯이 PPC 뒷부분의 기원은 대체로 장소 후치사로 쓰일 수 있는 어휘소이다. 무석(無錫)어의 '裏', '哼'[həŋ], '釀'[ɲiā]은 각각 소주어의 '裏', '海', '浪'과 같은 기원이다. 상주(常州)말은 소주어의 성분과 같은 기원 인 '海' 외에 '蕩', '頭'도 옛 상해어의 성분과 기원이 같다. 이것들은 다 장소 후치사나 지시사의 접미사로 쓰이는 어휘소이다.

영파(寧波)말의 '的'[tiɪʔ]과 '該'[ke]의 어원은 명확하지 않다. 그것들은 실사 용법도 없고 후치사 용법도 없기 때문이다. 이 두 단어는 PPC 안에서 쓰일 수 있고 상 표지로 쓰일 수도 있는데 동시에 '원, 근'을 가리키는 의미 도 있다. 영파방언사전(寧波方言詞典)(탕진주(湯珍珠) 등 1997)에서는 이를 근거로 '的'과 '該'를 '지속'의 의미, '원, 근'을 가리키는 조사로 인정하고 '來 的, 來該'가 동사 겸 개사인 '來'와 조사로 구성된 것이라고 주장한다. 사실 오어에 속하는 모든 방언에서 PPC나 PPC의 뒷부분을 상 표지로 한다. 이 로 보아, '的'과 '該'의 상 표지 용법, '원근'을 가리키는 의미는 PPC에서 나 온 것이고, PPC의 뒷부분이 상 표지에서 나온 것이 아니다. '來的, 來該'는 어떤 때는 상 의미를 전혀 갖지 않고, 종종 장소, 거리 지시의 의미를 가진 다. 상 의미가 '공간' 의미에서 파생되어 나타난 것이고 반대로 된 것이 아 니다. '該'가 지시사인 '該'[kiɪʔ]에서 생겼을 가능성도 있다. 그러나 둘은 서 법이 같지만 실제의 독음이 같지는 않다. 따라서 이 가능성은 아직 명확하 지 않다. '的'은 대체로 남쪽의 대형(大荊)말과 북쪽의 오강(吳江)말 후치사 겸 PPC 뒷부분인 '堆'[tɛ]과 같은 기원이다. 대형(大荊)말 PPC '是堆'(표 14-1참조)의 후치사 용법은 '渠個首飾园是我堆'(그의 장신구는 나한테 있다) 와 같다. '勒堆'는 오강(吳江)말의 PPC로 영파어의 '來的'과 더 비슷하다. 오강(吳江)말 '堆'의 후치사 용법은 '我到小張堆亭相(내가 소장(小張)이 있 는 곳/소장(小張)의 집에 가서 논다)'과 같다. 그래서 범-오어적 비교로 보아,

영파어 PPC의 뒷부분인 '的, 該'는 다 장소 후치사의 용법을 가진 적이 있다. PPC 뒷부분의 또 다른 두 형식은 '當'과 '東'인데 옛 상해어 '拉蕩' 중의 '蕩'과 항주(杭州)말 '來東' 중의 '東'과 같은 기원이다(=소흥어 '來垌' 중의 '垌'). 이것들은 다 후치사인 '배경'을 갖는다.

초강(椒江)말의 '垯'[daʔ]는 후치사에서 나온 것인데 그것의 후치사 용법은 '渠個首飾放在我垯'(그의 장신구는 나한테 있다)와 같다. 여기의 '垯'은 소주어 '搭'과 성모의 유성, 무성 면에서 구별된다. 대형(大荊)말의 '芒'은 '먼 것'을 가리키는 지시사이다. 금화(金華)말의 '裏'는 방위 후치사이다. 동양(東陽)말의 '登'[nʌŋ]은 1성으로 읽혀 2성인 '能'으로 표시될 수 없다. 동양(東陽)말 비운모 앞에 있는 [t]가 규칙에 따라 [n]으로 읽히기 때문에 '登'이 [nʌŋ]으로 읽히는 것은 규칙에 맞다. '登'과 가까운 항주(杭州)말의 PPC 뒷 성분인 '東', 소흥어의 '垌'과 기원이 같아야 한다. '登'이 후치사로 쓰이는 것은 '我一口氣爬叫山頭登'(내가 단숨에 산꼭대기에 올라갔다)과 같다. 이는 다른 면에서 소흥어 '垌'이 후치사와 관련되는 것을 증명한다. 여수어의 '垯'[daʔ]도 소주어의 '搭', 초강(椒江)말의 '垯'과 기원이 같은데 그것이 후치사로 쓰이는 것은 '小明搭/拉有一臺電腦'(소명(小明)한테(집에) 컴퓨터가 한 대 있다)와 같다. 온주어의 '搭, 拉'은 위에서 말한 '搭, 垯'과 같은 기원이다. 반오운(潘悟云)(1999)은 온주어의 '拉'이 바로 '搭'의 변체라고 지적한다. 사실 '拉'과 '搭'은 후치사로 쓰일 때 서로 교체될 수 있다. 예를 들어, '小明搭/拉有一臺電腦'(소명(小明)한테 (집에) 컴퓨터가 한 대 있다). '夠'[kau]는 지시 어휘소인 '夠蕩'('夠宕'으로 쓰이기도 함)의 구성 성분이다. 그러나 유여걸(游汝杰), 양건명(楊乾明)(1998)과 반오운(潘悟云)(1999)에 의하면 '夠'는 지시 성분으로 이미 화석화 된 어휘소가 되어 이 단어 안에서만 쓰인다. 다른 단어에는 다 '居'[ki]가 첨가된다.49) 예를 들어, '居個(이), 居裏(여기),

---

49) '居'는 반(潘)의 책에 의거한 것이고 유(遊), 양(楊) 책에서 '該'를 쓴다.

居日(오늘), 居倷(이것들), 居下兒(이번)’ 등이 있다.

위에서 분석한 것으로 보아, 오어 PPC의 뒷부분 대부분은 장소 후치사에서 생겼고 일부는 지시사에서 생겼다. 후치사에서 나온 기제는 개별 사례 분석에서 이미 기술하였다. 즉 PPC의 뒷부분은 장소를 나타내는 분리 사구 중의 NP가 생략되어 명사 기원 전치사와 명사 기원 후치사로 구성된 것이다. 예를 들어,

(43) a. ＜소주(蘇州)＞ 勒房間裏 → 勒裏
　　　　　방에 있다.

　　 b. ＜온주(溫州)＞ 是小張搭 → 是搭
　　　　　소장(小張) 집에 있다.

지시 대명사에서 나온 PPC의 뒷부분도 후치사와 관련되어 있다. 11.2.1에서 지적하였듯이 지시사는 오어에서 다 부착 어휘소라 단독으로 통사적 성분으로 쓰일 수 없고, 전치사의 지배를 받지 못한다. 장소 지시사 자체는 각 방언에서 다 후치사로 쓰일 수 있다. 예를 들어, 표준어의 ‘在小張那裏’(소장(小張)이 있는 곳/소장(小張)의 집에 있다)는 온주어로 표시되면 ‘是小張夠蕩’이다. 오어의 PPC 대부분이 분리사구에서 명사구가 생략된 것에서 생겼듯이 뒷부분이 지시 어휘소인 PPC도 비슷한 파생 과정을 거쳐야 했다. 다만 생략될 때 지시 어휘소 뒤의 장소 어휘소도 생략되었다. 주의해야 할 점은 두 가지 PPC가 같은 구조, 같은 기능으로 하나의 방언에 존재할 수 있는 점이다. 예를 들어, 대형(大荊)말의 ‘是堆’와 ‘是芒’은 바로 이 경우에 속한다. 어떤 때는 의미도 똑 같다. 예를 들어, 온주어 (43b) 중의 ‘是搭’과 ‘是夠’(‘夠’는 지시 어휘소임)는 의미 면에서 똑 같다. 이러한 파생 기제는 다음과 같이 표시될 수 있다.

(44) ＜온주(溫州)＞ 是小張夠蕩 → 是夠蕩 → 是夠
　　　　　소장(小張) 집에 있다.

모든 PPC는 다 NP가 생략된 분리사 구조에서 생겼다.

셋째, 각 방언 PPC의 거리 범주가 똑같지 않다. 소주어(주로 옛 소주어), 상주(常州)말, 소흥어에서 원, 근, 중성(neutral)이 정연하게 대립한다. 다른 방언에서는 정연한 대립이 없다. 위의 표 14-1 중에 '그 외'는 '중성'을 가리키고, '원근' 사이에 있는 것을 나타내지 않는다. 그 중의 어떤 단어는 다른 지칭 의미를 가진다. 예를 들어, 소주어, 상주(常州)말, 상해어의 '勒海/辣海', 무석(無錫)어의 '勒哼'[hən]은 일반적인 장소를 나타내는 것뿐만 아니라 '범위(안에)'의 뜻을 나타내기도 한다. 예를 들어, '儕辣海, 三十斤'(다 포함해서 모두 30근이다). 소흥어에는 '원, 근', 중성의 뜻을 나타내는 PPC가 다 있다. 그러나 도환(陶寰)의 설명에 의하여, 소흥어의 중성사(中性詞)가 의문하거나 실증하는 경우에 더 많이 쓰이고 일반적인 기술에서 별로 사용되지 않는다. 금화(金華)말의 경우는 특별히 설명되어야 한다. 표 14-1로 보아, 금화(金華)말에는 '가까운 지시'를 나타내는 PPC가 하나만 있다. 하나의 성분이 일반적으로 대립을 이루지 못하기 때문에 이 PPC를 '가까운 지시'라 할 수 없다. 그러나 금화(金華)말에서 PPC '來裏'가 '가까운 지시'를 나타내고 '來麼裏'가 '먼 지시'를 나타낸다. '麼裏'는 '저기'를 뜻하는데 완전한 의미를 가진 장소 지시사이다. 따라서 '在麼裏'는 PPC가 아니라 구이다.

14.3.2 PPC의 통사적 기능 비교

14.3.2.1 PPC 전체가 장소 의미역을 갖고 있는 문제

오어 PPC의 통사적 역할은 대체로 일치한다. 표준어 '在那兒'과 같은 구가 가진 기능을 PPC도 가진다. 예를 들어, PPC가 긴축된 존재 동사구로 쓰일 수 있는데 긴축된 PP도 동사 앞이나 동사 뒤에서 쓰인다. 뿐만 아니라 각 오어의 PPC는 다 동사 앞에서 진행상을, 동사 뒤에서 지속상/성속상(成

續相)을 나타낸다. 이와 관련된 것은 11.3에서 소주어 PPC에 대한 기술을 참조하면 된다. 다른 측면에서 각 오어의 PPC는 통사적 면에서 다르기도 하다. 이러한 차이는 주로 다음과 같이 나타난다. 1. PPC 전체가 장소 의미역을 가질 수 있는가? 2. PPC의 뒷부분 즉 명사 기원 후치사가 전치사로 쓰여 장소 의미역을 가질 수 있는지? 3. PPC가 상 표지나 보다 더 추상된 어기사(語氣詞)로 쓰일 때 축소되어 하나의 음절이 될 수 있는가? 축소되었 으면 남아 있는 것은 PPC 중의 어느 부분인가? 다음 몇 절에서 이 문제에 대해 비교한다.

소주어, 상해어 PPC 전체는 다 장소 의미역을 가질 수 있다. 예를 들어, 소주어의 '住勒海北京'(북경(北京)에 산다), 상해어의 '辣辣黑板高頭寫字' (칠판 위에 글자를 쓴다). 이러한 용법은 PPC가 가진 구조적 성질을 넘어섰 다. PPC는 원래 긴축된 VP나 PP 구조였는데 장소 의미역을 가진 것은 PPC의 뒷부분이 명사 기원 후치사의 특성을 잃도록 하고 PPC 특히 PPC 의 뒷부분을 문법화하기 때문이다. PPC 전체가 방위/장소 의미역을 가진 용법은 적어도 영파어, 소흥어, 동양(東陽)말에서 분포하기도 한다. 물론 이 는 각 방언에서 나타나는 형식이 같지 않다.

소흥어에서 'PPC+방위/장소 의미역'이 있지만, 서술어 위치나 동사 앞의 부사어 위치에서만 쓰인다. 더 자연스러운 어순은 '방위/장소 의미역+PPC' 이다. 소흥어는 장소 성분이 존재 동사를 앞서는 강한 경향이 있기 때문이 다. 다음의 '<'는 후자가 우세한 표현임을 의미한다.

(48) a. 我來亨圖書館裏。 < b. 我圖書館裏來亨。
　　　 내가 도서관에 들어온다.

(49) a. 小明來亨操場裏打球。 < b. 小明操場裏來亨打球。
　　　 소명(小明)이 운동장에 와서 농구를 한다.

(48a)에서 존재 동사로 쓰이는 PPC는 장소 의미역을 가진다. (48b)는 (48a)보다 더 흔히 나타난다. (49a)에 대해, 13.4에서 이미 소흥어 '來'와 PPC가 다 발전되어 순수한 전치사 용법을 갖게 되지 못한다고 지적하였다. (49a)에서 PPC는 여전히 동사이다. (49b) '來亭'은 진행상 표지이지 개사가 아니다. 따라서 소흥어 PPC는 전치사로 장소 의미역을 갖지 못한다.

영파어 PPC는 동사로 장소 의미역을 가질 수 있지만 (48b)과 같은 어순으로 많이 나타난다. 소흥어와 달리 영파어에서 PPC는 동사 앞에 있을 때 진정한 전치사 용법으로 쓰일 수 있다. 예를 들어,

(50) 老師來該黑板上寫字。
     선생님이 칠판에 글자를 쓰신다.

그러나 PPC가 동사 뒤에서 전치사로 쓰이는 예를 찾지 못한다.

동양(東陽)말 PPC '是登' 중의 '登'은 추상화 정도가 비교적 높기 때문에 PPC 전체는 옛 소주어 '來裏' 등과 비슷하다. 뒤에서 장소 의미역을 가질 수 있다. 예를 들어,

(51) a. 我是登圖書館裏。
         내가 도서관에 있다.

     b. 老師是登黑板上寫字。
         선생님이 칠판에 글자를 쓰신다.

14.3.2.2 PPC의 뒷부분이 전치사로 쓰이는 문제

PPC의 뒷부분은 명사 기원 후치사이다. 예를 들어, 소주어 '勒裏' 중의 '裏'는 방위 후치사이다. 그러나 PPC의 뒷부분은 일부 오어에서 심상치 않게 전치사 용법을 갖게 된다. 이러한 현상도 많은데 소흥어와 동양(東陽)말에서만 나타난다. 소흥어의 경우는 13.4에서 이미 언급하였다. 여기서 동양

(東陽)말의 경우를 논의하자. 소흥어와 같이 동양(東陽)말의 동사 앞에서 PPC가 장소 의미역을 가질 수 있다. 예 (51b)를 참조하라. 동사 뒤에서 PPC의 뒷부분은 전치사로 쓰인다. 예 (52a, b)를 참조하라. 그리고 '登'과 소흥어의 '垌'(=항주(杭州)말의 '東')의 독음이 비슷하다. 더 중요한 것은, 소흥어 PPC의 뒷부분은 오늘날 더 이상 후치사 용법이 없고, 동양(東陽)말 PPC의 뒷부분 '登'은 여전히 후치사 용법을 갖고 있다. 이는 간접적으로 소흥어의 '東'이 후치사라는 것을 증명한다. 이렇게 되어, '登'은 동양(東陽)말에서 후치사로 쓰일 수도 있고 전치사로 쓰일 수도 있다. (52) a와 b, c와 d, 특히 b와 c를 비교하자.

(52) a. 有個陌生儂隉登大門口。
　　　어떤 낯선 사람이 대문 앞에 서 있다.

　　b. 渠爬登山浪去勒。
　　　그는 산꼭대기에 올라갔다.

　　c. 我一口氣爬叫山頭登。
　　　나는 단숨에 산꼭대기에 올라갔다.

　　d. 小紙飄來半空登。
　　　작은 종이가 공중에서 흩날린다.

위의 사실 중 두 가지가 주목할 만하다. 첫째, PPC가 장소 의미역을 갖는 것과 PPC의 뒷부분이 전치사로 쓰이는 것은 한 방향의 관련성이 있다. 즉 PPC의 뒷부분이 장소 전치사로 쓰이는 방언(소흥어, 동양(東陽)말)에서 PPC 전체가 장소 의미역을 가질 수 있다. 그러나 PPC 전체가 장소 의미역을 가질 수 있는 방언에서 PPC의 뒷부분이 꼭 전치사로 쓰일 수 있는 것이 아니다. 이로 보아, PPC 전체가 방위/장소 의미역을 가진 것은 PPC의 뒷부분이 후치사로 쓰이는 필요한 조건이지 충분한 조건은 아니다. 전자는 PPC 전체가 전치사로 쓰이기 때문에 나타난다. 둘째, PPC 전체와 PPC의 뒷부분이 다 방위/장소 의미역을 가질 수 있는 방언에서 PPC는 동사를 앞서고 PPC의 뒷부분은 동사에 뒤따른다. 중국어 동사 뒤에 쓰이는 전치사는 일반적으로 운율적 면에서 동사 앞에서 쓰이는 전치사보다 약하다. '到'와 '在'는 동사 뒤에서 약화되어 de가 될 수 있다. 예를 들어, '坐de 椅子上'. 그러나 둘은 동사 앞에서 이렇게 약화될 수 없다. 동사 앞에서 PPC 전체가 쓰이고 동사 뒤에서 PPC의 뒷부분이 쓰이는 것은 이러한 약화 규칙에 부합한다. 다시 다음과 같은 결론을 이끌어낼 수 있다. 즉 동사 뒤에서 방위/장소 의미역을 가진 PPC의 뒷부분은 PPC 전체의 용법에서 생겼고 PPC 전체가 약화, 축소된 것이다.

14.3.2.3 PPC나 PPC의 일부가 상 표지로 쓰이는 문제

조사된 모든 오어의 PPC가 동사 앞에서 진행상을 나타낼 수 있다. 이는 진행상을 나타내는 유일한 방법이다. 다음 문장들을 비교하자

(53) a. <표준어> 她哭著呢, 什麼也不吃。
　　　　　그녀는 울고 있어. 아무 것도 안 먹어.

b. <상해(上海)> 伊辣海/辣辣哭, 啥物事也勿肯吃。

c. <소주(蘇州)> 俚勒海哭, 隨便啥物事僑勷吃。

d. <무석(無錫)> 佗勒釀哭嘚, 啥物事也勿吃。

e. <상주(常州)> 他勒頭哭, 嗲佬也勿吃。

f. <소흥(紹興)> 伊冷₌來亨哭, 東西些些都勿吃。

g. <영파(寧波)> 其該上來該哭, 隨便啥西和總勷吃。

h. <초강(椒江)> 渠在垯哭, 茄姆[ga m]都勿吃。

i. <대형(大荊)> 渠扣是裏哭, 管嘎姆[ka m]都勿吃。

j. <금화(金華)> 渠來麼裏哭, 隨便啥都勿要吃。

k. <동양(東陽)> 渠是登分哭, 口啥事[gən^{22} tɕia^{55} ɕi^{21}]也勿樂[ŋɔ]食。

l. <여수(麗水)> 渠隘嗟咾哭唻, 隨便是啥也勿吃。

m. <온주(溫州)> 渠是搭哭, 隨樣也勿吃。

각 방언에서 PPC가 진행상을 나타내는 것은 약간 다르다. 상해어에서는 '辣'이 단독으로 쓰일 수 있는데 '辣辣'의 앞부분이나 뒷부분인 듯하다. 소주어에서는 '浪'이 단독으로 쓰일 수 있는데 '勒浪'의 뒷부분인 듯하다. 소흥어에서는 '冷'[laŋ]이나 PPC의 전체인 '來亨'[lɛ haŋ]이 '진행'을 나타내는데 '冷'이 PPC '來亨'의 합음인 것은 명확하다. '辣辣', '勒浪'의 합음도 그것들의 일부인 '辣', '浪'이다. 만약 합음으로 설명한다면 세 지역 방언의 사실은 일치하게 처리될 수 있다. 다른 면에서 소흥어 '來亨'이 존재 동사로 쓰이거나 장소 의미역을 가질 때 합음 현상이 나타나지 않는다. 예를 들어, '來亨圖書館看書'(도서관에 와서 책을 본다). 이는 PPC가 '장소'를 나타낼 때보다 '진행'을 나타낼 때가 더 추상화되기 때문에 합음 현상이 나타남을 드러낸다. 금화(金華)말의 '來麽裏'는 엄밀한 PPC가 아니다. '麽裏'는 '那兒(저기)'의 뜻인데 '먼 곳'을 나타낸다. '가까운 곳'을 가리킬 때 '來裏'를 사용한다. 이때 '來裏'가 진정한 PPC이다. 예를 들어, '俺來裏逃, 也勿覺得冷'(달려가고 있으니까 나도 춥지 않다).

PPC는 각 방언에서 비슷한 용법으로 사용되는데 다 존재 동사, 긴축된 개사구, 전치사, 동사 앞의 진행상 표지, 동사나 VP 뒤의 지속상 표지로 쓰일 수 있다. 많은 방언에서 PPC의 뒷부분은 상 표지로 쓰일 수 있다. 예를 들어, 대형(大荊)말에서 PPC가 '是堆'(여기에 있음)이며 '坐是堆'가 아닌 '坐堆'로 '坐着(앉아 있음)'을 표시한다.

15. 결론: 사실과 이론

15.1 표준 중국어와 오어 개사의 기본 사실에 대하여

15.1.1 언어 보편성 배경 하의 중국어 개사

이 장에서는 이 책에서 기술한 내용과 이론적 탐구에 대해 개괄, 총괄할 것이다. 우선 언어 보편성의 시각으로 고찰한 개사 유형(전치사, 후치사)과 관련된 중국어(오(吳)방언을 포함) 사실을 귀납한다. 다음으로 중국어 개사 연구가 언어학 이론에 미치는 영향을 논의한다.

중국어 개사에 대한 기존 연구는 전치사에만 한정하였다. 중국어에 후치사가 있다는 견해가 기본적으로 존재하지 않는다. 이는 중국어 문법 연구가 주로 일부 인구(印歐) 언어 연구를 바탕으로 하여 진행된 것과 관련된다. 이들 인구(印歐) 언어는 대체로 다 전치사 언어이다. 이렇게 단일한 대상을 참조하여 모방한 것은 중국어 사실을 부분적으로 감추며 왜곡하였다. 특히 후치사가 중국어에 있다는 각 중국어 방언의 통사적 체계에서 중요한 역할을 감추었다.

언어 보편성과 유형론 연구에 의한 연구를 통해 다음과 같은 것을 알 수 있다. 인간 언어의 개사 중에는 전치사 외에 후치사, 심지어 분리사도 있다. 개사의 기원으로 보아, 동사에서 생긴 개사도 있고 명사, 부사 등에서 생긴 개사도 있다. 이로 보아, 중국어는 전치사, 후치사가 공존하는 언어이다. 중국어 개사는 동사 외에 명사 심지어 다른 품사에서 생기기도 하였다. 후치사는 중국어에서, 특히 오(吳)방언에서 아주 중요한 통사적 역할을 하고 있다. 다음에 이 책에서 유형론 시각으로 고찰한 중국어, 특히 오어의 개사를 총괄한다.

15.1.2 개사 유형과 어순 유형

개사의 유형(즉 전치사를 사용하는지 후치사를 사용하는지의 문제)과, 개사구 PP의 어순은 서로 관련되면서도 서로 다른 중요한 유형 매개 변수이다. 그것들은 종종 함축적 명제의 전건이나 후건으로 어순 보편성에 나타난다. Greenberg(1966), Hawkins(1983) 등의 어순 유형론 모형 중에 개사 유형은 가장 많이 나타나는 매개 변수이다. 예를 들어, Greenberg의 보편성 4: 우연보다 훨씬 더 높은 빈도로 SOV를 정상적 어순으로 하는 언어가 후치사 언어이다. 또한 Hawkins의 보편성 III: 어떤 언어가 전치사 어순이고, 형용사가 명사에 뒤따르면 속격 한정어도 명사에 뒤따른다. V와 O의 어순을 핵심적 매개 변수로 하는 Dryer(1992)의 유형론 모형 중에서 PP의 위치는 V, O의 위치와 가장 긴밀하게 관련되는 어순이다. 즉 VO 언어의 개사구는 거의 다 동사에 뒤따르고 OV 언어의 개사구는 거의 다 동사를 앞선다. 물론 어순 유형론 연구에서는 어종보다 어순의 특징을 단위로 하는 것이 가장 좋다. 왜냐하면 어떤 언어가 다양한 유형적 특징을 가질 때(예를 들어, 전치사와 후치사를 동시에 가짐)도 그 특징들이 다른 구조의 어순 간의 관련성을 고찰할 수 있기 때문이다. 어종을 단위로 하는 것으로 이러한 관련성을 밝히기 어려울 것이다. 이는 전치사와 후치사를 동시에 가진 중국어에서 특히 중요하다.

전, 후치사가 공존하는 것은 중국어가 '원래부터' 가지고 있는 어순 유형

특징, 중국어 방언 어순 유형의 발전 변천과 관련되기도 한다.

상고(上古) 중국어 절 구조는 SVO를 우세한 어순으로 하였다. 아울러, PP가 주로 동사에 뒤따르고 전치사가 사용되었다. 그 전치사 중에 다기능을 가진 동사 기원 개사 '于(於)'가 가장 중요한 것이다. 상고(上古) 중국어는 일정한 조건을 가진 SOV 어순도 남아 있었기 때문에 단순하고 전형적인 SVO 언어가 아니다. 이와 아울러, 상고(上古) 중국어에는 PPV인 어순도 있었다. 더 주의할 만한 것은 PPV 어순으로 나타날 때 전치사가 후치사로 쓰일 수 있다. 예를 들어, '室於謀'(방에서 논의한다), '夜以繼日(밤낮으로 계속 이어진다)' 등이 있다. 전치사가 후치사로 쓰이는 것이 VPP 중에 나타난 적이 없다.

다른 면에서 중국어의 NP는 모든 종류의 한정어가 핵심 명사를 앞서 왔다. 이는 대부분의 VO 언어와 다르고 '후치사-OV' 언어와 비슷하다. 이와 아울러, 고대 중국어에는 한정어를 이끌어내는 후치사 '之'가 있다. 이는 한정어 개사와 부사어 개사 간의 구별을 이루었다. 이와 달리, 많은 언어에서 한정어 개사와 부사어 개사는 같은 유형에 속하고, 심지어 명확한 한계도 없다. 예를 들어, 영어의 of는 다른 개사와 마찬가지로 다 전치사이다. 일본어의 の(no)는 다른 개사와 마찬가지로 후치사이다. 현대 표준 중국어에서 '之'와 대응하는 성분이 '的'이다. '的'은 추상화된 한정어 개사로 진정한 개사가 없는 후치 표지 용법을 갖기도 한다. 남방 중국어에서 이와 상응하는 표지는 대부분 하나의 [k-] 성모자이다. 예를 들어, 오어의 '個'나 월어(粤語)의 '嘅'이다.

진한(秦漢) 후에 중국어에서 원래 있었던 조건부 SOV 구문이 대체로 사라졌다. 그러나 이는 중국어를 보다 더 전형적인 SVO 언어가 되도록 하지 않았다. 중고(中古) 이래, '把/將'이 동사에 앞서 대상 논항을 이끌어내는 '처치식(處置式)'이 점차 발전되었다. '처치식(處置式)'은 대상을 전치사로 표시하는 사격 부사어가 되게 하였고 동사 뒤의 목적어 위치를 진짜로 없애지는 않았다. 그럼에도 불구하고 '처치식(處置式)'이 널리 쓰임에 따라 중국어 동사 뒤의 목적어 위치가 확실히 위축된다. 동사는 많은 경우(예를 들어, '得' 상태 보어를 가질 때) 목적어를 더 이상 가질 수 없다. 이는 중국어를 여전히 순수한 SVO 언어가 될 수 없도록 한다.

한대(漢代) 후의 중국어 어순에서 가장 큰 변화 중의 하나는 주로 동사에 뒤따르는 개사구가 주로 동사를 앞서게 된다(VPP→PPV). 당시의 중국어에서 동사로부터 추상화된 새 전치사가 많이 나타났지만 중국어 개사 체계는 PP의 어순 변화에 따라 일정한 조정을 하였다. 즉 방위 관계 명사를 비롯한 추상화 조건을 가진 일부 단어는 점차 추상화 과정을 거쳐 후치사가 된다. 이는 개사가 중간 위치에 있는 것을 유지하며 PPV와 후치사 간의 유형적 조화를 유지하기도 한다. 이러한 발전이 줄곧 현대 중국어까지 진행되었는데 중국어에서 전, 후치사가 장시간 공존하는 국면이 이루어진다.

중국어의 주제를 우선하는 유형적 특징은 오어에서 진일보하였다. 오어에서는 통사적 정도가 높은 주어 뒤, 동사 앞에 부주제가 나타난다. 즉 많은 경우 대상 논항은 주제화 되어 부주제가 된다. 이는 북경어의 대상 주제가 주로 문두에 있는 경우와 다르다. 부주제 구조는 특징을 지칭하는 것, 정보 구조, 통사적 표현 등에서 고대 중국어의 SOV 구조와 달라 고대 중국어 SOV 구조의 승계가 아니다. 절강(浙江) 오어, 특히 소흥(紹興), 영파(寧波) 지역의 오어에서 부주제 위치에 들어갈 수 있는 대상 성분이 더 광범위한데 주제성이 극히 약한 성분도 포함한다. 이렇게 되어, 부주제 위치의 목적어화가 나타나며 SOV 유형의 싹이 이루어진다. 이와 동시에 장소류 성분이 동사를 앞서는 경우가 더 보편적이다. 이와 아울러, 오어, 특히 SOV 싹이 뚜렷한 방언에서, 후치사의 역할은 더 활발해지고 전치사의 역할은 표준어보다 더 작다. 이 외에 연결사 면에서 위치 연결사가 우세한 국면이 이루어지기도 한다.

요컨대, 다른 언어와 마찬가지로 표준 중국어, 오어의 개사 어순 유형은 고립된 현상이 아니고 다른 어순 특징과 긴밀하게 관련되어 있다.

15.1.3 전치사의 통사적 구별과 통사적 제한

전치사는 중국어에서 의미역 종류가 더 다양한 개사 유형이다. 거의 모든 의미역이 전치사에 의해 이끌릴 수 있다. 그리고 일부 의미역은 전치사에 의해서만 이끌린다. 예를 들어, 표준어에서 '대상'을 나타내는 '對', '목적'을 나타내는 '以便', '봉사대상(복문대상: 服務對象)'을 나타내는 '爲', '여격'을 나타내는 '給' 등이 있다. 그러나 전치사가 중국어에서 의미역을 이끌어내는 중요한 수단이지만 역할은 많은 제한을 받는다.

언어학 저서에서 일반적으로 의미역과 의미 종류에 따라 전치사를 분류한다. 이 책의 연구에서 중국어 통사적인 면의 가장 기본적인 분류 기준은 전치사가 구성하는 PP가 동사 앞에 있는지, 동사 뒤에 있는지의 문제이다. 전치사는 세 가지로 나뉠 수 있다. 즉 동사 앞에 있는 전치사, (동사 앞, 뒤에 있는) 양쪽 위치(쌍위: 双位), 전치사와 동사 뒤에 있는 전치사가 있다.

전치사 대부분이 동사 앞 전치사에 속하는데 그것들이 구성하는 Prep는 동사 앞에만 쓰인다. 예를 들어, '對(…에 대하여), 把(…으로. …를 갖고), 被(…에게 …를 당하다), 用(…로), 沿著(…에 따라), 通過(…를 통하여)' 등이 있다. 오어에서도 동사 앞 전치사가 우세한다.

양쪽 위치 전치사는 표준 중국어에 일부가 있다. 즉 '在, 向, 往, 給'과 문어 색채를 갖는 '於, 以, 自' 등이 있다. '到'는 동사 뒤에 쓰여 방향 의미역을 표시할 수 있는데 통사적 면에서 동사의 수식 성분이다. 이는 핵심 표시 현상에 속한다. '到'의 성질은 가능식인 '走得到走不到上海'(상해(上海)에 걸어갈 수 있는가)에서 볼 수 있다. 표준어의 이동동사인 '進(…안으로), 出(…밖으로), 上(…위에), 下(…아래에), 入(…안으로)' 등은 '到'와 같이 방향/장소 의미역을 표시하는 역할을 한다. 이는 핵심 표시 현상에 속하기도 한다.

동사 뒤에서 쓰이는 순수한 전치사는 아주 적다. 표준어에서 '在, 到' 의미를 나타내는 경성 'de'가 그 중의 하나이다.

일부 오(吳)방언에서 '在' 의미를 나타내는 전치사는 동사 앞, 뒤에 따라 다르다. 둘은 서로 교체될 수 없고 각각 동사 앞 전치사, 동사 뒤 전치사에 속한다. 예를 들어, 김화(金華)의 '來~特', 여수(麗水)의 '隉~呦'. 이때 동사 뒤 전치사가 더 높은 추상화 정도로 나타난다. '在' 의미를 가진 양쪽 위치 전치사도 동사를 뒤따를 때 더욱 추상화된다. 예를 들어, 무석(無錫)어에서 동사 앞에서 '來, 來勒, 勒勒'이 쓰이고 동사 뒤에서 약화된 '勒'이 쓰인다. 영파어에서 동사 앞에서 '來'가 쓰이고 동사 뒤에서는 약화된 '來'나 '勒'이 쓰인다.

'給'을 나타내는 여격 전치사는 대부분 오어에서도 '수여' 의미를 가진 동사로 나타난다. 그러나 이들 전치사는 표준어의 '給'과 다른데 일반적으로 동사 앞에서 수혜자 표지로 쓰일 수 없다. 동사 앞에 있을 때 오어의 여격 표지는 일반적으로 오직 피동문의 행위자 표지이다. 행위자 표지와 '수여' 표지를 같은 성분으로 보기 어렵다. 그래서 대부분의 오어(소흥어, 초강(椒江)어를 제외)에서 여격 표지로 쓰이는 전치사는 동사 뒤 전치사이고 양쪽 위치 전치사가 아니다. 일부 방언에는 수여 동사와 다른 추상화 여격 표지가 있다. 예를 들어, 동양(東陽)어의 '咧'(수여 동사 '分'), 여수어의 '忒'(수여 동사 '克'). 이들 전문적인 여격 전치사는 동사성을 전혀 갖지 않고 동사나 VP 뒤에서만 쓰이는데 순수한 동사 뒤 전치사이다. 어떤 방언에서는 '在'에 해당하는 장소 전치사가 '여격'을 나타낸다. 예를 들면, 옛 소주어의 '勒'과 금화(金華)어의 '特'.

오어의 또 다른 특징은 이동동사의 문법화 정도가 낮은데 대체로 동사 뒤에서 방향/장소 의미역을 이끌어내지 못한다. 예를 들어 '跳下河'(강으로 뛰어간다), '爬上山頂'(산꼭대기에 올라간다) 등을 말할 수 없다.

동사 앞, 뒤에 있는 전치사의 '분업'과 '분화', 특히 오어에서 같은 의미역이 두 가지 위치에서 다른 표지에 의해 표시되는 것은 전치사가 중국어에서 차지하는 특별한 위치와 통사적 제한을 반영한다. 순수한 전치사 언어에서 이러한 제한을 볼 수 없다. PreP 어순이 비교적 자유스러운 언어에서 PreP는 일반적으로 동사 뒤에서 쓰이고 때로는 동사 앞, 특히 문두에서 쓰이기도 한다. 동사 앞, 뒤에서 같은 전치사가 쓰인다. 영어, 독일어, 프랑스어, 러시아어 등 전치사 언어가 다 이렇다. PreP 어순이 비교적 안정되는 언어(VSO 언어는 대부분 이 유형에 속한다. 예를 들어, 이스터섬(Easter Island, Isla de Pascua)), 와어(佤語)50). Chapin(1978), 안(顔), 주(周)(1995)에서 PreP 가 언제나 동사 뒤에서 쓰이고, 동사 앞에서만 쓰이는 전치사는 없다. 중국어 대부분의 PreP가 동사 앞에서만 쓰일 수 있고, 동사 뒤에서 쓰이는 일부 전치사가 동사 앞에 쓰일 수 없다고 하였다. 이는 위의 전치사 언어의 경우와 다르다.

전치사의 또 다른 통사적 제한은 일부 기본 전치사는 단독으로 NP를 지배할 수 없는 것이다. 의미 면에서의 필요 여부와 관계없이 전치사가 반드시 후치사(예를 들어, 방위사, '…似的' 등)와 같이 쓰여야 통사적인 면에서 자족하는 PP를 구성할 수 있다. 전치사의 자족하지 않는 통사적 특성을 볼 수 있다. 이는 오어에서 보다 더 뚜렷이 나타난다. 표준어에서 말할 수 있는 '在圖書館看書'(도서관에서 책을 본다)와 같은 구조는 오어에서 '圖書館' 뒤에 '裏'가 첨가되어야 한다. 이와 마찬가지로 '在桌子寫字'(책상 위에 글자를 쓴다)는 표준어에서도 말할 수 없다. 전형적인 전치사 언어에서는 이러한 경우가 나타나지 않을 것이다.

이러한 통사적 제한으로 보아, 전치사는 중국어에서 통사 체계를 자족하는 개사 체계를 구성할 수 없다.

---

50) 중국 운남(雲南) 지역에 있는 와(佤)족의 언어.

15.1.4 후치사의 통사적 구별과 통사적 제한

중국어 후치사의 의미역 종류가 전치사보다 적은 많은 의미역과 상응하는 후치사가 없고, 어떤 후치사는 접착제의 역할만 해 의미역 표지로 쓰일 수 없기 때문이다. 예를 들어, 고대 중국어 '以…而' 중의 '而', 현대 중국어 '用…來/去' 중의 '來/去' 등이 있다. 통사적인 면에서, 중국어 후치사는 다음과 같이 나눌 수 있다.

첫째, 의미역 후치사

의미역 후치사는 전치사와 같이 쓰일 수도 있고 단독으로 의미역을 이끌어낼 수도 있다. 언어학의 처소이론에 따르면 공간 관계가 의미역 관계의 기초이다. 의미역 후치사의 대부분이 공간 관계를 나타내는 방향/장소 후치사이다51). 방위/장소 후치사는 다시 방위 후치사와 장소 후치사로 나눌 수 있다. 표준어에는 대체로 방위 후치사만 있다. 즉 방위 명사로부터 나온 후치사, 특히 단음절 방위사와 '之-, 以-'를 가진 '之上, 以外' 등 복합 방위사이다. 사람을 가리키는 NP 뒤에서 쓰이는 '這兒/那兒' 등 장소 대명사가 이미 장소 후치사로 추상화 되기 시작하였다. 문어에서 '處' 앞에서 다양한 단위가 사용되어 장소 의미역을 구성할 수 있다. 그리고 이때 '的'을 쓰지 않는다(在張先生 (*的) 處). 따라서 '處'도 장소 후치사와 비슷하다. 오어에는 이 두 가지 후치사가 다 있다. '上'의 변체인 '浪/釀', '裏'의 변체인 '勒/特'과 같은 어떤 방위 후치사는 표준어보다 더욱 추상화된다. 오어에는 완전히 추상화된 장소 후치사(소주어의 '搭'을 비롯)가 많다. 방위/장소 후치사는 공간뿐만 아니라 시간 수량 범주 등을 나타내기도 한다. 오어에서 '縱,

---

51) 기네스북(1997판)에 명사의 격이 가장 많은 언어는 48개의 격을 가진 코카서스의 Tabsaaran 언어이다. Comrie & Polinsky(1998)는 조사 연구를 통해 Tabsaaran 언어의 명사 비장소격은 4, 5개만 있고 다른 격은 다 장소적인데, 몇 가지의 장소 접미사가 결합함으로써 다량의 격 형태(많은 형태로 조성된 복합 '격'을 포함)가 이루어졌고, 이것을 더하면 어떤 방언의 격은 48개를 넘을 것이라고 지적하였다. 이로 보아, 장소 범주가 격 범주 체계에서 많은 비율을 차지할 수 있고 방위 개사의 수가 많은 것은 정상이다.

到'류 전치사가 종종 생략되기 때문에 오어의 방위/장소 후치사는 실제로 출발점과 종점의 뜻도 포함한다. 어떤 복합 방위/장소 후치사는 방향/장소 외의 의미역을 이끌어내기도 한다. 예를 들어, 소주어의 '面浪'은 '행동의 대상'을 나타낼 수 있는데 '對'에 해당한다. '頭浪'은 '시간'을 나타낼 수 있는데 '…當口'에 해당한다. '淘裏'는 '사람들 간'을 타나낼 수 있는데 '…之間'에 해당한다.

명사에서 생기지 않은 의미역 후치사는 '기점'을 나타내는 起, 來, 以來', '종점'을 나타내는 '爲止', '비교와 비유'를 나타내는 '的…似的/一樣' 등이 있다. 오어에서도 이것들과 대응하는 후치사가 있다.

둘째, 보조적 후치사

보조적 후치사는 그 자체가 일정한 의미를 갖고 있다. 단독으로 의미역 표지로 쓰일 수 없고, 반드시 앞의 전치사와 같이 분리사를 구성하여 쓰인다. 예를 들어, '跟…一起'(…와/과 같이), '比…來得/要'(…보다), '把…給'(…를/을…한테 주다), '爲了…起見'(…고려하여), '對…來說'(…에 있어) 등 분리사의 뒷부분이다. 이러한 후치사의 대부분은 원래 뒤의 동사를 수식하는 성분이었는데 추상화되고 재분석 과정을 거쳐 분리사의 일부가 된다(跟…|一起V → 跟…一起|V). 재분석 과정이 아직 진행 중일 가능성도 있다. 어떤 오(吳)방언에는 이 성분보다 더 추상화된 보조적 후치사가 있다. 예를 들어, 소주어 '搭…淘' 중의 '淘'는 더 이상 단독으로 동사를 수식할 수 없고 전문적인 후치사가 된다. 첫째 의미역 후치사의 일부는 분리사의 구성 성분으로 쓰이기도 한다. 그러나 그것들 자체가 의미역을 부여하는 역할을 갖고 있으므로 보조적 후치사와 다르다.

셋째, 연결성 후치사

연결성 후치사는 대체로 어휘적 의미가 없고 전치사구와 핵심인 동사 사이에서 연결 역할을 하여 전치사와 같이 임시적 분리사를 구성한다. 예를 들어, 고대 중국어의 '以…以(…로)', '因…以(…로 인하여)', '以…而(…로

인하여)', '及…而'(…ㄹ/을 때), '由…而'(…부터) 등, 분리사의 뒷부분인 '以'나 '而', 표준어와 오어의 '用…來'(…로), '通過…去'(…를/을 통하여) 중의 '來/去' 등이 있다. 이들 후치사는 통사적 면에서 원래 뒤의 동사와 더 가까이 있었는데 종종 PreP 뒤에서 쓰여 재분석 과정을 거쳐 후치사가 된다 (用…|來V → 用…來|V).

넷째, 한정어 후치사

전문적인 한정어 표지는 고대 중국어의 '之', 표준어의 '的', 오어의 '個'이다. 물론 앞에 NP가 있을 때는 후치사로 간주될 수 있다. 오어에서 일부 방위/장소 후치사도 발전되어 한정어 후치사의 역할을 갖게 된다. 이렇게 되어 의미역 표지와 한정어 표지가 통일되었기 때문에 이들 후치사는 영어의 전치사와 더욱 비슷하다.

후치사는 특히 오어에서 어떤 면에서 전치사보다 더 중요한 통사적 역할을 한다. 방위/장소 PP에서 후치사의 통사적 강제성이 전치사보다 크다. 전치사가 종종 생략될 수 있는 반면에 후치사는 많은 경우에 절대로 생략될 수 없다. 오어에서 방위/장소류 부사어가 동사를 앞설 때 '장소'를 나타내는 '在'의 단어로서의 의미뿐만 아니라 '종점과 원점'을 나타내는 '到, 從'도 종종 생략될 수 있다. 이와 달리, 방위 후치사는 의미면에서 불필요할 때라도 생략될 수 없다. '동등비교/비유'를 나타내는 '跟/像…似的/一樣' 등에서도 앞부분이 생략될 수 있고 뒷부분이 생략될 수 없다.

중국어는 원래부터 한정어가 전치사에 의해 이끌려왔다. 전치사구가 한정어로 쓰일 때라도 PreP 뒤에서 구조 조사로 부르는 '之/的/個'와 같은 후치사가 첨가되어야 한다. 오어에서 어떤 방위/장소 후치사는 한정어 표지로 쓰일 수 있다. 그것들이 구조 조사와 같이 다 후치사에 속하며 통사적 위치(한정어와 핵심어 사이)도 같기 때문이다.

현대 중국어와 오(吳)방언 중의 후치사도 자족하는 개사 체계를 이룰 수 없다. 그 원인은 의미역 종류가 완전하지 않고 그 후치사도 통사적 제한(오어에서 이러한 제한이 비교적 적음)이 있는데 있다. 어떤 후치사의 분포는 전치사보다 적다. 예를 들어, 표준어의 방위 후치사는 사람을 가리키는 NP와 지명 뒤에서 쓰일 수 없다. 이는 순수한 후치사 언어와 다르다. 일부 오(吳)방언의 이러한 후치사는 발전되어 보다 더 많은 용법을 갖게 되는데 정도가 더 깊은 문법화 상태로 나타난다. 예를 들어, 소흥어의 ‘裏’는 다른 방위 후치사와 같이 사람을 가리키지 않는 NP뿐만 아니라 인칭 대명사, 사람을 가리키는 모든 NP 뒤에서 쓰일 수 있다. 영파어의 ‘埭’은 지명 뒤에서 쓰일 수 있다. 어떤 오어에서는 몇 개의 후치사가 교체되어 사용됨으로써 모든 NP 뒤에 다 적당한 후치사가 첨가될 수 있다. 예를 들어, 소주어에서 사람을 가리키는 NP 뒤에는 ‘搭’(老張搭)이 첨가되고, 사람을 가리키지 않는 명사 뒤에는 방위사(郵局裏(우체국에))가 첨가되고, 지명 뒤에는 추상화된 ‘場化/地方’(山東地方(산동에))이 첨가된다. 그러나 후치사는 그 자체가 여전히 일정한 선택적 제한을 가진다. 이 외에 분리사의 일부만로만 쓰이는 후치사가 전치사 없이 단독으로 의미역을 이끌어낼 수 없는 것도 후치사의 역할을 제한한다.

15.1.5 분리사

분리사는 중국어에서 주로 어휘적 개념이 아닌 통사적 개념이다. 일반적으로 전치사와 후치사에 의해 이루어지는데 대부분 안정적인 품사가 아니다. 그럼에도 불구하고, 분리사 현상은 중국어 개사 유형론에서 가장 뚜렷한 특징이다. 전치사와 후치사는 다 통사적 제한을 받는데 비해 둘로 구성된 분리사는 통사적 면에서 자족하며 더 이상 제한을 받지 않는다.

분리사는 통사적 특징에 따라 다음과 같이 분류될 수 있다.

첫째, 이중 의미역을 부여하는 분리사

이러한 분리사의 앞부분과 뒷부분이 다 의미역을 부여하는 역할을 하기 때문에 일정한 통사적 조건 하에서 한 부분이 생략될 수 있다(PreP나 PosP가 됨). 전, 후치사가 교차하여 결합한 이러한 분리사가 많다. 그 중에는 방위/장소류 전치사와 방위/장소류 후치사가 결합하여 이룬 것, 예를 들어, 표준어의 '在…上'(…위에), 소주어의 '到…搭'(…에) 등이 있다. '기점'을 나타내는 '從…起'(…부터), '到…爲止'(…까지) 등이 있다. '비교/비유'를 나타내는 '跟/像…似的/一樣'(…와/과 같이)과 옛 상해어의 '像…能'(…와/과 같다) 등이 있다. '동기'를 나타내는 '爲…起見'(…를/을 고려하여)이 있다. 이들 분리사의 대부분은, 전치사의 영역이 후치사보다 크다. 즉 전치사가 후치사를 지배한다.

둘째, 어휘적 분리사

어휘적 분리사를 안정적인 어휘로 간주할 수 있는 것은 그 분리사 중에 후치사가 단독으로는 의미역을 이끌어낼 수 없지만 후치사의 부분으로 안정적인 의미역 의미를 갖기 때문이다. 그 중의 전치사는 단독으로 쓰일 수 있지만 분리사 전체의 의미를 나타낼 수 없다. 예를 들어, '對…來說(…에 있어)(≠對), '就…而言(…에 있어)'(≠'就'), 영파어의 '從…埭'(…를 경유하여)('경유'를 나타낼 때, ≠기점 표지 '從', 공시적 면에서 이러한 분리사 중에 전, 후치사의 영역을 변별하기 어렵다.)

셋째, 강화식 분리사

강화식 분리사는 전치사구와 하나의 부사 성분으로 이루어진다. 따라서 분리사 중에 전치사는 의미역 표지이고 후치사는 부사성이므로 의미역을 표지할 수 없다. 후치사는 뒤의 동사를 수식함으로써 관련되는 의미역 의미를 강화시키는데, 때로는 생략되어도 의미역 의미에 영향을 미치지 않는다. 이들 부사성 단위는 의미적 면에서 앞의 PreP의 의미역과 관련되며 PP, V 간의 접착제 역할을 하기 때문에 재분석 과정을 거쳐 분리사 중의 후치사가 된다. 예를 들어, '比…來得/要/更(…보다 더), 爲…所(…에/한테), 跟…一起'(…와/과 같이), 소주어의 '搭…淘'(…에) 등이 있다. '來得'을 예로 들면,

'來得'은 단독으로 비교 기준을 이끌어낼 수 없지만 의미적 면에서 '비교'와 관련되어 '比…' 뒤에 쓰여 분리사를 구성한다. 이러한 분리사는 첫째 것과 반대가 되는데 PreP+후치사 구조이다. 따라서 후치사의 영역이 더 크다.

넷째 연결식 분리사

연결식 분리사는 구조가 가장 느슨한 임시적인 분리사로 전치사구와 하나의 연결 성분에 의해 이루어진다. 예를 들어, 고대 중국어와 현대 문어에서 쓰이는 '以…以'(…로), '因…而'(…로 인하여), '以…而'(…로 인하여), '及…而'(…ㄹ/을 때), '由…而'(…부터), '爲…而'(…를/을 위하여), 표준어와 오어에서 쓰이는 '用…來'(…로), '拿…來'(…갖고)(오어에서 '도구' 외에 처치식(處置式)으로 쓰이기도 함), '通過…去'(…를/을 통하여) 등이 있다. 이들 개사 중에 후치사는 연결 역할만 하고 의미역을 표시하지 않는데 통사적 면에서 대체로 생략될 수 있다. 구어, 특히 오어에서 많이 사용된다. 이러한 분리사의 구조는 셋째의 분리사와 같다.

15.1.6 전, 후치 복합사 PPC

전, 후치사가 결합하여 구성하는 PPC는 그 자체가 꼭 개사는 아니지만 중국어에서 전, 후치사가 공존하는 것과, 분리사가 중요한 역할을 하는 유형적 특징을 설명한다. 어떤 방언의 PPC는 발전되어 개사의 용법을 갖게 된다.

표준어에는 PPC가 없지만 역사상의 중국어와 일부 현대 방언에는 '在裏'(안에)와 같은 PPC가 존재한 적이 있다. PPC는 오어에 널리 존재하는데 NP가 생략된 방위/장소성 분리사구 'Pre + NP +Pos'에 의해 이루어진다. 그 중 Pre는 '在'(…에 있다) 의미를 가진 동사 겸 전치사인데 오어에서 주로 '勒, 隑, 是'이다. 그 중의 Pos는 방위/장소 후치사(종종 동시에 방위/장소 대명사의 접미사로 쓰이기도 함)이다. 에를 들어, '裏, 浪上'이나 장소 후치사인

'搭' 등이 있다. 분리사를 사용하는 언어에서만 이러한 특별한 복합사가 생겨날 수 있다. 기원으로 보면, PPC는 '방위/장소'를 나타내는 축소된 VP나 PP로부터 생겼는데 PP로 방위/장소 의미역의 역할을 할 수 있다. 이와 동시에 PPC는 발전되어 상 표지, 어기사 등과 같은 많은 추상화된 용법을 갖게 된다. PPC 전체는 소주(蘇州), 영파(寧波) 등, 방언에서 반전되어 전치사의 용법을 갖게 되기도 한다. 이때 PPC 뒤에 또 다른 방위/장소 의미역이 첨가될 수 있다. 이는 PPC 중의 후치사로 하여금 후치사의 역할이 사라지도록 한다. PPC가 여전히 원근을 지시하는 의미를 가지고 있으므로 PPC의 뒷부분은 실제로 전치사의 거리 범주 표지가 된다.

표준어 중의 '用來, 用以'(…로써)는 다른 유별의 PPC로 간주될 수 있다. 그러나 그것의 형성된 기제와 통사적 역할은 오어의 방위/장소 성 PPC와 크게 다르다. '用來, 用以'는 관계화 위치 이동을 통해 PP로부터 NP가 다른 위치로 이동해서 이루어진 개사만 나타나기(현착: 懸着, adposition stranding)이다. 예를 들어, '用來盛飯的碗'(밥을 담는 공기)은 '用碗來盛飯'(공기로 밥을 담는다)에서 '碗'의 관계화를 거쳐 이루어진다. 중국어의 전, 후치사는 좌초(懸着)를 허용하지 않고 이 두 분리사만 이렇게 쓰일 수 있다.

15.2 중국어 개사 연구와 어순 유형론 이론

15.2.1 개사 유형과 개사구 어순을 제한하는 다양한 원칙

개사의 어순 유형론 연구는 두 가지 문제와 관련되어 있다. 하나는 개사의 유형(전치사, 후치사), 즉 개사와 그것이 지배하는 성분 간의 상대적인 위치이다. 다른 하나는 개사구의 유형, 즉 개사구 PP와 그것을 지배하는 핵심적 성분 간의 상대적인 위치이다. 다른 어순 현상과 마찬가지로, 개사와 관련된 이 두 가지 어순은 언어에 따라 다르면서도 공통된 어순 원칙을 따른다. 문제의 복잡성은 어순을 결정하는 원칙이 많고 다양한 원칙이 때로는 일치된 결과를 가져오고, 때로는 서로 모순된다는 것에 있다.[52] 다음으로 중국어 및 오어의 개사 어순이 어떤 언어 보편성을 드러내는지를 총괄하고 다른 어순 원칙들이 개사에 작용할 때 서로간의 관계가 무엇인가, 원칙들의 작용이 다른가를 밝히고자 한다. 중국어 개사 유형의 다양성과 개사구가 통사적 면에서 나타내는 특별성이 있기 때문에 이에 대한 고찰이 어순 유형론 연구에 조금이라도 도움이 되기를 바란다.

어순 유형론의 연구 성과와 위에서 중국어, 오어와 관련된 어순 유형에 대한 고찰에 의해, 다음과 같은 네 가지 원칙이 어순 배열에 영향을 미친다. 첫째, 연계자 중간 원칙이다. 둘째, 어순 조화성 원칙이다. 셋째, 시간 순서 도상성 원칙이다. 넷째, 정보 구조 원칙이다. 다음으로 이 원칙들에 대해 하나하나 논의할 것이다.

15.2.2 개사, 연결사 유형과 연계자 원칙

개사와 연결사는 통사론에서 연계자(relator)에 속한다. Dik(1997: 406)이 제기한 관련자 위치 원칙은 개사, 연결사의 어순에 가장 직접적인 영향을 주는 보편적 원칙이다. 이것은 각 원칙들에서 매개 변수인 개사 유형과 개사구 PP의 어순 간의 관련성을 드러내는 유일한 원칙이기도 하다.

연계자 원칙은 연계자가 그것이 연결하는 두 성분 사이에 있을 것을 요구한다. 이 원칙에 따라, VPP 언어에서는 전치사가 잘 쓰이고 PPV 언어에

---

52) 예를 들어, 프라하 학파가 선도하는 주 위치 우선 원칙(主位 居先)과 Givón(1988)이 강조하는 중요 정보/예측될 수 없는 정보 우선 원칙은 많은 언어에서 검증될 수 있지만 서로 뚜렷하게 모순된다. 중국어에서는 '客人來了'(손님이 왔다)와 '來了客人'(왔다 손님이) 간의 대립은 첫째 원칙을 드러내고 '你快走呀'(너 빨리 가)와 '快走呀, 你'(빨리 가, 너) 간의 대립은 둘째 원칙을 드러낸다. 서로 모순된 원칙이 존재하는 것은 그 원칙 자체가 합리적이지 않다는 것을 의미하지 않는다. 중국어에서는 주 위치 우선 원칙은 주로 통사적 측면에서 작용하고, 중요 정보 우선 원칙은 주로 담화 측면에서 작용하여 정상적이지 않은 전위(錯位: dislocation) 구문을 초래한다. 이 두 원칙의 역할은 여전히 명확하다.

서는 후치사가 잘 쓰인다. Dik은 연계자 중간 원칙의 작용력이 극히 강하다고 지적한다. 우리가 고찰한 것도 이를 검증할 수 있다. 우리가 고찰한 수십 가지의 언어 중에는 예외가 없다.

물론, 이 원칙은 PP가 어떤 언어에서 활동적이어야 한다. 학자들은 언어가 다음과 같은 특성을 가진다는 것을 발견하였다. 즉 어순 자유도는 결합 등급이 높을수록 높아진다. 그리고 PP가 동사를 수식할 때의 어순은 명사를 수식할 때의 어순보다 더 자유롭다. 절에서 부사어-서술어 구조의 등급이 한정어-명사 구조보다 높기 때문이다.53) 그래서 영어에서 전치사를 사용하며 PP 한정어가 동사에 뒤따르는 것도 안정적이다. 이와 동시에 PP 부사어가 주로 뒤따르면서도 때로는 일정한 조건 하에서 전치할 수 있다. 영어와 같이 PP의 어순이 안정적이지 않은 언어에서 PP는 언제나 연계자 중간 원칙에 맞는 어순을 일반적 어순으로 한다. 만약 PP의 어순이 완전히 안정적이라면 보다 더 엄밀히 연계자 원칙에 따를 것이다. 예를 들어, 일본어의 PP는 다 동사를 앞선다. 다음에는 연계자 원칙이 중국어, 특히 오(吳) 방언의 개사 유형 및 PP의 위치를 어떻게 제약하는지를 총괄한다.

선진(先秦) 중국어에서는 주로 전치사가 사용되고 PP의 우세한 위치는 동사 뒤이다. 이렇게 되어, 개사가 매개 위치에 있다. 선진(先秦) 중국어의 전치사는 일정한 조건 하에서 후치사로 쓰일 수 있다. 즉 PP가 동사 앞에 있을 경우이다. 그래서 임시로 후치사로 쓰이는 개사가 매개 위치에 있다.

선진(先秦) 중국어의 전치사구가 동사 앞에서 쓰이고 전치사가 후치사로 쓰이지 않을 때, 종종 PP 뒤에 연결성 후치사, 즉 '而'나 '以'가 첨가된다. 이렇게 되어, PP와 동사 사이인 매개 위치에 여전히 관련자가 존재한다. 이는 오늘까지 계속 사용되어 왔다. 예를 들어, '爲工作而犧牲休息'(직장 일을 하기 위해 쉬지 않는다).

---

53) 문장에서 부사어가 직접적으로 서술어 핵심과 결합할 수 있지만 한정어는 서술어 핵심이 지배하는 논항 안의 핵심과 결합할 수 있다.

한정어는 예로부터 핵심을 앞서는데 한정어를 이끌어내는 것은 줄곧 후치사이다. 즉 고대의 '之'와 현대의 '的'이다.

한대(漢代) 후에 PP가 점차 동사 앞으로 이동하기 시작하였다. 이와 동시에 PP와 동사 핵심 사이에 있는 방위 명사를 비롯한 일부 단어는 추상화되어 점차 반 허화(虛化) 방위 명사나 완전 허화 후치사가 되었는데 PP와 동사 핵심 사이에서 연계자 역할을 한다. 더 나아가, 이러한 성분들의 통사적 강제성은 매개 자리에 위치하지 않는 '在' 등 전치사를 앞서기도 한다. 추상화 과정을 거쳐 점차 후치사가 된 것 가운데에는 명사에서 생기지 않은 성분도 있다. 예를 들어, '(自)…來/…起(…부터), (至)…爲止(…까지), (跟/像)…似的(…처럼), (爲/被)…所'(…를/을 당하다) 등이 있다. 이것들은 PP와 V 사이인 매개 위치를 채우기도 한다.

오어, 특히 영파어, 소흥어에서 방위/장소성의 PP가 동사 앞에서 쓰일 때 종종 전치사가 첨가되지 않는다. 이러한 어순 체계에서 후치사가 매개 위치에 있는 것이 더 많이 나타난다. 이와 아울러, 오어 방위 후치사의 통사적 강제성은 표준어보다 크다. 영파어, 소흥어에서 후치사가 더욱 중요해지고 동시에 전치사가 덜 사용된다.

도구 의미역에서 오어 후치사가 더 많이 사용된다. 소주어, 상해어에서 도구 의미역 뒤에 있는 연결성 후치사 '來/去'가 통사적 강제성을 갖지 않지만 통계에 의하면 대부분의 도구성 PP 뒤에서는 나타난다. 범–오어적 비교로 보아, 이러한 경향이 각 오어 방언에 다 있다. '來/去'는 종종 다른 의미역의 PP 뒤에서 쓰이기도 하는데 고대부터 쓰여 온 PP 뒤의 '而'와 비슷한 역할을 한다.

연계자 중간 원칙은 연결사의 어순을 많이 제약하기도 한다. 구 중에 병렬 연결사가 연결된 두 성분 사이에 있는 것은 지금까지 중국어를 포함하는 모든 언어가 지켜야 하는 규칙이다.

어순이 비교적 활동적인 복문도 종종 연계자 원칙을 지켜야 한다. 중국어에서 연결 성분을 전혀 안 쓰는 합의(의합: 意合)구를 제외하고, 대체로 다음과 같이 복문을 연결한다. 첫째, 뒷 절에서만 전치 연결사를 사용한다. 예를 들어, '他去, 但是你別去'(그가 가지만 너는 가지 마). 둘째, 앞절과 뒷절에서 다 전치사를 사용한다. 예를 들어, '雖然他去, 但是你別去'(그가 가지만 너는 가지 마). 셋째, 앞절에서 후치 연결사나 분리사를 사용한다. 예를 들어, '(假如)他去的話, 你別去'(그가 간다면 너는 가지 마). 이 세 가지 연결 방식에는 두 절 사이인 매개 위치에 다 연계자가 있다.

중국어 복문에서 전치 연결사가 앞절에서만 쓰여서는 안 된다. 예를 들어, '雖然他去, *(但是)你別去'. 후치 연결사가 뒷절에서만 쓰이는 것도 허용하지 않는다. 예를 들어, '你別去, *(假如)他去的話'. 이것들이 안 된다는 것은 매개 위치에 연결사가 없기 때문이다. 표준어의 영향을 많이 받지 않은 상해어와 같은 옛 오어에서 매개 위치에 있는 후치사가 구, 절을 연결하는 면에서 활동적이며 심지어 전치 연결사보다 더 중요하다.

요컨대, 연계자 중간 원칙의 중국어 개사 유형에 대한 제약이 뚜렷하다. 그 제약은 어떤 때는 강제성 통사적 규칙으로 나타나고, 어떤 때는 담화에서의 우세한 빈도로 나타나고, 어떤 때는 통시적 변천의 동인으로 나타난다.

15.2.3 개사, 연결사 유형과 어순 조화 원칙

어순의 조화성은 다른 구조의 어순 간의 범-언어적 관련성을 가리킨다. WX와 YZ는 언제나 같은 언어에서 공존하고 XW와 ZY는 언제나 같은 언어에서 존재한다. 3.1에서 지적한 바와 같이 조화성은 한 가지 경향일 뿐이다. 절대적인 조화는 구조 간의 쌍방향 함축에 있다. 대부분의 어순 보편성은 우세한 어순이기 때문에 한 방향 함축이다. 조화의 기초를 해석하는 것은 Vennemann 등의 핵심론(핵심어가 한 측에 있고 종속어가 다른 한 측에 있음), Dryer의 분지 방향 이론(어휘적 성분이 한 측에 있고 통사적 성분이 다른 한 측에 있음)이 있다. 두 이론은 대부분 같지만 일부 다르다.

핵심론이나 분지 방향 이론이나 모두 개사 유형과 술목 관계의 조화를 포함한다. 실제적인 언어 자료도 개사 유형과 술목 구조 간의 조화성이 다른 구조 간의 조화성보다 강하다는 것을 설명한다. 구체적으로 말하면, 전치사는 VO와 조화하고 후치사는 OV와 조화한다. Dryer는 PP의 위치와 술목 관계 간의 조화를 주목하였는데 이 조화가 개사 유형과 술목 구조 간의 대응보다 더 강하다는 것을 발견하였다. 우리의 고찰에 의하면, 개사 유형과 PP의 위치 간의 조화성도 동등하게, 심지어는 더 강하다. 조화성의 원인은 다양하다. 문법화 기원(LaPolla 2002), 경제성(Sgall, Shibatani & Bayon 1995: 8 참조) 등이 다 어떤 조화의 원인일 가능성이 있다. 연계자 중간 원칙 등으로 일부 조화를 설명할 수도 있다.

중국어는 VO 술목 구조이고, 주로 전치사를 PP에 사용한다. 따라서 중국어는 위의 조화성에 잘 맞는다. 선진(先秦) 중국어에는 SOV 어순이 부분적으로 남아 있고 전치사가 후치사로 쓰이는 현상도 있다. 둘도 조화를 이룬다.

선진(先秦) 중국어에서 우세한 V–PP 구조는 우세한 전치사와 조화를 이룬다. 그 후에는 PP–V 어순이 우세해졌는데 새로 나타난 후치사와도 조화를 이룬다. 이러한 조화는 연계자 중간 원칙과 일치한다. 이렇게 된 주요 원인은 이 원칙이 작용하기 때문인 것 같다. 오어는 부주제가 발달되는데 심지어 어떤 방언은 SOV의 싹이 나타나 보다 더 전형적이지 않은 SVO 유형이 나타나고, PP가 V를 앞서는 경향도 표준어보다 강하다. 오어에서는 전치사와 전치 연결사를 덜 사용하고 후치사와 후치 연결사를 더 사용한다. 이는 바로 SVO가 쇠락하고 PP가 많이 전치하는 것과 조화를 이룬다. 그럼에도 불구하고 후치사의 발달과 PP가 전치하는 것 사이의 조화가 연계자 중간 원칙에 맞기도 하기 때문에 이렇게 된 것은 연계자 원칙이 작용하기 때문일 가능성이 더 크다.

　어순 조화성이 연결사 유형에서 가장 뚜렷이 드러난다. 연결사 어중은 연계자 원칙에 의해 결정된다. 이와 동시에 매개 위치에 있는 연결사는 여전히 전치, 후치의 구별을 가진다. 이는 각각 전치 개사와 후치 개사와 조화를 이룬다. 영어와 같은 전치사 언어에서는 주로 뒤의 단어 앞이나 문두의 연결사(본 책에서 전치 연결사라 함)를 사용하고, 일본어와 같은 후치사 언어에서는 주로 앞의 단어 뒤나 문말의 연결사(본 책에서 후치 연결사라 함)를 사용한다. 이 두 가지 경우 모두 연결사가 매개 위치에 있어, 둘이 다른 원인은 조화 현상에만 있다. 중국어는 전치사와 전치 연결사를 위주로 하고 후치사와 일부 후치 연결사도 있다. 오어에서는 후치사가 더 발달되었고 중요하다. 아울러, 후치 연결사도 아주 발달하였고 심지어 구 안의 병렬 성분도 전치 연결사, 후치 연결사를 다 갖는다. 예를 들어, 상해어에서는 '脫'(전치 연결사)과 '咾'(후치 연결사)가 모두 있는데 후자를 위주로 한다. 이러한 사실은 개사와 연결사의 유형이 가장 긴밀하며 가장 순수한 조화 조(組)임을 설명한다.

　핵심론으로 분석하든 분지 방향 이론으로 분석하든 중국어에는 조화하지 않는 어순이 있다. 이는 주로 핵심 어두형인 VO 어순과 핵심 어말형인 명사구 간의 관계로 나타난다. 관계절이 전치하는 것은 대체로 VO 언어의 유일한 예외이다. 개사와 관련된 것으로 보아, 현대 중국어의 PP가 전치하는 것은 VO 어순과 조화하지 않는다. 비교문과 술목구는 아주 조화하는 매개변수인데 대부분의 VO 언어에서는 '형용사+표지+기준'의 구조를 사용한다. 그러나 표준어와 오어의 '比+기준+형용사'의 어순은 VO와 조화하지 않을 뿐만 아니라 연계자 중간 원칙에 어긋난다. 중국어, 특히 오어에서 종종 '比…要/來得'(…보다)과 같은 분리사로 기준을 이끌어내어 이를 채운다.

15.2.4 개사구 어순과 시간 순서 도상성 원칙

도상성 원칙은 언어 구조가 그것이 나타내는 대상과 직관적으로 비슷한 배열 방식을 우선적으로 취한다는 것을 가리킨다. 도상성은 하나의 큰 언어 기능-인지 원칙으로 많은 부속 원칙을 가진다. 예를 들어, 시간 순서 도상성, 관계 긴밀도 도상성, 단위 치수 도상성 등이 있다. 연계자 원칙도 도상성 원칙으로 간주될 수 있다. 접착제가 연결 대상 사이에 있는 것이 가장 자연스럽기 때문이다. 도상성과 통사적 정도 간에 상반관계가 있다. 통사적 정도가 낮을수록(특정한 언어의 통사적 수단에 적게 의지할수록) 도상성이 잘 작용한다. 반대가 되면 도상성이 잘 작용하지 않는다. 중국어는 통사적 수단이 비교적 적고 통사적 정도가 낮은 언어이기 때문에 도상성 원칙의 역할이 뚜렷하다. 시간 순서 도상성은 바로 개사 어순에 영향을 미치는 도상성 원칙이다.

조화 원칙과 마찬가지로 도상성 원칙도 경향으로 나타난다. 두 원칙 간에 대립이 있다. 조화 원칙은 다른 구조 간의 관련성을 나타내고 도상성 원칙은 구조 자체가 원래부터 가진 경향을 나타낸다. 조화 원칙은 매개 변수 하의 평등 선택을 드러내는데 PP가 전치하거나 후치하는 것은 우열의 구별이 없다. 그러나 이는 같은 언어의 다른 구조와 관련되어 있다. 도상성은 매개 변수 하의 우세 선택을 드러낸다. 예를 들어, 조건절은 전치해도 되고 후치해도 되는 것이 아니라 모든 언어에서 다 전치하는 것을 우세한 어순으로 한다. '조건-결과'의 순서가 시간 순서에 맞기 때문이다.

개사 유형에 있어, 전치사와 후치사는 도상성에서 차이가 없다. 그 중의 어느 것이 범-언어적으로 우세하게 분포하지 않는다. PP가 동사 핵심을 전치하거나 후치하는 것도 도상성에서 차이가 없다. 그러나 PP 안의 다른 의미역의 의미가 PP 어순에 영향을 미칠 가능성이 있다. 물론, 일본어, 와(佤)어와 같은 PP와 V의 어순이 일치하는 언어에서 도상성 원칙이 작용하기 어렵다. 모든 일본어의 PP는 다 동사를 앞서고 모든 와(佤)어의 PP는 다 동사에 뒤따른다(안(顏), 주(周)1995 참조). 이는 일본어, 와(佤)어 PP 위치의 통사적 정도가 높고 도상성이 아닌 통사적 원칙이 작용한다는 것을 설명한다(이와 동시에 다른 의미역의 PP 간의 어순이 여전히 도상성으로 나타날 수 있다. 예를 들어, 일본어의 원점과 종점이 동시에 동사를 앞설 때 일반적으로 원점이 더 앞에 있다). PP와 V의 어순이 안정적이지 않은 언어에서 도상성이 작용한다. 예를 들어, 무명장어(武鳴壯語)에서 대부분의 PP가 다 동사에 뒤따르는데 기점, 기원을 나타내는 PP는 동사를 앞선다(양(梁), 장(張)1996: 868 참조).

표준어의 PP는 대체로 동사를 앞서는데 일부 전치사의 PP가 동사에 뒤따른다. 이러한 전치사에는 주로 두 가지 있는데 한 가지는 '방향, 종점'을 나타내는 '向, 往'(…향하여)과 전치사 성질을 갖은 '到' 및 이동동사인 '上, 下, 進, 出' 등이다. 다른 한 가지는 여격 표지 '給'이다. 사실 '給'이 이끌어 내는 의미역도 한 가지 종점이며 어떤 의미역 이론에서 종점, 방향 의미역과 같이 목표(goal)로 불린다. 일본어, 영어에서는 모두 같은 개사로 '종점과 접수자'를 나타낸다. 일본어의 후치사 ni와 영어의 전치사 to이다. 이와 비슷한 것은 고대 중국어의 '于/於'와 옛 소주어의 장소 겸 여격 표지인 '勒'이 있다. 시간 면에서 보아, 이동 행동이 언제나 먼저 기점에서 시작하고 종점에 끝나고, '주고받는 물품'도 먼저 주는 자에 의해 보관되고 다음으로 받는 자에 의해 보관된다. 이로 보아, 방향 종점과 접수자 의미역은 대부분 PP의 정상적인 위치와 달리 동사에 뒤따른다. 이는 바로 시간 순서 도상성이 작용하기 때문이다. 다른 의미역은 동사를 뒤따르며 종점, 방향과 접수자만 동사를 앞서는 언어는 없고, 다른 의미역이 다 동사를 앞서며 원점 의미역만 동사를 뒤따르는 언어도 없다[54].

---

54) 이 두 가지 의미역 외에 표준어의 동사 뒤에서 쓰일 수 있는 다른 의미역의 PP가 확실히 있다. 하나는 '존재'를 나타내는 '在'에 의해 이끌리는 PP이다. 예를 들어, '走在大路上'(

PP의 위치에서 오어가 표준어보다 시간 순서 도상성에 더 맞는다. 오어 PP가 후치하는 경우는 표준어보다 적으며 원점 의미역은 동사에 뒤따르지 못한다. 표준어 동사 뒤에서 '在'에 의해 이끌리는 의미역이 오어에서 반드시 동사를 앞서야 한다. 다른 면에서 '종점과 접수자'를 나타내는 PP가 여전히 동사를 뒤따른다. PP가 전치하는 경향이 가장 강한 소흥어, 영파어에서도 '종점과 접수자'를 나타내는 PP가 여전히 일반적으로 동사에 뒤따른다. 그리고 오어의 이동동사는 일반적으로 표준어처럼 방향 의미역을 이끌어내지 못하지만 이러한 의미는 '到' 등에 의해 이끌리고 동사를 뒤따른다. 도상성 원칙이 오어 어순 체계에서 작용하는 것이 극히 뚜렷하다.

15.2.5 개사구 어순과 정보 구조 원칙

중국어 개사구 어순에서 작용하는 정보 구조 원칙은 주로 '구→신'의 원칙인데 한정(有定)→비한정(無定), 구정보→신정보, 주제→초점 등을 포함한다. 이것은 대체로 프라하학파의 '주어 위치(주위(主位))—서술어 위치(술위(述位))' 원칙이다. '구→신'의 원칙은 시간 순서 원칙이 정보 구조 면에서 나타나는 특별한 표현으로 간주될 수도 있다. 구정보가 신정보보다 먼저 존재하거나 활성화되기 때문이다. 이 원칙이 중국어 절 구조에서 작용하는 것은 많은 문헌에서 언급된다. 그러면, 이 원칙이 PP의 위치에 어떤 영향을 미치는가? 표준어와 오어에서 PP의 정상적인 통사적 위치는 동사 앞이다. 동사에 뒤따르는 전치사가 극히 적다. 그리고 후치하는 PP가 주로 시간 순서 도상성 원칙에 의해 지배되기 때문에 정보 구조 원칙이 이에 영향을 미치지 않는다. 정보 구조 원칙을 드러내는 것은 처치식(處置式)인데

'在' PP의 일반적인 위치는 여전히 동사 앞임). 다른 하나는 '원점'을 나타내는 고어 색채를 가진 '自'에 의해 이끌리는 PP(구어에서 많이 쓰이는 '從'에 의해 이끌리는 PP가 동사 앞에서만 쓰일 수 있음)이다. 이렇게 된 것은 고대 중국어에서 PP의 일반적(통사적)인 위치가 동사 뒤인데 이들 PP는 고대 중국어를 모방한 방식 '화석'으로 다 동사 앞으로 이동할 수 있고 주로 동사 앞에서 쓰일 수 있다.

즉 이미 앎, 한정의 대상 성분이 일반적으로 전치사인 '把'(또한 '把'와 대응하는 오어의 허사)에 의해 동사 앞에서 이끌린다. 그러나 이러한 선택은 PP의 이 두 가지 위치에 대한 진정한 선택이 아니라 동사 뒤의 직접 목적어와 동사 앞의 사격 부사어 간의 대립이다. 그리고 PP가 동사 앞에 있을 때, 주어 앞에 있는지 주어와 동사 사이에 있는지의 정보 구조의 영향을 받는다. 위의 글을 이어주며 '주어 위치' 역할을 가진 PP가 일반적으로 주어를 앞선다. 예를 들어, '她15歲就進了師範大學, 在那兒, 她成了班上的小妹妹'(그녀는 15살인 나이로 일찍 사범대에 들어갔는데 동급생 중에 어린 여동생이 되었다). 이에 대한 논의가 많기 때문에 이 책에서 더 이상 논의하지 않는다.

이로 보아, 중국어, 특히 오어 절의 어순에서 중요한 작용을 하는 정보 구조 원칙은 PP 어순 유형 면에서 별로 작용하지 않는다. 이는 PP가 있는 동사 앞이 이미 통사적 정도가 높은 안정적인 위치라 선택의 여유가 별로 없기 때문이다. 이 원칙은 다만 PP가 주어 앞에 있는지, 주어 뒤에 있는지에만 어느 정도 작용한다. 고대 중국어의 어떤 PP가 비교적 자유롭게 동사 앞, 뒤에서 나타나는 것으로 보아, 이때는 정보 구조의 역할이 더 큰 것 같다. 이에 대해 더 깊은 연구가 필요하다.

15.2.6 어순 원칙의 개사 매개 변수 간의 상호 작용

중국어와 오어의 개사 어순은 위와 같은 다양한 원칙의 제약을 받기 때문에 복잡하다. 다음에는 다양한 원칙 간의 상호 작용 및 결과를 논의한다.

범-언어적 시각으로 보아, 연계자 중간 원칙은 가장 보편적이며 가장 힘이 있는 원칙이다. 그러나 매개 위치의 관념이 중국어 개사 연구의 문헌에서 나타난 적이 없다. 원인은 두 가지가 있다. 하나는 전치사만 개사로 간주하는 것이다. 다른 하나는 중고(中古) 후의 중국어에서 전치사가 주로 동사를 앞서 매개 자리에 별로 위치하지 않는 것이다. 이 두 원인은 우리로 하여금 개사 어순에 대한 매개 위치의 중요성을 소홀히 하게 한다. 다른 언어와 비교하면, 중고(中古) 후의 중국어가 확실히 이 원칙을 약간 빗나가는 언어이다. 그럼에도 불구하고, 이로 인해 연계자 원칙이 중국어에서 중요한 역할을 하는 것을 소홀히 해서는 안 된다. 15.2.2에서 이미 공시적, 통시적 면에서 연계자 중간 원칙이 중국어, 오(吳)방언에서 개사, 연결사 유형과 PP 위치에 미치는 영향을 총괄하였다. 비교적 전면적인 개사관을 갖고, 전치사만 주목하지 않으면, 연계자 원칙이 중국어에서 작용하는 것을 쉽게 볼 수 있다.

조화성 원칙의 힘은 원래부터 연계자 중간 원칙보다 아주 적다. 범-언어적 연구로 보아, 각 구조가 완전히 조화하는 '이상적'인 언어는 별로 많지 않다. 그러나 조화성은 개사에서 뚜렷한 역할을 한다. 'VO, Pre, PPV'는 조화성의 한 측이고 'OV, Pos, PPV'는 조화성의 다른 한 측이다. 이 두 유형은 대부분의 언어를 포괄한다. 그래서 어순 유형론에서 개사 유형이 핵심적 매개 변수로 다른 매개 변수보다 더 강한 예측력을 가진다(Hawkins(1983) 참조). PP의 위치가, 술목 어순과 가장 조화하는, 거의 예외가 없는 대응 항목이 된다(Dryer(1992) 참조). 개사와 PP가 어순 유형론에서 '힘이 있는' 기준인가? 이는 조화성과 연계자가 함께 작용하는 것과 관련되어 있다. 술목구조와 개사 유형 간의 조화나 술목 구조와 PP 위치 간의 조화는 연계자와 직접 관련되지 않는다. 만약 어떤 언어가 VO 어순이며 후치사를 사용할 때 PP가 동사를 앞선다면 이는 여전히 연계자 원칙을 준수하는 것이다. 개사 유형과 PP 위치 간의 조화는 연계자 원칙과 직접 관련되어 있다. 전치사와 VPP, 또한 후치사와 PPV가 같이 쓰여야만 개사가 매개 자리에 위치할 수 있다. 개사 유형과 PP의 위치는 동시에 술목 구조와 조화를 이룬다(핵심론이나 분지 방향 이론에서 모두 그렇다). 그래서 세 매개 변수 간의 조화성은 연계자 원칙으로 인해 강화된다. 이와 동시에 조화성은 여전히 연계자 원칙과 달리 단독으로 존재하는 원칙이다. 소흥어, 영파어에서 부주제화의 보편성으로 인해 SOV 유형의 싹이 나타난다. 아울러, PP가 동사를 앞서는 경우도 보편적이다. 이렇게 된 것은 연계자 원칙과 직접 관련되지 않고 조화적이기 때문이다. 그리고 병렬 연결사의 유형도 연계자 원칙과 관계가 없다. 연계자 원칙에 부합하는 조건 하에서 병렬 연결사가 전치인지 후치인지와 개사 유형 간의 조화에 달려 있다. 모든 경우에 연계자 원칙과 조화 원칙은 서로 충돌하지 않을 것이다.

시간 순서 도상성은 단독으로 존재하는 연계자 원칙, 조화 원칙과 다른 원칙인데 때로는 후자인 두 원칙과 충돌하여 두 원칙에 어긋나기도 한다. 시간 순서 원칙에 따라, PP가 의미역의 종류에 의해 동사의 양측에 나타난다. 이로 인해, PP의 위치는 통일되지 않는데 적어도 한 가지 위치는 관련된 다른 어순과 조화하지 않는다. 예를 들어, VO 언어에서 동사 앞의 PP는 VO와 조화하지 않는다. 또한, PP가 위치에 따라 개사 유형을 사용하는 것은 여전히 연계자 원칙을 유지할 수 있다. 예를 들어, 동사 뒤에서는 전치사를 사용하고 동사 앞에서는 후치사를 사용한다. 만약 개사 유형이 조정된다면, 예를 들어, 동사 앞에서 여전히 전치사를 사용하면 시간 순서 원칙은 연계자 원칙에 어긋날 것이다.

선진(先秦) 중국어는 대체로 SVO, Pre, VPP인데 이는 연계자 원칙에 맞는다. 일부 PP가 동사를 앞서는데 그 중에는 도구 의미역, 행동의 장소나 주체가 존재하는 위치를 나타내는 PP가 있지만 종점을 나타내는 PP는 없다(장정(張楨)(2002:31-32)의 예 참조). 동사 앞의 PP가 종점 의미역을 배척하는 것은 시간 순서 원칙이 PP의 전치에 영향을 미친다는 것을 설명한다. PP가 동사를 앞서는 것이 VO 어순과 조화하지 않지만 선진(先秦) 중국어에도 OV 구문이 있는 것으로 보아, PPV와 OV가 조화한다. 연계자 원칙으로 보아, 선진(先秦) 중국어의 전치사가 후치사로 쓰이는 것은 다 PPV 구조에서 나타난다. 이는 연계자 원칙이 PPV 어순을 조절한 결과이며 시간 순서 원칙과의 정면적인 상호 작용이다. 시간 순서 원칙이 연계자 원칙에 대한 '충격'을 상쇄하였다. 그러나 동사 앞의 모든 PP는 다 PreP로부터 PosP가 된 것이 아니다. 그래서 사실은 시간 순서 원칙은 여전히 연계자 원칙에 부분적으로 어긋난다.

동한(東漢) 시기 후에 PP가 동사 뒤에서 동사 앞으로 이동하기 시작하였다. 앞으로 향한 일부 이동은 시간 순서 원칙으로 설명하기 어렵다. 예를 들어, 도구, 대상 등 의미역의 이동 이 있다. 방향/장소 의미역 면에서 기점, 행동 장소를 나타내는 의미역이 동사 앞으로 이동하였고 종점을 나타내는 의미역은 여전히 동사를 뒤따른다. 이로 보아, 시간 순서 원칙의 역할은 꼭 역사적인 이동을 조성하는 동인은 아니지만 이 이동의 과정, 결과를 제약한다. 이동의 결과로 PPV가 주도적 위치를 차지하였고 VO와 VPP 간의 조화가 이로 인해 대체로 파괴된다. 그럼에도 불구하고. 일부 오어에서 새로운 SOV의 싹이 나타났는데 SOV와 PPV의 조화가 이루어질 것 같다. 이러한 새 추세는 시간 순서 원칙이 줄곧 작용하는 영역에 충격을 주었다. 예를 들어, 소홍어의 '大門裏走進'(대문 안으로 들어간다)과 같이 종점 의미역이 때로는 전치한다. 연계자 원칙의 시간 순서 원칙에 대한 조절력이 여전히 조화 원칙보다 크다. 다량의 후치사가 나타남에 따라, 중고(中古) 후의 중국어에서 연계자 원칙에 대한 시간 순서 원칙의 충격이 부분적으로 보상된다. 이는 표준어보다 오어에서 더 뚜렷하게 나타난다. 분리사는 어느 정도 연계자 원칙이 시간 순서 원칙을 보상하는 산물이기도 하다.

정보 구조 원칙은 SOV가 오어에서 형성되는데 직접적 영향을 미친다. 부주제가 통사적 과정을 거쳐 점차 이루어진 것이기 때문이다. 이 원칙은 '把'자문을 제외하여 개사와 PP에 직접적으로 영향을 많이 미치지 않지만 다른 원칙을 통해 개사 체계에 간접적으로 영향을 미칠 수 있다. 부주제가 발달하여 SOV 싹이 나타난 방언에서 조화 원칙으로 인해 PP가 많이 전치하고, 연계자 원칙으로 인해 전치한 PP에서 후치사가 선호된다. 위의 분석을 통해 각 원칙 간의 등급과 상호 작용 관계를 다음과 같이 총괄할 수 있다. 첫째, 연계자 원칙은 인간 언어에서 개사 유형과 PP의 위치에 가장 큰 영향을 미치는 원칙이며 새로운 개사 유형이 나타나는 중요한 동인이다. 둘째, 조화 원칙은 각 구조 간의 총 원칙으로 강한 작용력을 갖지 않는데 개사와 관련된 매개 변수 면에서 큰 작용을 한다. 조화 원칙과 연계자 원칙은 개사 매개 변수 면에서 같이 역할하며 상호 작용한다. 셋째, 시간 순서 원칙은 보편적인 원칙이 아니라 어순이 활동적일 때 작용한다. 시간 순서는 개사 유형과 무관하고 PP의 위치와만 관련되어 있다. PP의 위치가 통사적 요인으로 동사의 한 측에 안정적으로 위치하면 시간 순서 원칙은 무효이다. 만약 PP의 위치가 통사적 면에서 어느 정도 활동적이면 시간 순서 원칙은 꼭 작용하며 연계자 원칙과 조화성의 작용을 약화시킨다. 이와 동시에 연계자 원칙은 개사 유형을 조절함으로써 이러한 약화를 보상해 줄 수 있다. 넷째, 정보 구조 원칙도 보편적 원칙이 아니라 일부 언어에서만 작용한다. 정보 구조 원칙은 개사와 PP가 동사 앞에 있는지, 동사 뒤에 있는지에 뚜렷한 영향을 미치지 않고, PP가 주어 앞에 있는지, 뒤에 있는지에 일정한 영향을 미친다. 정보 구조 원칙은 조화 원칙을 통해 개사 위치 유형과 PP의 위치에 간접적으로 영향을 미칠 수도 있다.

다양한 원칙 간의 상호 작용 때문에 중국어(특히 표준어)의 개사 어순은 비교적 복잡하게 나타나는데 때로는 어느 한 원칙에 어긋난다. 그러나 전체적 패턴과 변천의 방향은 모두 가능한 한 많은 원칙에 부합한다. 동시에 많은 원칙에 어긋나거나 어떤 중요한 원칙에 전면적으로 어긋나는 어순 배열이 없다. 원칙에 어긋나는 어순 배열을 가정하자. 1. VO가 우세하다. 2. 종점 PP는 동사를 앞서(조화 원칙에 어긋남)고 기점 PP는 동사에 뒤따른다(시간 순서 원칙에 어긋남). 3. PP가 전치할 때 전치사를 사용하고 PP가 후치할 때 후치사를 사용한다(연계자 원칙에 어긋남). 위의 세 가지 조건에 다 맞는 체계가 모든 시기의 중국어, 모든 방언에 없는 것은 물론이고, 적은 원칙에 어긋난 2, 3도 존재한 적이 없다. 이로 보아, 이들 원칙은 확실히 가짜를 확인할 수 있는 유효 원칙이다.

15.2.7 어순 유형론 이론에 대한 몇 가지 새 인식

중국어는 어순 유형이 단일하지 않은 언어이다. 중국어의 개사는 바로 이러한 복잡한 어순 체계에서 복잡하게 나타나는데, 어느 정도 어순 유형론에 도전하였다. 이 책에서 중국어 및 그 방언의 개사를 연구해 밝히는 것은 어순 유형론 이론에 새로운 인식을 제공할 수 있다.

첫째, 연계자 중간 원칙은 개사와 PP의 위치가 어순 유형에서 중요한 주요 원인이다.

현대 어순 유형론은 처음부터 개사 유형이 유형의 매개 변수가 되는 특별한 중요성을 주목하였고 후에는 PP 위치의 중요성을 주목하기도 하였다. 함축적 보편성에서든 조화성에서든 개사 유형 및 PP의 위치는 모두 중요한, 심지어 가장 중요한 역할을 한다. 그러나 Greenberg(1966)로부터 Dryer(1992)까지 주류 유형론 학자들은 왜 개사 유형과 PP 위치가 다른 매개 변수보다 더 강한 예측력을 가지는가의 문제를 설명하지 않으며 개사 문제와 기능 문법 학자인 Dik가 제안한 연계자 중간 원칙을 연결시켜 분석하지 않았다. 이로 인해, 대규모의 유형적 대비 결과에, 아직도 개사 유형과 PP 위치 간의 관련성에 대한 통계 수치가 없다. 이러한 통계는 가장 직접적으로 연계자 원칙의 역할을 드러낼 수 있다. 이 책의 연구에 의하면, 연계자 중간 원칙은 개사 유형과 PP 위치를 제약하는 가장 효과적인 요인이다. 개사 유형과 PP 위치가 모두 다양한 중국어에서도 연계자 중간 원칙은 여전히 중요한 역할을 하고 어순 유형의 역사적인 변천에 영향을 주기도 한다. 이는 오어에서 가장 뚜렷하게 드러난다. 주목할 만한 것은 연계자 원칙이 마침 개사와 관련된 함축적 보편성과 조화성에 부합하는 점이다. 이로 보아, 개사와 PP가 어순 유형론의 가장 중요한 매개 변수인 주 원인은 바로 연계자 중간 원칙이다.

둘째, 단일한 원칙으로 어순 보편성을 설명하기 어렵다.

위의 인식은 다음과 같이 더 나아갈 수 있다. 함축적 관계나 조화 관계를 반영하는 어순 보편성은 기술일 뿐이지 설명이 아니다. 다른 함축적 관계나 조화 관계가 이루어지는 원인은 다를 수 있다. 개사, 연결사와 관련되는 어순 보편성은 연계자 원칙과 관련되어 있다. 술목 구조와 속격 구조 간의 조화와 같은 연계자의 보편성과 무관한 보편성은 연계자 원칙으로 설명될 수 없다. 개사, 연결사류 보편성의 경우도 연계자 원칙만 작용하는 것이 아니다. 동사 기원 개사는 동사에서 생겼기 때문에 그것의 유형은 꼭 술목 구조의 어순과 관련된다. 이는 연계자 원칙과 무관한데 심지어 연계자 원칙에 어긋날 수도 있다. 예를 들어, 중국어에서 동사를 앞서는 전치사구가 이러한 예이다. 그래서 단일한 Vennemann의 핵심론이나 Drer의 분지 방향 이론만으로는 모든 조화 현상을 설명하지 못한다고 생각된다.

셋째, 연결사는 어순 유형론의 중요한 매개 변수이다.

어순 유형론의 몇 개 주요 모형(Greenberg 1966, Lehmann 1978, Hawkins 1983, Dryer 1992 등)에서는 모두 연결사를 유형 매개 변수로 하지 않는다. Zoerner(1995)와 같은 생성 문법 학자는 몇 년 전부터 연결사의 유형적 차이에 주목하기 시작하였다. 이 책에서 살펴본 바에 의하면, 연결사는 중요한 유형 매개 변수로 쓰일 수 있고 위치 면에서 개사와 가장 조화하는 성분이다. 연결사는 개사보다 더 엄밀하게 연계자 원칙에 부합한다. 개사 문제가 개사 유형(Pre/Pro)과 PP 위치(VPP/PPV)의 두 관련된 매개 변수로 나뉠 수 있는 것처럼 연결사 문제도 두 관련된 매개 변수로 나뉠 수 있다. 첫째는 연결사 유형(전치/후치)이다. 연계자 원칙에 가장 잘 부합하는 병렬 연결사라도 휴지에 따라 전치, 후치로 나뉠 수 있는데 개사 유형과 조화한다. 둘째는 연결사가 있는 위치(구나 절)이다. 이 매개 변수도 연계자 원칙을 드러낸다. 전치사가 있는 부분은 일반적으로 문장 뒤에 있다. 예를 들어 '他

去, 那麼我也去'(그가 가면 나도 간다). 후치 연결사가 있는 부분은 일반적으로 문장 앞에 있다. 예를 들어, '他去的話, 我也去'(그가 가면 나도 간다). 이렇게 되어, 연결사가 매개 위치에 있다. 절의 위치가 이러한 배치를 빗나갈 때 분리 연결사로 보완한다. 예를 들어, '假如他去, *(那麼)我也去'(그가 가면 나도 간다), '我也去, *(假如)他去的話'(나도 간다. 그가 가면). 이는 개사와 아주 비슷하다. 따라서 유형론 조사에서는 연결사의 두 매개 변수도 포함해야 한다. 특히 '張三和李四'(장삼(張三)과 이사(李四)) 중의 '和'의 성질을 조사해야 한다. 일반적인 문법 기술에서는 '和'가 전치인지 후치인지의 문제를 주목하지 않기 때문이다.

넷째 분리 허사는 어순 유형론 연구의 중요한 과제이다.

중국어와 오어는 다량의 분리사가 있는 뚜렷한 유형적 특징이 있다. 분리사는 어순 변천과 긴밀하게 관련되어 있다. 그것이 존재하는 원인 중 하나는 매개 위치에 전치사가 없을 때 연계자 원칙으로 조절, 보완하는 것이다. 그래서 어순 유형론은 이를 주목해야 한다. 분리사는 오어에서 널리 존재하는 PPC의 직접적인 기원이기도 하다. 분리사는 중국어의 고립적 현상이 아니다. 중국어와 오어에는 분리 연결사도 있다. 예를 들어, '假如…的話'(…다면), 상해어의 '因爲…哰'(…로 인하여) 등이 있다. 이것들이 존재하는 원인은 분리사와 비슷하다. 의미가 비슷하고 어순이 다른 것으로 구성하는 분리 허사 구조가 개사, 연결사에만 있는 것이 아니다. 월어(粤語), 휘어(徽語) 등 많은 남방 방언에서 다음과 같은 세 가지 동의 구조가 보편적으로 있다. '再吃一碗(한 그릇 더 먹어), 吃一碗添, 再吃一碗添'. 즉 각각 동사 앞 부사어, 동사 뒤 부사어, 분리 부사어가 쓰인다. 시제, 상 표지도 때로는 이와 비슷하게 나타난다. 예를 들어, '正在唱歌(노래를 부르고 있다), 唱著歌, 正在唱著歌', '曾經當官(벼슬 살이를 한 적이 있다), 當過官, 曾經當過官'. 이들 분리 허사의 구조는 연계자 원칙과 무관하지만 중국어 어순 유형이 비교적 단순하지 않은 것과 관련되어 유형론 면에서 주목될 만하다.

분리 연결사가 중국어에 많지만 중국어에만 있는 것은 아니다. 영어에도 분리 연결사가 있고, 그것의 사용은 연계자 원칙과 관련되어 있다. 영어에서는 전치 연결사가 있는 절이 뒤에 위치할 때 연결사가 매개 위치에 있기 때문에 분리 연결사가 사용되지 않는다. 예를 들어, 'I will go if he goes'. 연결사가 앞에 있을 때 뒷 절에 전치사가 첨가되어 매개 위치를 채운다. 예를 들어, 'If he goes, then I will go'.

이로 보아, 허사의 어순 유형을 연구할 때 전치, 후치 외에 분리 허사 구조도 주목할 만한 과제이다.

15.3 중국어 개사 연구와 문법화 이론

15.3.1 문법화의 기본 원칙과 경향

통시적 기제인 문법화는 인간 언어의 보편적인 특성이며 허사와 허어휘소의 근본적인 기원이다. 개사 문법화 과정을 제약하는 것은 각 문법화 과정에 작용하는 보편적인 원칙도 있고, 특정한 품사인 개사에 영향을 미치는 특별한 원칙과 경향도 있다. 다음에 이들 원칙과 경향을 간략히 정리한다(관련된 문헌은 5.2 참조).

기본 원칙: **첫째, 한 방향 원칙**: 의미 면에서 실(實: 구체)에서 허(虛: 추상)까지, 어음 면에서 강한 것에서 약한 것(심지어 없어진 것)까지, 통사적인 면에서 선택에서 강제까지, 어휘 의미와 통사적 환경에 대한 선택에서 엄격한 것으로부터 느슨한 것까지, 화용 기능 면에서 뚜렷한 것에서 흐릿한 것까지 발전된다. **둘째, 점진적인 원칙**: '실'에서 '허'까지 발전되는 몇 개의 단계가 공존할 수 있는데 그것들 간의 한계가 모호하다. 각 단계는 통사적 측정으로 구분될 수 있다. 그래도 다양하게 분석될 수 있는 구체적 단위가 있는데 공시 통사적 분석으로 똑똑히 설명하기 어렵다. **셋째, 첨가성(疊加**

性) 원칙: 어떤 성분이 어느 정도 추상화될 때, 새 실사 성분이 이와 비슷한 과정을 거쳐 문법화 될 가능성이 있다. 이렇게 되어, 기능이 비슷하며 문법화 정도가 다른 몇 개의 성분이 공존하게 된다. 이는 의미 면에서 강화 작용을 할 수 있으며 공시 통사적 분석으로 똑똑히 설명하기 어렵다.

개사와 관련된 특별한 원칙이나 경향: **첫째, 좌우 비대칭 원칙**: 문법화 과정에서 같은 기능을 하는 허사라도 전치한 것은 종종 후치한 것보다 더 쉽게 통사적 독립성을 유지할 수 있다. 따라서 전치사 언어에서 전치사는 일반적으로 독립적인 허사로 간주되고, 후치사는 종종 첨가적인 성분으로 간주되어 조사나 접사라 불린다. **둘째, 문법화 정도가 클수록 어순 자유도가 낮다는 원칙**: 연계자 원칙과 관련된 어순은 두 가지 있다. 1. 개사와 개사가 지배하는 NP 간의 어순이다. 2. 연계자가 있는 단위와 연결된 다른 단위 간의 관계, 즉 개사구와 동사, 명사 핵심 간의 어순이다. 문법화가 시작한 후에 우선 위의 첫째 어순이 안정되고, 문법화 정도가 커짐에 따라 둘째 어순도 안정될 수 있다. **셋째, 개사의 주된 기원은 동사, 명사, 부사**, 특히 의미 면에서 각종의 간접적 의미역을 부여할 수 있는 동사, 자체가 어떤 의미역 의미(자체가 의미역을 부여하는 것)를 가진 관계 명사, 간접적 의미역과 같이 쓰이는 부사이다.

다음은 이들 원칙을 고려하여, 중국어와 오(吳) 방언의 개사가 문법화에서 나타나는 표현을 총괄한다.

15.3.2 개사 문법화의 기원과 과정

중국어의 전치사는 대체로 동사에서 생겼고 후치사는 대부분 명사에서 생겼다. 일부 장동(壯侗)어와 같은 VO와 NG가 조화하는 언어에서 동사 기원 개사와 명사 기원 개사가 동시에 있지만 최종적으로 다 전치사가 된다. 이와 반대로, 일부 장면(藏緬)어와 같은 OV와 GN이 조화하는 언어에서 동사 기원, 명사 기원 개사는 다 후치사이다. 중국어의 동사 기원 개사와 명사 기원 개사가 다른 유형이 된 것은 VO와 GN이 조화하지 않는 것과 관련된다. 동사 기원 개사는 술목 구조에서 생겼다. 중국어 술목 구조가 VO이기 때문에 동사에서 나온 개사는 자연스럽게 전치사이다. 명사 기원 개사는 관계 명사를 핵심으로 하는 속격 구조에서 생겼다. 중국어의 속격 구조가 GN이기 때문에 핵심 명사에서 나온 개사는 자연스럽게 후치사이다.

동사 기원 개사와 명사 기원 개사가 다른 위치에 있는 것은 분리사 형성의 조건을 제공해 준다. 독일어와 같은 언어에서 다른 개사가 때로는 같이 사용된다. 중국어에서는 이것이 종종 분리사에 의해 표시된다. 분리사의 장점은 그것이 동사 앞에 있든지 동사 뒤에 있든지 매개 위치에 다 관련자가 있다는 것이다. 그러나 전, 후치사의 의미가 같을 때는 불필요하기 때문에 그 중의 하나는 종종 생략된다. 예를 들어, 오어에서 매개 자리에 위치하지 않는 방위/장소 전치사가 종종 생략된다.

분리사는 오어의 특별한 PPC의 형성 조건을 제공해 준다. 사실 PPC는 장소 분리사가 진일보한 문법화 과정을 거쳐 이루어진 것이다. 즉 PPC는 동사 기원 전치사와 명사 기원 후치사가 직접적으로 결합하고, 둘 사이에 있는 NP의 생략을 통해 이루어진다. PPC가 긴축된 PP로 쓰이는 것은 특별하지 않고, PPC 자체가 진일보하여 문법화 되는 특별한 것이다.

PPC가 더 나아가 문법화 된 결과 중의 하나는 PPC가 장소 의미역을 가짐으로써 존재 동사나 장소 전치사의 하나가 되는 것이다. 이렇게 되어, PPC의 뒷부분은 원래의 후치사 특성이 사라지고 단어 조성 성분이 된다.

PPC가 더 나아가 문법화 된 더 특별한 결과는 PPC의 뒷부분(즉 후치사)이 소흥어, 동양(東陽)어에서 전치사가 된 것이다. 이는 PPC의 뒷부분이 PPC 전체의 전치사 역할을 하기 때문이다.

위의 복잡한 사실에 대한 분석으로 보아, 어순 유형이 복잡한 것은 공시적인 통사적 면에서뿐만 아니라 문법화 과정에서 특별한 결과를 초래하기

도 한다. 문법화 과정이 해당 언어의 어순 유형과 밀접하게 관련되기 때문
이다.

15.3.3 개사 문법화의 점진적 특성

중국어는 개사 문법화의 점진적 특성의 좋은 표본이다. 영어, 일본어 등
의 언어에 완전히 추상화된 개사가 있는 것과 달리, 거의 모든 중국어 전치
사와 대부분의 후치사는 다 그것의 어원을 보인다. 그 중 대부분의 전치사
의 동사 용법은 계속 사용된다. 명사(특히 방위 명사)와 순수한 후치사 사이
에는 추상화 과정에 있는 다량의 단어가 명사인지 후치사인지를 변별하기
어렵다. 더 이상 고찰할 필요가 없이 실사가 허사로 추상화되는 과정에서
각종의 공시적 용법만이 개사가 실사로부터 허사로 문법화 되는 과정을 뚜
렷하게 드러낸다.

점진적 특성을 가장 잘 나타내는 것은 허사인지 실사인지를 변별하기
어려운 용례이다. 예를 들어, '他在圖書館看書'(그는 도서관에서 책을 본다)
중의 '在'. 이와 동시에 소홀히 하지 말아야 하는 것은 개사로 인정된 단어
가 사실은 확실히 실사로 분석되지 못하는 용법을 가지는 점이다. 많은 통
사적, 형태적 기준으로 이러한 측정을 할 수 있다. 동사 기원 전치사와 명사
기원 후치사는 각각 한 가지 기준에 의해 변별될 수 있다. 동사 기원 전치
사의 기준은 그 자체가 지배하는 NP가 단독으로 서술어로 쓰일 수 있는지
여부이다(상 표지와 같은 일정한 형태적 성분이 첨가된 것도 포함). 예를 들어,
'在'는 지금까지 다량의 동사적 용법을 갖고 있다. 그러나 '他在報紙上登廣
告'(그는 신문에 광고를 실었다)라 말할 수 있지만, '他在報紙上'이라 말할 수
없다. '用'과 같이 대체로 동사로 인정된 의미역 표지라도 동사로 쓰이지
못하는 경우를 찾을 수 있다. 예를 들어, '他用天天送花(來)表達愛意'(그는
날마다 꽃을 주는 것으로 사랑하는 마음을 표한다)라 말할 수 있고 '他用天天送

花'라 말할 수가 없다. 명사 기원 후치사에서, 그 기준은 그것 앞에 한정어 표지 '的'(또는 오어의 '個', 고대 중국어의 '之')이 첨가될 수 있는지 여부이다. 명사를 핵심으로 하는 속격 구성은 다 '的/個/之'를 사용할 수 있다. 후치할 수 있는 단음절 방위사와 일부 이음절 방위사는 다 후치사이다. 예를 들어, '桌子上'(책상 위)이라 말할 수 있고 '桌子的上'이라 말할 수 없다. '五月之前'(오월 전에)은 되고 '五月的前'은 안 된다. 그럼에도 불구하고, 단독으로 쓰이는 능력이 극히 약한 단음절 방위사는 표준어에서 여전히 일정한 조건 하에서 부사어로 쓰일 수 있다. 예를 들어, '上有父母, 下有兒女'(위에는 부모님이 계시고 아래에는 자녀가 있다) 중에 방위 명사 등이 있다. 단독으로 후치하는 단음절 방위사는 후치사가 아니다. 예를 들어, '左, 右, 東, 南' 등이 있다.

대체로, 중국어 개사의 추상화 정도는 높지 않지만 오어에 대한 고찰로 보아, 오어에서는 동사 뒤에 쓰이는 완전히 추상화된 전치사와 후치사가 많다. 그것들의 기원은 더 깊이 탐구, 분석되어야 한다. 예를 들어, 금화(金華)어의 장소 겸 여격 전치사 '特', 여수어의 장소 전치사 '咻', 소주어의 장소 후치사 '搭' 등이 있다.

이러한 사실로 보아, 중국어와 오(吳)방언의 개사는 대체로 문법화 정도가 높고 개사만으로 분석되는 용법만 가진다. 그리고 문법화 과정을 거쳐 순수한 허사가 된 것이 확실하다. 부동사나 방위사로 중간 상태를 나타내는 것은 이러한 경우를 개괄할 수 없어 이 책에서는 계속하여 '개사' 명칭을 사용한다.

15.3.4 개사 문법화의 전후 비대칭성

인간 언어에 핵심어 시작과 핵심어 종결의 두 가지 경향이 있는 것처럼, 이론적으로 전치하는 허사와 후치하는 허사도 해당 언어에서 통사적 위치와 대칭해야 한다. 그러나 사실은 그렇지 않다. 허사가 붙는 면에서 좌우 비대칭은 유형론자의 많은 주의를 이끌어낸다. 육병보(陸丙甫)(Lu 1998)는 많은 저서(Hawkins 1988a, b, Hawkins and Cutler 1988, Bybee et al. 1990, Tsunoda 등 1995)를 인용하여, 이들 연구에서 뒤에 첨가되는 성분이 보다 더 쉽게 붙는 성분이 된다는 것을 주목하였다. 인간 언어는 일반적으로 접미사를 우선 사용한다. 이렇게 된 결과 후치사 언어보다 전치사 언어에서 개사만 나타나기(현공: 懸空)가 쉽게 허용된다. Tsunoda 등(1995)이 고찰한 130개의 언어에서 8-10%의 전치사 언어는 개사만 나타나기를 허용하고 2%의 후치사 언어는 개사만 나타나기를 허용한다. B. Comrie 교수(개인 서신)도 아무리 이론적으로 해석해도 인간 언어의 성분은 그것의 앞에 쉽게 첨가된다고 지적했다.

인간 언어의 이러한 경향은 중국어와 오어에서 뚜렷이 나타난다. 표준어의 경성은 뒤에 부착한 성분이나 이음절 실사의 뒷부분에서 나타나고, 가볍게 읽는 것도 주로 뒤에 부착한 음절에서 나타난다. 다른 면에서는 '阿-, 老-'와 같이 접두사로 불리는 성분도 독립적인 성조를 가진다. 더 흥미로운 것은 오어의 연속 변조(變調)가 앞부분 주도(북부)와 뒷부분 주도(남부)로 나뉠 수 있는데 허사가 뒤에 부착하는 경향은 남, 북 오어에서 같다.

전후 비대칭성은 개사의 문법화에 많은 영향을 준다.

전치사는 운율에서 독립성을 갖고 있어 중국어 문헌에서 보통 개사로 불린다. 후치사는 운율에서 앞의 음절에 부착하여 허사 단계에 이르기 전에 실사('방위사' 등으로 불림)로 간주되고, 더 발전되어 실사로 간주되기 어려울 때 조사, 접미사나 접어(clitic)로 간주된다. 예를 들어, 소주어의 장소 후치사 '搭'. C. Lehmann(1995: 76-87)에 의해 명사 기원 허사의 일반적인 문법화 과정은 '관계명사 → 개사 → 격표시 접사(格標記詞綴)'이다. 중국어의 방위사는 의미에서 격표지 단계에 이르지 못하지만 개사 단계를 거치지 않고 직접적으로 접사 단계에 이른 것 같다. 이렇게 된 주된 원인은 그것의 운율적 부착성 때문이다. 통사적 면에서 보아, 이들 방위사는 여전히 후치사로 간주되어야 한다.

전후 비대칭성이 전치사 문법화에 미치는 영향은 심원하다. 그것이 추상화 정도의 부착성 문제를 반영할 뿐만 아니라 통사적 특성 문제에 영향을 주기도 하기 때문이다. 후치사가 어떤 위치에 있느냐와 관계없이 앞의 NP에만 부착할 수 있으므로 후치사의 특성은 변하지 않는다. 전치사는 뒤의 NP뿐만 아니라 앞의 성분에 부착될 수도 있다. 이 때 그 성분은 전치사의 직접적인 성분이 아니다. 이로 인해 통사적 결합에 어긋나는 접어화(cliticization)가 생긴다. 이러한 경우는 VPP 어순에서 나타난다. '在路上走'(길에서 걸어간다)와 '走在路上'을 비교하자. '走在路上'의 운율 구조는 뚜렷이 '走在/路上'이다. 문제는 이것이 운율 성질을 반영할 뿐만 아니라 통사적인 면에 영향을 주기도 한다. 예를 들어, '走在了路上'. 현대 중국어 화자는 확실히 고대 중국어부터 지금까지 줄곧 사용되는 '勇于(용감하게 … 하다), 善于(…잘 하다), 敢于(…감히 하다)', 심지어 '來自(…(로)부터 오다), 源于(…에서 근원하다), 給以(…를/을 주다, …를/을 당하다, …하게 하다)' 등 구조를 복합사로 보는 어감을 가진다. 그러나 기원으로 보아, '于, 自, 以'는 뒤의 NP와 같이 PP를 구성해야 한다. 전치사가 동사 뒤에서 앞 성분에 붙는 경향은 더 나아가 전치사 어음의 약화와 변화를 일으키기도 한다. 동사 앞의 PP 중의 전치사에서는 이러한 약화가 나타나지 않는다. 따라서 전치사 문법화의 결과가 후치사와 극히 다른 것이 다음과 같이 있다.

첫째, 같은 기원인 전치사가 분화되어 동사 앞에 있는 것과 동사 뒤에 있는 서로 다른 형태로 나타나는데 동사 뒤에 있는 전치사는 약화, 심지어 어음 변화가 나타난다. 따라서 '走在路上'(길에서 걸어간다)은 구어에서 '走 de 路上'으로 말할 수 있다. 학계에서 여기의 de가 어떤 전치사의 약화 형식이라고 믿는데 그 전치사가 '在, 到, 著' 중의 어느 것인지를 변별하기 어렵다. 오어에는 이러한 예가 많다. 예를 들어, 무석(無錫)어, 영파어의 동사 앞에서는 '來'가 쓰이고 동사 뒤에서 약화된 '勒'이 쓰인다.

둘째, 동사결과식(동결식(動結式))과 동사개사식(동개식(動介式)) 구조는 문법화 과정에서 점차 같은 방향으로 발전한다. 동사의 이동동사 보어에서 추상화되어 나온 성분은 방위/장소 의미역 표지가 될 수도 있는데 전치사와 비슷한 역할을 한다. 예를 들어, '走進屋子'(방에 들어간다). 그러나 이동동사는 문법화 과정에서 갈수록 앞의 성분에 부착하여 동사와 이동동사 연결식(동추식(動趨式))에서 생긴 것과 가까워진다. 특히 경성 de가 있는 경우로 '走de路上'은 '走+de路上'으로 재분석되기 어렵다. 이는 이미 핵심 표시가 된다. 전치사 뒤에 시제, 상 표지가 첨가되는 것은 종속어 표시가 핵심 표시로 바뀌는 것을 보이기도 한다. 문법 학계에서 이로 인해 어떻게 동사개사식을 분석하는지에 대해 의견이 일치하지 않는다. 이 책에서는 한 가지 측정 방법으로 동사개사식의 성질을 인정한다. 즉 가능식을 사용할 수 있는 표지는 핵심 표시이지 진정한 전치사가 아니다. '走不到上海(상해에 걸어가지 못한다) ~*住不在上海'를 비교하자.

셋째, 같은 의미역의 전치사는 동사 앞, 뒤에서 어휘적 분화가 나타났는데 다른 것에서 생겼다. 동사 뒤의 전치사는 어음 약화 때문에 그것의 어원을 찾기 어렵다. 예를 들어, 전치사 '在'의 의미를 나타낼 때 금화어의 동사 앞에서는 '來'가 쓰이고 동사 뒤에서는 '特'이 쓰인다. 여수어에서는 각각 '隄'와 '啾'이 사용된다. 중고(中古) 중국어 '着'은 전치사로 동사 뒤에서만 쓰일 수 있었는데 현대 민(閩)어에서 동사 앞에 쓰일 수 있다.

좌우 비대칭은 인간 언어의 보편적인 경향이지만 중국어, 특히 오어와 같이 같은 의미역이 동사 앞, 뒤에서 다른 전치사가 된 것은 보기 드물다. 이는 좌우 비대칭이 중국어 개사 문법화 과정에서 뚜렷한 역할을 하는 것을 드러낸다. 유럽 언어에서 전후 비대칭성은 관사의 부착에 영향을 미친다. 관사는 뒤의 NP와 결합해야 하는데 일부 전치사 뒤에서 앞 성분과 가까워지며 심지어 전치사와 합음한다. 이렇게 되어 관사와 직접적으로 관련된 NP 간의 관계가 오히려 느슨해진다. 예를 들어, 독일어 in dem kino(이 영화관에) →im kino.

15.3.5 개사 문법화와 어순 자유도

C. Lehmann(1992, 1995)은 어순 자유도를 개사 문법화 정도의 중요한 지표로 본다. 그는 개사와 그것이 지배하는 NP 간의 관계를 일차 관계(primary relation), 개사와 PP가 수식하는 핵심(즉 개사가 연계자로 연결하는 다른 부분) 간의 관계를 이차 관계(secondary relation)라고 한다. 그리고 그는 다음 사실에 주목하기도 한다. 문법화 정도가 심해짐에 따라 개사의 일차 관계의 어순은 우선적으로 안정되고(격접사 단계에 들어갔을 때 절대적 안정임) 이차 관계의 어순(본 책에서 말하는 PP와 핵심 간의 어순)은 여전히 상대적으로 자유롭다. 그러나 이차 관계의 어순은 진일보한 문법화 과정을 거쳐 안정되기도 한다. 그러나 C. Lehmann(1995: 169)은 이와 동시에 다음과 같이 지적한다. 문법화 과정의 각 방면이 어떤 때는 동시에 발전되지 않는데 어떤 지표가 다른 지표보다 종종 더 빨리 작용한다. 그래서 어떤 지표로 다른 언어들의 문법화 정도를 정밀하게 비교할 수 없다. 중국어 중의 한 가지 지표를 참조하여 중국어와 중국어 방언을 분석할 수 있지만 간단하게 그대로 그 지표를 사용하기 어렵다.

우선적으로 개사의 일차 관계 어순을 보자. 춘추(春秋) 시기까지만 해도 가장 흔히 쓰이고 가장 추상화된 전치사 '于(於), 以'는 후치사 용법을 갖고 있었다. 특히 '以'의 후치사 용법이 더 흔히 나타났는데 오늘까지 계속 쓰인다. 예를 들어, '何以' 등이 있다. 이와 달리, 현대 중국어 표준어와 방언의 전치사는 다 후치사 용법을 갖지 않는다. 달리 말해, '于, 以' 일차 관계의 어순이 극히 자유롭다. C. Lehmann의 표준에 따르면, 이때 '于, 以'의 문법화 정도는 비교적 낮은데 현대의 '在' 등 진치사보다 못하다. 그럼에도 불구하고, 다른 기준으로 보아, ‘在’의 동사성이 ‘于, 以’보다 훨씬 크다. 춘추(春秋) 시기의 ‘于, 以’의 동사적 용법은 극히 드물다. ‘在’는 아직도 기본적인 존재 동사이며 자유롭게 서술어로 쓰인다. ‘在’는 개사만으로 분석될 경우에도 동사의 형태적 특징을 어느 정도 가진다. 예를 들어, ‘V不V’식으로 질문하는 것이다(他在不在信上簽字?(그는 편지 위에 서명하는가?)). 그러나 같은 시기의 같은 방언에서 이 지표는 일정한 가치를 가진다. 오어의 특징은 부주제가 우선적인 것인데 동사의 대상 논항이 종종 부주제로 쓰여 동사 뒤에서 공범주(공어류(空語類))가 나타날 수 있다. 그러나 전치사의 목적어가 전치하여 주제로 쓰일 수 없기 때문에 개사만 나타나기가 나타나지 못한다. 이로 보아, 전치사는 확실히 동사보다 더 높은 문법화 정도를 가진다. 이와 대조적으로 후치사는 명사 단계부터 어순 자유도를 갖지 않기 때문에 어순 자유도에 의해 그것의 문법화 정도가 검정될 수 없다. 따라서 어순 자유도로 고대, 현대 중국어 후치사의 문법화 정도를 비교할 수 없다.

계속해서 PP의 어순 자유도를 보자. 이러한 기준으로 선진(先秦) 중국어의 ‘于(於)’와 ‘以’를 비교하는 것은 흥미로운 일이다. 통계 결과에 의해 ‘以’를 가진 PP 어순은 비교적 자유롭고 ‘于’를 가진 대부분의 PP는 동사 뒤에 쓰인다. 이와 아울러, ‘以’는 개사만 나타나기를 허용하고 ‘于’는 개사만 나타나기를 허용하지 않는다. 이로 보아, ‘于’의 어순은 보다 더 안정적이고 더 추상화 된다. 그러나 역사적 변천으로 보아, ‘于’자구는 한대(漢代) 후에 갈수록 안정되는 것이 아니라 갈수록 자유로워지고 동사 앞, 뒤에서 ‘평등하게’ 쓰인다. 이는 C. Lehmann이 예측하는 문법화 방향에 뚜렷이 어긋난다. 고대의 도구 표지 ‘以’와 현대의 도구 표지 ‘用’을 비교하면, ‘以’자구의 어순은 선진(先秦) 시기에 극히 자유롭지만 서술어로 별로 쓰이지 않았다. ‘用’자구는 주로 동사 앞에서만 쓰일 수 있다. 그러나 ‘用’은 개사로 간주될 수 있는지에 대해 의견이 일치하지 않는다. 중고(中古) 시기의 중요한 전치사 ‘着(著)’을 보면, ‘着’자구는 PP로 처음부터 어순이 안정적이고 동사 뒤에서만 쓰일 수 있다. '着'자구의 어순은 발전을 거쳐 오히려 자유로워진다. 오늘 민(閩)어 중의 '着'자구는 동사 앞, 뒤에서 다 쓰일 수 있다. 이는 C. Lehmann이 예측하는 PP의 '자유→안정'의 문법화 방향과 완전히 정반대이다.

이로 보아, 같은 중국어 방언의 같은 단계의 동사가 문법화 되어 전치사가 되는 과정에 어순이 안정되는 것은 확실히 나타날 수 있다. 이와 동시에 전치사 어순 자유도를 결정하는 다른 요인도 있다. 중국어 PP의 어순 자유도와 문법화 정도 간에서 이와 비슷한 관계를 볼 수 없다. 심지어 이와 반대인 것이 오히려 나타난다. 즉 문법화 정도가 심해짐에 따라 어순이 오히려 더 자유로워진다.

개사와 PP 어순 자유도에 영향을 미치는 것은 문법화 정도 외에 다음과 같은 더 중요한 요인이 있다.

첫째, 개사 기원의 어순 자유도이다. 선진(先秦) 중국어는 주요 어순인 VO 외에 OV 어순도 일부 있다. 따라서 동사에서 나온 전치사도 어느 정도 어순 자유스럽다. 중국어 속격 구조가 계속 GN이기 때문에 명사에서 생긴 후치사도 계속 자유 어순을 갖지 않는다.

둘째, 통사 체계 전체의 어순 유형 분포이다. '于'자구 '안정→자유'의 변화는 중국어의 VPP 위주가 PPV 위주가 되는 발전 과정에서 나타난다. 더 많은 전치사가 이 변화가 이미 나타난 후에 문법화 된 것이다. 따라서 관련된 PP가 처음부터 안정적이고 동사 앞에서만 쓰일 수 있다.

셋째, 허사의 전후 비대칭성이다. 이러한 비대칭성은 중국어 동사 앞의 전치사와 동사 뒤의 전치사가 '분업'을 하게 한다. 즉 현대 중국어와 오(吳) 방언에 모두 PPV와 VPP 두 어순이 있는데 구체적인 전치사는 대부분 동사 앞이나 동사 뒤에만 위치할 수 있다. 이렇게 되어, 구체적인 전치사를 가진 PP도 어순의 자유가 없다. 동사 앞이나 동사 뒤에서 문법화 되어 출현 빈도가 높아짐에 따라 통사적 역할이 강해지는 개별 전치사도 있다. 이러한 전치사는 오히려 원래의 제한에서 벗어나 이중 분리 전치사가 된다. 이는 이러한 전치사를 가진 PP가 '안정 → 자유'의 역방향으로 발전되는 현상이 나타나게 한다.

15.3.6 개사 문법화의 어음 방면

문법화 과정에 들어가는 것은 일반적으로 어음이 점차 약화되어 완전히 사라질 것이다. 강람생(江藍生)(1999)은 범－방언적 비교를 통해 중고(中古) 전치사 '着'의 어음이 점차 약화되고 사라지는 과정을 똑똑히 밝혔다. 중국어와 오어 개사 문법화 중에 어음 약화가 전후 비대칭의 영향을 많이 받는데, 동사 앞 전치사, 동사 뒤 전치사, 후치사, 전/후치 복합사인 PPC는 서로 다르게 나타난다.

표준어의 동사 앞 전치사는 사실은 별로 약화되지 않는다. 일, 이 천년의 역사를 가진 개사 '在, 被, 把'는 아직도 규칙적인 독음으로 읽힌다. 고어부터 계속하여 사용되는 '于, 以, 自' 등 다른 전치사도 그렇다. 이러한 이유 때문에 동사 앞 전치사의 어원이 뚜렷하지 않은 것은 별로 없다.[55] 동사 뒤 전치사는 이와 다르다. 북경어 구어의 동사 뒤에서 쓰이는 de는 경성으로 읽히는데 어원이 명확하지 않다. 또한 금화어의 '特'[dəʔ](장소 겸 접수자 표지), 여수어의 '咻'[dieʔ](장소 표지) 등은 다 짧은 입성(入聲)으로 읽힌다 (어음의 흐름에서 성문 폐쇄음이 꼭 있는 것이 아니다. 'ʔ'는 짧은 성조를 나타냄). 동사 앞 전치사와 같은 것에서 생긴 동사 뒤 후치사라도 오어에서 일반적으로 더 약화되며 더 짧은 형식으로 나타난다. 이들 약화 현상은 다 개사가 동사 뒤에 있는 것과 관련되어 있다. 약화된 것은 전후 비대칭성으로 인해 동사가 있는 운율사에 들어가 부착 음절이 된다.

---

55) '在'의 뜻을 나타내는 오어의 동사 겸 전치사인 '來/拉/辣/勒'은 어원이 명확하지 않은데 '在'나 '着'의 어음 변화로 이루어진 것 같다. 이것들은 동사로 쓰일 때의 독음이 전치사로 쓰일 때와 같기 때문에 문법화와 무관하다.

후치사는 원래부터 부착 위치에 있어 보다 쉽게 약화되어 불규칙적인 어음 변화가 나타난다. 이렇게 되어, 어떤 후치사의 어원은 명확하지 않거나 적어도 직감으로 감지하기 어렵다. 예를 들어, '上'은 약화되어 소호(蘇滬) 오어의 '浪/釀'이 되고, '裏'는 약화되어 상주(常州)말의 '勒'과 초강(椒江)말의 '勒/特'이 된다. 북서 지역의 일부 방언에서 '上'은 약화되어 '行'이고, '下'는 약화되어 '合, 哈'이 된다.

추상화의 연쇄에 개사가 제일 끝에 있는 것이 아니다. 개사는 문법화 과정을 더 거쳐 상 표지 등 접사 형식이 된다. 따라서 문법화 되는 성분이 개사 단계의 어음에서 사라지기 어렵다. 북경어의 '擱桌上(책상 위에 놓는다), 放這兒(여기 놓는다)' 등은 동사 뒤에서 약화된 de가 진일보하여 발전되어 사라진 것으로 간주될 수 있다.

오어의 PPC 자체는 한 가지의 축소된 형식(중간의 NP가 생략된 분리 PP)으로 문법화 되면 주로 상 표지와 어기 조사가 된다. 이때 PPC는 어음 면에서 탈락, 융합 현상이 종종 나타나 단음절이 된다. 이로 보아, 어음이 축소되는 것은 기능 면에서 문법화 되는 것에 따라 나타난다.

15.3.7 개사 문법화 과정에 나타나는 신구 교체 현상과 겹치는 현상

문법화 과정에서 나타나는 의미의 추상화, 어음의 약화와 관련되어, 새 성분이 비슷한 문법화 과정에 들어가는 것이 끊임없이 나타난다. 이로써 이미 문법화 된 성분의 의미나 어음적 '손실'을 보충한다. 비슷한 의미, 똑같은 의미, 심지어 같은 것에서 생겼고 다른 문법화 단계에 있는 성분은 옛것과 새것이 교체될 수도, 같이 쓰일 수도 있다. 이렇게 되어, 중첩되는 형식이 형성된다.

'他在溫州做生意'(그는 온주에서 장사를 한다)는 온주어에서 '渠宿溫州做生意', '渠是溫州做生意', '渠宿是溫州做生意'로 표현될 수 있다. 이때 '宿'

과 '是'는 서로 교체될 수도 있고 겹쳐 사용될 수도 있다. 그러나 '渠是宿溫州做生意'로 말할 수는 없다. 이로 보아, '是'는 일찍 문법화 되어 전치사 위치에 있는 것이다. '是' 앞에 있는 '宿'은 연속동사구성의 앞 동사로 분석될 수 있다. 소주어 '撥勒'의 표면상의 뜻은 '給于'이다. 옛 소주어의 '撥一書勒小張'(소장한테 책 한 권을 준다)과 비교할 수 있다. 나중에 '撥勒'은 '給于'를 나타내는 복합 동사뿐만 아니라 접수자와 행위자 표지로 쓰일 수도 있다. 즉 겹치는 전치사가 되는데 그 중의 '勒'이 생략될 수 있다. 예를 들어, '撥一本書撥(勒)小張'(소장한테 책 한 권을 준다), '魚撥(勒)貓吃脫哉'(물고기가 고양이한테 먹혔다). '撥…撥(勒)'에서 같은 기원의 성분과 다른 기원의 성분이 이중으로 겹치기도 한다.

이들 예는 문법화가 언어에서 끊임없이 진행하며 전후 단계가 겹치는 영원한 기제이고, 그것은 중국어와 중국어 방언의 개사 체계가 복잡성, 비균질성을 갖도록 하는 중요한 요인임을 충분히 드러낸다.

15.4 더 탐구할 만한 문제

이 책에서는 어순 유형론과 문법화 이론을 배경으로, 중국어사, 표준어, 오어를 자료로 중국어 개사 연구를 위한 공시적 상태, 통시적 변천과 방언 간의 차이를 동시에 고려하는 이론 프레임을 제기하였다. 이 책에서는 전치사, 후치사, 분리사 및 전, 후치 복합사 PPC를 연계하여 논의하였는데 방언 사실을 밝히는 것을 바탕으로, 관련되는 현상에 대해 초보적인 이론적 분석을 하였다. 그리고 중국어와 오(吳)방언의 개사 체계가 언어 유형 면에서 주목할 만한 특별한 현상이 많음을 지적하였다. 인간 언어의 보편적 규칙은 이들 특성에 영향을 미친다. 다만 각 원칙들이 같이 작용할 때 작용력의 우선 여부에서 다를 뿐이다. 이 책의 탐구가 중국어 개사의 역사,

현황과 방언 유형의 진일보한 연구를 위해 더 넓은 길을 개척하고, 중국어 개사 연구가 인간 언어 통사적 이론 연구의 주류에 잘 융합되고 들어맞기를 바란다.

중국어 개사에 대한 유형론적 탐구에서 대답해야 하는 중요한 문제가 하나 있다. 이 책에서는 이에 대해 완벽히 대답하지 못하였는데, 이 문제를 학계의 논의거리로 제시한다.

총체적으로 보아, 선진(先秦) 후의 중국어보다 선진(先秦) 중국어의 개사 체계, 그것의 통사적 위치가 당시의 중국어 전체 구조와 어울린다. 즉 SVO 유형, 전치사, VPP를 위주로 하고 개사의 전형적인 위치가 매개 자리라는 것이다. 중국어 개사가 상대적으로 조화하지 않는 것은 PP가 동사 뒤에서 동사 앞으로 역사적인 이동을 할 때 시작하였다. 이러한 이동으로 인해, 중국어에서 보기 드문 VO/PPV 어순 결합이 나타났을 뿐만 아니라 개사 주체인 전치사의 위치가 매개 자리에 위치하지 않았다. 그 후에는 다양한 문법화 과정을 통해 일련의 후치사가 나타나서 비어 있는 연계자 위치를 어느 정도 채웠다. 그러나 후치사에 의지하지 않는 많은 전치사구가 여전히 직접 동사를 앞선다. 중국어 화자는 인간 언어의 추세에 어긋나는 이러한 어순을 자연스럽게 생각한다. 이러한 원인 때문에 백년 동안의 중국어 연구에서 매개 위치를 개사 이론의 요인으로 하는 사람이 없었다. 후치사가 있다는 사실도 이 때문에 오랫동안에 홀시되었다.

여기서 질문해야 하는 문제는, 조화성과 연계자 원칙에 어긋나는 역사적인 이동이 왜 나타났는가? 근본적인 동인이 무엇인가? 왜 대부분의 언어에서 잘 작용되는 원칙이 이러한 이동을 막아내지 못하였는가? 그리고 왜 새로 나타난 후치사만으로 중요한 원칙이 어긋난 것을 보완하였는가? 등이다.

이러한 이동은 이미 학자들의 주목을 끌었다. 손조분(孫朝奮)은 이를 중국어사에서 유일한 중요한 어순 유형 변화라고 한다. 많은 학자들은 각종의 가설로 이를 설명하였다(일부 가설에 대한 최신의 논의는 장정(張楨)(2002, 8장:

1절)). Li와 Thompson은 문법화 측면에서 개사가 다 연속동사구성의 첫째 동사에서 생겼기 때문에 주로 동사를 앞선다고 주장한다. 그러나 우리가 아는 바와 같이 '于, 以' 등 '고참' 전치사도 연속동사구성의 동사에서 생겼는데 왜 더 이른 시기에 전치사가 나타나는 동사 위치는 연속동사구성의 첫째 동사 자리만 아닌가? 연속동사구성에 있는 동사가 많은 언어들의 개사 기원인데 왜 대부분 언어에서 PP 위치와 VO가 여전히 조화하고 전치사가 여전히 매개 위치에 있는가? 문법화 측면의 해석에서는 이 문제에 대답하지 못하였다. 위의 문제를 연구하는 최초의 학자인 황선범(黃宣范)(1978) 등은 주로 어휘의 홍성, 쇠퇴를 다음과 같이 설명하였다. '在, 向, 對, 從' 등 개사가 원래부터 동사를 앞서 있는데 점차 주로 동사 뒤에서 쓰이는 다기능인 '於'를 대체하였다. 이와 동시에 동사 뒤에 있는 '於'는 한대(漢代)부터 많이 생략되었다. 이 두 가지 '힘'이 같이 작용하기 때문에 PPV를 위주로 하는 어순 체계가 나타난다. 장정(張楨)은 개사 홍성 교체(興替)론이 한 가지 중요한 사실을 홀시하였다고 지적한다. 즉 개사가 홍성하고 쇠퇴하는 것이 많이 진행되고 완성하기 전에는 '於'를 가진 일부 PP를 포함하는 개사구는 벌써 많이 앞으로 이동하기 시작하였다. 달리 말하면, 앞으로 이동하는 경향이 먼저 나타났고 새 개사가 후에 나타났다. 그러나 장정(張楨)은 이러한 역사적인 이동이 최종적으로 어휘의 홍성과 쇠퇴를 통해 끝났다고 동의한다. 여천목(黎天睦)(1979), 오가영(吳可穎)(1988)(모두 위의 장정(張楨)의 내용을 인용) 등은 의미 관계의 측면에서 설명하였는데 PP의 위치가 시간 순서 원칙에 따라 이동하고, '종점'을 나타내는 것이 뒤에 있으며 '기점, 행동 장소' 등을 나타내는 PP가 앞으로 이동하였다고 주장한다. 장정(張楨)은 시간 순서 원칙의 역할에 동의하지만 그것이 비 장소류 PP에 영향을 미치지 않는다고 주장한다. 그리고 학자들이 이 원칙이 왜 위진(魏晉) 시기에 이르러야 작용하기 시작하였는지에 대해 설명하지 않았다고 지적한다. 그녀는 이러한 의문에 대해 더 깊이 연구해야 한다고 생각한다.

　　어순 유형론의 시각으로 보아, 위의 가설은 모두 다음과 같은 문제를 설명할 수 없다. 왜 PP가 한대(漢代) 후에 개사와 어울리지 않으며, 전치사로 하여금 매개 자리에 위치하지 않도록 하고, VO 어순과 조화하지 않는 위치로 이동하였는가? 왜 한대(漢代) 이후에야 시간 순서 원칙이 작용하기 시작하였는가? 왜 초기의 연속동사구성에서 첫째 동사만 추상화 되어 전치사가 된 것이 아닌가? 그리고 왜 형성된 전치사는 여전히 조화성과 연계자 원칙에 부합하였는가? 왜 후에는 주로 첫째 동사가 이렇게 추상화되었는가? 사실 '첫째 동사의 위치'는 원인이 아니라 결과이다. 그때 당시에 이미 앞으로 이동하는 PP의 위치는 새 전치사로 하여금 연속동사구성의 첫째 동사 위치에서만 나타나도록 한다.

　　어순 유형론과 중국어 문법사를 연구하는 학자들이 함께 노력하여 위의 문제를 대답하기를 바란다. 이러한 역사적인 이동으로 인해, 중국어는 Dryer(1992)의 VO/VPP 조화성의 유일한 예외가 된다. 이를 조성하는 최종적인 동인을 밝히면 어순 유형론에 직접적으로 크게 기여할 것이다.

사용된 약어

P 개사(adposition, 전치사, 후치사, 분리사를 포함)
PP 개사구(adposition phrase, AP가 형용사를 가리키기 때문에 PP를 사용했음)
Pre 전치사
Pos 후치사
PreP 전치사구
PosP 후치사구
PPC(pre-postpositional compound), 전, 후치사가 구성하는 복합사,
　　예: 근대 중국어의 '在裏'
V 동사(중국어에서 형용사도 포함해 '위사(謂詞)'에 해당)
VP 동사구(형용사구도 포함)
N 명사
NP 명사구
S 주어
O 목적어
SVO '주어+동사+목적어'
SOV, VSO, VO, OV…… SVO의 경우 참조.
G 속격 한정어
GN/NG '속격 한정어+핵심 명사'/'핵심 명사+속격 한정어'
PPV/VPP '개사구+동사' 어순/'동사+개사구'
Rel 관계절

* (별표)는 언어 요소 우측 상단에 붙어 그것이 성립되지 않거나 문법에 부합하지 않는
것을 뜻한다. 예를 들어, '*坐在椅子'는 구 전체가 성립되지 않는 것을 나타낸다. 별표
가 괄호 안에 놓이는 것은 괄호 안에 있는 성분이 첨가되면 언어 단위 전체가 성립되
지 않는다는 것을 뜻한다. 예를 들어, '坐(*了)在椅子上'은 '坐在椅子上'이 성립되고
'坐了在椅子上'이 성립되지 않는 것을 나타낸다. 별표가 괄호 앞에 붙이는 것은 괄호
안에 있는 성분이 없으면 언어 단위 전체가 성립되지 않는 것을 뜻한다. 예를 들어,
'坐在椅子*(上)'은 '坐在椅子上'이 성립되고 '坐在椅子'가 성립되지 않는 것을 의미한
다. (여기에 열거하지 않은 약어는 본문에서 이미 설명하였다.)

인용된 언어 자료

1. 古代漢語電子語料庫: 《左傳》, 《論語》, 《孟子》, 上海師大語言研究所提供。
2. 漢語史(中古至近代)電子語料庫。汪維輝敎授提供。
3. 普通話電子語料庫, 潘海華敎授提供。
4. 上海話電子語料庫, 徐烈炯敎授提供。
5. 清末蘇白小說《海上花列傳》電子版(文中簡稱《海花》), 石汝傑敎授提供。
6. 老上海話書面語料一種, 錢乃榮敎授提供 : *LeÇons sur le Dialect de Changhai*(上海話 課本)Albert Bourgeois, S. J. (蒲君南)編著(文中簡稱"蒲課"), 上海: Cours Moyen, 1939。
7. 清代蘇州話書面語料一種, 錢乃榮敎授提供 : 《三笑》, [清]吳信天著。竺少華1986年點校, 嶽麓書社出版。
8. 本人的吳語區田野調查, 香港城市大學人文學院研究基金資助。發音人及校訂人名單如下

(年齡按調查時的1999年計) : 上海A 張進達, 男, 42歲, 上海師範大學職員。

上海B 方家驊, 女, 56歲, 上海師範大學職員。

蘇州 陳榴競, 女, 50歲, 蘇州市燃料公司職員。

校訂 : 石汝傑敎授, 男, 蘇州人, 方言學專家。

無錫 姚汝明, 男, 55歲, 無錫自行車廠職員。

常州 宋嶽林, 男, 65歲, 常州市翠竹新村居委會幹部。

紹興 馬立基, 男, 77歲, 紹興工商銀行退休職員。

校訂, 陶 寶博士, 男, 紹興人, 方言學專家。

寧波 錢元明, 男, 54歲, 寧波天一閣職員。

校訂 : 胡 方, 男, 寧波人, 語音學博士生。

台州 (椒江) 徐春雲, 女, 36歲, 台州市椒江一中敎師。

樂清大荊 蔣堅祿。男, 29歲, 樂清大荊中學敎師。

金華 李金根, 男, 77歲, 金華市政退休職工。

校訂, 徐趄趄, 男, 金華人, 語言學副研究員。

東陽 王鳳年, 女, 66歲, 東陽人, 現爲金華醫院退休醫生。

麗水 王知眞, 女, 70歲, 麗水梅山中學退休敎師。

溫州 林爲民, 男, 55歲, 溫州師範學院中文系敎授。

校訂 : 傅永平, 女, 56歲, 溫州中亞集團公司職員。

이들 연구 과제 후원자, 언어 자료 제공자, 발음 조사 대상자, 교정자에게 심심한 사의를 표한다.

참고문헌

艾皓德 1991. 近代漢語以"時"煞尾的從句。中國語文, 6期。

蔡國璐 1995.《丹陽方言詞典》, 李榮主編《現代漢語方言大詞典》分卷本, 江蘇敎育出版社。

曹志耘 1996a.《金華方言詞典》, 李榮主編《現代漢語方言大詞典》分卷本, 江蘇敎育出版社。

______ 1996b. 金華湯溪方言的體。載張雙慶(主編) 1996。

______ 1997. 金華湯溪方言的動詞謂語句。載李如龍, 張雙慶(主編) 1997。

______ 2002. 東南方言裏動詞的後置成分。潘悟雲主編《東方語言與文化》, 上海: 東方出版公司。

巢宗祺 1986. 蘇州方言中"勒篤"等的構成。《方言》4期。

陳克炯 1997. 試論先秦漢語補語與動詞的類－－兼談"動補句"的句法句型特點。語言研究, 2期。

陳澤平 1996. 福州方言的體和貌。載張雙慶(主編) 1996。

______ 1997. 福州方言的動詞謂語句。載李如龍, 張雙慶(主編) 1997。

______ 1998.《福州方言研究》, 福建人民出版社。

陳忠敏, 潘悟雲 1999. 論吳語的人稱代詞。載李如龍, 張雙慶(主編) 1999。

儲澤祥 1997a. 現代漢語的命名性處所詞。《中國語文》5期。

______ 1997b.《現代漢語方所系統研究》, 華中師範大學出版社。

戴浩一 1994 (葉蜚聲譯) 以認知爲基礎的漢語功能語法芻議。戴浩一, 薛鳳生主編《功能主義與漢語語法》, 北京語言學院出版社。

戴慶廈 1990. 藏緬語族研究。雲南民族出版社。

______ 1998. 景頗語方位詞"裏""處"的虛實兩重性。 戴慶廈《藏緬語族語言研究(二)》.雲南民族出版社。

丁邦新 2000.《論漢語中"中心語-修飾語"的反常詞序問題》,《方言》3期。

丁椿壽 1993.《彝語通論》, 貴州民族出版社。

丁聲樹 等 1961.《現代漢語語法講話》, 商務印書館。原載《中國語文》1952-1953。

範繼淹 1963. 動詞和趨向性後置成分的結構分析。《中國語文》2期。

範 曉 1998 動介式組合體的配價問題。載《現代漢語配價語法研究》, 袁毓林, 郭銳主編北京大學出版社。

方 梅 1997. 現代北京話的語法特征(提要及摘要), 北京：30屆國際漢藏語會議。

馮春田 1992. 唐五代某些語法現象淺析。程湘淸主編≪隋唐五代漢語研究≫, 山東敎育出版社。

馮勝利 1997. ≪漢語的韻律, 詞法與句法≫, 北京大學出版社。

高名凱 1948. ≪漢語語法論≫, 開明書店。

管燮初 1994. ≪左傳句法硏究≫, 安徽敎育出版社.

郭錫良 1997. 介詞"於"的起源和發展。≪中國語文≫2期。

______ 1998. 介詞"以"的起源和發展。≪古漢語硏究≫1期。

何金松 1994. ≪虛詞曆時詞典≫, 武漢: 湖北人民出版社。

何樂士 1992a. ≪史記≫語法特點研究。程湘淸主編≪兩漢漢語硏究≫, 山東敎育出版社。

______ 1992b. 敦煌變文與≪世說新語≫若幹語法特點的比較。程湘淸主編≪隋唐五代漢語研究≫, 山東敎育出版社。

胡裕樹 主編 1981. ≪現代漢語≫, 上海敎育出版社。

黃伯榮 主編 1996. ≪漢語方言語法資料彙編≫, 靑島大學出版社。

江藍生 1992. 助詞"似的"的語法意義及其來源。≪中國語文≫6期。

______ 1998. 後置詞"行"考辨。≪語文研究≫1期。

______ 1999. 處所詞的領格用法與結構助詞"底"的由來。≪中國語文≫2期。

金昌吉 1996. ≪漢語介詞與介詞短語≫, 南開大學出版社。

金 鵬(主編)1983. ≪藏語簡志≫。民族出版社。

科姆裏(沈家煊譯)1989. ≪語言共性和語言類型≫, 華夏出版社, 據原文第一版1981譯出。該書第二版見Comrie1989。

李如龍, 張雙慶(主編)1997. ≪動詞謂語句≫(中國東南部方言比較研究叢書第三輯), 暨南大學出版社。

李如龍, 張雙慶(主編) 1999. ≪代詞≫(中國東南部方言比較研究叢書第四輯), 暨南大學出版社。

李小凡 1998. ≪蘇州方言語法研究≫, 北京大學出版社。

黎錦熙 1933 (1924初版). ≪新著國語文法≫, 商務印書館。

梁敏, 張均如, 1996. ≪侗台語槪論≫第五章"語法槪要", 中國社會科學出版社。

林燾 1962. ≪現代漢語輕音和句法結構的關系≫, ≪中國語文≫7月號。

劉丹靑 1986. 蘇州方言定中關系的表示方式。≪蘇州大學學報≫2期, 又載中國人民大學複印資料≪語言文字學≫同年6期

______ 1987. 形名同現及形容詞的"向"。≪南京師大學報≫3期。

______ 1991. 試論"可數文化"與"不可數文化"——"文化"概念與文化學科研究對象新探。

≪東南文化≫5期, 中國人民大學複印資料≪文化研究≫1992年1期。

________ 1995. 無錫方言的體助詞"則"(仔)和"著"。≪中國語言學報≫第6期, 商務印書館年。

________ 1995b. ≪南京方言詞典≫, 李榮主編≪現代漢語方言大詞典≫分卷本, 江蘇教育出版社。

________ 1996a. 東南方言的體貌標記。載張雙慶(主編)1996。

________ 1996b. 蘇州方言的體範疇系統與半虛化體標記, 載胡明揚主編≪漢語方言體貌論集≫,江蘇教育出版社, 1996年。

________ 1997. 蘇州方言的動詞謂語句。載李如龍, 張雙慶(主編) 1997。

________ 1999a. 吳江方言的代詞系統及內部差異。載李如龍, 張雙慶(主編) 1999。

________ 1999b. 語序共性與歧義結構——漢語歧義的類型學解釋, 載石鋒, 潘悟雲編≪中國語言學的新拓展——慶祝王士元教授六十五歲華誕≫, 香港城市大學出版社。

________ 2001a. 論元分裂式話題結構。載≪語言研究再認識－－慶賀張斌教授80華誕≫, 上海教育出版社。

________ 2001b. 漢語方言語序類型的比較。日本≪現代中國語研究≫創刊2期。又載史有爲主編≪從語義理解到類型比較≫, 北京語言文化大學出版社2001年。

________ 2001c. 漢語給予類雙及物結構的類型學考察。≪中國語文≫5期。

柳士鎭 1992. 魏晉南北朝曆史語法。南京大學出版社。

陸丙甫 1986a. 語句理解的同步組塊過程及其數量描述。≪中國語文≫2期。

________ 1986b. 組塊理論的完善化及其在自然語言理解中的應用。≪思維科學≫2期。

陸儉明 1985a. 析"像……似的"。陸儉明, 馬 眞≪現代漢語虛詞散論≫, 北京大學出版社。

________ 1985b. 漢語中表示主從關系的連詞。同上書。

________ 1990. 漢語句法成分特有的套疊現象。≪中國語文≫2期。

呂叔湘 1948. 把字用法研究。≪金陵, 齊魯, 華西大學中國文化彙刊≫8卷, 又載呂叔湘1984: 177-199。

________ 1965a. 方位詞使用情況的初步考察。≪中國語文≫3期, 又載呂叔湘1984。

________ 1965b. 被字句, 把字句動詞帶賓語。≪中國語文≫4期, 又載呂叔湘1984。

________ 1984 (1941). 釋景德傳燈錄中在, 著二助詞。載呂叔湘1984。原刊於1941年。

________ 1984. ≪漢語語法論文集≫, 商務印書館。

呂叔湘 (主編) 1980. ≪現代漢語八百詞≫, 商務印書館。

馬建忠 1983. (1898初版). ≪馬氏文通≫, 商務印書館。

梅祖麟 1988. 漢語方言裏虛詞"著"字三種用法的來源。≪中國語言學報≫總3期。

________ 1995. 本字研究的兩種方法。≪吳語和閩語的比較研究≫, 上海教育出版社。

潘悟雲 1996. 溫州方言的體和貌。載張雙慶(主編) 1996。

______ 1997. 溫州方言的動詞謂語句。載李如龍, 張雙慶(主編) 1997。

______ 1998. ≪溫州方言音檔≫, 候精一主編“現代漢語方言音庫”分冊, 上海敎育出版社。

潘悟雲, 陶 寰 1999. 吳語的指代詞。載李如龍, 張雙慶(主編) 1999。

平田昌司 主編 1998. ≪徽州方言硏究≫, 東京：好文出版。

平悅鈴 1997. 上海話中“辣~”格式的語法功能。≪語文硏究≫3期。

齊滬揚 1996. 位置句中動詞的配價硏究。載≪現代漢語配價語法硏究≫, 沈陽, 鄭定歐主編, 北京大學出版社。

錢乃榮 1997. ≪上海話語法≫, 上海人民出版社。

______ 1999. 北部吳語的代詞系統。載李如龍, 張雙慶(主編) 1999。

錢乃榮 (主編) 1990. ≪現代漢語≫, 高等敎育出版社。

錢曾怡 1994. ≪博山方言硏究≫, 社會科學文獻出版社。

橋本萬太郎 1985. ≪語言地理類型學≫(餘志鴻譯), 北京大學出版社。

薩丕爾 (Sapir, Edward), 陸卓元譯 1962. ≪語言論≫, 商務印書館。原版1921。

石汝傑 1996a. ≪吳語讀本—— 明淸吳語和現代蘇州話≫, 日本≪中國語學硏究·開篇≫單刊
No.8, 日本東京：好文出版。

______ 1996b. 蘇州方言的體。載張雙慶(主編) 1996。

______ 1999. 蘇州方言的代詞系統。載李如龍, 張雙慶(主編) 1999。

史有爲 1999. 處所賓語初步調查。南加州大學中文組網頁漢語語言學句法部分,
www.usc.edu/dept/LAS/ealc/chinling/

孫朝奮 1994. ≪虛化論≫評介。≪國外語言學≫第4期。

太田辰夫 1987. ≪中國語曆史文法≫(中文本蔣紹愚, 徐昌華譯), 北京大學出版社。

湯珍珠, 陳忠敏, 吳新賢 1997. ≪寧波方言詞典≫, 李榮主編≪現代漢語方言大詞典≫分卷本, 江蘇敎育出版社。

陶寰 1996. 紹興方言的體。載張雙慶(主編)1996。

王福堂 1995. 紹興方言中的處所介詞“東*”, “帶*”, “亨*”。載徐雲揚編≪吳語硏究≫, 香港中文大學新亞書院出版。

王力 1980. ≪漢語史稿≫中冊。中華書局。

______ 1985. ≪中國現代語法≫, 商務印書館。原分上下冊, 分別於1943, 1944出版。

王志敬 1994. ≪藏語拉薩口語語法≫, 中央民族大學出版社。

汪維輝 2000. ≪東漢-隋常用詞演變硏究≫。南京大學出版社。

伍雲姬 1995. 談雌雄動物名稱的演變。石鋒編≪漢語硏究在海外≫, 北京語言學院出版社。

項夢冰 1998. 連城方言的話題句。≪語言硏究≫1期。67-88。

謝信一 1994. (葉蜚聲譯) 漢語中的時間和意象。戴浩一, 薛鳳生主編≪功能主義與漢語語法≫, 北京語言學院出版社。

謝自立, 劉丹靑, 石汝傑, 汪平, 張家茂 1989. 蘇州方言裏的語綴(上)(下)。≪方言≫2, 3期。

徐烈炯, 劉丹靑 1998. ≪話題的結構與功能≫, 上海敎育出版社。

徐烈炯, 邵敬敏 1998. ≪上海方言語法硏究≫第一章≪"辣", "辣辣", "辣海"的比較硏究≫, 華東師範大學出版社。

許寶華, 湯珍珠 (主編) 1988. ≪上海市區方言志≫, 第七章"語法"(遊汝傑執筆), 上海敎育出版社。

雅柯布森(Jakobson, Roman) 2001. ≪類型學硏究及其對曆史比較語言學的貢獻≫(原文1958年), 載≪雅柯布森文集≫, 錢軍編輯, 錢軍, 王力譯注, 湖南敎育出版社。

顔其香, 周植志, 1995. ≪中國孟高棉語族語言與南亞語系≫, 中央民族大學出版社。

楊樹達 1984 (初版1930). 高等國文法。商務印書館。

伊原大策 1986. (柴世森譯) 表示進行時態的"在"。≪河北大學學報≫3期。

遊汝傑 1996. 杭州方言動詞體的表達法。載張雙慶(主編)1996。

遊汝傑, 楊乾明 1998. ≪溫州方言詞典≫, 李榮主編≪現代漢語方言大詞典≫分卷本, 江蘇敎育出版社。

於根元 1981. 上海話的"勒勒"和普通話的"在, 著"。≪語文硏究≫1期。

俞樾 <淸代> ≪古書疑義擧例≫, 中華書局1956版。

餘志鴻 1986. 漢語前後置詞混用的實質。≪語言學年刊≫, 浙江省語言學會編。

張 楨 1999. ≪漢語處所介詞詞組和工具介詞詞組的詞序變化≫, 北京大學中文系博士論文。

張成材 1994. ≪西寧方言詞典≫, 李榮主編≪現代漢語方言大詞典≫分卷本, 江蘇敎育出版社。

張雙慶(主編) 1996. ≪動詞的體≫(中國東南部方言比較硏究叢書第二輯), 香港中文大學中國
文化硏究所吳多泰中國語文硏究中心。

張旺喜 1991."把字結構"的語義及其語用分析, ≪語言敎學與硏究≫3期。

章培智 1990. ≪斯瓦希裏語語法≫, 外語敎學與硏究出版社。

趙金銘 1995. 現代漢語補語位置上的"在"和"到"及其弱化形式.de。≪中國語言學報≫第7期, 語文出版社。

朱德熙 1982. ≪語法講義≫, 北京大學出版社。

Ansaldo, Umberto 1999. *Comparative Constructions in Sinitic: Areal Typology and Patterns of Grammaticalization*. PhD. Dissertation, Stockholm University.

Arnold, Jennifer E & Thomas Wasow 2000. Heaviness vs. newness: the effects of structural complexity and discourse status on constituent ordering. *Language*76-1.

Bisang, Walter 1998. Gramaticalization and language contact, constructions and positions. In Anna Giacalone & Paul J. Hopper (eds) *The Limits of Grammaticalition* .Amsterdam: John Benjamins.

Chapin, Paul G. 1978. Easter Island: ACharacteristic VSO Language. In W. Lehmann, (ed.) 1978.

Comrie, Bernard 1988. Topics, grammaticalized topics, and subjects. *Berkeley Linguistics Society* 14.

______ 1989. *Language Universals and Linguistic Typology*. Chicago: Chicago University Press. 第二版。1981第一版見科姆裏1981(沈家煊中譯本), 華夏出版社1989。

Comrie, Bernard & Maria Polinsky 1998. The great Daghestaanian hoax. In Anna Siewierska & Jae Jung Song (eds.) *Case, Typology and Grammar: In Honor of Barry J. Blake.* .Amsterdam: John Benjamins.

Connolly, John H. 1991. *Constituent Order in Functional Grammar: Synchronic and Diachronic Perspectives*. Berlin: Foris.

Croft, William 1990. *Typology and Universals*. Cambridge: Cambridge University Press.

DeLancey, Scott 1997. Grammaticalizaiton and the gradience of categories: relator nouns and postpositions in Tibetan and Burmese. In Joan Bybee et al (eds.) *Essays of Language Function and language type: dedicated to T. Givón*. Amsterdam: John Bejamins.

Dik, Simon C. 1997. *The Theor of Functional Grammar*. Part 1: The Structure of the Clause. ed. By Kees Hengeveld, Second, revised version. Berlin & New York: Mouton de Gruyter.

Downing, Pamela 1995. Word order in discourse: By way of introduction. In Downing & Noonan (ed).

Downing, Pamela & Michael Noonan (eds.) 1995. *Word Order in Discourse*. Amsterdan & Philadelphia: John Benjamins Publishing Company.

Dryer, Matthew S. 1992. The Greenbergian word order correlations. *Language*. Vol. 68, Num. 1: 43-80.

______ 1999. Word order in Sino-Tibetan Languages from a typological and geographical perspective (Draft).

Ernst, Thomas 1988. Chinese postpositions?--again. *Journal of Chinese Linguistics*: 16-2.

Fukui, Naoki 1995. The Principles-and-Parameters approach: a comparative syntax of English and Japanese. In Shibatani & Bynon (eds.)1995.

Gasde, Horst-Dieter 1998. Topics, foci and sentence structure in Mandarin Chinese. *Sprachtypol. Univ. Forsch.* Berlin(51), 43-94.

Genetti, Carol 1991. From postpositions to subordinators in Newari. In Traugett & Heine (eds.) 1991.

Givón, Talmy. 1976. Topic, pronoun and grammatical agreement. In Charles Li (ed.) *Subecjt & Topic* .Amsterdan & Philadelphia: John Benjamins.

_______ 1978. Definiteness and referentiality. In Joseph H. Greenberg (ed.)1978.

_______ 1984. Syntax: *A Functional-Typological Introduction.* Volume I. Amsterdam: John Benjamins.

_______ 1988. The pragmatics of word-order: predictability, importance and attention. In Hammond et al (ed).

Greenberg, Joseph H. 1966[1963]. Some universals of grammar with particular reference to the order of meaningful elements. In Greenberg, Joseph H. (ed.) 1966[1963].

_______ 1980. Circumfixes and typological change. In Elizabeth C. Traugott et al (eds.) Papers from the International Conference on Historical Linguistics. Amsterdam: JohnBenjamins.

_______ 1995. The diachronic typological approach to language. In Shibatani & Bynon (eds.)1995.

Greenberg, Joseph H. (ed.) 1966. *Universals of Language.* Mass Cambridge: M.I.T. Press. First Edition,1963.

_______ (ed.) 1978. *Universals of Human Language.* Vol. 4: Syntax. Stanford: Stanford University Press.

Haiman, John 1978. Conditionals are topics. *Language.* 54(3).

Haiman, John (ed.) 1983. Iconicity in Syntax: Proceedings of a Symposium on Iconicity in Synax, Stanford, 1983.

Hale, Ken 1992. Basic word order in two "free word order" languages. In Payne (ed.) 1992.

Hammond, Micheal, Edith Moravicsik & Jessica Wirth (eds.) 1988. *Sudies in Syntactic Typology.* Amsterdam: John Benjamins.

Hawkins, John, A. 1983. *Word Order Universals.* New York: Academic Press.

_______ 1994. *A Performance theory of Order and Constituency.* Cambridge: CambridgeUniversityPress.

Hawkins & Cutler 1988. Psycholinguistic factors in morphological asymmetry. In John A. Hawkins (ed.) *Explaining Language Universals.* Oxford: Blackwell.

Heine, Bernd, Ulrike Claudi & Friederike Hünnemeyer 1991. *Grammaticalization: A Conceptual Framework.* University of Chicago Press.

Her, One-Soon 1997. *Interaction and Variation in the Chinese VO Construction* Taipei: Crane.

Hopper, Paul J. and Elizabeth Closs Traugott 1993. Grammaticalization. Cambridge: Cambridge University Press.

Huang, Hsuan-fan 1982. Historical change of prepositions and emergency of SOV order. In Huang's *Papers in Chinese Syntax*, 165-206. Taipei: Crane.

Jepson, Jill Christine 1985. *Chinese Word Order: a Study of Language Acquisition and Linguistic Change.* Ph. D. Dissertation, the University of Chicago.

Kuno, Susumu (1978) Japanese: A Characteristic OV Language. In W. Lehmann (ed) 1978.

LaPolla, Randy 1994. On the change to verb-medial word order in proto-Chinese: Evidence from Tibeto-Burman. Current Issues in Sino-Tibetan Linguistics.

______ 1995. Pragmatic relations and word order in Chinese. In Pamela Downing Mic-harl Noonan (eds) 1995.&

______ 2002. Word order patterns in Sino-Tibetan and their significance to theories of explanation in typology. In Pan, Wuyun (ed) *Languages and Cultures in the East* (東方語言與文化), Shanghai: Oriental Publishing Center (東方出版中心).

Lehmann, Christian 1992. Word order change by grammaticalization. In Manuel Gerzitsen & Dieter Stein (eds.) *Internal and External Factors in Syntaxtic Change.* Berlin: Mouton de Gruyten.

______ 1995. Thoughts on Grammaticalization. München & New Castle: LINCOM EUROPA.

Lehmann, Winfred P. 1973. A structural principle of language and its implications. Language 49: 47-66.

______ 1978a. The great underlying ground-plans. In W. Lehmann (ed.) 1978.

______ 1978b. Conclusion: the profound unity underlying languages. In Lehmann (ed.) 1978: 393-432.

______ (ed.) 1978. *Syntactic Typology.* Austin: University of Texas Press.

Li, Y-H Audrey 1985. *Abstract Case in Chinese.* Ph. D dissertation, University of South Califonia.

_______ 1990. *Order and Constituentcy in Mandarin Chinese*. Dordrecht: Kluwer.

Li, Charles N. (ed.) 1976. *Subject and Topic*. New York: Academic Press.

Li, Charles, N, & Sandra Thompson 1973a. An explanation of word order change from SVO to SOV. Foundations of Language.

_______ 1973b. Historical change of word order: a case study of Chinese and its implications. *Historical Linguistics*, ed. by John M. Anderson and Charles Jones.

_______ 1975. The Semantic function of word order: a case study in Mandarin. In Charles N. Li. (ed) *Word Order and Word Order Change* .Austin: University of Texas Press.

_______ 1976. Subject and topic: a new typology. In Li (ed.) 1976.

_______ 1978. An exploration of Mandarin Chinese. In W. Lehmann (ed) 1978.

Lindstrom, Lamont & John Lynch 1994. *Kwamera.* München–New–castle: Lincom Europa.

Light, Tomothy. 1979. Word order and word order change in Mandarin. *Journal of Chinese Linguistics 7: 149–180*

Liu, Danqing 2004. Identical topics: a more characteristic property of topic prominent languages. in Journal of Chinese Linguistics 32-1 (Berkeley, USA).

Liu, Feng-hsi, 1998, A clitic analysis of locative particles. Journal of Chinese Linguistics: 26-1

Lu, Bingfu 1991. A comparison between English and Chinese parsing. *Proceedings of 1991 International Conference on Computer Procesing of Chinese and Oriental Languages*, Taipei.

_______ 1998. *Left–right Asymmetries of Word Order Variation: A functional Explanation*. Ph. D. dissertation, University of Southern California.

McMahon, April M. S. 1994, *Understanding Language Change*. Cambridge: Cambridge University Press.

Mallinson, Graham and Barry Blake. 1981. *Language Typology: Cross-linguistic Studies in Syntax*. Amsterdan: North–Holland.

Mei, Kuang. 1980. Is Modern Chinese really an SOV language? *Cahiers de Linguistique-Asie Orientale 7: 23–45.*

Mithun, Marianne 1992. Is basic word order universal? In Payne (ed.) 1992.

Napoli, Donna Jo 1993. *Syntax: Theory and Problems*. Oxford: Oxford University Press.

Payne, Doris L. (ed.) 1992. *Pragmatics of Word Order Flexibility*. Amsterdan: John

Benjamins.

Peyraube, Alain 1994. On the history of Chinese locative prepositions. Taipei: ≪中國 境內語言及 語言學≫2.

Schiffrin, Deborah. 1988. Sociolinguistic approaches to discourse: topic and reference in narrative. In K. Ferrera et al (eds) *Linguistic Change and Contact*. Austin: Department of Linguistics, University of Texas.

Sadakane, Kumi & Masatoshi Koizumi 1995. On the nature of the "dative" particle *ni* in Japanese. *Linguistics*, Vol. 33(1).

Shibatani, Masayoshi & Theodora Bynon 1995. Approaches to language typology: a conspectus. In Shibatani & Bynon (ed.) 1995.

Shibatani, Masayoshi 1991. Grammaticalization of topic into subject. In Traugett & Heine (ed.).

Shibatani, Masayoshi & Theodora Bynon (ed.) 1995. *Approaches to Language Typology*. Oxford: Clarendon Press.

Siewierska, Anna 1988. *WordOrderRules*.NewYork: CroomHelm.

_______ 1991. *FunctionalGrammar*.London: Routledge.

Steele. Susan 1978. Word order variation: a typological study. In Greenberg (ed.)1978.

Sun, Chaofen 1996. *Word-Order Change and Grammaticalization in the History of Chinese*. Stanford: Stanford University Press.

Sun, Chao-Fen & Talmy Givón. 1985. On the so-called SOV word order in Mandarin Chinese: a quantified text study and its implications. *Language* 61:329-351.

Tai, H-Y. James 1973. Chinese as a SOV language. In C. Corum et al(ed.) *Papers from the Ninth Regional Meeting of Chicago Linguitics Society*, Chicago: Chicago University Press.

_______ 1976. On the change from SVO to SOV in Chinese. *Papers from the parasession on Diachronic Syntax*. Chicago Linguistic Society. Chicago: Chicago University Press.

Tao, Hongyin 1996. *Units in Mandarin Conversation: Prosody, Discourse, and Grammar*. Amsterdam: John Benjamins.

Tomlin, Russel, 1986. *Basic Word Order*, Croom Helm.

Traugott, Elizabeth Closs & Bernd Heine 1991. Introduction. In Traugott & Heine (ed.).

Traugott, Elizabeth Closs & Bernd Heine (ed.) 1991. *Approaches to Grammaticalization.*

Vol.I & II. Amsterdam: John Benjamins.

Tsunoda, Tasaku, Sumie Ueda & Yoshiaki Itoh 1995. Adpositions in word-order typology. *Linguistics*, Vol. 33: 741-761.

Van Vanlin, Robert D. Jr. & Randy J. LaPolla 1997. Syntax: Structure, Meaning and Function. Cambridge:CambridgeUniversityPress.

Vennemann, Theo, 1974. Topics, subjects, and word order: from SXV to SVX via TVX. In Anderson, John & Charles Jones (eds.) *Historical Linguistics* (Vol.I). Amsterdam: North-Holla-nd.

_______ 1984. Typology, universals and change of language. In Fisiak, Jacek (ed.) *Historical Syntax*. The Hague: Mouton.

Weninger, Stefan 1993. *Gəcəz* . München-Newcastle: Lincom Europa.

Xu, Liejiong & D.Terence Langendoen. 1985. Topic structures in Chinese. *Language* 61: 1-27.

Xu, Liejiong 1998. Topic in word order typology. In Bernard Caron (ed.) *Proceedings of the XIVth Internationl Congress of Linguistics*.

Zhang, Hongming 1994. The Grammaticalization of '*Bei*' in Chinese. 台北≪中國境內語言暨語言學≫2期。

Zoerner, Cyril Edward III 1995. *Coordination: The Syntax of & P*. Ph. D. Dissertation, University of California, Irvine.

찾아보기

맺는 말

이 책은 내가 2000년에 홍콩도시대학교에 제출한 박사 학위 논문을 바탕으로 완성된 것이다. 이 책은 많이 첨삭되었는데 책 이름, 중심 사상, 내용 등이 다 실질적으로 수정되었다. 원고에서는 국내 독자들이 체계적으로 현대 언어학의 중요한 분야이며 유파인 유형론을 자세히 알게 하기 위해 현대 언어 유형론, 관련된 학설에 대한 소개, 분석 내용을 보완하였다. 이와 동시에 오어 문법 세부에 대한 기술과 분석 내용을 정선하였고 어순 유형론 이론, 특히 개사 이론을 논술함에 긴요한 것을 주로 실었다. 이는 오어에 익숙지 못한 독자들이 편하게 읽게 하기 위해서이다.

현대 언어학의 삼 대 학파인 형식, 기능, 유형 가운데 중국에서 유형론의 전파가 가장 만족스럽지 못하다. 지금 중국어로 번역된 전문 저서는 Comrie(科姆裏) '語言共性和語言類型'(심가훤(沈家煊) 역 화하(華夏)출판사 1989년)밖에 없고 소개된 논문도 아주 드물다. 이 책에 대한 수정은 실제로 개인적인 전문 주제 연구의 세밀함을 적절하게 줄이고 사람들이 관심을 가지고 있는 중요한 이론, 방법론 문제에 대한 논술을 더하는 것이다. 이를 통해 국내 언어학계를 언어 유형론에 더 익숙하게 한다. 이는 언어의 보편성과 유형적 차이 차원에서 중국어를 고찰하는 것으로 다른 언어, 심지어 다른 방언에 대해 별로 알지 못하는 경우에 중국어의 특징 같은 문제를 논의하는 것이 아님을 많은 사람들이 이해하기 바란다. 이 책이 이러한 역할을 얼마나 할 수 있는지가 독자들의 판정에 달려 있다.

박사 학위 논문을 시작했을 때부터 이 책을 최종 마무리했을 때까지 나는 많은 분의 도움과 지지를 받았다. 빠진 분이 많지만, 이 기회에 심심한 사의를 표한다.

우선 나의 지도교수님이 되신 서열형(徐烈炯) 교수님께 깊은 감사를 드린다. 서 교수님의 지도는, 거시적 면에서 학파 간의 구별에 얽매이지 말고 언어 사실에 근거하여 과학적으로 사고하며 깊이 탐구하기를 격려하셨고, 미시적 면에서 문헌으로 입증하는 것, 언어 사실을 분석하여 결론을 내리는 것, 심지어 문장 양식까지 엄격하게 요구하셨다. 이러한 훈련은 이 논문뿐만 아니라 평생 동안 나의 언어학 연구에 유익할 것이다. 게다가 서열형 교수님의 격려와 지지가 없으면 나는 석사 학위를 받은 10년 후 다시 학생이 되어 공부할 기회를 잡을 수 없었을 것이다. 이는 내가 특히 충심으로 감사해야 하는 점이다.

다시 공부할 수 있는 기회를 생각하면서 장쌍경(張雙慶) 교수님과 석봉(石鋒) 교수님께도 감사를 드리고 싶다. 장쌍경 교수님은 애초에 나를 홍콩 중문대학교에 초청하셨다. 이로 인해, 내가 처음 홍콩에 가서 홍콩 언어학계와 접촉하고, 그 후에 홍콩도시대학교 중문, 번역 및 언어학 학과에서 협동 연구를 하고 그 학과의 언어학 박사 과정을 신청하였다. 석봉(石鋒) 교수님의 격려는 내가 결의를 가다듬고 박사 학위 과정을 공부하는 데 결정적인 역할을 하였다.

내가 자랑스럽게 생각하는 논문 지도 위원회 구성원인, 덕망이 높은 장빈(張斌) 교수님(교외 위원회 구성원), 박학한 나인지(羅仁地, Randy LaPolla) 교수님(학과 위원회 구성원)께 심심한 사의를 표한다. 장빈(張斌) 교수님의 친절한 격려와 지혜로운 지도는 학문 탐구의 원동력이 되었다. LaPolla 박사님은 수시로 내가 필요한 여러 가지 도움을 주셨는데 문헌 자료의 소개와 제공, 각종 학술 문제에 해석, 깨우침, 심지어 중요한 이론 문제에 대한 번거로움을 귀찮아하지 않고 토론을 해 주셨다. 나는 이 모든 것에서 얻은 이득이 많다. 또한 홍콩도시대학교의 이행덕(李行德) 교수님과 반해화(潘海華) 교수님께 감사드린다. 이행덕 교수님과 같이 하는 논의는 학문적 즐거움이었는데 그분은 종종 나에게 언어학의 아름다운 경치를 보는 길을 활짝 열어 주셨다. 반해화 교수님의 생성 문법에 관한 강의는 나의 언어학 지식 구성에 커다란 역할을 하였다. 그 분의 통사 의미론 최신 이론의 해박함, 많은 문제에 대한 날카로운 견해는 종종 나에게 '어쩔 수 없이' 문제에 대해 깊이 생각하지 않을 수 없게 하였다. 나는 학위 논문의 작성과 이 책에 대한 수정 과정에서 다행히 유명한 언어학자인 왕사원(王士元 William. S-Y. Wang)교수님, B. Comrie 교수님, J. Matisoff 교수님의 지적을 받았다. 그 분들의 학문에서의 커다란 기백, 깊고 넓은 학식, 차근차근 잘 일깨우심, 인내심을 가지고 문제에 대답하시는 자세는 나에게 많은 도움이 된다.

학위 논문 작성 동안 국내외 언어학 스승과 벗과 각종 문제에 대해 의논하였는데 특히 D. Gasde 박사님, 육병보(陸丙甫) 교수님, 반오운(潘悟云) 교수님, 평전창사(平田昌司) 교수님, 정장상방(鄭張尙芳) 교수님, 전내영(錢乃榮) 교수님, 왕평(汪平) 교수님, 석여걸(石汝杰) 교수님, 장홍명(張洪明) 교수님, 장녕(張寧) 박사님, 장백강(張伯江) 교수님, 오복상(吳福祥) 박사님, 도환(陶寰) 박사님, 화동범(花東帆) 박사님, 호건화(胡建華) 박사, 호방(胡方) 선생님 등께 감사를 드린다. 이 분들은 언어 사실, 분석 방법, 이론에 대한 토론에서 나에게 많은 도움을 주셨다. 이 책의 일부 내용은 학술회의에서 발표되었다. 토론 의견은 나에게 도움이 되었는데 이에 대해 일일이 기술할 수 없다.

내가 박사 학위 과정을 공부하기 전에 일하던 상해사범대학교에서 나에게 많은 편리와 도움을 준 것에 대해 감사의 뜻을 표한다.

이 책을 위한 오어구에 대한 설문 조사는 홍콩도시대학교 인문대학의 지원을 받았는데 감사의 뜻을 표한다. 상해부터 온주까지 12개 지역의 발음 조사 대상자에게 감사를 드린다.

이 책이 출판되니, 나의 석사 지도 교수가 되신 장공귀(張拱貴) 교수님에 대한 사모의 정을 누르지 못한다. 장공귀 교수님께서는 내가 홍콩에서 공부하는 동안에 돌아가셨는데 나는 몇 개 월 후에야 이 비통한 소식을 들었다. 남경(南京)에 가서 은사님의 마지막 길을 배웅해 드리지 못한 것이 평생 여한으로 남았다. 은사님의 학문에 대한 신중한 연구 태도와 제자들에게 각 언어학 유파 연구 방법의 장점을 받아들이고 끊임없이 창조적으로 연구하는 개방적인 정신은 줄곧 나를 학문의 길에서 분발하게 하는 원동력이 되었다.

방매(方梅) 교수님은 최초로 이 책을 상무인서관(商務印書館)과 관련하여 생각하신 분이시다. 방매 교수님이 홍콩에 와서 회의에 참석하시는 동안에 상무인서관(商務印書館)의 언어학 출판물 지원 계획을 나에게 알려주시고, 막 완성한 두껍고 무겁게 제본한 나의 논문을 북경에 가지고 가서 상무인서관(商務印書館)에 추천하였다(그때 당시는 우리 둘이 얼마 후에 동료가 될 것을 몰랐다). 심가훤(沈家煊) 교수님이 여러 해 동안 나의 연구 방향에 대해 격려하고, 이 책의 심사 위원으로 지적하신 의견은 이 책의 작성과 수정에 중요한 역할을 하였다. 서통장(徐通鏘) 교수님의 심사 의견은 이 책에 대한 수정에 직접적인 도움이 되었다. 상무인서관(商務印書館) 주홍파(周洪波) 선생님은 언어학 출판물 지원 계획을 세우고 이 책의 출판에 심혈을 기울이셨다. 이들 선생님의 도움이 없었다면 이 책은 내가 자랑스럽게 생각하는 상무인서관(商務印書館)에서 순조롭게 출판되지 못했을 것이다. 위의 교수님과 친구, 동료의 사심 없는 도움에 감사의 뜻을 표한다. 이와 동시에 상무인서관(商務印書館)에서 이러한 지원 계획을 세우고 나를 첫 번째로 출판된 책들의 저자 중의 하나가 되게 한 것에 감사를 표한다.

나의 아내 진효연(秦曉燕)이 내가 홍콩에서 공부하는 동안 혼자 어린 아들을 돌보아 나는 전념하여 순조롭게 박사 학위 논문을 완성하였다. 나의 누님 유청청(劉靑靑), 자형 능항무(凌恒武)에게 감사를 드린다. 그들이 여든 살의 어머님을 극진히 모시고 나를 홍콩에서 학업에 전념할 수 있도록 해 주셨다.

아버님은 내가 공부하는 3년 중에 돌아가셨다. 오랫동안 아프신 아버님은 내가 공부하러 먼 홍콩에 가는 것을 지지하셨지만 나의 박사 학위 논문이 완성과 이 책의 출판을 보시지 못하였다. 부득이한 사정으로 초등학교를 졸업하지 못하시고, 오어만 말할 수 있지만 반평생 동안에 '유 총장, 유 선생님'이라고 불리신 아버님 유건명(劉建明)께 이 책을 바친다. 아버님의 독학 정신은 내가 학문을 탐구하는 영원한 원동력이 될 것이다.

유단청(劉丹靑)

심사의견서

    20세기 언어학의 중대한 진전 중에 하나는 1963년에 Greenberg의 논문으로 현대 언어 유형론을 창립한 것인데 그것의 핵심적인 내용은 '함축적 보편성'이다. 여기의 함축은 주로 한 방향 함축을 가리킨다. 어순에 있어 두 가지 중요한 개념이 있는데 하나는 '우세' 어순이고 다른 하나는 어순의 '조화'이다. Greenberg 후에 조화를 지나치게 강조하고 우세를 소홀히 하는 경향이 보인다. 이에 대해, 저자는 책 시작 부분에 명확한 분석과 설명을 하였다.

    중국어는 SVO 언어로 어순 면에서 조화되지 않는 것이 많다. 중국어의 어순이 조화된 것을 설명하기 위해, 처음에는 어떤 학자들은 현대 중국어가 SOV 언어이었지만, SVO로부터 SOV까지 변천한 과정을 거쳤다고 주장하였다. 이는 사실을 고쳐서 이론에 맞추려는 방법이다. 이 책의 저자는 이러한 방법을 사용하지 않고 중요한 어순 유형의 매개 변수인 개사를 중심으로 중국어와 다른 언어, 표준어와 방언, 현대 중국어와 고대 중국어 간의 비교를 통해 충분한 사실로 중국어 어순 중의 많은 조화되지 않는 것 안에 조화된 것이 있다는 것을 설명하였다. 이 책에서는 유형론 측면에서 중국어 개사, 특히 장기간 소홀히 한 후치 개사에 대해 체계적으로 연구하여 보다 더 전면적인 중국어 개사 이론을 세웠다. 이는 중국어 개사 체계, 관련된 어순을 다른 언어와 더 비교될 수 있도록 함으로 언어 유형론의 발전에 일정한 기여를 하기도 하였다. 이 연구는 세계 언어 변이의 범주에서 중국어를 고찰하는 것이 얼마나 중요한가를 입증하였다.

개사와 관련된 어순은 두 가지를 포함하는데 하나는 개사와 그것이 이끄는 명사 간의 어순(전치/후치), 다른 하나는 개사구와 동사 간의 어순(동사 앞이나 동사 뒤)이다. 저자는 이 두 가지 어순을 지배하는 몇 개의 규칙을 비교적 원활하게 설명하였다. 그 규칙 중의 가장 중요한 것이 연계자 어중 원칙이고 또 조화 원칙, 정보 구조 원칙 등도 있다. '조화 원칙'을 제외하고 다른 세 원칙은 각각 최근 몇 년 동안의 기능언어학, 인지언어학, 담화언어학의 연구 성과이다. 저자는 이러한 성과를 잘 안다. 이 책에서는 최근 문법화 이론과 그것의 연구 성과를 이용하여 개사의 역사적 기원, 문법화 과정, 및 그것들과 중국어 어순 유형의 변천 간의 관계를 밝혔다. 또한 중요한 것은 아니지만 형식언어학의 일부 성과를 인용하기도 하였다. 이는 이 연구가 다방면의 성과와 방법을 취하여 그것을 체계적이고 철저하게 이해하고 제출물로 분석해 최종적인 성과를 이룰 수 있다는 것을 설명해 준다.

이전의 중국어 문법 연구는 범주, 특히 품사의 구분에 치우쳤다. 다른 범주나 품사에서 보편적으로 작용하는 기본 원칙이 대단히 중요하지만 이것은 홀시되었다. 이 책의 또 다른 장점은 개사를 다른 품사 특히 연결사와 관련하여 고찰한 것이다. 이는 연구의 시야를 넓히면서 어순을 지배하는 원칙과 심층적인 원인을 잘 밝혔다.

이 책의 마지막 부분에서는 앞으로 더 탐구할 만한 중요한 문제를 제기하였다. 즉 중국어 개사구(PP)의 위치가 동사 뒤로부터 동사 앞에 옮긴 원인은 무엇인가? 원래의 VPP 어순이 VO 어순과 조화되었는데 지금의 PPV어순이 VO 어순과 조화되지 않는다는 것은 세계 어순 유형 중의 보기 드문 예외가 된다. 이는 확실히 어려운 문제이다. 이와 관련된 문제는 중국어의 우세 어순인 VO 어순이 한정어가 VP를 앞서는 것 간의 부조화를 어떻게 설명하는가이다.

이 어려운 문제에 대답하려면 '조화'의 본질과 심층적인 원인이 무엇인가를 우선 알아야 할 것이다. '조화'의 본질은 '상태의 조화'와 '추세의 조화' 간의 관계 문제이다. 표준어의 공시적 측면에서 보아, VO 어순과 PPV 어순이 조화되지 않고, 전치사를 위주로 하는 것(또는 후치사와 같은 지위를 가진다)도 VO 어순과 조화되지 않는다. 그러나 오어가 변천하는 추세를 보아, VO 어순이 쇠미해진 것과 PPV 어순이 강세를 보이는 것은 조화된다. 한(漢)나라 후에 중국어의 VPP가 PPV로 변한 것과 후치사가 발전된 것과도 조화된다. 심층적인 원인에서 VO 어순과 (자동사에서 나온) 전치사 간의 조화의 이유는 추상화된 성분이 추상화되기 전의 문법적 특징을 가지는 데 있고, VPP 어순과 전치사 간의 조화의 이유는 연계자 어중 원칙이다. 그러나 VO 어순과 VPP 어순 간의 조화의 이유가 무엇인지는 아직 명확하지 않다.

책 원고에서는 개사와 관련된 몇 가지 우세 현상을 지적하였다. 예를 들어, 후치사는 전치사보다 더 쉽게 독립성을 잃어 접사가 된다. 개사 자체의 어순은 개사구의 어순보다 더 안정적이다. 개사구가 한정어로 쓰일 때의 어순은 부사어로 쓰일 때의 위치보다 더 안정적이다. 조화 문제는 그것과 우세 간의 관계와 관련하여 더 분석할 수 있다고 생각된다. 조화는 대칭을 나타내고 우세는 비대칭을 나타낸다. 이 문제는 언어 구조의 대칭과 비대칭을 결합하여 고려할 수 있다.

이 책에서는 개사와 개사구 어순을 지배하는 네 가지 원칙(연계자 어중 원칙, 조화 원칙, 시간 순서 원칙, 정보 구조 원칙)을 제기하였다. 그것들 간의 주종, 상호 작용 관계에 대해 더 연구할 수 있다. 연계자 어중 원칙은 가장 중요하지만 '坐椅子上(의자 위에 앉는다)'('上'이 후치 개사임)과 같은 예에 작용하지 못한다. 시간 순서 원칙은 도상성 원칙이고, 저자가 지적하였듯이 연계자 어중 원칙도 도상성 원칙이다. 사실 도상성은 바로 대응 관계이다. 조화 어순이 나타내는 것도 대응 관계이다. VO 어순과 NG 어순 간의 조화는 바로 전자의 지배자가 지배 받는 자를 앞서는 순서와 후자의 순서 간의 대응이다. 이 외에 개사의 어순 면에서 순수한 통사적 규칙이 작용하는가?

위의 어려운 문제를 해결하려면 현재의 문법화 이론에 대해 다시 살펴보아야 한다. 이 책에서는 이미 중국어, 특히 오(吳)방언 개사의 추상화 상황에서 착안하여 일부 문법화에 대해 질의하였다. 문법화의 과정, 방식과 동인이 우리가 이미 파악한 것보다 풍부하고 복잡할 가능성이 크다. 전치사와 후치사가 추상화되는 과정에서 비대칭인 것도 이미 설명하였다. 이에 관하여 더 깊이 고려할 만한 것은 개사 의미 간의 차이이다. 의미에 따라 추상적인 것으로부터 구체적인 것까지 개사를 세 가지 차원으로 나누는 방법이 긍정적이고, 특히 뒤의 두 차원은 더 중시되어야 한다고 생각된다.

이것들은 다 비교적 크고 어려운 문제이므로 한 책에서 모두 해결될 수 없다. 이 책은 많은 어려운 문제를 해결하는 동시에 우리에게 더 많은 도전할 문제를 제기하고 있다.

심가훤(沈家煊)

심사의견서

어순 유형론은 최근 몇 십 년 동안 새로 발전된 언어학 사조로 이론과 연구 방법에서 중대한 진전이 있다. 국내 근년의 언어 연구는 이를 다루었지만 대부분 유형론에 대한 소개와 번역, 기술로 전문적인 주제에 대한 연구가 별로 없다. 유단청 선생의 '어순 유형론과 개사 이론'은 내가 본 국내의 유형론에 관한 가장 전문적인 논저이며 우리 나라 언어 연구의 한 가지 공백을 메웠다. 이 책은 이론이 참신하고 자료가 상세하며 확실한데 국외 어순 유형론 연구의 최신 발전 상황과 중요한 성과를 국내에 소개할 뿐만 아니라 이러한 이론과 방법으로 중국어의 개사와 어순을 전면적으로 정리하고 분석하였다. 그리고 어떤 것이 언어 보편성의 구조적 원리에 부합하고 어떤 것이 언어 보편성의 유형적 프레임에 귀납될 수 없는가를 논술하고 이에 대해 이론적 설명을 하기도 하였다. 이 책은 이론과 언어 사실을 다 중시하는데 중국어 언어 사실로 이론의 적용성과 한계성을 검증하였다. 이러한 연구 방법은 긍정적인 평가를 받아야 한다.

Greenberg(1963)의 논문으로부터 시작된 어순 유형론 연구는 대체로 다 S, V, O나 V, O 간의 순서를 참고 기준으로 어순 간의 함축적 관계, 조화 관계에 대해 설명한다. 이 책은 유형론의 최신 연구 성과를 받아들이고 개사와 개사구가 문장 구조에 있는 위치를 참조 기준으로 중국어 어순과 언어 유형론과의 관계를 고찰하며 언어 보편성 구조 규칙을 찾았다. 통계 분석에 따르면 개사는 일반적으로 개사구와 그것이 수식하는 동사 사이에 있다. 유형론자들은 이에 따라 개사의 보편적 구조 원리인 '연계자 어중 원칙'을 제기하였다. OV 언어의 개사구는 대체로 다 동사를 앞서는데 후치사가 PP와 V를 연결시킨다. 이와 대조적으로, VO 언어의 개사구가 대체로 다 동사에 뒤따르는데 전치사가 PP와 V를 연결시킨다. 이는 개사 어중 원칙의 전형적인 표현 형식이다. 연결사의 구조적인 지위가 개사와 비슷하고 연결사도 연계자 어중 원칙에 부합하여 개사의 의미역을 이끌어내는 체계에서 연구될 수 있다. 참고 기준을 옮기는 것은 언어 연구의 시야를 넓히고 이론의 설명력을 높였다. 중국어는 SVO 언어이므로 개사구가 동사에 뒤따라야 하는데 선진(先秦) 시기 이래 동사에 뒤따랐던 개사구가 동사 앞으로 이동하였다. 이로 인해, 개사가 매개 위치에서 이탈하게 되었는데 이는 개사 연계자 어중 원칙과 일치하지 않는다. 저자는 어순 유형의 보편성 구조 원리가 언어 발전을 지배하는 것으로 중국어 개사구가 이동하였지만 이와 동시에 한 가지의 보상적인 대책이 나왔다. 즉 주로 명사에서 나온 후치사(裏, 中, 上, 面……), 그것과 관련된 분리사가 연계자의 역할을 하여 개사의 연계자 어중 원칙을 유지해 준다. 이러한 변천은 언어 보편성 구조 원리의 구현이다. 명사 기원 후치사는 일반적으로 방위 명사라고 불리는데 그것을 후치사라고 하는 데는 이견이 있을 수 있지만 이는 중요하지 않다. 저자의 주장이 자기가 만든 설명이고, 이러한 새로운 시야로 '후치사'란 언어 현상을 고찰하는 것은 그것의 본질을 밝히는 데 더 유리하다. 이러한 방위사를 가진 구를 외국어로 번역할 때 그 방위사는 종종 개사와 대응하기 때문이다(조원임(趙元任): 한어구어어법(漢語口語語法)). 언어의 이러한 보편성 구조 원리를 입증하기 위해 저자는 오(吳)방언을 중점적으로 조사 연구하였다. 저자의 논술에는 사례 연구뿐만 아니라 범-오(吳)방언에 대한 비교도 있고, 언어 자료가 상세하며 확실하다. 저자의 분석은 구체적인데 후치사의 문장 구조에서 차지하는 지위, 하는 역할이 전치사보다 크다는 사실에 대해 구체적으로 논술하였다. 그리고 저자는 오(吳)방언과 표준어는 구조가 다른데 여기서 OV 언어 구조의 싹이 나타났다고 주장하였다. 이 연구는 개사 연계자 어중 원칙에 대한 논증에 유리하고 보완할 수도 있다.

그럼에도 불구하고, 중국어의 개사구가 동사를 앞서는 것이 우세함은 부인할 수 없다. 그리고 한정어 후치사가 이끌어내는 한정어가 중심어를 앞서는 것은 SVO 언어의 한정어가 중심어에 뒤따르는 보편성 원리와 일치하지 않는다. 이로 보아, 중국어의 언어 사실과 어순 유형의 보편성 이론 간에 날카로운 모순이 있다. 저자는 언어 유형의 보편성 구조 원리에 따라 분석하며 이러한 모순을 회피하지 않을 뿐만 아니라 특별히 한 절에서 '더 탐구할 만한 한 가지 문제'를 제기하여 학계가 이 모순을 주목하고 해결해야 한다고 호소하였다. 이는 실사구시의 학문 연구 자세이다. 오늘날의 학계에는 이와 같은 성실하며 신중한 학문 연구 태도가 부족하다. 많은 연구자들이 종종 '말을 잘 듣는 예'(컴퓨터 정보 학계에서 일부 언어 연구에 대한 비판)로 자신이 택하고 따르는 이론을 입증하고, 자신의 논점을 설명한다. 이 책의 실사구시의 학문 연구 태도에 대해 칭찬해야 한다. 언어 사실과 이론 간의 모순은 새 이론이 나타나는 돌파구이다. 언어학의 모든 새 이론의 탄생은 이러한 모순의 원인에 대한 해석과 해결 과정을 바탕으로 나타난 것이다. 중국어 개사의 위치와 어순 유형론의 보편성 구조 원칙 간의 모순은 국외에서 성행하는 어순 유형론의 새 이론이 아직 완벽하지 않으며 중국어의 구조로 보완되어야 한다는 것을 설명한다. 유단청 선생은 새 이론 탄생의 돌파구의 문을 찾았지만 아직 문 밖에서 배회하고 있고 문을 열지 못하였다. 이로 인해 유단청 선생을 원망하면 안 된다. 이렇게 된 것은 중국 언어학 현황의 구현이며 오늘날의 학술 수준의 제한을 받았기 때문이다. '마씨문통'(馬氏文通) 이래, 우리는 모두 서양 언어학 이론을 규범으로 하여 언어 사실과 이론이 모순될 때, 가장 훌륭한 언어학자라도 감히 이론의 '성역'을 넘지 않았다. 유단청 선생은 모순을 감추지 않고 당당하게 언어 사실과 유행하는 이론 간의 모순을 보여 주었다. 이는 중국어 학계가 진보하고 모순을 해결해 새 이론이 탄생하는 희망을 보게 한다.

이 책에는 부족한 점도 있다. 첫째, 이론에 대한 소개와 언어 사실이 상세하며 확실하지만 둘을 결합시키는 것은 더 개선되어야 한다. 이 책의 2, 3, 4 장은 기본적으로 순수한 이론에 대한 소개이고 관련된 이론의 이해에 유리한 언어 사실에 대한 분석이 부족하다. 10-14장은 대체로 언어 사실에 대한 분석이고 이론적 지적이 부족하여 읽기가 어렵다. 둘째, 이 책 각 장이 체계성 있게 구성되었지만 책 전체의 구조는 약간 느슨하여 책을 읽을 때 일체감, 체계성이 부족하다는 느낌이 든다. 이는 책에서 나타나는 언어 사실을 통제할 수 있는 간단명료한 줄거리가 없기 때문이다. 이러한 줄거리를 찾아 그것으로 복잡한 사실을 통제하고 분석함으로써 이 책의 내용이 조리 있게 되도록 하고, 나아가 새로운 이론을 세워야 한다. 이는 과학 연구 중의 한 가지 중요한 과제이다. 이 책에서는 주로 두 가지 문제, 즉 어순과 개사를 논의하였는데 중국어에서 우세한 전치 개사의 위치가 어순 유형론의 보편성 구조 원칙과 모순되기 때문에 개사의 연계자 어중 원칙으로 중국어 어순 규칙을 정리, 통제하기 어렵다. 이러한 이유로 이 책의 내용인 어순과 개사는 대체로 따로따로 논술되었다. 이처럼 두 가지 내용이 기밀하게 연결되지 못한 것은 책 전체를 통제할 수 있는 간단명료한 줄거리의 형성에 지장이 된다. 중국어의 후치사와 분리사는 문법 구조에 작은 비중이며 지배적인 지위를 차지하지 못하기 때문에 어순 통제 역할을 하지 못하고 어순 규칙을 밝힐 수 있는 지렛대가 될 수 없다. 어느 원리가 중국어 어순을 통제할 수 있고, 중국어 어순과 어순 유형론의 보편성 구조 원리의 일부 모순에 대해 합리적인 설명을 할 수 있는가? 이는 앞에서 말한 새로운 이론의 탄생과 관련된다. 이러한 면에서 필요한 발전이 이루어지지 못하면 중국어의 개사와 어순 간의 관계를 밝히고, 둘을 결합시켜 어순 유형론을 통제할 수 있는 간단명료한 줄거리를 세우지 못할 것이다.

책 전체 구성에서 오(吳)방언의 사례 연구는 11장의 소주어를 그대로 두고 12, 13장의 상해어, 소흥어 내용을 삭제하면 좋겠다고 생각한다. 그 중의 일부 내용이 확실히 중요하면 범-오어적 비교 연구 부분에서 적절하게 다룰 수 있다.

유단청(劉丹靑) 선생의 '어순 유형론과 개사 이론'은 훌륭한 책이기에 출판을 추천한다.

이 외에 다음과 같은 두 가지 의견을 참조하기를 바란다.

1. 소주어에서 '주다' 의미를 나타내는 '撥'의 본자는 '畀'인 것 같은데 그것의 입성 독음은 '勒'의 형성 원인과 같이 새로 나타난 것이다.

2. 영녕파(寧波)어의 '來東, 來當'이 가까운 것 지시, '來該'가 먼 것 지시란 것은 별 문제 없지만 '來的'의 의미는 나의 어감에 따르면 중성으로 명확히 가까운 것과 먼 것 간의 구별이 없고 객관적인 기술을 나타낸다. 이에 대해 영파 사람을 찾아 다시 확인하기를 바란다.

심사위원: 서통장(徐通鏘)

▌저자 유단청(刘丹青)

홍콩 성시대학(City University) 언어학, 철학박사
현재 중국사회과학원 어언연구소교수, 부소장,
중국사회과학원 연구생원 어언학계주임,
남경사범대학부교수, 상해사범대학교수, 어언연구소소장

저서: 어법조사연구수책, 남경방언사전, 화제적결구여공능(공저)
논문: 한어급여류쌍급물결구적류형학연구, Identical Topics: A More Characteristic
      Property of Topic Prominent Languages, 한장어계중첩형식적분석모식 등
      150여편

▌역자 김기혁

문학박사(연세대학교)
현재 경희대학교 문과대학 국어국문학과 교수
상지대학교 조교수, 버클리 대학교 연구 강의교수,
오리건 대학교 연구교수 역임

저서: 국어문법연구, 국어학, 언어의 인식과 분석, 언어의 생성과 응용, 한국어 연구의
      이론과 방법
역서: 언어유형론, 언어유형론의 형태론과 통사론
공저: 우리말 알고 쓰기, 언어 이야기

▌역자 손금추(孫金秋)

중국 연변대학 학부, 대학원(석사)
문학박사(경희대학교)
현재 중국 대련외국어대학교 전임강사

저서: 韓國槪況 中國大連理工大學出版社(2005), 韓中互譯敎程(一) 中國大連理工大學出
      版社(2006), 韓中互譯敎程(二) 中國大連理工大學出版社(2006)
논문: '韓漢飜譯敎學模式初探', 遼寧省外語敎學硏討會(2005), '중국어 명사구 어순에
      대한 유형론적 고찰', 언어 범주와 유형(2010) 등

어순 유형론과 개사 이론

2011년 1월 1일 초판 1쇄 펴냄

지은이 유단청
옮긴이 김기혁, 손금추
펴낸이 김흥국
펴낸곳 도서출판 보고사

책임편집 김신혜, 이경민
표지디자인 윤인희

등록 1990년 12월 13일 제6-0429호
주소 서울특별시 성북구 보문동7가 11번지 2층
전화 922-5120~1(편집), 922-2246(영업)
팩스 922-6990
메일 kanapub3@chol.com
http://www.bogosabooks.co.kr

ISBN 978-89-8433-853-1 93710
ⓒ 김기혁, 2011

정가 23,000원
사전 동의 없는 무단 전재 및 복제를 금합니다.
잘못 만들어진 책은 바꾸어 드립니다.